深圳学派建设丛书
（第三辑）

集体谈判权研究

艾琳 ◎ 著

中国社会科学出版社

图书在版编目（CIP）数据

集体谈判权研究/艾琳著 .—北京：中国社会科学出版社，2016.7（2016.11 重印）
（深圳学派建设丛书）
ISBN 978-7-5161-8400-4

Ⅰ.①集…　Ⅱ.①艾…　Ⅲ.①劳资合作—谈判—研究—中国
Ⅳ.①F249.26

中国版本图书馆 CIP 数据核字（2016）第 138273 号

出 版 人	赵剑英
责任编辑	王　茵
责任校对	胡新芳
责任印制	王　超

出　　版	中国社会科学出版社
社　　址	北京鼓楼西大街甲 158 号
邮　　编	100720
网　　址	http://www.csspw.cn
发 行 部	010-84083685
门 市 部	010-84029450
经　　销	新华书店及其他书店
印　　刷	北京君升印刷有限公司
装　　订	廊坊市广阳区广增装订厂
版　　次	2016 年 7 月第 1 版
印　　次	2016 年 11 月第 2 次印刷
开　　本	710×1000　1/16
印　　张	22
插　　页	2
字　　数	316 千字
定　　价	79.00 元

凡购买中国社会科学出版社图书，如有质量问题请与本社营销中心联系调换
电话：010-84083683
版权所有　侵权必究

《深圳学派建设丛书》
编委会

顾　　问：王京生

主　　任：李小甘　吴以环

执行主任：李瑞琦　张骁儒

编委委员：（按姓氏笔画为序）

王为理　王伟雄　王延奎　尹昌龙
刘石磊　孙红明　李凤亮　杨立勋
吴定海　吴思康　张合运　陈　军
陈　寅　陈少兵　陈绍华　罗烈杰
岳川江　周子友　郭万达　黄启键
黄国强　谭　刚

总序：学派的魅力

学派的星空

在世界学术思想史上，曾经出现过浩如繁星的学派，它们的光芒都不同程度地照亮人类思想的天空，像米利都学派、弗莱堡学派、法兰克福学派等，其人格精神、道德风范一直为后世所景仰，其学识与思想一直成为后人引以为据的经典。就中国学术史而言，不断崛起的学派连绵而成群山之势，并标志着不同时代的思想所能达到的高度。自晚明至晚清，是中国学术尤为昌盛的时代，而正是在这个时代，学派性的存在也尤为活跃，像陆王学派、吴学、皖学、扬州学派等。但是，学派辈出的时期还应该首推古希腊和春秋战国时期，古希腊出现的主要学派就有米利都学派、毕达哥拉斯派、埃利亚学派、犬儒学派；而儒家学派、黄老学派、法家学派、墨家学派、稷下学派等，则是春秋战国时代学派鼎盛的表现，百家之中几乎每家就是一个学派。

综观世界学术思想史，学派一般都具有如下特征。

其一，有核心的代表人物，以及围绕着这些核心人物所形成的特定时空的学术思想群体。德国19世纪著名的历史学家兰克既是影响深远的兰克学派的创立者，也是该学派的精神领袖，他在柏林大学长期任教期间培养了大量的杰出学者，形成了声势浩大的学术势力，兰克本人也一度被尊为欧洲史学界的泰斗。

其二，拥有近似的学术精神与信仰，在此基础上形成某种特定的学术风气。清代的吴学、皖学、扬学等乾嘉诸派学术，以考据为治学方法，继承古文经学的训诂方法而加以条理发明，用于古籍整理和语言文字研究，以客观求证、科学求真为旨归，这一学术风气也因此成为清代朴学最为基本的精神特征。

其三，由学术精神衍生出相应的学术方法，给人们提供了观照世界的新的视野和新的认知可能。产生于20世纪60年代、代表着一种新型文化研究范式的英国伯明翰学派，对当代文化、边缘文化、青年亚文化的关注，尤其是对影视、广告、报刊等大众文化的有力分析，对意识形态、阶级、种族、性别等关键词的深入阐释，无不为我们认识瞬息万变的世界提供了丰富的分析手段与观照角度。

其四，由上述三点所产生的经典理论文献，体现其核心主张的著作是一个学派所必需的构成因素。作为精神分析学派的创始人，弗洛伊德所写的《梦的解析》等，不仅成为精神分析理论的经典著作，而且影响广泛并波及人文社科研究的众多领域。

其五，学派一般都有一定的依托空间，或是某个地域，或是像大学这样的研究机构，甚至是有着自身学术传统的家族。

学派的历史呈现出交替嬗变的特征，形成了自身发展规律。

其一，学派出现往往暗合了一定时代的历史语境及其"要求"，其学术思想主张因而也具有非常明显的时代性特征。一旦历史条件发生变化，学派的内部分化甚至衰落将不可避免，尽管其思想遗产的影响还会存在相当长的时间。

其二，学派出现与不同学术群体的争论、抗衡及其所形成的思想张力紧密相关，它们之间的"势力"此消彼长，共同勾勒出人类思想史波澜壮阔的画面。某一学派在某一历史时段"得势"，完全可能在另一历史时段"失势"。各领风骚若干年，既是学派本身的宿命，也是人类思想史发展的"大幸"：只有新的学派不断涌现，人类思想才会不断获得更为丰富、多元的发展。

其三，某一学派的形成，其思想主张都不是空穴来风，而有其内在理路。例如，宋明时期陆王心学的出现是对程朱理学的反动，但其思想来源却正是前者；清代乾嘉学派主张朴学，是为了反对陆王心学的空疏无物，但二者之间也建立了内在关联。古希腊思想作为欧洲思想发展的源头，使后来西方思想史的演进，几乎都可看作是对它的解释与演绎，"西方哲学史都是对柏拉图思想的演绎"的极端说法，却也说出了部分的真实。

其四，强调内在理路，并不意味着对学派出现的外部条件重要性的否定；恰恰相反，外部条件有时对于学派的出现是至关重要的。政治的开明、社会经济的发展、科学技术的进步、交通的发达、移民的汇聚等，都是促成学派产生的重要因素。名震一时的扬州学派，就直接得益于富甲一方的扬州经济与悠久而发达的文化传统。综观中国学派出现最多的明清时期，无论是程朱理学、陆王心学，还是清代的吴学、皖学、扬州学派、浙东学派，无一例外都是地处江南（尤其是江浙地区）经济、文化、交通异常发达之地，这构成了学术流派得以出现的外部环境。

学派有大小之分，一些大学派又分为许多派别。学派影响越大分支也就越多，使得派中有派，形成一个学派内部、学派之间相互切磋与抗衡的学术群落，这可以说是纷纭繁复的学派现象的一个基本特点。尽管学派有大小之分，但在人类文明进程中发挥的作用却各不相同，有积极作用，也有消极作用。例如，法国百科全书派破除中世纪以来的宗教迷信和教会黑暗势力的统治，成为启蒙主义的前沿阵地与坚强堡垒；罗马俱乐部提出的"增长的极限"、"零增长"等理论，对后来的可持续发展、协调发展、绿色发展等理论与实践，以及联合国通过的一些决议，都产生了积极影响；而德国人文地理学家弗里德里希·拉采尔所创立的人类地理学理论，宣称国家为了生存必须不断扩充地域、争夺生存空间，后来为法西斯主义所利用，起了相当大的消极作用。

学派的出现与繁荣，预示着一个国家进入思想活跃的文化大发展时期。被司马迁盛赞为"盛处士之游，壮学者之居"的稷下学宫，之所以能成为著名的稷下学派之诞生地、战国时期百家争鸣的主要场所与最负盛名的文化中心，重要原因就是众多学术流派都活跃在稷门之下，各自的理论背景和学术主张尽管各有不同，却相映成趣，从而造就了稷下学派思想多元化的格局。这种"百氏争鸣、九流并列、各尊所闻、各行所知"的包容、宽松、自由的学术气氛，不仅推动了社会文化的进步，而且也引发了后世学者争论不休的话题，中国古代思想在这里得到了极大发展，迎来了中国思想文化史上的黄金时代。而从秦朝的"焚书坑儒"到汉代的"独尊儒术"，百家争鸣局面便不复存在，思想禁锢必然导致学派衰落，国家文化发展也必将受到极大的制约与影响。

深圳的追求

在中国打破思想的禁锢和改革开放30多年这样的历史背景下，随着中国经济的高速发展以及在国际上的和平崛起，中华民族伟大复兴的中国梦正在进行。文化是立国之根本，伟大的复兴需要伟大的文化。树立高度的文化自觉，促进文化大发展大繁荣，加快建设文化强国，中华文化的伟大复兴梦想正在逐步实现。可以预期的是，中国的学术文化走向进一步繁荣的过程中，具有中国特色的学派也将出现在世界学术文化的舞台上。

从20世纪70年代末真理标准问题的大讨论，到人生观、文化观的大讨论，再到90年代以来的人文精神大讨论，以及近年来各种思潮的争论，凡此种种新思想、新文化，已然展现出这个时代在百家争鸣中的思想解放历程。在与日俱新的文化转型中，探索与矫正的交替进行和反复推进，使学风日盛、文化昌明，在很多学科领域都出现了彼此论争和公开对话，促成着各有特色的学术阵营的形成与发展。

一个文化强国的崛起离不开学术文化建设，一座高品位文化城市的打造同样也离不开学术文化发展。学术文化是一座城市最内在的精神生活，是城市智慧的积淀，是城市理性发展的向导，是文化创造力的基础和源泉。学术是不是昌明和发达，决定了城市的定位、影响力和辐射力，甚至决定了城市的发展走向和后劲。城市因文化而有内涵，文化因学术而有品位，学术文化已成为现代城市智慧、思想和精神高度的标志和"灯塔"。

凡工商发达之处，必文化兴盛之地。深圳作为我国改革开放的"窗口"和"排头兵"，是一个商业极为发达、市场化程度很高的城市，移民社会特征突出、创新包容氛围浓厚、民主平等思想活跃、信息交流的"桥头堡"地位明显，是具有形成学派可能性的地区之一。在创造工业化、城市化、现代化发展奇迹的同时，深圳也创造了文化跨越式发展的奇迹。文化的发展既引领着深圳的改革开放和现代化进程，激励着特区建设者艰苦创业，也丰富了广大市民的生活，提升了城市品位。

如果说之前的城市文化还处于自发性的积累期，那么进入21世纪以来，深圳文化发展则日益进入文化自觉的新阶段：创新文化发展理念，实施"文化立市"战略，推动"文化强市"建设，提升文化软实力，争当全国文化改革发展"领头羊"。自2003年以来，深圳文化发展亮点纷呈、硕果累累：荣获联合国教科文组织"设计之都"、"全球全民阅读典范城市"称号，原创大型合唱交响乐《人文颂》在联合国教科文组织巴黎总部成功演出，被国际知识界评为"杰出的发展中的知识城市"，三次荣获"全国文明城市"称号，四次被评为"全国文化体制改革先进地区"，"深圳十大观念"影响全国，《走向复兴》、《我们的信念》、《中国之梦》、《迎风飘扬的旗》、《命运》等精品走向全国，深圳读书月、市民文化大讲堂、关爱行动、创意十二月等品牌引导市民追求真善美，图书馆之城、钢琴之城、设计之都的"两城一都"高品位文化城市正成为现实。

城市的最终意义在于文化。在特区发展中，"文化"的地位正发生着巨大而悄然的变化。这种变化首先还不在于大批文化设施的兴建、各类文化活动的开展与文化消费市场的繁荣，而在于整个城市文化地理和文化态度的改变，城市发展思路由"经济深圳"向"文化深圳"转变。这一切都源于文化自觉意识的逐渐苏醒与复活。文化自觉意味着文化上的成熟，未来深圳的发展，将因文化自觉意识的强化而获得新的发展路径与可能。

与国内外一些城市比起来，历史文化底蕴不够深厚、文化生态不够完善等仍是深圳文化发展中的弱点，特别是学术文化的滞后。近年来，深圳在学术文化上的反思与追求，从另一个层面构成了文化自觉的逻辑起点与外在表征。显然，文化自觉是学术反思的扩展与深化，从学术反思到文化自觉，再到文化自信、自强，无疑是文化主体意识不断深化乃至确立的过程。大到一个国家和小到一座城市的文化发展皆是如此。

从世界范围看，伦敦、巴黎、纽约等先进城市不仅云集大师级的学术人才，而且有活跃的学术机构、富有影响的学术成果和浓烈的学术氛围，正是学术文化的繁盛才使它们成为世界性文化中心。可以说，学术文化发达与否，是国际化城市不可或缺的指标，并将最终决定一个城市在全球化浪潮中的文化地位。城市发展必须在学术文化层面有所积累和突破，否则就会缺少根基，缺少理念层面的影响，缺少自我反省的能力，就不会有强大的辐射力，即使有一定的辐射力，其影响也只是停留于表面。强大的学术文化，将最终确立一种文化类型的主导地位和城市的文化声誉。

近年来，深圳在实施"文化立市"战略、建设"文化强市"过程中鲜明地提出：大力倡导和建设创新型、智慧型、力量型城市主流文化，并将其作为城市精神的主轴以及未来文化发展的明确导向和基本定位。其中，智慧型城市文化就是以追求知识和理性为旨归，人文气息浓郁，学术文化繁荣，智慧产出能力较强，学习型、知识型城市建设成效卓著。深圳要建成有国际影响力的智慧之城，提高文化软实力，学术文化建设是其最坚硬的内核。

经过30多年的积累，深圳学术文化建设粗具气象，一批重要学科确立，大批学术成果问世，众多学科带头人涌现。在中国特色社会主义理论、经济特区研究、港澳台经济、文化发展、城市化等研究领域产生了一定影响；学术文化氛围已然形成，在国内较早创办以城市命名的"深圳学术年会"，举办了"世界知识城市峰会"等一系列理论研讨会。尤其是《深圳十大观念》等著作的出版，更是对城市人文精神的高度总结和提升，彰显和深化了深圳学术文化和理论创新的价值意义。

而"深圳学派"的鲜明提出，更是寄托了深圳学人的学术理想和学术追求。1996年最早提出"深圳学派"的构想；2010年《深圳市委市政府关于全面提升深圳文化软实力的意见》将"推动'深圳学派'建设"载入官方文件；2012年《关于深入实施文化立市战略 建设文化强市的决定》明确提出"积极打造'深圳学派'"；2013年出台实施《"深圳学派"建设推进方案》。一个开风气之先、引领思想潮流的"深圳学派"正在酝酿、构建之中，学术文化的春天正向这座城市走来。

"深圳学派"概念的提出，是中华文化伟大复兴和深圳高质量发展的重要组成部分。树起这面旗帜，目的是激励深圳学人为自己的学术梦想而努力，昭示这座城市尊重学人、尊重学术创作的成果、尊重所有的文化创意。这是深圳30多年发展文化自觉和文化自信的表现，更是深圳文化流动的结果。因为只有各种文化充分流动碰撞，形成争鸣局面，才能形成丰富的思想土壤，为"深圳学派"形成创造条件。

深圳学派的宗旨

构建"深圳学派"，表明深圳不甘于成为一般性城市，也不甘于仅在世俗文化层面上产生点影响，而是要面向未来中华文明复兴的伟大理想，提升对中国文化转型的理论阐释能力。"深圳学派"从名称上看，是地域性的，体现城市个性和地缘特征；从内涵上看，是问题性的，反映深圳在前沿探索中遇到的主要问题；从来源上看，"深圳学派"没有明确的师承关系，易形成兼容并蓄、开放择优的学术风格。因而，"深圳学派"建设的宗旨是"全球视野，民族立场，时代精神，深圳表达"。它浓缩了深圳学术文化建设的时空定位，反映了对学界自身经纬坐标的全面审视和深入理解，体现了城市学术文化建设的总体要求和基本特色。

一是"全球视野"：反映了文化流动、文化选择的内在要求，体现了深圳学术文化的开放、流动、包容特色。它强调要树立世界眼光，尊重学术文化发展内在规律，贯彻学术文化转型、流动与选择辩证统一的内在要求，坚持"走出去"与"请进来"相结合，推动深圳与国内外先进学术文化不断交流、碰撞、融合，保持旺盛活力，构建开放、包容、创新的深圳学术文化。

文化的生命力在于流动，任何兴旺发达的城市和地区一定是流动文化最活跃、最激烈碰撞的地区，而没有流动文化或流动文化很少光顾的地区，一定是落后的地区。文化的流动不断催生着文化的分解和融合，推动着文化新旧形式的转换。在文化探索过程中，唯一需要坚持的就是敞开眼界、兼容并蓄、海纳百川，尊重不同文化的存在和发展，推动多元文化的融合发展。中国近现代史的经验反复证明，闭关锁国的文化是窒息的文化，对外开放的文化才是充满生机活力的文化。学术文化也是如此，只有体现"全球视野"，才能融入全球思想和话语体系。因此，"深圳学派"的研究对象不是局限于一国、一城、一地，而是在全球化背景下，密切关注国际学术前沿问题，并把中国尤其是深圳的改革发展置于人类社会变革和文化变迁的大背景下加以研究，具有宽广的国际视野和鲜明的民族特色，体现开放性甚至是国际化特色，也融合跨学科的交叉和开放。

二是"民族立场"：反映了深圳学术文化的代表性，体现了深圳在国家战略中的重要地位。它强调要从国家和民族未来发展的战略出发，树立深圳维护国家和民族文化主权的高度责任感、使命感、紧迫感。加快发展和繁荣学术文化，尽快使深圳在学术文化领域跻身全球先进城市行列，早日占领学术文化制高点，推动国家民族文化昌盛，助力中华民族早日实现伟大复兴。

任何一个大国的崛起，不仅伴随经济的强盛，而且伴随文化的昌盛。文化昌盛的一个核心就是学术思想的精彩绽放。学术的制高点，是民族尊严的标杆，是国家文化主权的脊梁骨；只有占领学术制高点，才能有效抵抗文化霸权。当前，中国的和平崛起已成为世界的最热门话题之一，中国已经成为世界第二大经济体，发展速度让世界刮目相看。但我们必须清醒地看到，在学术上，我们还远未进入世界前列，特别是还没有实现与第二大经济体相称的世界文化强国的地位。这样的学术境地不禁使我们扪心自问，如果思想学术得不到世界仰慕，中华民族何以实现伟大复兴？在这个意义上，深圳和全国其他地方一样，学术都是短板，与经济社会发展不相匹配。而深圳作为排头兵，肩负了为国家、为民族文化发展探路的光荣使命，尤感责任重大。深圳的学术立场不能仅限于一隅，而应站在全国、全民族的高度。

三是"时代精神"：反映了深圳学术文化的基本品格，体现了深圳学术发展的主要优势。它强调要发扬深圳一贯的"敢为天下先"的精神，突出创新性，强化学术攻关意识，按照解放思想、实事求是、求真务实、开拓创新的总要求，着眼人类发展重大前沿问题，特别是重大战略问题、复杂问题、疑难问题，着力创造学术文化新成果，以新思想、新观点、新理论、新方法、新体系引领时代学术文化思潮。

党的十八大提出了完整的社会主义核心价值观，这是当今中国时代精神的最权威、最凝练表达，是中华民族走向复兴的兴国之魂，是中国梦的核心和鲜明底色，也应该成为"深圳学派"进行研究和探索的价值准则和奋斗方向。其所熔铸的中华民族生生不息的家国情怀，无数仁人志士为之奋斗的伟大目标和每个中国人对幸福生活的向往，是"深圳学派"的思想之源和动力之源。

创新，是时代精神的集中表现，也是深圳这座先锋城市的第一标志。深圳的文化创新包含了观念创新，利用移民城市的优势，激发思想的力量，产生了一批引领时代发展的深圳观念；手段创新，通过技术手段创新文化发展模式，形成了"文化+科技"、"文化+金融"、"文化+旅游"、"文化+创意"等新型文化业态；内容创新，以"内容为王"提升文化产品和服务的价值，诞生了华强文化科技、腾讯、华侨城等一大批具有强大生命力的文化企业，形成了读书月等一大批文化品牌；制度创新，充分发挥市场的作用，不断创新体制机制，激发全社会的文化创造活力，从根本上提升城市文化的竞争力。"深圳学派"建设也应体现出强烈的时代精神，在学术课题、学术群体、学术资源、学术机制、学术环境方面迸发出崇尚创新、提倡包容、敢于担当的活力。"深圳学派"需要阐述和回答的是中国改革发展的现实问题，要为改革开放的伟大实践立论、立言，对时代发展做出富有特色的理论阐述。它以弘扬和表达时代精神为己任，以理论创新为基本追求，有着明确的文化理念和价值追求，不局限于某一学科领域的考据和论证，而要充分发挥深圳创新文化的客观优势，多视角、多维度、全方位地研究改革发展中的现实问题。

四是"深圳表达"：反映了深圳学术文化的个性和原创性，体现了深圳使命的文化担当。它强调关注现实需要和问题，立足深圳实际，着眼思想解放、提倡学术争鸣，注重学术个性、鼓励学术原创，不追求完美、不避讳瑕疵，敢于并善于用深圳视角研究重大前沿问题，用深圳话语表达原创性学术思想，用深圳体系发表个性化学术理论，构建具有深圳风格和气派的学术文化。

称为"学派"就必然有自己的个性、原创性，成一家之言，勇于创新、大胆超越，切忌人云亦云、没有反响。一般来说，学派的诞生都伴随着论争，在论争中学派的观点才能凸显出来，才能划出自己的阵营和边际，形成独此一家、与众不同的影响。"深圳学派"依托的是改革开放前沿，有着得天独厚的文化环境和文化氛围，因此不是一般地标新立异，也不会跟在别人后面，重复别人的研究课题和学术话语，而是要以改革创新实践中的现实问题研究作为理论创新的立足点，做出特色鲜明的理论表述，发出与众不同的声音，充分展现特区学者的理论勇气和思想活力。当然，"深圳学派"要把深圳的物质文明、精神文明和制度文明作为重要的研究对象，但不等于言必深圳，只囿于深圳的格局。思想无禁区、学术无边界，"深圳学派"应以开放心态面对所有学人，严谨执着，放胆争鸣，穷通真理。

狭义的"深圳学派"属于学术派别，当然要以学术研究为重要内容；而广义的"深圳学派"可看成"文化派别"，体现深圳作为改革开放前沿阵地的地域文化特色，因此除了学术研究，还包含文学、美术、音乐、设计创意等各种流派。从这个意义上说，"深圳学派"尊重所有的学术创作成果，尊重所有的文化创意，不仅是哲学社会科学，还包括自然科学、文学艺术等。

"寄言燕雀莫相哗，自有云霄万里高。"学术文化是文化的核心，决定着文化的质量、厚度和发言权。我们坚信，在建设文化强国、实现文化复兴的进程中，植根于中华文明深厚沃土、立足于特区改革开放伟大实践、融汇于时代潮流的"深圳学派"，一定能早日结出硕果，绽放出盎然生机！

王京生

（现任国务院参事）

序

  构建和谐劳动关系是当代中国劳动法的使命和宗旨。历史与现实都已昭示：实现劳动关系和谐，需要国家力量和社会力量的合理介入，实现劳资政三方力量博弈与利益衡平为其正道。从本质上说，体现国家力量的机制是劳动基准制度，彰扬社会力量的机制则是以集体三权为核心建构起来的集体劳动关系法律调整制度。在集体劳动关系法律调整制度构造中，以"劳动三权"为逻辑起点，融团结（结社）→谈判（缔约）→行动（罢工等）三位一体，环环相扣。其中，结社为前提，行动是保障，谈判及其成果则居于中枢之地位。劳动者行使结社权组织或加入工会，目的亦在于借由团体之代表开展集体谈判（我国称"集体协商"）达致集体合同订立之结果。

  从制度机理上看，集体谈判权及其实现机制彰显两方面制度功能：适度限缩劳动契约自由空间以提升个体劳动之境遇和条件；发挥团体自治的机理性功能以营造和谐劳动之氛围。以集体谈判权为核心的集体谈判机制最能体现和彰显劳动法的社会法属性，是实现集体劳动关系法律治理，促进和谐劳动的支柱性制度框架，在当前实现劳动关系法律调整模式转型的大背景下，强化对集体谈判权的理念、构造及其实现机制的研究，促进其实质化和现实化，无疑具有极其重要的理论意义和现实意义。

  艾琳博士的专著《集体谈判权概论》是在其博士学位论文的基础上充实完善而成的，其中有些内容，吸取了博士论文答辩过程中所提出的完善建议。现在呈现在读者面前的这本书，是关于集体谈判权理念、构造、机理与实现机制的较为完整和深入的研究成果。

艾琳博士读博期间，受国家留学基金支持赴美国波士顿大学法学院学习一年，其间集中精力收集整理美国集体谈判权及其制度运行的相关资料和学术信息，确立了"集体谈判权"为自己的博士学位论文选题。整个研究注意从比较法的角度，借鉴西方国家特别是美国集体谈判制度及其运行的成功经验，坚持"中国问题，世界眼光"的方法论原则思考问题，客观把握和评价中国集体协商制度的本土特色及其局限，努力寻求促其充分发挥功用的制度路径和立法方略。艾琳博士除拥有外语优势，还具有较为深厚的法文化研究功底。由此决定，对集体谈判权的研究，不仅有丰富的最新外文文献和案例作为资料支撑，体现出开放的视野和实证研究的特色，还从历史的纵深视角分析和挖掘中国集体协商制度的法文化基础及其障碍因素，探寻其成长的轨迹和可期的未来。

本书共分五章内容，按照本体与构造、运行与救济的逻辑结构谋篇布局，展开从静态到动态、从实体到程序的研究脉络。将解释论与立法论有机结合，得出了一些有意义的学术见解和法治完善之建议。

整体而言，本书意在通过梳理国内外各种学术理论及其观点，多元解析集体谈判权的概念、属性、价值和内容构造，着眼于分析具有典型性和代表性的集体劳动冲突实例，从集体谈判权的运行到侵权状态类型化，再到救济举措之落实，力图描绘和建构较为完整的以结社权为基础、以罢工权为保障的符合中国国情的集体谈判制度体系。客观而言，这样的研究目标虽已基本达致，但研究任务尚未终结。中国集体谈判（集体协商）制度如何发挥出自身的制度优势和应有的制度功能，不仅需要在法律之内寻求出路和对策，还须在深层次上探寻体制和机制上的变革与破解之道。

路漫漫其修远兮，吾将上下而求索！

冯彦君

吉林大学法学院教授、博士生导师

中国社会法学研究会副会长

2016 年 4 月 20 日

自 序

即使在依法保障劳动者权益、建立和谐劳动关系已渐成为社会共识的背景下，集体谈判在中国仍是一个未被深入探讨但却亟待实践的课题，包括集体谈判权在内的集体劳权在现实中的发展令人极其困惑和纠结。建立"劳动三权"（团结权、集体谈判权和罢工权）和实施集体劳权立法的根本原因是劳动的从属性和劳动关系的不对等，其目的在于实现集体劳动关系的对等化、公平化，这是和谐劳动关系实现的基础。笔者对此问题的关注和研究是因为全国范围内此起彼伏、频繁发生的劳动纠纷、劳资冲突，已告诉我们这更是一个不容再回避，虽非常棘手但必须妥善解决的重大现实问题。

随着跨国资本的攻城略地、急剧扩展，经济全球化以人类历史从未有过的力量重塑着世界格局，同时也将资本所有权与劳动所有权的矛盾以与以往迥异的形态重新推向了世界各国，这已然超出了人们对传统资本主义的一般理解，更超出了对正统社会主义的视域。备受各国政府垂青的跨国企业在不同主权国家之间自由进出，"请进来、走出去"，使在20世纪后期已达到相对均衡的劳资关系重新呈现出"强者恒强、弱者愈弱"的态势，这种状况在亟待参与国际化分工的发展中国家表现得尤其突出。由于跨国企业、能够创造GDP（国内生产总值）的工业企业成为竞相争取的"香饽饽"，于是以需要劳动者"忍耐"牺牲个人利益追求经济发展，成为绝大多数发展中国家的地方政府推崇的模式。在制定公共政策时，它们不约而同地把"优化投资环境"、吸引更多投资作为施政基点。需要特别注意的是，国际贸易、跨国投资等带来的一个重要影响，就是使处在重构中的劳动关系主体具有了国际性以及使用规则的国际化。

改革开放的伟大实践，伴随着工业化、城镇化和现代化的进程，使中国的经济制度、社会状态都发生了根本性的变化，一度消遁的劳动关系重新回到了人们的视野，只是这时它已变得日益丰富、色彩斑驳。特殊的国情背景和独特的劳动关系，使我们不能简单地照搬套用西方相对成熟完善的劳动关系理论来指导现实问题的解决，而我国尚不完整甚至还较为隐晦的劳动法的制度体系，使我们很难准确地描述处在快速演变中的劳动关系的各类主体特征，给出被普遍接受并能够指导实践的定义。

劳动关系就其本质而言是雇佣关系，是经济关系。但是，一群有组织的人聚合在一起、相互作用，就必然演化为特定的社会关系，并有可能演化成政治关系，因此，在任何国家劳动关系都是最为重要的社会关系。当今中国社会生活中的所有问题，几乎都可以在纷繁复杂的劳动关系中找到产生的根源；而新型劳动关系的重塑、形成和发展，需要将其扎根于民主的法治土壤，需要得到平等的文化滋养，需要体现"人之所以为人"的自我尊重。作者不倾向于使用所谓的发展阶段论来论证时下的社会现实，因为这往往成为掩饰问题本质、拒绝现状改变的噱头；与其那样，还不如客观地展现，如实地陈述，揭示真相，让每个人更真切地认识，更理性地思考。

下面对集体谈判权和本书作个简单的概述。

随着市场经济的形成和发展，中国的劳资矛盾已由隐性转为显性，劳动者的群体性事件在频率和强度上早已呈现出越加激烈、难以调和的发展态势。劳动关系日趋紧张所产生的直接影响和关联效应是全面而深刻的。在政治与经济、社会与市场、城市与农村、民主与法治的失衡发展下，劳资矛盾的积聚激化、持续紧张有其客观性、必然性，甚至我们可以说所有发达国家都经历了这么一个痛苦的不稳定时期；但是，我们不能将产业革命早期的情况，与数百年之后已进入现代化的中国做这种简单的类比，陷入消极的历史决定论之中，而应把目光投在这些市场经济国家是如何构建劳动关系、如何消解劳资冲突上。多发的劳动纠纷引发的社会冲突已然成为当下中国严峻的社会问题，解决此冲突既需要前车之鉴的深刻教训，更需要成效斐然的经验智慧。如何保障劳动者的基本权益，使日渐尖锐的劳资矛盾得到有效疏解，将高发的劳资冲突纳入法治解决的框架，推进和谐劳动关系建设，对于直接承受维稳压力的地方政府，无疑是一种积极应对的解困之策；对于处在重要战略机遇期、有着实现强国梦的中国，无疑是一项极为紧迫的重大课题。

集体谈判和集体合同制度源自最早进入工业化的西方资本主义国家，是这些国家在波澜壮阔、轰轰烈烈的工人运动中总结出来的一套调解社会矛盾、实现权益均衡、平衡劳动关系的法律制度，并且成为实践中行之有效且不可或缺的劳动关系调整制度，构成了市场经济国家劳动关系制度的核心。该制度被认为是西方资本主义国家以制度方式有效化解劳动者与雇主两大对立阶级矛盾，有组织地解决集体劳资冲突的一项伟大的社会发明。

新中国成立后，以普通劳动者为主体的工人阶级在政治上成为领导阶级。改革开放以来，我国在市场经济环境下对劳动者基本权利的保护取得了巨大进步，特别是近些年来国家出台了一系列保障劳动者权利的政策。在肯定成就的同时，我们也应看到，对劳动者基本权利的保护总体而言仍滞后于社会进步和经济发展的水平，与时代进步的要求、与劳动者的期望相比落差仍然很大。在协调劳资关系中引入集体谈判制度，培养和引导劳资双方的沟通意愿和协商能力，对处于跨越式发展重要战略机遇期和劳动关系矛盾凸显期、由个别劳动关系向集体劳动关系转型期，以及实现和谐集体劳动关系构建关键期的中国，都是极为有效的举措。

然而从现实情况看，在我国建立集体谈判制度仍不是一件轻易就能实现的事。集体谈判的概念、内涵、属性的不确定性，传统观念的束缚、社会环境的羁绊、参照系的多样化，实际工作中由于泛政治化而导致的敏感性，以及必须面对诸多似是而非甚至自相矛盾的结论等，都制约着集体谈判权的确立和行使。为从基础层面厘清认识、消除误解，需要从对"集体谈判"与"集体协商"、"集体协议"的词义辨析入手，还原"集体谈判"的本意，从理论上论证和明确"集体谈判"的法律界定；从"人权、劳权、公民权"三种权利形态出发，通过对比深入探究，明确集体谈判权的法律属性；从"正义、自由、平等和效率"等原则入手，系统阐述和明确集体谈判权的法律价值。同时，对集体谈判权的内容、权利行使中的侵权现象进行剖析，对学界较为关注的罢工权立法及工会独立性等问题进行分析，并最终落脚在集体谈判权的实现上，从而构建起一个较为完整的集体谈判的理论体系和制度框架。

就现实中的劳动关系而言，随着企业数量的增多、规模的扩大和结构的多样化，劳动者的群体构成也发生了巨大的变化，这种演变是与生产关系和社会关系相联系的。一方面，劳动者表达自身诉求的意愿和能力在显著增强，往往是先有群体性事件，再有资方迫于政府压力开展的"谈判"，由于缺乏可预期的制度化的解决机制，各种"谈判"、"调解"甚至施压并不能有效解决劳资矛盾激化和冲突频发的紧张格局，严重影响到社会的和谐稳定，迫切需要厘清认识、改变观念，校正治理行为；另一方面，政府在思想上、制度上和体制上对劳动关系格局的要求，许多地方仍然停留在传统体制下的管控模式，对构建与市场经济要求相适应的劳资关系形态仍没有引起足够重视，对变化的趋势认识还不够到位，各方面的准备还很不充足。有的基层政府受到GDP政绩观的驱使、"维稳"考核的引导，粗暴地对待劳资冲突，反而激化了社会矛盾。上述情况在许多地方普遍存在，这更加迫切呼唤能够突破既有的理念和制度的藩篱，对集体谈判权作出学理上的透彻阐述，达成社会共识，推动立法先行，建立行为规范，从容应对已较为严峻且日趋复杂的劳动关系。

要使处在当期利益冲突下的劳资双方的合理权益都能受到尊重和保护，这就需要借助公平的、自愿参与的利益博弈，并以此形成体现法治社会基本要求的、有利于市场经济健康发展的利益均衡机制。从世界劳资关系的演进历程看，集体谈判无疑是最为重要的劳动关系利益均衡机制之一，而且是解决劳资关系这对特定利益主体之间矛盾与冲突的成本最低、有效性最高的自我沟通、协商和博弈方式。因为集体谈判制度要求在劳动者与雇主之间，建立起权利与义务有机统一的利益表达和包容互动的妥协机制，使双方在彼此尊重的博弈中构建起相对公平的雇佣关系、平等的社会关系、自治的劳动关系。在法律层面促使集体谈判权得以确立和建立集体谈判制度，无疑将是我国政治文明、经济文明、社会文明和文化文明建设的重要体现，是劳动者能够同样拥有中国梦的基本前提，就此而论，对包括集体谈判权在内的集体劳权的研究绝不只是一个学术课题。

笔者在美国波士顿大学做访问学者期间，师从基斯 N. 希尔顿（Keith N. Hylton）教授研究美国的劳动关系法，考察了劳资双方进行协商谈判的实务，因此，在完成集体谈判制度的研究过程中，较多借鉴了美国的做法和经验；然而，对集体谈判权研究的着眼点主要放在了我所熟悉的深圳。作为经济发达地区，深圳所反映出来的劳动关系、劳资矛盾具有突出的先导性、代表性，而且该市有关部门在解决劳资纠纷中最早引入集体谈判机制，处在集体谈判制度创新实践的前沿，积累了大量的实务案例。这些加深了笔者对劳动关系的认识，深化了对集体谈判制度的思考，从而直接促成了集体谈判制度的内容构成、运作规范，并对最为核心的工资集体谈判做了重点阐述。集体谈判权的制度运行，需要从行使准备、行使过程、行使结果与救济渠道等方面进行梳理，尤其要解决好在准备阶段就应完成的集体谈判权利主体（劳动者）的代表人确立，保障谈判开展所需信息的披露，防止集体谈判义务主体（雇主）存在不接受谈判或不尽诚实谈判义务的侵权行为。

传统观点认为，所有制性质决定着劳动关系的性质和特征，因而对具体企业的劳资关系往往关注不够。对于普通劳动者而言，收入分配制度对他们的直接影响更大。劳资双方之间不可能对等的雇佣关系，极易造成在集体谈判权行使中义务主体（雇主）有恃无恐，傲慢地不履行承认谈判、诚实谈判等义务的情形；而集体谈判的特殊主体（政府）实行的经济增长主导政策，在综合考量全球化竞争因素对企业的影响中，也会出于各种现实的或者远期的考虑做出纵容损害劳动者权益的行为。为了从根本上消除集体谈判权权利主体在权利运行中的弃权、侵权现象，既需要分析劳动者因法文化的历史沉淀、法意识的缺乏，以及自我认可程度偏低、权利意识薄弱、"搭便车"心理造成的主动弃权，还需要分析雇主未尽承认谈判义务、未尽诚实谈判义务的情形，比如资本的所有者或管理者普遍地认为企业员工没有获取企业信息的必要和资格。除了上述内容外，还需要论述政府在劳资关系处置、集体谈判中的作用和影响，否则就不能揭示集体谈判权得以建立的权力保障。如前所述，由于在片面政绩导向下的越位、管制导向下的缺位、利益导向下的错位等，以及政府不当干预集体谈判等，同样是造成劳动者被侵权的重要原因。

任何权威都不是不可改变的。对法律和公权力的不信任，会导致处于弱势地位的劳动者在预期权益必然受损的研判下，怨愤越积越多，最终诱发采取非理智的过激行为，或者将这种怨愤发泄到社会上，造成更大的社会冲突和损失。集体谈判是避免劳资矛盾激化的"安全阀"。在安全阀失效的非制度化环境中，无助的充满被剥夺感的劳动者会在近乎"集体沉默—英雄产生—乌合之众—集体失范"这样一种非秩序化行为的演进轨迹中，释放因"无所得也就没有什么怕失去"的非理智情绪下的行为。集体谈判权是一种能唤起劳动者尊严的自力救济权利，是一种积极的自力救济权利，但它并不会自动形成，这就需要消除阻碍集体谈判权行使的各种障碍，无论是外部的，还是劳动者自身的。劳动者个人是否具有集体意识和集体行动意愿，是集体劳动关系形成的必要条件。社会工作中的"增权"理论主张通过社会的良性中间力量和工会的外力作用促成个体增权，从而激发和挖掘劳动者的潜能，提高劳动者的个体素质，实现真正的"造血"。毫无疑问，工会不能放弃对集体谈判的代表权，在集体谈判中必须明确角色定位、角色作用促使现在的工会进行改革，建立"低耦合、高内聚"的真正代表员工利益的工会，这对众多企业工会而言是一种强力倒逼。

契约关系是现代社会的基本特征。"如果说在传统社会中身份是被遗传的，那么在现代社会身份就是被构建的。"[①] 劳动关系的本

---

① [加] 大卫·莱昂：《后现代性》，郭为桂译，吉林人民出版社2004年版，第38页。

质是经济关系，市场化是根本方向。市场化的劳动关系，简单来讲就是雇佣关系，如果承认了这一点，那么认可劳动者的集体谈判权就不该再有其他的人为障碍。为使劳动者享有人权和公民权意义上的基本劳权，从维护社会的公平、正义入手，对劳动者权利的保护就需要在劳动立法上予以特殊关注，构建集体谈判权的法律责任、法律救济制度。劳动者同样具有"理性人"的属性特征。符合实际情况、体现客观要求的集体谈判制度，应该构建不同主体在集体谈判中恰当的"社会身份"。

  谈集体谈判权就不可能回避罢工权。在我国，罢工仍是一个不该敏感的敏感话题。罢工权不同于罢工，罢工的威慑与实际的罢工也不相同，就集体谈判而言罢工权是集体谈判权实现的自我保障。团结权、集体谈判权、罢工权作为集体劳权"三位一体"，相辅相成。团结权是行使集体谈判权的前提，罢工权是实现集体谈判权的保障，集体谈判权是表达劳动者意愿、实现集体合同签订、保障劳动者合法权利、维护集体劳动关系平衡最为便捷和有效的方式。为了打消人们对罢工不必要的顾虑，笔者还是专门梳理了罢工的概念、发展以及罢工权立法问题。深刻认知劳动关系的深层本质，才能辩证理解"劳动三权"的深层内涵。配置了罢工权的集体谈判权才更有利于实现劳资双方合作剩余相对公平的分配。当然，为防止劳动者滥用罢工权，需要明确集体谈判的目的是签订集体合同，只有在谈判破裂的情况下，工会组织的以提高收益为目的的经济性罢工才是合法的。

  在纵向的历史回顾中我们不难发现，集体谈判是市场经济国家实践时间最长、应用最普遍、成效最显著的调整劳动关系的重要机制，即使在全球化背景下，集体谈判制度在发挥构建和谐劳动关系方面的作用仍然非常重要、不可忽视。我国从20世纪90年代中期开始部分借鉴和选择推行这种制度，建立了劳动者（工会）、雇主和政府共同参与的三方协商机制，以签订集体合同为目标的集体协商制度，在推进和谐劳动关系构建方面取得了一定成效，特别是在劳动法宣传层面和集体合同覆盖率方面取得了较大的进步，但是，集体谈判制度的应有作用还没有得到更为充分的发挥。从构建和谐劳动关系的角度，我们期待政府要转变对劳动关系的思维定式和管理模式，实现从"意图伦理"向"责任伦理"的适时过渡，要加快法治政府、有限政府和善治政府的建设进程；要促进公平和正义的社会分配，实现对劳动者的必要倾斜保护，消除社会层级的纵向流动的障碍，健全社会保障体系，从源头上减少社会不满和社会积怨，使劳动者拥有能够共享改革开放成果的公平机会、平等权利和获得能力。只有这样，才能完成和谐社会的构建。

对集体谈判权的已有研究，国内学者的分析主要集中在对集体谈判权内容和集体谈判权行使过程中遇到的问题这两个方面。前者以团结权、集体谈判权、罢工权的"劳动三权"为理念基础，从法学角度分析《劳动法》、《工会法》、《集体合同规定》等的立法阙如，提出应加快推动集体谈判权的相关立法；后者则多把探究的重点放在了对工会的代表性、独立性缺失上，放在了如何提升劳动者的集体谈判权、罢工权的行使能力上。这些研究成果对于明晰集体谈判权的内涵，分析集体谈判权行使不畅、法律效果不彰的原因，消除各类集体谈判的侵权现象，促使集体谈判权的实现等提出了很有价值的思考，对作者的启发很大。劳动关系是作者攻读博士期间的研究方向，并完成了国内第一篇以"集体谈判权研究"为主题的博士论文。此后，笔者结合自己在劳动法的教学实践，进一步丰富了相关内容，力求贴近中国国情，构建将集体谈判权作为重点，以团结权为基础、罢工权为保障的集体劳权体系，希望这些探索性研究，能为集体劳动法律制度的完善尽到一个学人的绵薄之力，并对实践工作起到相应的指导作用。

在《集体谈判权研究》出版之际，特别感谢我的导师冯彦君教授的严格要求、悉心传授，感谢深圳市社会科学院的眷顾和支持。因个人学识所限，如果文中存在观点不够周延、表述不甚精准的，希望得到专家学者和从事实务朋友的指正。

艾　琳

2016年5月10日

目 录

第一章 不应陌生的集体谈判权 ………………………… （1）
  第一节 集体谈判的起源和发展 ……………………… （1）
  第二节 集体谈判权的法律界定 ……………………… （27）
  第三节 集体谈判权的法权属性 ……………………… （47）
  第四节 集体谈判权的法律价值 ……………………… （72）

第二章 集体谈判权的主体构成 ………………………… （83）
  第一节 集体谈判权的权利主体 ……………………… （83）
  第二节 集体谈判权的义务主体 ……………………… （98）
  第三节 集体谈判权的特殊主体 ……………………… （103）
  第四节 集体谈判权的自助组织 ……………………… （107）

第三章 集体谈判权的制度体系 ………………………… （110）
  第一节 集体谈判涉及的主要内容 …………………… （110）
  第二节 集体谈判权的行使准备 ……………………… （121）
  第三节 集体谈判权的行使过程 ……………………… （129）
  第四节 集体谈判权的行使结果 ……………………… （136）

第四章 集体谈判权受阻情形的主体分析 ……………… （140）
  第一节 集体谈判权受阻的外部原因 ………………… （141）
  第二节 权利主体的自我弃权 ………………………… （144）
  第三节 义务主体的侵权责任 ………………………… （169）
  第四节 特殊主体权责错置导致的结果 ……………… （180）

第五章　健全集体谈判权的救济渠道 …………………………（203）
　　第一节　强化集体谈判权的自力救济 ……………………（203）
　　第二节　确立罢工权的威慑救济 …………………………（234）
　　第三节　完善劳工政策的权力救济 ………………………（277）
　　第四节　构建集体劳权的法律救济 ………………………（299）

参考文献 ……………………………………………………………（313）

第一章

不应陌生的集体谈判权

劳资关系是生产活动中直接从事劳动的人与雇佣这些劳动力的人的社会关系的总称,并构成劳动关系的核心内容。劳资关系并非一成不变的,促进这种变化的既有科学技术、生产力水平的提高,也有经济结构、组织形态的转变,还有社会进步、制度文明带来的影响,这些都是外部环境和条件的演变。就劳动关系自身而言,真正产生根本性作用的,还是伴随着产业革命,在工人运动中诞生的团结权、集体谈判权和罢工权,通常被称为"劳动三权"。集体谈判权以罢工权为依靠,是团结起来的工人为维护自身权益所运用的最重要、最有效的工具,其公平的权益博弈机制还使其成为被雇主和雇主组织借鉴并运用的工具,也就是说,集体谈判权搭建起了劳资双方沟通交流、取得理解、达成共识的双向平台,是建立平等、稳定、可预期的劳动关系的撬杠。

第一节 集体谈判的起源和发展

对集体谈判进行历史的检视,就会发现集体谈判不仅是工人运动的产物,还是工人运动能够走向秩序和非革命,对抗激烈的劳资冲突能够走向和平和非暴力,普遍被工会和劳动者运用,并取得雇主认同、社会认可、政府接受的关键。集体谈判制度的形成和发展经过了曲折而漫长的过程,其日渐完善和成熟,迄今为止,仍在随着劳动关系、经济模式和社会结构的变化进行着相应的调整。一般认为，集体谈判大致经历了四个阶段：一是集体谈判的萌芽阶段，从 18 世纪末到 19 世纪下半叶，欧洲国家的产业冲突和工会组织的出现使得集体谈判成为现实；二是集体谈判开始被接受阶段，从 19 世纪下半叶到 20 世纪初，首先是由雇主接受，再到政府在一定法律范围内允许劳动者组织工会并签订集体合同；三是集体谈判的法律认可阶段，从 20 世纪初到第二次世界大战，西方国家进一步完善劳动立法，集体谈判和集体合同得到普及，劳资关系制度化、法制化程度大幅提高；四是集体谈判的法律地位巩固阶段，从"二战"至今，在国际劳工组织的大力推动下，集体谈判的范围日益扩大，方式日趋灵活多样，种类日渐完善，各种层次的谈判互为补充，并成为一项经常性的制度。

一 集体谈判的起源

18 世纪蒸汽机的发明和大规模应用，使欧洲开启了工业革命的伟大进程，推动了经济社会的飞速发展，为资本家带来了巨额的利润，为社会创造了大量的财富，与此同时，也孕育了人数众多的工人阶级。然而，在资本主义的初始阶段，国家对劳资关系采取自由放任的政策，资本的野蛮性与资本家的残酷性，使刚刚诞生的工人阶级普遍处于高强度的劳动、低廉的劳动报酬、恶劣的劳动条件、频发的劳动事故和毫无保障的悲惨境地。这种非人道的生存状况，一方面严重超越了工人的生理和心理承受极限，另一方面对其基本人权的侵犯也在不断地挑战着社会的道德底线。过度的压迫，必然导致不计其数的工人的反抗斗争。

在激烈的阶级对抗和阶级冲突中，工人阶级为了改善自己的生存状况，本能地以各种方式与资本家进行抗争。工人受资本家雇佣的关系本质，决定了这种个别的、散乱的、自发的且多具有破坏性暴力倾向的斗争必然不可能取得根本上的成功，而且不能赢得社会的广泛支持，只会以失败告终。斗争在使工人阶级受到挫折、积累教训的同时，也积累着经验，使他们日渐成熟和理性，并开始接受先进思想和先进理论的指导。在"斗争—失败—再斗争—再失败"的循环之中，工人阶级作为一个独立的、具有共同意识的阶级逐渐成长起来。团结就是力量。具有数量优势的工人阶级认识到只有组织起来，采取团结一致的行动，才能与具有强大经济基础和政府背景的资本家抗衡，形成一定的威慑，迫使其接受较为合理的诉求。由此，劳动关系由单个工人与单个资本家之间的关系，即原始的、从属的劳动关系，转变为单个资本家与组织起来的工人之间的关系。

工人阶级的内部联合，首先是由一些具有较高文化知识、掌握一定技能的熟练工人发起并组织起来的。这些工人阶级中的先进分子，摒弃了早期工人运动的暴力倾向，反对简单地破坏机器、烧毁厂房的做法，而是将有组织的罢工或消极怠工作为手段，迫使资本家不得不重视他们的意见和诉求，进而推荐代表实现了与雇主在谈判桌上的劳资对话。作为有组织并具有广泛性的劳资对话，则是随着工会组织的诞生和不断壮大而建立起来的。对于早期的工会组织，雇主进行过激烈的抵制、压制，他们不愿意接受一个能与自己分庭抗礼的组织的出现。于是，集体谈判成为工会的重要使命，成为工人运动的重要手段。也正是由于工会承担起了集体谈判的当然职责，代表工人与雇主进行谈判，从而使劳资双方的谈判机制日渐完善和稳定化，谈判所达成的协议不仅能够以书面形式体现，集体谈判的形式和内容也逐渐被劳资双方所接受并走向规范化。

不过，在集体谈判发展之初，秉持自由放任市场观念的欧洲国家的政府对集体谈判普遍持反对态度，他们既不愿意承认更不能接受一个新的群体权力的出现，这个权力由工会代表，就劳动者的利益与企业进行磋商。比如，在自由主义经济的观点下，有的国家还把劳动关系当作"自由"的契约加以规定，将工人个体利用集体力量迫使雇主签订团体协议的行为视为"限制贸易自由的共谋罪"。法国1791年颁布的《夏勃里埃法》、英国1799年颁布的《结社法》等，都禁止工人结社、罢工和示威。这表明，当时欧洲政府所标榜和奉行的自由竞争、自由放任，其实质是对雇主不良行为的放任不管，使他们可以任意剥削、压迫工人，而对工人的反抗斗争则加以各种限制，如在《夏勃里埃法》中就明文规定，"在劳资双方发生争议时，雇主的证词永远是正确的"。即使到了19世纪初，英国的法律还规定,"凡2人或2人以上联合要挟雇主改良劳动条件,一律给予徒刑或罚金处罚",并宣布取缔工会组织,禁止工人罢工等。到了1850年,虽然英国的纺织、矿山和炼铁业的工会组织通过谈判与企业雇主之间达成一些协议,但是当时的集体谈判仍然没有得到法律的保护,谈判达成的协议也是"君子协议",随时都有可能被资方抛弃。法律的天平完全偏向雇主一方,劳动者难以合法组织起来,集体谈判仍处于萌芽状态。

"哪里有压迫,哪里就有斗争。"工人阶级的团结斗争并未因政府宣布工会违法、集体谈判违法而停滞,反而愈演愈烈。激烈的劳工冲突,在使雇主利益受损的同时,也迫使雇主不得不转换思维,从有利于自身的一面重新审视集体谈判。他们发现只要有序组织集体谈判,劳资关系的可控性就变得更加可能,这不仅可以避免大规模的劳资对抗,抑制罢工、减少怠工,甚至还能够避免同行业者之间的非经营性竞争。经过精确的算计和多方的权衡,越来越多的资本家开始接受集体谈判和集体协议。在这种情况下,产业化革命最早、工业文明程度最高的英国政府也不再有理由简单地反对集体谈判,开始转变立场,由对劳资关系的"自由放任"转而采取建设性干预政策,通过立法对集体谈判加以规范和引导。1871年英国颁布了世界上第一部《工会法》,此后又于1875年颁布了《企业主和工人法》,明确规定工人有组织工会的权利,承认工人与雇主之间地位平等,允许工人以团体名义与雇主举行谈判并签订契约。

英国政府采取上述举措,体现为政府开始对改善工人状况进行建设性干预,其目的在于避免劳资双方的激烈对抗、持续斗争,协调劳动关系,保障社会稳定。继英国之后,欧洲其他国家也相继颁布法律对集体谈判加以规范,如1884年法国颁布的《工会法》,1904年新西兰颁布规范集体谈判和集体合同的法律。第二次世界大战以后,获得民族独立的第三世界国家也纷纷借鉴欧美国家处理劳资关系的方法,陆续建立了集体谈判制度。集体谈判逐渐得到了越来越多的国家法律的认可和支持,并成为制度化解决产业冲突的重要手段,收到了实际的效果。

总的来讲，集体谈判的演进变化，与资本主义发展阶段密切相关，并在资本主义的原始积累、自由资本主义、垄断资本主义、国家垄断资本主义以及经济全球化的不同阶段，呈现出不同的劳资关系特征。纵观集体谈判的起源史，经历了从受打压、扼制，到妥协、接受，再到被认可、承认的发展历程，而集体谈判自身也经历了由自发到自觉、由业余到专业化、由劳动者单方提起到劳资双方共用的发展历程。集体谈判是各国工人阶级前赴后继、不懈争取的结果，共同源自产业革命、工业文明，且与各国在各时期的经济、社会、政治的大环境有着紧密的联系，并受到各种学术思潮的影响，比如无政府主义、马克思主义以及人权革命的影响。从这一点讲，集体谈判在劳资双方围绕几近相同议题的相互博弈中，受制于各国的政治生态、法律文化，朝着既具有一致性又呈现多样性的方向发展。概括来讲，集体谈判的发展进程主要经历了萌芽初始、政府认可、法律规范、健全完善等不同阶段，现今在新一轮产业革命和全球化背景下呈现出多元发展的格局。

二　集体谈判的形成

在集体谈判发展初期，工人是以个体孤立的形态散布于各个劳动力市场，由于劳动力普通供大于求，必然决定了其处于极其不利的被挑选地位。之后，工人组建起工会，具有了组织起来的集体力量，逐步学会运用集体谈判、罢工等争取自身权益。社会文明的进步，对工人生存状况的同情和关注，使资本家在承受社会压力的同时，也需要寻求稳定的劳动关系，并将与工人（工会）的协商谈判纳入逐渐调整的管理方式之中。政府的跟进和参与，也极大地推进了集体谈判的法制化进程。由此，形成了在以调整劳动关系为目的的集体谈判中，劳动者（工会）、雇主（雇主组织）与政府的三方联系紧密、共同促进、相互制衡的主体关系。

（一）劳资双方的理智选择

在劳资关系中，虽然资本家的经济实力和政治地位必然处于绝对的强势状态，甚至这一地位随着寡头资本和雇主协会的出现还得以加强。但是，对经济利益的追求迫使资本家不能无视工人阶级的群体性行动,不能不考虑如何建立有利于企业生产经营的沟通机制和协商渠道。企业是劳资双方为实现各自需要的共同组织,仅此而言在利益冲突中又具有根本上的一致性,那就是企业的生存和发展,这是双方理性地妥协的基础。

19世纪末20世纪初,劳资双方都认识到建立产业民主的必要性,开始认可工会的活动,接受集体谈判的磋商方式,劳资双方从对立转向谋求一定程度的合作。由于集体谈判可以给雇主避免工人运动所造成的直接损失,许多企业因此从中受益。但是,最初通过集体谈判达成的集体合同只是劳资双方之间的一种不具有法律效力的普通协议,并不能得到法律的保护。对集体谈判不仅政府采取禁止的态度,而且各国法院也采取了对劳资协议案件一律不予受理的做法。

(二) 政府顺势而为的引导

劳资双方的关系由激烈对立到冲突缓和,再到有限合作,通过谈判等温和的方式解决劳资矛盾的方法,随着时间的推移开始逐渐被接受,转变观念的各国政府自然乐见其成,并积极推动。政府开始逐渐地放宽对工人组织工会的限制,允许在一定条件下组建工会和开展工会活动,逐渐废除了禁止工人结社的法律,接受工会在法律许可下代表工人与资方进行谈判,之后又鼓励工会通过集体谈判与雇主签订集体劳动合同。不仅如此,一些国家的政府将对于集体谈判态度的转变,体现在了通过立法的方式转化为相应的法律制度的行动,就集体谈判的过程、内容、结果以及实施进行了详细的规定,将其规范化、稳定化。例如,英国1871年的《工会法》、1875年的《企业主和工人法》,法国1884年的《工会法》,新西兰1904年的《集体谈判和集体合同法》等一系列的法律法规,标志着集体谈判制度得到了国家法律的认可和保护,使得集体谈判逐渐成为制度化的解决劳资冲突的重要手段。

集体谈判制度在西方资本主义国家的日益普及,劳资双方通过有组织的谈判解决工资和劳动条件的方式逐渐被劳资双方所接受,受到政府的重视。在市场经济国家进一步完善集体谈判立法的同时,开始加强对劳资关系的管理,比如健全政府的相关职能机构,政府更加关注给劳资双方的集体谈判创造条件,扩大劳动监察范围,特别是提供调解、仲裁等行政管理,适度地干预劳动关系。这一切都表明劳资双方之间的矛盾和冲突,绝不是劳动关系的孤立体现。

(三)法律法规的强制规范

调整涉及雇主和工会的法律政策,能够缓和劳资矛盾,保持资本主义的稳定发展,这是欧美各国政府放弃原有放任自流的政策,改为采取主动干预劳资关系的重要原因。从20世纪初期到第二次世界大战,全球劳资关系开始朝着规范化、制度化、法治化的方向转型,劳工结社、集体谈判和集体合同制度在法律层面得到了进一步的明确。在劳动立法的过程中,政府从以前仅邀请雇主代表参与,转变成为同时邀请工人及工会参加劳动立法的过程,同时听取两方面的意见。此外,一些国家还成立了由劳动者(工会)、雇主(雇主组织)和政府参加的三方协调机构,如劳资协议会等,共同处理有关劳动关系中的重大和全局性议题。在此阶段,世界主要资本主义国家先后出台了一系列的相关法律法规,进一步完善劳动立法,健全集体谈判制度,例如英国1906年的《行业争执法》、瑞士1911年的《债务法》、法国1919年的《劳动协议法》、德国1921年的《劳动协约法》、瑞典1938年的《劳动关系法》,以及最具代表性和影响力的美国1935年的《劳资关系法》(Labor Management Relations Act)。

欧美各国对集体谈判立法的内容主要集中在三个方面:一是工会谈判资格的确定;二是谈判过程中发生矛盾和争议的解决;三是对谈判要求、谈判开始、谈判进程和谈判结束等的程序性规定。例如美国《劳资关系法》第8条对集体谈判就作了较为充分的定义,认为谈判是雇主与雇员的代表带有各自的愿望,以诚信的态度在一定的时间就工资、工时、工作条件或其他事项履行双方义务的操作;或对协议和与其他人相关的问题进行谈判;或对书面合同执行的协商过程。上述立法实践,将集体谈判纳入了法治化的轨道,使其行为必须在法律的范围内活动,事实上也强化了集体谈判的地位和作用。

（四）国际劳工组织的持久推动

如上所述，第二次世界大战以后，劳工结社、集体谈判和集体合同制度在主要资本主义国家的劳动立法中得到广泛确认。战争期间，由于民族矛盾尖锐突出，劳资矛盾退居次要地位；战争结束后，劳资矛盾重新凸显。为此，西方国家普遍运用多种措施缓和劳资矛盾，在原有法律制度的基础上，更加重视制度的可实施性、可操作性，着眼于具体矛盾和冲突的解决，比如建立行之有效的调解机制。即使在"冷战"和人权意识大觉醒的背景下，虽然个别国家出现了比较激烈的劳资冲突，如法国1968年的"五月风暴"、英国20世纪80年代的煤矿工人大罢工等，但就整体而言，世界主要资本主义国家的劳资关系激烈的冲突仍然较少发生，日常化、规范化、有组织的集体谈判仍是解决劳资矛盾的主流方式。与此同时，集体谈判的范围日益扩大，方式上日趋多样灵活，种类上也日趋完善，各种层次的谈判互为补充，从而大大丰富了劳资关系的协调机制，这都意味着集体谈判已经得到了社会的广泛认可和普遍接纳。

毫无疑问，在这个过程中国际劳工组织（International Labour Organization，ILO）的自身发展和多方推动，对集体谈判起到了至关重要的作用，如其借助劳工公约和建议书在世界范围内推行这一制度。在1944年召开的第26届国际劳工大会上通过的《费城宣言》，就明确提出应"切实承认集体谈判权利"的要求。1949年国际劳工大会通过的《组织权利与集体谈判权利公约》（第98号）在第4条就规定："对于雇主或雇主组织同工人组织之间进行自愿谈判的机制，政府应当采取符合本国国情的措施给予鼓励，并促进其充分发展与应用，以使双方通过签订集体协议来规定工人的就业条件。"1951年国际劳工组织通过的《集体协议建设书》（第92号），更具体地规定了集体谈判和集体合同的程序、定义、效力、解释、监督等内容，具有极强的指导性。这些国际劳工公约和建议书对于各成员国承认集体谈判权利，有效发挥集体谈判的功能产生了巨大的促进作用。

正是在国际劳工组织的积极推动下，集体谈判作为一种制度受到世界各国的高度重视和广泛借鉴，已然成为各个国家处理劳动关系、处置劳资矛盾的重要方式,集体谈判的立法得到健全和深化。例如,日本1946年的《工会法》、1947年的《劳动关系调整法》和1976年的《劳动标准法》,德国1949年的《集体合同法》,法国1950年的《劳资协议法》、1981年的《劳动法典》,加拿大1965年的《劳动(标准)法》,美国1978年的《劳动合作法》等,都体现了国际劳工组织所倡导的集体谈判制度。

(五)不同劳资关系范式的效果

第二次世界大战后,世界范畴的人民革命和民族独立运动风起云涌,各国国内争取民主的浪潮也一浪高过一浪,迫于各种压力,西方国家的企业和政府普遍采取了缓和劳动关系的措施,并收到明显成效,劳资之间大规模的、激烈的对抗冲突大为减少,取而代之的是日常性、规范化和有组织的集体谈判制度、劳动争议处理制度等。集体谈判制度大大改变了劳资关系,也提升了政府的社会治理能力,使西方资本主义国家进入了"黄金发展期"。与此同时,劳资关系在不同国家之中,根据劳资双方力量对比和政府在其中所起的作用,逐渐形成合作主义、多元主义两种较为典型的不同范式。① 集体谈判在不同的劳资关系下,所能起到的作用和实现的目标是不同的,比如在合作主义范式下集体谈判的作用和效果要更为明显。

1. 合作主义范式

一般而言,如果在劳资关系中雇主比较强大,雇主组织也比较健全,与之相应,工人阶级的团结能力、工会的组织能力也是强有力的,组织形态也较为稳定,就有可能实现合作主义的劳资关系范式。在这种力量和组织相对稳定均衡的范式下,集体谈判是劳资双方解决争端和问题的主要手段,且是在高度组织化的劳方与资方之间进行的,国家的干预主要是促进劳资双方形成合作。由于劳资双方在集体谈判中的利益目标具有一定的共识性,价值体系也部分重叠,双方都有着通过谈判和协商达成一致意见的主观愿望。例如,瑞典的合作主义主要体现在三个方面:一是集中的工资谈判和有序

---

① [荷]约里斯·范·鲁塞佛尔达特、耶勒·菲瑟:《欧洲劳资关系——传统与转变》,佘云霞等译,世界知识出版社2000年版,第33页。

的劳资关系；二是指向明确的"劳动市场政策"；三是对实行福利制度的普遍共识。瑞典实行了从中央到地方的完整的集体谈判体系，集体谈判在中央、部门和地方不同层级依次进行，最后甚至细化到公司管理方与部门员工代表之间的协商，每个层级谈判达成的集体合同在下一级集体谈判中又被进一步细化，从而使几乎所有的员工都能被某个集体合同所覆盖。

在特定企业内的劳资合作可以给劳资双方带来"双赢"的结果，对于维持社会稳定和社会进步也是十分重要的，因而世界各国的劳动政策都十分重视企业的劳资合作。劳资合作的前提是双方有着部分共同利益的存在并被认识到，基础是彼此冲突的可协调性。因此，劳资关系可以被看成是结构性的对抗和算计性的合作关系。① 当这种合作关系稳定下来后，劳资关系就能以和谐的方式表现出来。从世界工人运动史的角度看，暴力冲突逐渐为合法的、制度化的谈判和罢工所取代，在一些具有代表性的国家（如德国、瑞典），合作与共决已经成为资方与工会都能接受的形式。②

2. 多元主义范式

多元主义范式的典型代表是英国。英国历来在劳资关系、集体谈判上奉行自由主义的传统，主张雇佣双方依靠市场的力量进行谈判，解决包括劳资矛盾在内的各种问题。虽然在1945年时，英国集体谈判的覆盖率就已高达80%，行业协议成为最主要的集体谈判形式，但是此后英国的集体谈判出现了分散化趋势，全国性协议开始趋于制定工资和工时的最低标准，规定解决冲突地区的程序，普遍缺乏实质性内容。而且，得到政府承认的工会日益减少，没有工会会员的企业比例在逐渐增加，集体协议覆盖面日益变小，到1990年仅有47%的雇员被集体协议所覆盖。英国劳资关系分散化的趋势意味着各行业、企业和地区之间以及公司间雇佣关系、规则和条件

---

① 郭志刚：《和谐劳动关系的内核与模式》，《财经科学》2008年第5期。
② 孙兆阳：《平衡劳动关系的冲突与合作——关系和谐劳动关系的理论思考》，《中国劳动关系学院学报》2012年第2期。

存在着极大的不同。① 由此可见,多元主义下的雇主或雇主组织比较分散,工会力量相对较弱,组织的稳定性较差。在这种范式下,政府对集体谈判较多采取了回避的态度,试图依靠市场的力量主导劳资谈判从而形成集体合同,政府的这种态度是充分的自由主义市场国家普遍所持的基本政策导向。

(六) 多元发展格局的形成

集体谈判制度有力地促进了工业民主化运动的不断扩大,工人不仅关心工资、工时、福利等劳动条件,还开始争取民主参与权。工业民主化的三大原则分别是:分享权利、分享利润、尊重人格,其显著特征是企业职工参与资本构成、参与管理决策、参与利润分配,不仅成为社会进步的标志,也成为企业改善经营管理的举措。在工人运动的强大压力下,职工参与权从生产经营管理领域逐步延伸到政治领域,参与国家劳动立法和社会政策的制定,从源头上维护劳动者的根本利益。比如,在美国工会的高峰期,就有2000多万人参加了各类工会,入会会员约占全部劳动力的四分之一,而98%的劳资纠纷,都是通过集体谈判方式解决的。

20世纪80年代以来,经济全球化所形成的生产要素全球化配置重新改变了世界劳动关系的格局,包括中国在内的发展中国家的迅速崛起,世界各国政府开始放松对劳动法的实施要求,企业也通过使用种种规避法律的手段来减少劳动者的实际收益,以避免劳动力比较优势的降低,使集体谈判制度在西方国家受到了极大的挑战。另外,以现代服务业为特征的第三产业在经济总量中所占比重的提高,特别是在经济相对发达的国家,使以第二产业为主体的产业工会的工人入会率明显下降,大规模的工人运动开始衰退;此外,企业治理结构的变革,都使得工会主导的以集体谈判和签订集体劳动合同为中心的劳资关系体系受到动摇,劳资关系格局出现了某种程度的逆转。而在当代西方国家,其劳资双方在利益关系上还

---

① [荷] 约里斯·范·鲁塞佛尔达特、耶勒·菲瑟:《欧洲劳资关系——传统与转变》,佘云霞等译,世界知识出版社2000年版,第79—82页。

呈现出以下新特征：一是企业股权分散化、社会化趋势不断增强，职业管理团队的作用越来越大；二是雇佣劳动者与雇主之间形成了双方共享利益分配的机制，或者说是一种经济形式，即"利益相关者经济"。

21世纪以来，在新自由主义的影响下，世界各国政府进一步放宽了对具有垄断性的跨国资产控股集团的限制，加上发展中国家为招商引资所制定的优惠政策，资本在全球范围流动和配置的加剧，极大地改变了劳资关系的形态。比如在中国劳务派遣开始大行其道，甚至成为一些企业的主流用工方式。即使在企业集团内部，股权多元化、分散化，以及员工持股等，劳动关系也变得更为多样和复杂，身份多元、角色多元、利益多元，使工会的代表性受到了极大的挑战，集体谈判在一些企业已开始变得更加艰难。另外，在激烈的市场竞争下企业组织模式的变革，互联网、信息化等科学技术因素的深刻影响，使相当一批有着专业技能的劳动力成为"自由职业者"，具有巨大差异的企业人力资源管理，也使得大批有就业竞争优势的劳动者缺乏对工会的认同，更失去了对集体谈判的需要。

跨国企业把主要的雇佣关系实务扩散到子公司的倾向，反映出跨国企业及其管理扎根于母国（来源国效应，country of origin effect）制度环境下的程度。这些公司普遍具有如下的倾向：采取高度集权化的人力资源政策，强调绩效管理，工作场所多样化，与反工会主义。[①] 跨国公司在全球范围内赚取超额利润，却不需要承担相应的社会责任，使经济全球化带来的影响之一就是富人成为更大、更直接的受益者，而相当多的工人则陷入更大的相对贫困之中。这就意味着，在全球化的背景下，劳动者的权益及其保障虽然已经成为一个世界性的社会问题，但是要解决的难度却更大了。为此，国际劳工组织强烈要求企业尤其是跨国公司在赚取巨额利润的同时，也必须承担社会责任和义务，防止"贫穷的全球化"，主张

---

① ［澳］Greg J. Bamber、Russell D. Lansbury、Nick Wailes、赵曙明、李诚、张捷编：《国际与比较雇佣关系》，赵曙明等译，北京大学出版社2012年版，第22页。

在企业中开展企业社会责任运动，推行和实施国际劳动标准，以达到切实能够保护职工基本权益的目的。

三　各国集体谈判的现实状况

综上所述，由于西方主要工业化国家都已经建立起健全完备且较为成熟的国家、行业、企业三个层次，工会、雇主、政府三方协作的集体谈判制度，有效地促进了劳资双方的关系和谐，缓解了劳资冲突的发生。集体谈判在一些国家成为影响雇佣关系、处理日常劳资冲突的主要手段，集体谈判的范围进一步扩大。不仅工资、工时和工作条件等传统劳工问题可以通过集体谈判加以解决，而且劳资合作、员工参与管理等新的劳工问题也可以借助集体谈判加以解决，其作用和影响日益显现。与此同时，集体谈判在方式上也日趋灵活、形式上也日趋完善，建立并形成了多层次、互为补充的谈判模式。

当然，我们也应当认识到，任何手段和工具都不可能是包治百病的灵丹妙药，集体谈判也是如此。集体谈判的必要性、可行性，应视劳资关系的实际状况而定，劳动者的生存状态，决定着集体谈判的内容构成、运用形态和价值存在。而对劳资关系的评价，要兼顾到劳资双方的合理要求，要以满足企业正常经营和扩大生产为前提，不能只考虑到劳动者对当下工作条件、福利待遇改善的诉求，还要顾及企业的竞争力、发展潜力；企业是营利机构，追求利润是其价值之所在，具有完全的正当性，不能简单地把福利主义作为改善劳资关系追求的目标。理想的劳资关系目标，应是是雇主与劳动者之间能够形成利益的共同体，这当然需要从改变企业的资本构成和经营管理两个方面入手才能实现。

2008年的国际金融危机，对集体谈判产生了重要影响，或者说，集体谈判制度受到了一次严峻的挑战。不过，后来的事实表明，在应对危机以及在以后促进经济复苏的过程中，集体谈判仍发挥了非常重要的作用。2010年4月，法国、西班牙、波兰、荷兰、比利时等10个欧盟国家的劳资双方达成了全国性的跨行业层面的双方或三方的劳动协议，提出了处理危机的"一揽子"方法，以及应对危机的具体措施。例如，法国社会伙伴就经济危机造成的就业问题达成全国性的跨行业协议，内容包括拓展法定缩短工时计划到新员工群体；提高缩短工时后的工作福利；推出公司间"员工租借"制度；提高员工跨地区和跨职业的流动性；完善计划，帮助被裁减工人重新就业；协助目标群体，如长期失业者、年老工人和青年人。西班牙社会伙伴于2010年达成了为期三年的《就业及劳资谈判协议》，核心是保护并创造就业岗位，每年适度加薪，三年内如果通货膨胀超过加薪幅度需要为工人提供补偿，促进无限制性就业；劳资协议中应包含避免并缓解失业、促进无限制就业、增进劳动力流动性、加大培训力度等措施。

一般而言，当行业劳动力市场供给大于需求时，工会在集体谈判中会强调工作的安全性，而降低对工作灵活性的要求，以保障工会会员在供大于求的劳动力市场供求条件下的就业安全。当行业劳动力市场供给小于需求时，工会在集体谈判中则会强调工作的灵活性，而降低对工作安全性的要求。这也就是工会是反对外来移民的主要力量的原因。国际金融危机期间，工会在保持平均月工资与劳动生产率之间的互动上仍具有强大的力量。[①] 自2008年秋至2010年4月，欧盟各成员国在公司层面达成了76份特定协议。例如美国通用（欧洲公司）与其企业劳动联合理事会在2009年1月签署了《关于欧洲所有企业工作时间缩短的通用最低标准的框架协议》，比利时安赛尔—米塔尔钢铁公司与欧洲金属工人联合会就管理和计划变革签署了劳资协议。劳资双方签署的特定协议旨在应对危机产生的不利影响，内容主要包括：推出临时工作；采用其他工时安排，以避免或减少减员，建立时间账户或银行，或者调整年假安排；作出妥协安排，包括牺牲收入和就业条件以换取就业保证；通过"更柔和"的方式缓解计划内失业、避免强制性裁员措施，以及为被裁减工人提供补偿和协助等。

---

① 赵曙明：《国外集体谈判研究现状述评及展望》，《外国经济与管理》2012年第1期。

换个角度讲，当宏观经济基本面向好的时候，工会在集体谈判中会更加倾向于提高对工作灵活性的要求，而当宏观经济基本面向坏的时候，工会在集体谈判中则倾向于强调工作安全性，以确保工会会员的充分就业。在经济危机的后期，集体谈判不仅加强了工资和劳动生产率之间的联系，也有助于缩小工资差距。无论是从整体来看，还是局限于处于工资分配队列后半段的部分人数，集体谈判覆盖率高的国家比覆盖率低的国家工资差距明显要小。通过缩小工资差距，提高工资"地板"，集体谈判有利于减少低工资发生的可能性。

　　当然，时下的集体谈判制度也面临着许多问题，有的问题还非常严峻。挑战来自各个方面，有的在前面的叙述中已经提到，简要地讲这些挑战主要是：首先，集体谈判权利主体构成发生了变化。集体谈判权利主体最初是以产业工人为基本队伍，具有劳动替代性强、利益目标一致和易于组织的特点，自20世纪80年代以后，伴随着科技革命世界经济结构和产业形态发生了根本变化，企业员工构成也发生了深刻改变，特别是随着信息技术的兴起，掌握一定专业知识的劳动者成为企业员工的主体。这些新生代的企业员工自我肯定意识和成就意愿强烈，行业和岗位流动性大，个体差异大，参与工会并借助工会解决自身诉求的愿望较低，工会覆盖群体无论是数量还是比例都在迅速下降，工会会员呈现减少趋势。其次，经济结构和企业人力资源管理方式发生了改变。集体谈判制度的发展必然与劳资关系管理状况密切相关，越是经济发达的国家，制造业在经济结构中所占的比重越低，现代服务业所占比重不断提高；越来越多的企业开始实行弹性工作制，劳动者与企业的劳动关系变得越加不确定，工作方式的多样化使得雇佣关系双方的利益关系也变得更加模糊；随着科学技术和生产力水平的大幅提高，维持生计对许多人来讲不再是第一需求，人们对人生价值、自我发展有了新的认识，许多劳动者开始重新平衡工作与家庭、工作与兴趣之间的关系，劳动已不再是他们的第一需要，到特定企业就业更不是他们赖以谋生的手段。最后，在全球化影响下劳资关系在不同国家之间不可逆转地正在发生着巨变。全球化使得跨国企业能够在全球范围内配置资源和获取廉价劳动力，各国工会往往需要开展跨文化、跨国界的集体谈判合作，特别是在与大型跨国企业的集体谈判中的合作，合作范围的扩大也意味着集体谈判的难度在加大。以欧洲为例，经济一体化已经使得欧洲的劳动力实现了跨国跨区域的自由流动，使得工会利益和会员构成发生了深刻的调整，甚至行业性集体谈判已经不再是在一国之内就能组织的。

四 集体谈判的基本特征

集体谈判在处理劳资矛盾中之所以能发挥应有的作用，就在于它适应性地构建起的成长机制。集体谈判在大规模的工人运动中诞生，在与资方的理性博弈中成熟，并与整个人类的文明进步和法治建设相适应，还充分考虑到特定国家的国情，这是其得以不断健全完善的重要原因。与此同时，集体谈判的发展进程中也呈现出一些较为稳定的特征。

（一）普遍的适用性

集体谈判在劳动者与雇主之间围绕劳动待遇、劳动条件等各自感兴趣的内容进行直接协商，充分表达各自的意愿，促进彼此的体谅和理解；在谈判的内容确定、时间安排、程序设置、关联要求等方面都有很强的灵活性，便于实施。而且，集体谈判可以在全国、地区、行业、企业等不同的层面展开，既可以运用到各种形式的政治、经济制度中，也可以运用到各个产业和职业中。相应地，作为集体谈判成果的集体协议的方式也具有多样性，如全国性、地区性、行业性、企业集体协议，以及工资集体协议和工时集体协议等。

（二）充分的公平性

随着人权意识的重新觉醒，公平、公正、平等、自由、民主等体现社会正义的理念深入人心，不仅体现在劳动力市场方面，还体现在了企业的经营管理之中。在存在雇佣关系的劳资双方开展集体谈判，本身就是公平性的充分体现。集体谈判是劳动者借助工会的力量，维护自身应有权益，实现权利自主的重要方式，它使劳动者面对雇主时不再是一个落单的羔羊，而是以集体意愿的方式达到劳动权益的公平，使以往不被尊重的劳动者开始有了人格尊严感、地位平等感，而资本也不能总是表现出狂傲之态。

（三）广泛的参与性

在资本主义的早期，工人以出卖自己的劳动力勉强维持生存，地位低下，对此马克思有极其详尽深刻的阐述。集体谈判开始改变了劳动者的经济地位，也提高了他们的政治地位、社会地位，培养了他们的法律意识、公民意识，使他们能够参与到一个行业、一个领域、一个区域的劳动关系调整，表达自己的意愿，成为他们参与经济社会政策决策的重要渠道；更为具体的是，是他们通过集体谈判能够获取企业生产经营更多的情况，从积极的角度讲，能够增强其对所在企业的认同感，并以合法的方式参与企业有关劳动关系的决策程序，自觉地落实所达成的集体协议。

（四）合作的互惠性

互惠性是集体谈判的本质属性，原因在于集体谈判从根本上讲是一种利益分配机制。一般而言，集体谈判是劳动者因为不满意现有的工资报酬、福利待遇、工作时间、劳动条件等向资方提出的要约谈判。谈判是一个双方弥合分歧、相互妥协的过程，是一个能够促进合作剩余产生的过程，"斗而不破，"因而它所达成的集体协议必然具有互惠性。同时，通过集体谈判的方式，降低了对企业正常生产经营的负面影响，避免了有可能发生的两败俱伤的局面。

（五）实施的有效性

集体谈判是劳资双方在自愿基础上开展的，同时又以法律法规作保障，因而谈判所取得的成果，易于被各自接受和落实。有效的集体谈判，意味着给紧张的劳动关系装上了一个安全阀，使其始终处于动态调整、充分互动的状态下，对于促进整个社会的劳动就业，改善劳动者的生活福祉，提高劳动生产率，以及对和谐有序的社会关系的形成都能起到积极的支持作用，因而在法律规范制约下的集体谈判是使各方都能从中受益的协商机制，也是有效的合作机制。

五 集体谈判的立法

自20世纪中期以来，对集体谈判立法开始受到世界各国的广泛重视。由于不同国家在经济发展水平、文化背景、产业关系传统等方面存在着差异，在工人运动的组织方式、工会地位和劳动者力量等领域也有诸多差异，因而劳资关系的实际状况并不一致，有关集体谈判的立法难免形成各自不同的特征。如果进一步分析，又会发现那些已建立的集体谈判法律法规，在立法原则、法律形式和条文内容等方面又具有一定的相似性或一致性，因而对我国的集体谈判立法工作仍然具有较强的借鉴性。

（一）结构多样的集体谈判形态[①]

集体谈判的结构，是指集体谈判的双方分别代表什么层次、类别、范围的雇主和雇员签订集体合同或受到该合同的影响。集体谈判结构具有多样性，体现在四个方面：一是集体谈判可以在劳动关系体系中的不同层次展开，可以在全国或行业层次，也可以在地区或行政区层次，还可以在企业层次。二是集体谈判单位所覆盖的雇员群体是经常变化的。在某一个企业或行为中，同一个集体合同可能覆盖所有的雇员，而在另一个企业或行业中，不同类型的雇员则可能有他们自己独立的集体合同。三是集体谈判的形式可以不同，既可以采取书面协议这种非常正规的方法，也可以采取完全依靠双方所达成的无书面文字的默契这种非正式方法。四是集体谈判的范畴也是多种多样的，可以限制在较重要的实质性条款，例如工资、工时等，也可以扩展到更大的范围，例如程序性问题以及企业管理上的问题。

在市场经济国家，集体谈判的结构通常分为"正式"和"非正式"两种。正式的谈判结构是指谈判单位即雇主和雇员是该集体合同认定的法定对象，而非正式的谈判结构是指雇主和雇员仅是通过标准谈判过程或其他程序，受到该集体合同的影响。正式的谈判结构通常包括两个维度：一个是谈判单位中所代表的雇员及工会利益范围，是以狭义的职业为基础，还是以行业为单位从而包括多个职业；另一个是谈判单位中所代表雇主利益的范围，是多个雇主进行谈判（集中谈判），还是单个雇主但多个工厂进行谈判，或者是单

[①] 郭庆松：《企业劳动关系管理》，南开大学出版社2001年版，第183—186页。

个雇主且单个工厂进行谈判（分散谈判）。

非正式谈判结构主要包括协调谈判（Coordinated Bargaining）和模板谈判（Pattern Bargaining）两类。协调谈判是指由不同的组织经过集体谈判而签订集体合同，这些合同在基本内容和基本条件上几乎相同，只是有细微的差异。这主要是行业相互之间进行影响的谈判方式。该方式在20世纪50年代至70年代非常普遍，这一时期不同行业主要协议的达成通常要经过几个月的谈判，率先达成协议对之后的协议制定起到"标准示范"的作用。模板谈判是指采取非正式的手段，将一个正式谈判结构所确定的雇佣待遇和雇佣条件推广到另一个谈判中去，在这一时期它首先作为工会的谈判战术和策略得到广泛应用。之后，由于经济环境的变化，这种策略战术逐渐被雇主所采用。雇主为了赢得工会较多的让步，首先会挑选那些力量薄弱的工会进行谈判并签订协议，以此作为随后与其他工会谈判的基础。

（二）集体谈判立法的层次形式

立法的层级反映了法律的效力，也体现了这个国家对立法问题的认识。集体谈判在世界各国的立法层级上较为多样，分别被纳入宪法、劳动法、劳动关系法、集体谈判和集体协议专项法规等。但将集体谈判或集体谈判权列入《宪法》不是普遍做法，比如西方主要资本主义国家均未在《宪法》中对集体谈判作出规定，原因不仅在于集体谈判的自愿性质，还在于集体谈判权是劳动者的组织权利或者是劳动权利中的一项内容，不必在基本法律中单独列出。当然，《宪法》无规定不等于这些国家的集体谈判权和制度没有《宪法》依据。一般认为，《宪法》对公民基本权利的规定包括自由结社的权利，这就理所当然包含雇主建立企业组织和工人组织工会的权利。按照国际通行理论，劳动者最基本的法定权利是由团结权、集体谈判权和罢工权的"劳动三权"构成的，所以，即使《宪法》对集体谈判没有相应的规定，对其他层级立法规定劳动者享有集体谈判权和由工会组织集体谈判也是不受影响的。

在采用劳动法典立法形式的俄罗斯和中东欧各国，通常会在劳动法典中设专章对集体谈判和集体协议有关问题进行规定。例如，俄罗斯2001年劳动法典包括六大部分、14章、62节共424项条款，关于集体谈判和集体协议的是第二部分的第2章（劳动领域的社会伙伴关系）第6节（集体谈判）和第7节（集体合同和协议）。实行劳动法典的国家有一个共同特点，就是对开展集体谈判和达成集体协议相关程序的规定均十分全面和详细。再以俄罗斯为例，该国劳动法典第6节规定了参加集体谈判的权利、集体谈判的程序、集体争议的处理、参加集体谈判人员的权利保障和酬劳等；第7节规定了集体合同的内容和结构、起草集体合同的程序、集体合同的效力、集体合同的修订和终止、集体协议的形式、集体协议的内容和结构、起草和缔结集体合同的程序、集体协议的生效、集体协议的修订和终止、集体合同与集体协议的登记、集体合同与集体协议的实施保障等。

（三）由专门法律作出的具体规定

通过劳动法律对集体谈判进行规范，已然是不同国家的通行做法。这些法律普遍包含集体谈判和集体协议的基本内容，而且遵循了基本相同的原则。例如，对于集体谈判主体，主要是代表劳方的工会如何取得谈判资格、谈判前和谈判期间应当遵守的程序性规定、含糊过程中出现争议问题的解决手段、集体协议包含的内容及协议的形成和法律效力、政府或准政府机构以及司法机关在集体谈判过程中的作用等主要问题，在多数国家的法律中都有大致相同的规定。这类较有代表性的法律包括：1935年美国的《劳资关系法》、1960年新加坡的《产业关系法》、1980年西班牙的《工人法》、1995年南非的《劳动关系法》、1996年澳大利亚的《产业关系法》、1997年韩国的《工会与劳动关系调整法》、2000年新西兰的《就业关系法》，一些非洲和拉美国家的产业关系立法等。也有的国家制定集体谈判或集体协议的专门法律，例如1927年荷兰的《集体协议法》、1946年芬兰的《集体协议法》、1949年德国的《集体协议法》、1968年比利时的《集体协议与联合委员会法》、1976年瑞典的《就业（工作场所共决）法》等。

当然，不同国家的法律对集体谈判的规定在详略程度上还是有较大差别的，主要分为两类：一类是采用原则规定的方式，只规范集体谈判的程序和集体协议的达成，基本不涉及具体操作程序，对集体协议的争议等其他问题另由劳动争议调解仲裁法律作出规定。例如，德国规范集体谈判制度的基本法律《集体协议法》第14条规定基本上就是很原则性的，篇幅也很短。该国的《劳动法诉讼程序准则》也是如此。从现实情况看，这类国家通常存在比较强大的工会组织，有着较为悠久的以劳资自主协商为特征的集体谈判历史，相关操作问题普遍交由已经形成的集体谈判习惯解决而无须在法律上作出更为具体的规定。

另一类国家的集体谈判法律将集体劳动关系的有关事项都纳入，包含十分具体和详细的程序性规定，具有很强的指导性和可操作性。例如，韩国《工会与劳动关系调整法》包含了工会的组建、集体谈判和集体协议的程序、产业行动（罢工）的条件、劳动争议调解的规则、不公正劳动行为的禁止等内容。第三章（集体谈判和集体协议）包括以下条款：开展集体谈判和达成集体协议的授权、建立单一谈判渠道的程序、谈判单位的确定、谈判的原则、协议的起草、协议的有效期、协议条款和条件的有效性、对集体协议的解释、集体协议的适用范围、集体协议的地理区域适用等。这类国家多数是发展中国家，集体谈判制度建立得比较晚，集体谈判中的问题主要靠相关法律来规范，规定得尽可能详细便于保证集体谈判制度的落实。

另外，美国的《劳资关系法》又属于另外一种情况，且比较典型，其关于集体谈判的有关规定并不是集中在一个章节之中，而是分散在几个部分。

(四) 国际劳工组织的立法示范

国际劳工组织作为以维护劳动权益为宗旨的政府间国际组织，无论在涉及集体谈判的基本原则，还是在具体的程序性规定方面，其立场和主张都明显地向工人一方倾斜，或者说采用的是更高、更严格的保护劳动者的立法标准。国际劳工组织对集体谈判的看法主要体现在劳工组织各种文书中对集体谈判所作的表述上。

国际劳工组织制定的有关集体谈判的国际公约主要包括两大体系：一是国际劳工组织的保护体系；二是联合国的人权保护体系。国际劳工组织的保护体系主要体现在第 87 号公约《结社自由与保护组织权利公约》、第 92 号公约《自愿调解和仲裁建议书》、第 98 号公约《组织权利与集体谈判权利公约》、第 135 号公约《工人代表公约》、第 151 号公约《（公共部门）劳动关系公约》、第 154 号公约《促进集体谈判公约》，以及第 91 号建议书《集体协议建议书》中。联合国的人权保护体系主要是体现在《世界人权宣言》、《公民权利和政治权利国际公约》和《经济、社会和文化权利国际公约》中。①

国际劳工组织在《1951 年集体协议建议书》（第 91 号）第 2 条中，将集体协议定义为"有关劳动与就业条件的书面协定。"1981 年，国际劳工组织颁布的《促进集体谈判公约》（第 154 号）对集体谈判进行了总括性的解释和界定。该公约第 2 条规定："集体谈判是适用于一名雇主或多名雇主、一个或多个雇主组织为一方，同一个或数个工人组织为一方，就以下目的所进行的所有谈判：(a) 确定工作条件和（或）就业条件；(b) 调整雇主和劳动者之间的关系；(c) 调整雇主组织和劳动者组织之间的关系。"这是对集体谈判的内容进行的总结性解释，通过集体谈判就上述问题达成的协议，就是集体协议。集体谈判是最终以达成集体协议为结果所进行的一系列谈判活动或者过程。这一总结性解释，已经被各国法律所认同和接受。在此，集体谈判权被公认为是有组织的劳资关系解决自身矛盾的基石。

1998 年国际劳工组织公布《劳动基本原则与权利宣言及其后续行动》，概述了该组织认定的普适与核心劳动基准，见表 1—1。②

---

① 刘燕斌主编：《国外集体谈判机制研究》，中国劳动社会保障出版社 2012 年版，第 38—39 页。

② ［澳］Greg J. Bamber、Russell D. Lansbury、Nick Wailes、赵曙明、李诚、张捷编：《国际与比较雇佣关系》，赵曙明等译，北京大学出版社 2012 年版，第 24 页。

表 1—1　　　　　　　　　　**核心劳动基准**

基本原则	相关公约
结社自由与有效承认集体谈判的权利	87个（结社自由与组成团体权的保护）与98个（组织权利与集体谈判）
消除各种形态的强迫或强制劳动	29个（强迫劳动）与105个（废止强迫劳动）
有效废止童工	138个（最低年龄）与182个（最严重的童工形态）
消除就业与职业歧视	100个（平均薪酬）与111个（职业与就业歧视）

资料来源：国际劳工组织（2009年）。

就集体谈判立法而言，重要的是，这些有关劳动基准的核心观点均被纳入宣言之中，对所有的会员国均具有约束力，不论该会员国是否批准了相关公约。这项宣言所包含的后续行动，要求尚未批准相关协议的会员国就实施进展提交报告。"条约必须被信守"是国际法公理，国际法效力优先规则是确立在国际法内容的合理正当和国际法形成机制的基础上，反映了国际社会对民主和平等的价值观。

自20世纪40年代初始，国际劳工组织就总结各国在集体谈判方面的立法和实践经验，在此基础上制定了1949年的《组织权利与集体谈判公约》，倡导建立集体谈判制度，推动集体谈判活动开展的一系列国际劳工标准（国际劳工公约和国际劳工建议书），其内容既源于各国法律又对各国的集体谈判立法产生了重要影响，目前这一国际劳工立法活动仍在继续。该组织关于集体谈判立法的原则、立场、政策得到了广泛的传播，有关国际标准对各国集体谈判立法的发展发挥了十分重要的作用，其为某成员国[①]起草的有关集体协议的法律主要包括以下内容：

关于集体谈判的内容和形式，法律规定："集体协议应：（a）采用书面形式并由谈判双方签署；（b）注明适用的谈判单位；（c）注明生效日期；（d）规定在集体协议的解释、实施和管理发生争议时

---

① 国际劳工组织未列出国名，仅说明是某个国家。

的解决程序；(e) 规定双方同意纳入的其他事项。"

关于集体协议的效力，法律规定："(a) 协议双方或达成协议的一个产业委员会的成员；(b) 作为协议一方的任何一个组织的所有成员，或达成协议的一个产业委员会的成员，适用程度依这些成员与协议的相关程度而定；(c) 协议所包括的一个谈判单位的所有雇员，如果谈判的一方被认定为该谈判单位的唯一谈判机构，或者一个企业的所有雇员，如果该企业被达成协议的产业委员会包括在内，适用程度依这些雇员与协议的相关程度而定。"

关于集体协议与法律和法规的关系，法律规定："集体协议中不应包含与法律或法规相比更不利于工会的条款，除非法律或法规另有规定。"

关于集体协议的扩展适用，法律规定："(1) 包含多个雇主的集体协议的双方可联合向法院提出申请，将协议或协议的某些内容扩展使用于未签订协议的雇主和雇员。条件是：(a) 这些雇主和雇员与作为协议方的雇主和雇员从事同类活动；(b) 协议方雇主和雇员在同类活动中具有足够代表性。(2) 法院应当将收到的扩展适用申请转交专门委员会（确定谈判双方代表性的机构），由委员会确定是否满足上述要求，并将结果报告法院。(3) 在得到肯定答复的情况下，法院应：(a) 与扩展适用所涉及的雇主和经登记的工会进行磋商；(b) 只要认为不至于对相关产业部门的企业生存或就业造成重大不利影响，发布命令将集体协议扩展适用于相关雇主和工人以及如属适宜相关工会；(c) 确认命令和集体协议的生效日期。(4) 集体协议对原协议双方与扩展适用的双方有同等效力。(5) 非协议双方的雇主或工会如果认为扩展适用将对本企业生存或就业造成重大不利影响，可要求法院将自己全部或部分排除在外。"

关于集体协议的登记，法律规定："(1) 只有经谈判的一方在委员会履行登记手续的集体协议才被法院认为有法律效力。(2) 对于形式和内容不符合前述第 44 条规定的集体协议的登记要求，委员会应当向双方提供适当信息和建议。"

关于权利和义务的继承，法律规定："(1) 在企业被出售、出租、转让的情况下，接手者应负有这之前达成的集体协议规定的全部义务。(2) 如在以上情况发生前就接受者的权利和义务发生争议,法院应:(a) 要求委员会确认现有的谈判单位和谈判机构是否仍然合适,如不再合适,就谈判单位和谈判机构的代表性作出新的决定;(b) 要求有关的雇主或雇主组织与谈判机构就原有集体协议内容引起的不同意见进行协商;(c) 对协商未解决的其他问题作出决定或判决,此为对双方有约束力的最后决定。"

关于集体协议的解释和执行,法律规定:"围绕经登记的集体协议的解释和执行,以及其是否与法律或法规规定一致所出现的争议,在使用协议本身规定的程序解决无效后,可由协议任何一方提交法院裁决,裁决对双方有约束力。"[①]

(五) 我国法律的相关表述

1988年法律出版社出版的《劳动法手册》最早触及集体谈判的相关内容。该手册的相应表述是:集体合同,亦称"集体协议"、"团体协议"、"联合工作合同"等,又称"集体劳动合同",是"个人劳动合同"的对称。是工会与企业行政部门(或业主)之间签订的以劳动条件、工作条件、生活条件为主要内容的书面协议。[②] 这种表述,显然有意回避了"集体谈判"这一似乎较为敏感的概念。

现行的《中华人民共和国劳动法》也采取了绕过集体谈判直接界定集体合同的策略。该法总则第8条规定:劳动者依照法律规定,通过职工大会、职工代表大会或其他形式,参与民主管理或者就保护劳动者合法权益与用人单位进行平等协商。在第33条中规定:企业职工一方与企业可以就劳动报酬、工作时间、休息休假、劳动安全卫生、保险福利等事项,签订集体合同。集体合同草案应当提交职工代表大会或者全体职工讨论通过。集体合同由工会代表职工与企业签订;没有建立工会的企业,由职工推举的代表与企业签订。第34条规定:集体合同签订后应当报送劳动行政部门;劳动行政部门自收到集体合同文本之日起15日内未提出异议的,集

---

① 刘燕斌主编:《国外集体谈判机制研究》,中国劳动社会保障出版社2012年版,第38—39页。
② 劳动科研所劳动法学研究会编:《劳动法手册》,经济管理出版社1988年版。转引自郑尚元《劳动法与社会法理论探索》,中国政法大学出版社2008年版,第142页。

体合同即行生效。第 35 条规定：依法签订的集体合同对企业和企业全体职工具有约束力。职工个人与企业订立的劳动合同中劳动条件和劳动报酬等标准不得低于集体合同的规定。

相对于《劳动法》，《中华人民共和国劳动合同法》（以下简称《劳动合同法》）增加了劳动者与用人单位应签订劳动合同的条款，并在工会的参与下与用人单位建立集体协商机制，也就意味着将集体协商作为签订集体合同的重要前提。《劳动合同法》第 6 条提出，工会应当帮助、指导劳动者与用人单位依法订立和履行劳动合同，并与用人单位建立集体协商机制，维护劳动者的合法权益。第 51 条规定：企业职工一方与用人单位通过平等协商，可以就劳动报酬、工作时间、休息休假、劳动安全卫生、保险福利等事项订立合同。集体合同草案应当提交职工代表大会或者全体职工讨论通过。

2004 年 5 月 1 日颁布的《集体合同规定》进一步明确了集体协商对签订集体合同的重要性，即集体协商应是订立集体合同的前提，这就大大提高了集体协商的地位。该《规定》第 3 条提出，本规定所称集体合同，是指用人单位与本单位职工根据法律、法规、规章的规定，就劳动报酬、工作时间、休息休假、劳动安全卫生、职业培训、保险福利等事项，通过集体协商签订的书面协议；所称专项集体合同，是指用人单位与本单位职工根据法律、法规、规章的规定，就集体协商的某项内容签订的专项书面协议。

相应地，《中华人民共和国工会法》第 20 条规定：工会代表职工与企业以及实行企业化管理的事业单位进行平等协商，签订集体合同。集体合同草案应当提交职工代表大会或者全体职工讨论通过。

通过对我国现行劳动法涉及集体谈判内容的相关条款的罗列、法条的梳理，我们可以看出，我国的"集体协商"制度虽然借鉴了国外的"集体谈判"制度，但"犹抱琵琶半遮面"，其立法层级较低，在涉及劳动者"劳动报酬、工作时间、休息休假、劳动安全卫生、保险福利"等核心利益事项订立劳动合同的问题上，程序性规定不足，且用"可以"二字使以此为集体谈判重要内容的法律效力大打折扣、法律行为大为模糊，这在实践中必然对集体谈判产生制约。

第二节　集体谈判权的法律界定

凡是权力未分立和权利无保障就没有法律。对集体谈判权作出法律界定是对其进行深入探讨的基础和前提，也是集体谈判制度构建的起点。普遍的观点认为，集体谈判权是相对于劳动者的团结权、罢工权，并与团结权、罢工权一起共同构成了劳动者"三位一体"的基本权力。笔者在本书中也持这样的观点。"劳动三权"的表述最早出自《日本宪法》第 28 条，日本法学界将三者称为"劳动基本权"。需要指出的是，即使在个别不一定采用团结权、集体谈判权及罢工权的这种表述的国家，其在劳动法律中对集体谈判权一般也都有相关内容的规定。

一　国外学者对集体谈判权的研究概述

集体谈判作为大规模工业化和工人运动的直接成果，最先研究集体谈判权的当然是最早进入工业文明的国家。作为一个舶来品，了解这些国家学者对集体谈判权的论述，有助于我们从本源上揭示这一问题的发生和发展。

一般认为，集体谈判的概念源于英国的悉尼·韦伯女士（Mrs. Sidney Webb）。1891 年，悉尼·韦伯女士在其《英国工会运动》中，有如下表述："在无工会组织的行业，劳动者个人无论在寻找工作，还是接受或拒绝雇主提供的待遇时，除了考虑自身所处的紧急状况之外，并没有与其同伴进行交流。为了出卖劳动力，劳动者个人不得不与雇主进行艰难的个人交涉，但如果工人团结起来，推选代表以整个团体名义与雇主谈判，其弱势地位将会即刻得到改变。雇主也无须再分别与每个雇员签订一系列的个别劳动合同，而只要签订一个能够满足集体意愿、规定集体劳动条件的协议即可。根据这一集体协议所确立的准则，从签订之日起，所有特定群体、特定阶层、特定等级的人员都要遵守该协议。"① 虽然她从没有给集体谈判作出一个正式的规范定义,但是她表述了当劳动者进行集体行动或雇主需要达到某一"集体意愿"时两者之间进行的谈判活动。②

1902 年,悉尼·韦伯(Sidney Webb)夫妇在其《产业民主》"工会活动"中,第一次使用了"集体谈判"(Collective Bargaining)一词,将集体谈判定义为:"雇主不是面对雇佣劳动者个体并与之订立劳动合同,而是面对集体的意志、决定,订立统一的合同,合同订立的原则是在当时条件下的雇佣劳动者的集体抉择。"集体合同(Collective Contract)又称集体协议、团体协议、劳资合约、集体约定、联合工作合同等,是工会代表员工与雇主或雇主团体之间签订的,关系劳动条件、劳动标准及劳动关系问题的书面协议。在这里,集体谈判与集体合同有着密切的联系,二者是同一件事的两个部分。集体谈判是签订集体合同的前提和过程,没有集体谈判也就不会有集体合同的签订;集体合同是集体谈判的成果,不以达成集体合同为目的的集体谈判是不应存在的。

英国学者吉尔·帕尔默(Gill Palmer)更为简洁地将集体谈判理解为专门由雇主和工会谈判委员会共同决定有关雇佣问题的制度化谈判体系,认为"集体谈判是专门的雇主和工会谈判委员会共同决定有关雇佣问题的制度化的协商谈判体系"③,强调进化论谈判的内容只限于与雇佣有关的问题,而且工会和雇主必须相互承认对方作为谈判主体的资格。

另一位英国学者多诺万(Donovan Commission)则将集体谈判的含义界定为"员工不是单独地仅作为自己的代表进行谈判,而是通过集体代表进行谈判",其结果是通过达成协议在群体的层面上而

---

① Terry McIlwee, "Collective Bargaining", in *European Labor Relations*, Vol. 1. Gower, England, 2001, p. 14.
② W. H. Hutt, "The Theory of Collective Bargaining 1930-1975", *Institute of Economic Affairs*, London, 1975, p. 1.
③ Terry McIlwee, "Collective Bargaining", *European Labor Relations*, Vol. 1, England, Gower, 2001, p. 15.

不是个人的层面上规范雇佣关系。① 学者艾伦·弗兰德斯（Alan Flanders）则强调指出，集体谈判不仅具有经济功能，而且还具有政治的作用，因为集体谈判本身也是规则形成的过程，涉及不同组织之间的权力对比。他认为，"集体谈判的双方除了对实体性条款进行谈判之外，还要对程序性规则进行协商，从而将自身关系的调整与委托人之间的雇佣关系清楚地区别开。这些程序性规则，规范着解决争议的行为，包括第三方的调解、仲裁程序"②。

美国摩尔黑德州立大学（Morehead State University）的学者迈克尔·R. 卡雷尔（Michael R. Carrell）认为"集体谈判"一词虽始于英国工人运动，但在美国工人运动领袖萨缪尔·高泊尔斯（Samuel Gomper）的带领下扩大了其内涵，并对该词有了新的定义，认为集体谈判是雇主和能代表劳动者利益的指定劳工组织间为商谈劳动合同条款所形成的常规机制。③ 另一位美国学者乔治·斯特劳斯（George Strauss）的《工商管理大百科全书》中给集体谈判的定义是：集体谈判是指通过工人（常常组成工会）与雇主进行谈判以决定条款和条件的一种制定制度的过程。作为美国劳工领袖的萨缪尔·高泊尔斯强调雇员有权利组织起来，派出代表与雇主协商工资和工作条件。集体谈判说明工资不应该由管理方控制，也不仅仅是管理方的职责。集体谈判是为了就合同条款进行协商，雇主与代表雇员的组织之间的一种持续的关系。④

通过对上述观点的比较，我们可以看出，在美国集体谈判通常是被当作调整劳资关系的一项常规机制，来自美国哥伦比亚大学的教授尼尔·W. 张伯伦（Neil W. Chamberlain）定义集体谈判为"雇

---

① Graham Hollimshead, Peter Nicholars, Stephanie Tailby, *Employee Relations*, The Financial Time Pitman Publishing, 1999, p. 302.

② 刘燕斌主编：《国外集体谈判机制研究》，中国劳动社会保障出版社2012年版，第2页。

③ Michael R. Carrell, Christina Heavrin, *Labor Relations and Collective Bagaining*, Prentice-Hall, Inc. A Simon & Schuster Company, 1995, p. 4.

④ 刘燕斌主编：《国外集体谈判机制研究》，中国劳动社会保障出版社2012年版，第2—3页。Michael R. Csrrell, Christina Heavrin, *Labir Relation and Collective Bargaining: Cases, Practive ang Law*, New Jersay: Prentice-Hall, A Simon & Chuster Company, 1998, p. 4.

主和劳动者代表组织为确定工资、工时等劳动条件和劳动规则谈判的活动。狭义地讲，它只涵盖为特别的项目和条款达成一致的阶段性活动；广义地讲，它涵盖雇主（或雇主组织）与工会相关联活动的所有过程。"①

在笔者看来，美国《劳资关系法》（Labor Management Relations Act）基本教程为我们研究集体谈判权中的主体及主体行为提供了宝贵的借鉴。② 正如编写此基本教程的罗伯特 A. 高尔曼（Robert A. Gorman）所说，劳工联合和集体谈判，这一雇佣关系中的较为狭窄的问题值得专门探讨。劳动法构成了一个独立而又连贯的体系，与其他直接调整劳动关系的法律不同，劳工法应该通过培养劳动者可以自由选择集体谈判的代表、由代表进行诚实的集体谈判，试图调整各方当事人自己决定实际工作条件。对劳工法的研究，应该是对集团行动的研究，是对雇主组织与劳动者组织之间的关系的研究，是对劳动者与劳动者组织之间的关系的研究。③ 应该说工会框架下的劳资关系和集体谈判是美国劳工关系中最主要的内容。

国际劳工组织的集体谈判专家约翰·P. 温德姆勒（John P. Windmuller）的观点则从另一方面论述了"谈判"的重要性，他认为"集体谈判是代表雇主和雇员利益的团体之间的决策过程，它的压倒一切的任务是谈判，以及应用一系列经过认同的规则来约束就业关系的实质内容和程序，同时，还要确定谈判过程中参与者之间的关系。"

综上所述，国外学者普遍认为集体谈判是企业与工会之间就劳

---

① Neil W. Chamberlain & James W. Kuhn, *Collective Bagaining*, McGRAW–hill Book Company, 1986, p. 1.

② 这方面的研究主要参考了以下外文原著：如 Basic Text on Labor Law—Unionization And Collective Bargaining、Collective Bargaining、The Economics of Collective Bargaining、Union and Collective Bargaining、Collective Bargaining and Industrial Relations、Collective Bargaining in the Public Sector、Beyond Unions And Collective Bargaining、Justice on the Job、Collective Bargaining and wage Formation。上述论著从集体谈判、工会发展的历史，阐述了美国的集体谈判和工会组织的发展过程，可以帮助我们透过对劳工法的研究明晰集体谈判权的要义。

③ Robert A. Gorman, *Basic Text on Labor Law—Unionization And Collective Bargaining*, West Publishing Co., 1976, p. XV.

动条件、工作待遇等所进行的体现各自应履行义务的活动，无论谈判内容，还是谈判方式、谈判时间，以及谈判结果，都是在不以暴力胁迫从而强行要求任何一方同意或让步情况下实现的，也就是说实现集体谈判的前提是建立在"共同规范"的基础之上。谈判虽然多是由工会一方发起，但也可以由雇主提出。集体谈判有别于劳动者个人与雇主之间的"个别谈判"，其目的是就双方共同关注的问题签订集体协议，规范双方的权利义务关系。因为是集体谈判，就必然涉及劳动者及其代表工会的谈判能力建设等问题。这就意味着，集体谈判必须具备两个基本的前提才能成立：一是劳动者要将自己视为在规范劳动关系方面具有相同目标和利益的团体而不是单纯的个体，应当通过加入自己的组织，如工会，以集体的方式与雇主进行谈判来维护自己的权益、实现自己的利益诉求；二是雇主应承认和接受劳动者的自我组织，认可工会组织是雇员利益的代表者，有权利向雇主方提出包括进行集体谈判的要求，但工会的权利应受到集体谈判协议的限制，并承担相应的义务。总之，集体谈判权是劳动者的应有权利，作为雇主也有相应行使的权利，具有平等的一致性。

二 辨析集体谈判与集体协商的差异[①]

集体谈判制度是现代市场经济国家最悠久和最普遍的调整劳动关系的重要机制，也是全球化背景下构建和谐劳动关系的重要制度，我国从20世纪90年代中期开始借鉴推行。现今，我国已经形成了市场体制下的集体劳动关系，但还没有建立起完备的集体谈判制度，即便作为一种法律宣言在法律内涵的界定与法律外延的规范上也缺乏功能与体系的完整性，如使用体现和谐的"集体协商"、"集体合同"、"平等协商"等替代表达方式，对"罢工权"立法也采取回避的态度，等等。这些立法选择必然要反映在劳资关系的实践之中。

[①] 艾琳：《社会冲突理论视角下的中国集体谈判制度——兼论"集体谈判"与"集体协商"词义辨》，《社会科学战线》2014年第6期。

集体谈判与集体协商（Collective Agreement）是交叉运用最多的两个概念，也是在实践中最容易被模糊的两种行为。但与这两个概念联系最多，并作为其行为目的、行为结果的集体合同，即企业职工与用人单位就劳动报酬、福利待遇、劳动条件、职业培训等达成的协议，则基本没有分歧。因而对集体谈判权的研究需要从源头上辨析"协商"与"谈判"的差异，就是要通过探究集体协商制度与集体谈判制度的差异，梳理和分析集体谈判的发展历程和现状挑战，研究如何在劳资关系中构建和应用利益博弈机制，从理论上为我国构建和谐劳动关系、使劳资矛盾进入理性调控范畴作出探索与铺垫，为系统提出集体谈判制度搭建平台。

辨析集体谈判与集体协商的不同，可以从我国学者对集体劳动关系所持观点的比较研究着手。比如，有学者在借鉴西方国家工业革命以来的历史经验、法律制度的基础上，论证了集体谈判制度在改善劳动关系、保护劳动者权益方面发挥的重要作用。[1] 有的学者从现实政策出发，将集体谈判解释为集体协商，认为集体协商制度是有中国特色的集体谈判制度；集体谈判是职工方面与企业方面就劳动标准和劳动条件所进行的交涉，旨在订立集体合同的行为。[2] 也有的学者通过对集体谈判制度进行的整体研究，解释了集体谈判的含义、功能并简述了它的历史发展，[3] 通过对"集体谈判"与"集体协商"的法学概念进行的词义辨析，认为混用了"集体谈判"、"集体协商"、"集体合同"等不同概念的表达，我国法律将"Collective Bargaining"译成"集体协商"是不确切的，未能还原集体谈判权的本质。但是，对集体谈判权的行使到底是为了签订千篇一律的集体合同，还是为了平息劳资矛盾造成的"集体闹事"，还是为了达到劳资关系动态的平衡而设立的一种诉求表达的常规机制，学术界仍然各执一词尚未达成普遍的共识。

应该说，我国学者有关集体谈判、集体协商的定义大多是借用

---

[1] 刘燕斌：《国外集体谈判研究》，中国劳动社会保障出版社2012年版，第2—68页。
[2] 冯彦君：《劳动法学》，吉林大学出版社1999年版，第292页。
[3] 程延园：《集体谈判制度研究》，中国人民大学出版社2004年版，第2—35页。

国外学者的表述，再按照各自的理解或顺从政治的要求做些许的调整，尚处在引进和消化、吸收层面。因此，西方市场经济国家在集体谈判中的实践和研究，应当是我们对此问题思考的知识起点，也有利于正本清源看待学术研究上的各种分歧。在《朗文当代英文词典（英文版）》中，"谈判"的英文单词"bargaining"① 是指"discussion in order to reach agreement about a sale, contract etc"（经过讨论后就价格或合同等达成协议），其中的"discussion"② 解释为"to talk about something with another person or a group in order to exchange ideas or decide something"（与其他人或组织为交换意见或决定事宜而谈判）。美国劳动关系法案对此所做的进一步表述是："but such obligation does not compel either party to agree to a proposal or require the making of concession"③（但这项义务并不强迫任何一方同意某一项建议或要求他作出让步），并说明"这项法律的目的就是使在谈判桌前的各方愿意提出自己的建议、表达自己的目的，听取并权衡对方的意见和建议，寻求可达成书面协议的基础观点"④。可见，在这些解释中，"bargaining"一词是有着双方互相举证、讨论，甚至以罢工、闭厂为威胁的谈判，绝不是以管理者的意志为最终决定力量的"协商"；劳资双方当事人都具有接受谈判的义务，但是，任何一方都没有强迫对方签订合同或强迫妥协的权利，这种限制同样适用于权力机构。在国外的文献中，学者毫无例外地使用了 Collective Bargaining 来表述"集体谈判"。面对核心问题不直截了当地回答，就会将直白的事情讲述得十分复杂。笔者对集体谈判所持的观点极为简单：谈判就是谈判，不是协商；罢工就是罢工，不是闹事；失业就是失业，不是下岗。

国际劳工组织集体谈判专家约翰·P.温德姆勒（John P. Windmuller）阐述了他对协商与谈判之所以不同的观点。他认为，

---

① 《朗文当代英语词典（英文版）》，外语教学与研究出版社1998年版，第89页。
② 同上书，第384页。
③ Robert A. Gorman, *Basic Text on labor Law*, Unionization and Colective Bargaining. West publishing Co. 1976, p. 398.
④ Ibid., p. 399.

集体协商不是一个决策过程,而是一个咨询过程,它强调在劳工关系中的合作而不是敌对关系。协商与谈判也不同,谈判的结果取决于双方能否达成一致,而在协商中,决策的最终力量总在管理者手中。① 这一观点与执教于美国的英国学者赫特(W. H. Hutt)阐述的"'集体协商',双方'合意'程度提高,对抗被人为降低"② 基本是一致的。对此,有学者坦率地指出,由于我国现行法条中对"集体谈判"制度的表述与国际脱轨,与外来语翻译差距巨大,没有也难以发挥作用,应给予该制度准确的定位并发挥其力量,才能使中国的劳动关系的调整进入理性调控的范畴。③

1992年4月通过的《工会法》,在授权企业工会与雇主签订集体合同后,"集体谈判"这一概念首次被引入中国的劳动关系。概念只是用以描述现实的某些相关方面,并进而"构成所研究的事物的定义(规定性)的工具"。④ 它既非真理也非谬误,只有贴切与不贴切、明确与含糊、有用与没用的区别。有观点从讲政治的角度认为,选用"集体协商"而非"集体谈判"作为正式的通用概念,符合我国注重"和"的非对抗、避免冲突的文化。在国际劳工组织视为最重要的集体劳动权之一的集体谈判权,中国有些学者在表述中替代为集体协商权,我们不认为这只是文化上或语言上的差异所造成的,事实上这种差别产生的实际影响是显而易见的。

当下中国劳动立法中对集体谈判的概念界定,无论是"集体协商"、"集体合同"、"协商谈判"、"平等协商"都不能贴切明确集体谈判的内涵和外延,特别是"集体协商"、"集体合同"语境下的集体谈判权,不但掩盖了其现实冲突的本质,把追求集体合同的覆盖率作为考察劳资关系对等和谐的标准,集体合同千篇一律的量

---

① [美]约翰·P.温德姆勒:《工业化市场经济国家的集体谈判》,何平译,中国劳动出版社1994年版,第12页。
② 郑尚元:《劳动法与社会法理论探索》,中国政法大学出版社2008年版,第145页。
③ 同上书,第140—149页。
④ Robert K. Merton. Social Theory and Social Structure,(Glencoe,Ⅲ.: The Free Press, 1949)p. 87. 转引自[美]L. 科塞《社会冲突的功能》,孙立平等译,华夏出版社1989年版,前言。

贩式霸王条款,何谈对劳动者具体利益的保障;而且我国集体"协商"制度自然规避了国际"集体谈判权"中的产业行动,即使保留有雇主的闭厂权和劳动者的罢工权,但因雇主先天的经济优势和社会地位优势,"协商"的主动权和掌控权又牢牢把握在雇主的手中,劳动者作为不平等的弱势群体,失去了产业行动作为威慑底线的保障,在中国"恃强"与"示弱"的传统文化属性下,其"协商权"是难以实现的。对此,有学者一针见血地指出,"考虑到集体谈判在国际上早已是通用的术语,没有必要在用词上体现中国特色,故建议把目前的'集体协商'正名为'集体谈判',"① 从定义上形塑集体谈判权的应有面貌。当然也有观点调和了集体谈判与集体协商的差别,认为集体谈判本身包含协商,或者说谈判是协商的一种方式,因此,从广义上讲,集体谈判也是一种协商谈判体系,是一种解决劳资问题的方法。

正是由于已经谈到的原因,可以认为中国集体协商制度与国外集体谈判权的主要不同体现在两个方面:一是目的不同,二是参加主体不同。目的不同是指中国集体协商是为签订集体合同所进行的谈判,参加主体不同是指中国的企业协商主要是在一个企业内部进行,而影响中国集体协商制度的主要原因是立法上的问题。② 但是,仅仅指出这种"差异"并不能使大多数学者信服和接受,他们需要找出产生问题的根源。有学者对集体谈判权的法理基础和法律价值进行分析,并运用人力资本理论、企业契约理论与不完全合同理论等,认为中国在集体谈判权研究方面的理论基础薄弱是造成集体谈判权行使受阻的主要原因,必须改变集体谈判制度沦为很美的"制度花瓶"的状况。③ 还有的学者认为,应在现有的《工会法》《劳动合同法》《集体合同规定》《工资集体协商》等相关劳动法律的

---

① 常凯:《劳权论——当代中国劳动关系的法律调整研究》,中国劳动社会保障出版社2004版,第246页。
② 翟玉娟:《论集体谈判和集体协商》,《当代法学》2003年第7期。
③ 周述荣:《论劳动者集体谈判权的理论基础》,《嘉兴学院学报》2013年第2期。

基础上，制定一部由国家级立法机关颁布的集体谈判法。① 另外，在中国实行社会主义市场经济情况下，对劳动者的保障也应当与国际接轨，在法律中对罢工权作出规定也势在必行。②

中国的集体谈判（集体协商）的法律规范中没有规定产业行动，但文字的回避无助于实现真正和谐的法治愿景，自发的罢工事件从未停息而且愈演愈烈，越来越多地呈现出无组织、无序化的特征，有的还演变成社会暴力事件。对罢工权的立法规避，本意是维护社会和谐稳定，但是否会事与愿违呢。正如于建嵘教授分析的，中国的稳定是一种以政治权力的排他性和封闭性为基础的"刚性稳定"，是以社会绝对安定为管制目标，把一切抗议行为如游行、示威、罢工、罢市、罢运等行为视为无序和混乱，都要采取一切手段进行镇压或打击，而这种"刚性稳定"的后果就是政府要直接面对这些"非法事件"，没有任何缓冲或回旋余地，更不能充分利用社会中介组织在矛盾调解和纠纷化解中的作用。③ 劳资矛盾的核心是利益冲突，劳动者的不满大多都是由对工资福利、工作条件等的基本要求的不能满足引发的。解决利益冲突的关键是要建立切实保护个人基本合法权益的观念，形成保护个人基本合法权益的制度，完善劳动者利益表达的渠道、机制和代理组织，并将此纳入集体劳权立法的内容，用团结权建立工人自己的维权组织工会，用集体谈判权进行利益表述和诉求表达，用罢工权确保利益的实现与博弈的可能。中国法律没有明确宣言罢工权，对国际劳动公约也采取了保留的态度，这或许符合当下中国国情，也体现了劳动宣言上的中国特色。但从中国人权事业发展趋势来看，中国法律回避罢工权问题并非明智。④ 明确并构建具有中国特色的罢工权制度，使罢工在法律的框架内有序地进行，更能起到维护社会稳定与和谐的作用。

---

① 岑峨：《我国劳动关系集体协商的法律机制构建》，《河南师范大学学报》（哲学社会科学版）2013年第4期。
② 史探径：《中国工会的历史、现状及有关问题研究》，《环球法律评论》2002年第2期，第171页。
③ 于建嵘：《抗争性政治：中国社会学基本问题》，人民出版社2010年版，第39页。
④ 冯彦君：《中国特色社会主义社会法学理论研究》，《当代法学》2013年第3期。

通过上述分析，我们可以进一步得出的结论就是，中国对集体协商的现行规定截取了"集体谈判"的部分内容，作为制度安排是不完整的，二者在劳动关系的本质和实现的目的上也许没有太大的区别，但用"协商"替代"谈判"，既在表明劳资矛盾的非对抗性，劳动关系利益的一致性，其实也暗含着对劳动关系的控制与操纵。集体谈判的前提是结社自由和协商自主。用"集体协商"做"集体谈判"的替代表述，也许符合"去冲突化"的技术处理，但这种巧妙的技术处理，背后隐含着的是难以触碰的制度红线、社会现实。当然，我们也可以从更广义的层面来理解，那就是集体谈判与集体协商共同构成了解决劳资冲突的体系化的协商谈判方法。

另外，中国的劳动立法体现了对集体协商、集体合同的重视，但却忽略了集体谈判，将集体谈判制度简单地等同为"集体合同"，这种只从"集体谈判"的结果角度作出的定义性表述，就其实质而言是对集体谈判过程的否定；因为忽略了达成集体合同劳动者需要且应该运用的方式和应有的手段，其实质就是对集体谈判权的实际取消。如果再用并不能体现集体谈判完整内涵的"集体协商"表述集体谈判制度，就内容而言是很不严谨的、就逻辑而言是很不严密的。对此，就有学者认为，集体谈判权作为近代劳工立法的最主要内容，在法律条文中以"集体合同"统而论之，不免粗疏，确有避重就轻之嫌，导致集体谈判机制被立法扭曲，无法发挥应有作用，确具关公战秦琼的味道。[①] 事实上，我国已进入了社会冲突多发的时期，不会有绝对稳定和谐的局面。面对经济性大于政治性的劳资冲突，政府应该重新认识社会稳定问题，用制度化的集体谈判诉求表达和利益博弈机制充当社会安全阀的作用，建立公平、合理的集体劳动关系。

[①] 郑尚元教授认为，1994年7月《劳动法》颁布后，专章规定了"劳动合同和集体合同"，因此"集体合同"成为法定用语，这种表述实际上等于萝卜芹菜一锅烩，甚至有些关公战秦琼的味道，不能说风马牛不相及，但至少让调整产业关系久有经验的西方学者大吃一惊，原来中国的法律如此万能？但万能恰恰表现为无能，至今，中国任何地方法院都没有受理过一起真正意义上的集体合同纠纷案件，所谓的集体劳动争议案件其实是个别劳动案件的共同审理。参见郑尚元《劳动法与社会法理论探索》，中国政法大学出版社2008年版，第140—149页。

三　国内学者对集体谈判权所持的观点

在上面有关集体谈判与集体协商的概念辨析中，我们已经论及国内学者的一些学术观点，下面着重就集体谈判权，进一步介绍和分析国内学者的研究成果。国内学术界使用的集体谈判权概念与国外学者所给的定义差别不大，主要是在表述上。国内学者大多倾向于从"劳动三权"（团结权、集体谈判权和罢工权）的角度对集体谈判权进行阐述，即认为集体劳动权是劳动者的权利束，是由劳动者的团结权、集体谈判权和罢工权三种权利组成的。其中，集体谈判权是集体劳权中的核心权利，实际上是一种劳资关系的自治权；[①]团结权是集体谈判权的先行行为，为了进行集体谈判，劳动者必须团结起来组织工会；罢工权是实现集体谈判权的辅助性权利，当集体谈判陷入僵局或资方拒绝谈判时，为实现劳资自治原则，工会可以行使争议权向资方施压。集体劳动关系的实现，一个基本的要求就是要有广大劳动者的诉求，需要劳动者的直接介入和参与，劳动关系集体化的转型没有工人参与是无法完成的，而集体谈判权无疑是保障工人参与的有效权利。[②]

对保障集体谈判权行使的罢工权立法的建议，大多数学者把研究重点放在了对劳动者及工会享有罢工权上，认为需要赋予劳动者罢工权，但较少对罢工权的确立同样是为了规范罢工、减少罢工的理论进行研究，另外对罢工的立法层级、立法内容和立法时机等也有不同的意见。对工会的研究中大多集中在工会缺少独立性方面，忽视工会参与集体谈判的专业能力和行为规范的关注上，但较少有对工会如何提高主体性、提升专业性的具体建议。较主流的意见认为罢工权的立法要结合中国国情，循序渐进地建设有中国特色的罢工制度；在谈及罢工权与宪法的关系时，认为不必拘泥于形式，即先有宪法规定，后有具体的法律模式，可在中国的《劳动法》《工

---

① 常凯：《劳权论——当代中国劳动关系的法律调整研究》，中国劳动社会保障出版社2004年版，第243—268页。
② 常凯：《劳动关系的集体化转型与政府劳工政策的完善》，《中国社会科学》2013年第6期。

会法》等相关法律中规定罢工权,在条件成熟时由《宪法》确认罢工自由之基本权利。① 对中国工会的发展、变迁及现状的梳理,对罢工权立法从宪法学、法理学等多个维度进行的论证,丰富了构建集体谈判制度的视角,但何谓"中国特色的罢工制度"则莫衷一是。

集体谈判的过程是工会与资方对共同利益空间,即合作剩余的讨价还价过程。事实上,在这一过程中,对工会而言,若寻求政府这一第三方帮助的投入产出比大于工会进行集体行动的投入产出比,工会更愿意选择运用集体谈判权来自主协商解决,或者采取罢工及怠工等争议权来与资方抗衡;对于资方而言,若寻求政府的支持的投入产出比大于资方自主协调的投入产出比,资方也会更愿意选择使用集体谈判权来进行纠纷解决。政府在劳资关系中,应该利用其在劳资关系中的准确定位和角色功能来促成劳资双方合作机制的建立,以提高双方的合作收益,同时提高自己的政治美誉②,而不必直接介入。有学者以南海本田罢工事件为例,运用博弈论方法分析集体谈判权的行使及劳资双方反复博弈的过程,以自主博弈分析理性人假设条件下如何实现各自长期效用的最大化,分析在寻求帕累托最优的过程中政府起到的积极作用,得出政府这一特殊主体是影响劳资博弈中决定因素的结论。③ 但这种结论显然是基于全能政府的强势干预基础上的。

中国的《劳动法》《工会法》都明确规定了集体协商和集体合同制度,但这一制度在实际推行中却形同虚设,原因是立法没有考虑到劳动者的弱势地位,一定要确立团结权和争议权,才能保障集体谈判权。④ 即使在中国集体谈判权被做了"瘦身"处理,从保障劳动者生存权的角度,集体协商仍然被纳入人权的重要组成,这却

---

① 郑尚元:《建立中国特色的罢工法律制度》,《战略与管理》2003年第3期。
② 李铁斌:《集体谈判与三方协商机制框架下的企业劳动关系运作——基于博弈论的视角》,《社会经纬》2013年第4期。
③ 谢强:《论我国集体谈判中的博弈——以南海本田罢工事件为例》,《攀枝花学院学报》2013年第1期。
④ 程延园:《"劳动三权":构筑现代劳动法律基础》,《中国人民大学学报》2005年第2期。

是一种社会共识。拒绝集体谈判是雇主对于工会直接的一种不当劳动行为。因为集体谈判是市场经济下工会的基本活动内容和活动手段,雇主的这种行为使得行使团结权的工会活动无法实施,属于直接侵害了团结权,解决这个问题的关键在于赋予劳动者集体劳动权利,建立不当劳动行为制度来加强工会的集体谈判权,平衡劳资双方的力量对比关系,以此来促进中国的集体合同制度真正进入市场运作。① 鉴于集体谈判权与团结权、罢工权相辅相成、相依相存,因此,对劳动三权的研究应是系统和整体的。

劳动法应以调整集体劳动关系为重心,集体劳动关系是劳动法作为社会法的重要调整领域。对劳动三权的研究,涉及对劳动政策的梳理和重构。所谓劳工政策 (labor policy),是指以工资劳动者(劳工)为政策对象,以解决劳工问题为主要内容的社会政策。② 中国劳工政策的转型,是政府主导的劳动关系政策的调整,其调整需要以集体劳动关系的法律为基础的。目前,中国由全国人大颁布的调整劳动关系的法律共有九部,分别是:《矿山安全法》(1992)、《劳动法》(1994)、《工会法》(2001 年修订)、《安全生产法》(2002)、《劳动合同法》(2007)、《就业促进法》(2007)、《劳动争议调解仲裁法》(2007)、《社会保险法》(2010)、《职业病防治法》(2011 年修订)。除了《工会法》和《劳动合同法》有部分内容涉及集体劳动关系外,其他法律调整的都是个别劳动关系,这就很难避免在集体劳动关系的处理中出现法律规范不完备和法律依据缺乏的情况,亟待政府加快集体劳动关系的法律制度的建设进程,包括尽快建立集体谈判制度。

集体谈判权属于劳动者的劳动基本权。对集体谈判持肯定意见的大多数学者认为,集体谈判是规范和调整劳资之间利益关系的最好形式之一。因为集体谈判的核心是经济问题,也就是说要通过集体谈判确立劳动力市场工资水平。对此问题的研究,是把集体谈判

---

① 常凯:《论不当劳动行为立法》,《中国社会科学》2000 年第 5 期。
② [日] 大河内一男:《社会政策总论》,东京有斐阁1958 年版,第 6—7 页。转引自常凯《劳动关系的集体化转型与政府劳工政策的完善》,《中国社会科学》2013 年第 6 期。

看作是劳动力市场上以合同方式购买劳动力的手段，劳资双方根据市场供求的变化，劳动者个人可以出卖其拥有的技能、知识和经验，签订适用于全体雇员的集体合同。通过谈判，劳资双方明确彼此的权利、责任和义务，并能以此为基础从而达成一定程度上的妥协。作为一种分配机制，集体谈判是企业内部调节劳资分配和就业的交易行为，因而也可以把其看作是劳资双方确定交易对象、内容以及交易价格的一种市场机制，交易的主体是雇主和工会，交易的内容是工资、就业、利润率、工作保障和福利水平等。就此而言，集体谈判是借助谈判让资方代表与雇员代表缔结集体协议来决定劳动条件的一种方法，是一种劳资双方的利益冲突可以在集体协商基础上得到解决的正式途径，或者一种劳资双方的矛盾目标得以平衡的机制，是劳资冲突规范化的一项伟大的社会发明，是现代民主社会中每一位劳动者都拥有或应当拥有的劳动基本权。[1]

应该说，在劳动法学中诸如集体谈判权的概念，基本上都源自对西方学术理论和学术观点的借鉴，这原本也很正常，只要不是因为某些原因而有意曲解并冠以"中国特色"，就无可厚非。比如，有学者将集体谈判权（right to bargain collectively）定义为，是指劳动者集体为保障自己的利益通过工会或其代表与雇主就劳动条件和就业条件进行协商谈判，并签订集体合同的权利。[2] 也有的学者直接引用国际劳工组织《促进集体谈判公约》第2条的概念，将集体谈判定义为：集体谈判是适用于一名雇主、一些雇主或一个/数个雇主组织为一方，一个/数个工人组织为另一方，双方就以下目的所进行的所有谈判：（1）确定工作条件和就业条件；（2）调整雇主与工人之间的关系；（3）调整雇主组织与工人组织之间的关系。[3] 从对集体谈判权的研究视角，我们看到的不仅是国内学者对国外学术成果的引进和借鉴，还在于国外学者更侧重于从社会形态、制度体系、谈判过程、运作机制等方面对集体谈判权进行深入系统的分

---

[1] 王全兴：《劳动关系》，人民法院出版社2005年版，第232页。
[2] 常凯：《劳权论——当代中国劳动关系的法律调整研究》，中国劳动社会保障出版社2004年版，第243页。
[3] 程延园：《劳动关系》，中国人民大学出版社2011年版，第231页。

析，国内学者的认识和着眼点较为分散，或者说较为杂乱、不成体系，如有的将其作为一种行为方式，有的将其作为一项应有权利，有的将其作为劳动者实现应有权利的方法和手段，相比较而言则缺乏对理论观点的系统思考、对现实问题的深刻反省、对所要构建的制度理论的自信。无论是劳动法制活动，还是劳动法学理论，都是以个别劳动关系及其法律规制为关注点，甚至在某些方面有意无意回避了集体劳动关系及其法律规制问题。国内外学者对集体谈判权关注点的差异，透射出来的当然还有社会因素和政治原因，但从学术研究的角度并不足以成为理由。

综上所述，国内学术界对集体谈判权的重点研究主要集中在对集体谈判制度的理论概括、概念梳理、法律界定，以及对与集体谈判权相关的工会制度改革、罢工权立法等问题上，对问题的提出上主要集中在对外界阻力的分析上，但鲜有从各个主体的角度对集体谈判权运行可能产生的影响进行的剖析。进一步讲，已有的研究成果主要体现在通过对西方市场经济国家有关集体谈判权的立法和政策的梳理，以此说明集体谈判权在劳动关系中应发挥的重要作用上。应该说，目前的研究成果对集体谈判所做的权利性研究相对还比较少，大多数学者把关注的重点放在了将其作为劳动法中的一种现象进行考察。对集体谈判权的立法建议，学术界也多是关注对义务主体（雇主及雇主组织）的约束，即如何促使雇主履行谈判义务，但对雇主未尽应诺义务的救济论述得相对薄弱，且忽视了对权利主体弃权行为和特殊主体（政府）在集体谈判权的行使中位置错置的考察，这些都是造成集体谈判权行使不畅的重要原因。对此，有学者就指出，这是我国劳动法制建设和劳动法学理论研究的一个鲜明特色，在某种意义上也是一个不足或缺陷。[1]

对集体谈判与集体协商的认识分歧，必然也会体现在实践上。最早实行集体谈判和集体合同的深圳市，对集体协商所做的定义是：指工会或员工代表与用人单位或企业组织，按照法律规定的程度和原则就劳动报酬、工作时间、休息休假、劳动安全卫生、职业

---

[1] 冯彦君：《中国特色社会主义社会法学理论研究》，《当代法学》2013年第3期。

培训等问题进行商谈的行为，其目的是签订集体合同。这与《集体合同规定》所作的定义基本一致。但在解释具体实践行为时，又将其概括为：集体协商是员工团体与用人单位或企业组织之间的谈判；是围绕劳动条件的改善和劳动关系协调而进行的谈判；是签订集体合同的法定必经程序；集体协商的运作具有灵活性。这种解释显然又倾向于集体协商在实质上就是集体谈判。对此，深圳的实践者做了这样较为勉强的解读："集体谈判制度最早起源于西方市场经济国家，它是工人阶级长期艰苦斗争的必然结果。随着我国社会主义市场经济的快速发展，国外集体谈判制度已被国内各地区广泛采用，形成具有中国特色的集体协商制度。"[1] 对问题的回避，绝不等于困惑的消除。

四 研究集体谈判权的目的和范围

集体谈判权肇始于西方经济发达国家，历经两百余年的发展，在改善劳动者工作条件、提高工资待遇，以及克服个别劳动关系的内在不平衡、增强劳动者的博弈力量、调和社会关系、避免劳资矛盾升级为对抗性的冲突等方面，发挥了十分重要的作用。为保证集体谈判权的良性运行，欧美发达国家从本国国情出发均建立了十分完备的集体谈判法律制度；包括国际劳工组织在内的国际组织，也发布了针对集体谈判的一整套的国际准则。二战结束以来，西方国家经济发展迅猛但社会基本稳定，没有发生过较大的社会政治动荡，集体谈判功不可没。集体谈判制度使劳动者以集体意志的方式与资方交涉劳动过程中的事宜，克服了个别劳动关系的内在不平衡性、增强了劳方的博弈力量，还有助于避免劳资矛盾升级为对抗性的劳资冲突，也能使劳动关系调整机制化、规则化。因此，集体谈判被认为是以制度方式化解两大对立阶级矛盾、解决劳资冲突的伟大社会发明。20世纪50年代后，几乎所有西方国家都为集体谈判

---

[1] 管林根、许少英主编：《深圳集体协商和集体合同理论与实践》，海天出版社2008年版，第22—24页。

制度立法，使其成为工会的一项合法权利。[①] 与此同时，集体谈判的范围日益扩大，方式上日趋多样灵活，种类上也日趋完善，各种层次的谈判互为补充，成为劳资关系的基本协调机制。

但受各种因素的影响，对集体谈判权的研究一直是中国劳动法学界研究的薄弱领域。有学者极其尖锐地指出，即便是更为基础的集体谈判、集体协商，在概念厘定上，也存在着不同理解和认知分歧。事实上，现行的集体协商制度不仅剥离了产业行为制度，剥离了集体谈判存在的基础，而且也丧失了集体谈判的根本。[②] 这些必然直接影响到对集体谈判、集体谈判权和集体谈判制度的现实态度。比如，目前的劳动立法十分重视集体合同，但却忽视了集体谈判，表现在立法上就是仅规定了非谈判型的集体合同签订程序。对集体谈判的谈判程序和制度规范，如集体谈判代表的构成及产生方式、集体谈判的要约制度、信息披露制度及争议处理制度等配套制度，不做相应的明确规定，就使得集体谈判制度变成了辖制下的"友好"的集体协商制度，将"硬"法变成了"软"法。将集体谈判直接表述为集体合同，从集体谈判的结果和目的角度作出的置换性表达，实质是对集体谈判活动可实现的否定。制度不完整、指引不清晰、约束不到位，使得集体谈判权的规定流于表面，停留在权利宣言的状态，有其名无其实。法律如果成为没有牙齿的老虎，不利于实现从法定状态到实然状态的转变。

面对宣言性的集体劳权制度，没有严谨的程序、得力的保障可以提供所需要的帮助，不能建立相应的法律救济、行政救济，劳动者以法维权的协商、谈判之路就会被堵塞，开启的就可能是与法治精神相悖的暴力维权。劳资关系是社会关系，就其本质是经济关系。完善劳工立法，为集体谈判权的行使提供较为完善的法律依据与制度保障，促使劳资双方在争取各自利益时依法依规运作，是世界各国协调劳资关系的普遍经验。只有深入探讨并明确集体谈判权

---

① 胡磊：《在构建中国式集体协制度中发展和谐和劳动关系》，《现代经济探讨》2012年第8期。

② 郑尚元：《劳动法与社会法理论探索》，中国政法大学出版社2008年版，第140页。

的运行中各相关方的权利和义务,设置明晰具体的集体谈判程序,才能将集体谈判权落到实处,使集体谈判权具有可操作性,在解决劳资冲突的实践中达到预期的效果。

研究集体谈判权问题,当然不能脱离国情,需要从中国的实际出发探讨建立集体谈判制度的必要性和可行性。《劳动法》在1994年7月出台时,中国的国有经济仍占据绝对的主导地位,那时的劳动关系更多的还是政府主导下的工人阶级一家亲的政治调节关系,基于这种背景,立法中使用了"集体协商"、"平等协商"这种表述以彰显非利益对立的社会关系形态。然而20多年过去了,市场在资源配置中起决定性作用的市场经济已经得到确立,多种所有制形式合作并存,伴随着飞速发展的工业化、城镇化,成为市场的重要组成部分并为绝大多数劳动者提供就业岗位,即使是国有企业业已改变了计划经济的劳动用工制度并与市场接轨,但在许多人观念中的全民所有制国有企业几近绝迹。可以说,在集体劳动关系上国有企业已失去了主导性,且由于劳动关系变得更为复杂,也不再有主动配合实施劳动协商的动力。另外,劳动者群体的结构也发生了深刻的变化,外地进城务工人员占据低端劳动市场,新生代劳动者群体逐渐成为企业的生产主体,使劳动从业人员由过去的千人一面到现在的丰富多元,由僵滞寂寥到活力迸发。[①]

2013年5月27日,国家统计局发布了2012年全国农民工监测调查报告。该调查报告表明,2012年在中部地区务工的农民工4706万人,在西部地区务工的农民工4479万人,在东部地区务工的农民工16980万人,全国农民工总数达到破纪录的26165万人,增长速度极快。此前,国家统计局住户调查办公室在2011年3月11日公布了这样一组数据:"80后"农民工已经达到8487万人,

---

[①] 农民工是现代产业工人的主要组成部分,是改革开放进程中成长起来的劳动大军,是我国现代化建设的重要主体。目前,新生代农民工已经成为农民工的主体,在对他们的精神文化需求进行的调研报告中显示,上一代农民工更注重收入、工作的稳定性,而新生代农民工认为尊严比收入更加重要、平等比生存更加重要。参见国务院农民工办课题组《新生代农民工发展问题研究》,中国劳动社会保障出版社2012年版,第366—394页。

占全部外出农民工的58.4%,已经成为企业的员工主体。国家统计局2010年在10个劳务工输入大省对1980年及以后出生的外出农民工进行的调查表明,新生代农民工已经发生了重大改变,他们中的多数已经从农民工转为民技工,从讨工资到要身份,从吃饱饭到要休假,体面生存和个人发展已经开始成为他们的要求。[1] 正是在这种背景下,中国进入了新一轮的劳动关系紧张、劳资矛盾激化的时期。

经济关系的变化、社会结构的转型,使中国脆弱的劳动关系经受着不断的冲击,缺乏信任、没有交流、充斥对抗的劳资冲突在一些地方由于不能得到有效疏解,进而不断演变为社会危机。劳动关系是最主要的社会关系,劳资矛盾是最突出的社会矛盾。矛盾不可避免,冲突并不可怕,按照《社会冲突的功能》的作者社会学家L.科塞的观点,冲突还具有"社会安全阀"的功能。[2] 相对于此,集体谈判便是这样的"安全阀",在解决劳资矛盾中妥善运用,就能够缓解由于"体制性迟钝"、"集体性失范"造成的社会风险。"协商"未必一致,但权益应予尊重,和谐需要博弈。国家从我国需要劳动关系的集体化转型的角度,将工会组建率和集体合同签订率作为集体劳动关系形成的重要指标,但对于集体劳动关系实际状况的判断不仅要看这两个指标,更要看集体合同是否经过了集体谈判、其内容是否规范有效并能够得到落实。集体谈判不是目的,但签署劳动者认同的集体合同往往需要对集体谈判的运用。集体合同在《劳动法》《劳动合同法》等法律中都受到重视,但缺憾的是却无视了最不该忽视的能够促其达成的集体谈判。

在笔者看来,实现常态化集体谈判的基本要求:一是劳动者自我认知、自我意识的集体形成,清楚自己并非独立的个体,而是属于有着相同目标和利益的团体的成员,并能够借助自己的组织(通

---

[1] 《国家统计局发布2012年全国农民工监测调查报告》,2014年4月1日,中央政府门户网(http://www.gov.cn/gzdt/2013-05/27/content_2411923.htm)。

[2] 所谓"社会安全阀"功能是指社会中存在的一类制度或习俗,作为解决社会冲突的手段,能为社会或群体成员提供某些正常渠道,将平时积蓄的敌对、不满情绪及个人间的怨愤予以宣泄和消除,从而在维护社会和群体的生存、维持既定的社会关系中,发挥"安全阀"一样的功能。

常是工会）汇聚、形成集体的力量，进而由自己的代表工会与雇主进行谈判以维护自身的利益、争取应有的权益；二是作为劳动者雇主的资方，必须认可雇员组织，接受这个雇员组织提出利益诉求的代表性、正当性；三是政府以健全法律、政策的方式，明确集体谈判各方的权利与义务关系，制定相应的规则体系以规范、引导各自的行为。与之相应，对集体谈判的研究应主要集中在三个方面：一是如何确定工会的谈判资格，二是谈判过程中发生矛盾和争议如何解决，三是需要提出谈判要求、谈判的开始和结束等程序性的规定。法律是对社会现实的映射，讨论法律问题必须与社会现状、与行为主体相结合，因为为解决社会问题而制定的法律就是社会事实本身。这就是说，上述方面的内容也是集体谈判立法要解决的问题。因此，对集体谈判权的研究，既要帮助我们解决现实中的劳动关系问题，使劳资矛盾的解决回归理性的轨道，同时又要为集体谈判立法提供理论指引。

人性未必皆高尚，因而法律不应该建立在抽象的理想上，而应扎根于并不纯粹但坚实的社会现实之中，它在重视引导价值的同时，还需要有导向的价值、规范的功能和强制的效力。如果将集体协商作为一种法律行为，那么无疑用集体谈判更为恰当，因为这样更能反映劳资关系的本质，更能揭示劳动者与雇主之间的权利与义务的关系，并依法规范其行为和活动。

第三节 集体谈判权的法权属性

权利，是一个使用广泛且得到人们普遍尊重的概念；但这样讲，恰恰又表明了权利的"稀缺性"，比如弱势群体的权利就经常处在被漠视、被侵害的状态，这同样是一个被普遍承认的事实，只不过这样一个事实是需要改变的。法的本质表现为法的正式性。法权，通常是指通过法律确认与保护的权利，显而易见，劳动者的基本劳权正是不可侵蚀的法权。在马克思看来，法权关系是指由国家保护着的，以法律手段调整社会而出现的一种社会现象和社会关系。法律性是法权的最基本属性,因而法权是权利与权力的统一体。为此,在劳动立法上需要对人的权利,特别是缺少足够自我保护能力的劳动者的应有权利给予更多的保障。那么劳动者有哪些权利,法律上该如何确认这些权利,又如何才能使这些权利得到最大程度的实现?在中国,作为劳权重要构成的集体劳权在法律上存在哪些制度缺陷,又该如何走出现实困境呢?

一 对人权的尊重和保护

人权是人之所以为人必不可少的基本权利,因而也是人最低限度所应享有的权利,否则人就不称其为人。不断丰富人权的内容,尊重和保障人权是人类文明进步的标志。在一般意义上讲,人权的"权"可以理解为"人的权利",甚至也可以用"人的自然权利"、"公民的权利"、"人存在的基本权利"等表述。理论上的人权通常会用生存权、平等权、自由权、人格权、尊严权、信仰权、发展权等体现,毫无疑问,生存权是人权中最基本的权利之一。人要生存,靠的是自己的劳动,因而劳动以及因劳动而构建起来的劳动关系是人的属性中最为重要的。我们从人权的角度谈劳动关系,就是要实现劳动者应享有的尊严,能够从事有体面的劳动。

(一)人人皆应享有的权利

人类的意识必然是从人的存在开始的,最家喻户晓的话就是:我是谁,我从哪里来,我到哪里去。在人类历史上,关于人权的论述如汗牛充栋,出于立论的需要,笔者仅简单地摘录一些。在《旧约·创世纪》第1章这样写道:"由于上帝按照自己的形象创造了人,所以,人生而就是有尊严的。"古罗马思想家、政治家、哲学家西塞罗强调:"自然法代表理性与正义,和神的意志是普遍适用的。"学者格维尔茨认为:"人权是所有的人因为他们是人,就平等地具有的权利。"温斯顿提出:"人权是平等地属于所有人的那种普遍的道德权利。"J.范伯格说:"我把人权一般地定义为,一切人基本上都平等拥有的根本的重要的道德权利,它们都是无条件的,无可更改的。"《牛津法律大辞典》对人权的定义是:"人权,就是人要求维护或者有时要求阐明的那些应在法律上受到承认和保护的权力，以使每一个人在个性、精神、道德和其他方面的独立获得充分与最自由的发展。作为权力，它们被认为是生来就有的个人理性、自由意志的产物，而不仅仅是由实在法授予，也不能被实在法所剥夺或取消。"① 人权具有普遍性，承认人人享有不可剥夺的人权，是社会进步和人类文明的重要体现。

从法学角度讲，是否承认、尊重和保护人权是对人的义务本位与权利本位的分界线。人权是无条件的，只要是人，就应无条件地享有人权，也就是说，人是人享有人权的唯一根据。简单来讲，人权同时具有法律性质和道德性质，就是说人权即是法律权利，也是道德权利。就其道德属性来说，人权就是人作为人应当享有的，不可由他人非法、无理剥夺，也不可由本人转让的权利，是做人的权利。② 又因为人不仅有自然属性，同时还有社会属性，是一切社会关系的总和，因而任何人都不可能孤立地生活，都必然地与特定的社会相联系，因此，研究人权不能脱离其所赖以生存的社会。

从社会属性的角度，《中国人权百科全书》将人权理解为是人依其自然属性和社会本质所享有和应当享有的权利。人权即人的权利，它反映了人在社会关系中的地位，是一定主体的一种资格和优势，是被一定的社会意识或社会规范认为是'正当'的行为自由。人权的性质和范围受社会的经济结构以及相应的文化发展所制约，归根到底决定于人们的物质生活条件。这种论述，充分体现了唯物主义的社会学观点。当今不少西方学者也持相类似的观点。比如米尔恩认为，人权有三个具体的来源，即法律、习惯和道德规范，也就是说，人权是潜含于具体的文明传统和社会制度之中并与之贯通的。瑞士托马斯·弗莱纳教授在论及人权定义时也考虑了人的自然属性和社会属性，认为"人权就是人按其本性生活并与他人生活在一起的权利"。这些定义都将人的社会属性纳入到了人权的理解当中，即人是一切社会关系的总和，并要以此来认识人权问题。上述观点推导出来的结论就是，人权从来都不是一个抽象概念，而是一

---

① 白桂梅：《人权法学》，北京大学出版社2011年版，第1页。
② 杨春福：《人权法学》，科学出版社2010年版，第9页。

定社会经济结构与文化发展的产物,人权概念在不同的社会历史条件下的具体含义并不相同,人权的理论也不是一成不变的,会随着社会和历史的发展不断丰富。

从一般意义上说,现代人权观念主要起源于17、18世纪的欧洲资产阶级革命和启蒙运动。二战以后,关于人权的理论和实践都有了非常重大的发展。在人权的发展史上,基本经历了三个阶段:在第一阶段,人权是在近代西方市民革命中确立的"三大自由"权利,即近代宪法中的人身自由、精神自由和经济自由;在第二阶段,人权是指在19世纪末20世纪初的社会运动中所形成的权利观念,也就是作为人所应有的以社会权为代表的社会权利;在第三阶段,人权是指二战后反对殖民主义压迫的民族解放运动中提出的诸多权利,包括各个民族与国家的生存权、发展权、民族自决权等"集体权利"。[①] 做这样的阶段划分,并不意味着人权在不同阶段的替代性,而是体现了人权的成长性、丰富性。

需要指出的是,虽然人权是人之所以为人所应享有的基本权利,但由于在现实中,人权的享有实质上是社会弱者向社会强者主张权利,是通过由社会强者牺牲一定的权利去保障社会弱者原本并不享有的人权,这就决定了人权的起始标准不宜过高,而只能是最低限度的。也就是说,人权既受制于经济社会的发展进程,在追求人权的实践中,也要照顾到社会强者的感受,否则应会加重社会强者的负担,使其丧失主动性、积极性和创造性,损害其主体性。[②] 其结果也必然使社会弱者的人权由于得不到社会强者的理解、支持和配合,而得不到应有的保障。我们不能不说这种分析是有道理的。但"世上从没有救世主",作为社会弱者的劳动者如果不主动地向往和追求应有的劳动权利,就不可能指望这些权利梦想成真。

正如人权在西方也是从近现代才开始确立的一样。在我国,由于长期的封建社会和封建礼教对人性的束缚,特别是秦汉以来对皇权的无限放大,宋明理学对"人欲"的无限曲解,丧失自我的义务

[①] 林来梵:《从宪法规范到规范宪法》,法律出版社2001年版,第90页。
[②] 邱本:《经济法的权利本位论》,中国社会科学出版社2013年版,第40页。

主导在专制主义制度之下或真实或虚假地扎根于人们思想深处。"处庙堂之上,则忧其君;处江湖之远,则忧其民。"所有的知识分子都习惯于把自己打扮成以天下为己任的君子,用纲常礼教钳制思想,用封建伦理扼杀人性,在这种背景下人权是不可能有生存的土壤的。只是到了"五四运动"前后,西方的人权观念、人权思想才借着"西学东渐"的机会漂洋过海来到中国,并被最先与世界接轨的知识分子所接受和传播。注意到这样一个事实,一是告诉我们,中国的人权发展历史要晚于西方,因此在许多方面我们还需要补课;二是没有对人权的真正尊重,就不可能使集体劳权在中国得到普遍承认,而集体谈判权的确认则有助于人权在中国的全面实现。

既然人是社会生产和社会生活的主体,那么我们就应注意到,由于不同个体的地位差异,必然会导致处于弱势一方的人的权利既不能自我张扬,也往往得不到应有的重视。这恰恰是以维护劳动者权益为目标的集体谈判权所处的境遇。为此,在理念上,我们追求以人为本的权利观至少包含以下三个纬度的内容:一是作为独立的人所应具有的主体地位和主体作用,只有强调人的主体性,才能树立人的主体意识和主体责任感;二是作为一种价值取向,就必须体现"尊重人、解放人、依靠人、为了人和培育人"的要求,在尊重人的群体价值、社会价值的同时,优先尊重人的个体价值,尊重每一个人的独立人格、需求以及能力上的差异,使他们能够得到公平的对待,获得机会均等的权利,尽可能地为每一个人实现发展愿望提供环境和条件;三是作为一种思维的方式,要求我们在认识、分析、思考和解决一切问题时,要确立"以人为尺"的理念,以当事人为导向,帮助当事人对实现自身生存改善与发展目标要求的满足。上述内容,都是实现人权的基本体现。

广义的人权就是公民根据宪法和法律所享有的基本权利,即人皆有之的权利,是基于人类的自然本性和社会本性而客观的、历史的形成。人权的自然属性决定了人权是无条件的,具有不可剥夺性、无偿性、平等性和必保性。任何人都应该无差别地一视同仁地享有作为人所必需的生命、财产、劳动、自由、人格尊严等的基本人权。但在现实中,人权又是极易受到伤害的,因而人权是必须受到保障的，保障人权是社会、国家的神圣使命。人是具体的，也是抽象的，作为劳动者的人格尊严、劳动尊严是人权的重要部分。对于仅凭个人能力和努力未必能够获得人格尊严、未必能够享有体面工作的劳动者而言，需要政府动员社会的、国家的资源来保障他们的权利，这就包括集体谈判权在内的基本劳权。

有必要论及的是，任何权利都不可能不受限制和约束，不可能是完全自由的放任状态，这一点即使是最为基础、最为广泛的人权也不例外。是权利就得受限制和约束，否则不成为权利。法律对人权的限制主要体现为以下原则：一是最小限制原则，即不得限制最为基本的人权，如生命权等，不能剥夺人之所以为人的权利。二是利益衡量原则，即限制人权的程度要适当，能少则少，要充分体现个人权利优先；所有的限制要以保障公共利益为前提，即便是为了公共利益，也应尽可能少地损害个人利益。三是动态发展原则，人权状况是人类进步和社会文明的标志，既受制于经济社会条件，又要随着生产力的发展而丰富完善，因此对人权的限制是要适时地作出相应的调整，但促进人权的发展是历史的主流。

（二）国际社会对人权的保护

谈及人权问题，就必须立足于最具权威的国际条约，因为在世界范围内，人们尝试通过法治来实现人权保障的脚步从来就没有停止过，所达成的国际条约已成为今日具有普遍性人权的基本观念、基本规范、基本制度的基础。问世于1948年的《世界人权宣言》即是这一领域的最早范例。

《世界人权宣言》第1条阐述了其人权思想的基础，即人人生而自由，在尊严和权利上一律平等。人人皆有理性和良心，并应和睦相处，情同手足。第2条第1款进一步宣称，人人有资格享受本宣言所载的一切权利和自由，不分种族、肤色、性别、语言、宗教、政治或者其他见解、国籍或社会出身、财产、出生或其他身份等任何区别。并在第20条规定，人人有权享有和平集会和结社的自由；任何人不得迫使隶属于某一团体。在第23条规定，人人有权工作、自由选择职业、享受公正和合适的工作条件并享受免予失业的保障。人人有同工同酬的权利，不受任何歧视。每一个工作的人，有权享受公正和合适的报酬，保证使他本人和家属有一个符合人的生活条件，必要时并辅以其他方式的社会保障。人人有为维护其利益而组织和参加工会的权利。此外，该宣言第24条还规定，人人有享有休息和闲暇的权利，包括工作时间有合理限制和定期给薪休假的权利。第25条进一步规定，人人有权享受为维持他本人和家属的健康和福利所需的生活水准，包括食物、衣着、住房、医疗和必要的社会服务；在遭到失业、疾病、残废、守寡、衰老或在其他不能控制的情况下丧失谋生能力时，有权享受保障。应该说《世界人权宣言》对人权的论述不可谓不充分。

《世界人权宣言》作为现代人权领域内的第一份正式文件，将人权分为两大类：一类是公民和政治权利，即西方传统人权理论所称的"基本权利和自由"；另一类是经济、社会和文化权利，主要包括工作权、享有公正和良好的工作条件权、组织和参加工会权、体质和心理健康权、受教育权、参加文化生活权、享受科学进步的利益。这种分类使基本人权和自由的内容得到较为全面的阐述，消除了将人权的内涵仅仅局限于政治权利和公民权利范畴的片面性，使人权的概念扩展到了经济、社会、文化权利的范畴。经济、社会、文化权利与公民权利不同，它要求国家对相关权利积极保护和帮助，而不像公民权利那样仅仅要求国家承担不干涉的被动义务，因为经济、社会、文化权利必须在国家采取主动措施的前提下才能得到实现。

人权的本质就是平等尊重和平等对待，无论是作为主体的人，还是人的活动，集体谈判权都属于经济、社会、文化权中非常重要的一项权利，需要国家的积极作为。因为即使处在不公平的对待下，劳动者也会首先选择忍耐，只是在忍无可忍的情况下，才会尝试改变。如果劳动者消极争取改善自身生存状况的努力得不到尊重，在失望无助之中，他们中的一部分人就会选择更为激烈的方式，从而使劳资矛盾演化为社会冲突。因此尊重劳动者的权利，需要整个社会的理性，也需要雇主的妥协，只有这样，集体谈判才能转换为实现双方最大利益公约数而进行的有效合作。

《世界人权宣言》之后的两个人权公约，即《公民权利与政治权利国际公约》和《经济、社会和文化权利国际公约》（以下简称《经社文权利公约》）更是吸引了大量的成员国参加，至今还在不断地发展，并与《世界人权宣言》共同举起了世界人权保障的大旗，成为国际人权宪章中最重要的组成部分。《经社文权利公约》的条款与《世界人权宣言》相比，对人应享有权利的保护更为具体，[①] 特别是第7条，规定了公平的工资、同工同酬、良好的工作条件这些详细内容，这正与集体谈判权的立法要旨一脉相承；第8条对结社权、罢工权的使用提供了法律保障，则是为集体谈判权的顺畅行使提供了较高层级的法律支持，进一步肯定了集体谈判权是保障人权的重要手段。当我们阅读这些国际人权的重要文件时，能够强烈地感受到尊重人权、保障人权体现了各国人民的共同愿望，早已成为当今世界不可阻挡的社会潮流，因此研究基于普遍人权层面的集体谈判权，就不能回避这些法律文件。

一个国家对某项人权的承认或者实现某种人权，简单地讲，一种途径是促进经济的发展，并依靠文明的进步、知识的力量，通过

[①] 《经社文权利公约》第三部分是公约的核心内容。第6条规定："本公约缔约各国承认工作权，包括人人应有机会凭其自由选择和接受的工作来谋生的权利，并将采取适当步骤来保障这一权利；本公约缔约各国为充分实现这一权利而采取的步骤应包括技术的和职业的指导和训练，以及在保障个人基本政治和经济自由的条件下达到稳定的经济、社会和文化的发展和充分的生产就业的计划、政策和技术。"第7条规定："本公约缔约各国承认人人有权享受公正或良好的工作条件，特别要保证（甲）最低限度给予所有工人以下列报酬：（1）公平的工资和同值工作同酬而没有任何歧视，特别是保证妇女享受不差于男子所享受的工作条件，并享受同工同酬；（2）保证他们自己和他们的家庭得有符合本公约规定的过得去的生活。（乙）安全和卫生的工作条件。（丙）人人在其行业中适当的提级的同等机会，除资历和能力的考虑外，不受其他考虑的限制。（丁）休息、闲暇和工作时间的合理限制，定期给薪休假以及公共假日报酬。"第8条规定："本公约缔约各国承担保证：（甲）人人有权组织工会和参加他所选择的工会，以促进和保护他的经济和社会利益；这个权利只受有关工会的规章的限制。对这一权利的行使，不得加以除法律所规定及在民主社会中为了国家安全或公共秩序的利益或为保护他人的权利和自由所需要的限制以外的任何限制。（乙）工会有权建立全国性的协会或联合会，有权组织或参加国际工会组织。（丙）工会有权自由地进行工作，不受除法律所规定及在民主社会中为了国家安全或公共秩序的利益或为保护他人的权利和自由所需要的限制以外的任何限制。（丁）有权罢工，但应按照各个国家的法律行使此项权利；本条不应禁止对军队或警察或国家行政机关成员行使这些权利，加以合法的限制；本条并不授权参加1948年关于结社自由及保护组织权国际劳工公约的缔约国采取足以损害该公约中所规定的保证的立法措施，或在应用法律时损害这种保证。"

人自身的解放、人对人的尊重来实现；另一种途径是依靠法律的规定、制度的维护，通过国家的强制性行动来实现。这两种途径都不可或缺，但通常并不同频共振。集体谈判权的发展与人权的发展一脉相承，劳动者作为弱势群体，实际存在的人身依附和经济依赖关系使其在劳动关系上鲜有人身自由、经济自由与精神自由；而作为社会底层，劳动者的参与权、表达权也受到限制。这就需要团结集体的力量，赋予劳动者与雇主及雇主组织相对平等对话的权利，通过平等谈判实现其自由，保障其生存与发展。基于此，我们可以肯定地说，集体谈判权符合人权发展的阶段要旨并在劳动领域具体践行了人权。

谈国际公约对人权的保护，必然涉及国际人权公约在一个主权国家如何有效执行的问题，涉及国际法与国内法的效力关系，这在劳动法方面体现得尤为突出。在理论界中的"一元论"观点看来，国际法和国内法同属一个法律体系，而"二元论"则认为国际法和国内法是两个相互平行的法律体系，不同的观点直接导致了对国际法适用性的态度差异。即使同样持"一元论"观点的学者，也形成了相互对立的两种理论：一种是认为"国内法优于国际法"，因为国际法的效力来源于国内法，国际法应隶属于国内法；另一种是认为"国际法优于国内法"。这两种理论观点都遭遇了现实的尴尬，在否定者看来，前者无视并剥夺了国际法的独立地位，在实践中无法解释国际法发挥作用的实际状况；后者在实践中又被指责否定了国家主权，且并没有得到发展中国家的普遍接受。不可否认的事实是，国际法的地位和作用是在不断提升的。持"二元论"观点的学者则有意回避国际法与国内法在逻辑、法理与现实之间的冲突，他们笼统地认为，国际法和国内法是两个不同的法律体系，两者之间没有隶属关系，彼此是对等的，只是这种调和并不能解决国际法与国内法出现不一致时的落地问题。

在历史的演变过程中，凡是与人的尊严、价值和地位相关的权利都会逐渐转为人权的重要内容。法治是根源于人类对自身利益与命运的关怀而设计的一种制度或秩序，这种制度或秩序产生的最原始的基础及动力就是人性。我们不能回避的一个问题是，对人权的保护无论是在理论层面，还是在法律制度层面，或者在实践层面，我们国家都处在既不断补课又快速发展的阶段，并与社会文明进步和生产力发展水平相适应，因此，在对劳动者的人权保护上，我们仍将面对国际法与国内法的诸多冲突。那么，如何使国内法与国际法相衔接，在实践中解决不同法律体系之间的效力关系问题呢？在世界各国的实践中大致有两种被选择的方式：第一种是"转换式"，即通过国家个别立法的方式，使国际法的相关规定转换为国内法；第二种是"并入式"，即国家一旦缔结或加入某一国际条约，该条约经过一定程序成为国内法的一部分。这两种方式，在国际法与国内法的效力对接中，可以兼而用之，这样在实践中有利于法律的落实。

一个国家的人权状况如何，公民的权利能否在现实中得到保障，直接决定于这个国家的政治权力、司法权力及其他公共权力的有效性和规范性的程度。在全球化浪潮的影响和推动下，人权理念的发展和保护人权的实践活动，已经构成了一个现代化国家政治改革和社会进步的重要推动力量。中国作为世界劳工组织的创始国之一，世界"人权宪章"的缔约国，对条约确定的劳动者各项权利的实现具有不可推卸的国际义务。保障集体谈判权不仅关系到国家的民主、法治建设，也关系到国家形象，更关系到国家在国际舞台上的地位、作用和话语权，对此应给予足够的重视。

二 公正劳权的主要内容

在前面的论述中，我们认识到权利总是存在于特定的社会关系之中，或者说权利本身就是一种社会关系，劳动权利是最重要的一种社会关系。一个人要生存下去，就得在这个社会上拥有属于自己的一份工作，能够自食其力地获得稳定的收入。劳动是人类获取生存资料的基本手段。既然劳动是公民生存的基础性活动，那么劳动权自然就是公民生存权的延伸和具体化。人权的实质内容和实现目标是人的生存和发展，就是人人自由、平等地生存和发展的权利，而劳动者的劳动权无疑是人权中最重要的构成、最基本的内涵。

（一）劳权属性的基本内涵

在西方产业社会形成初期，引起广泛罢工的虽有政治性因素，但最主要的还是经济上的原因。自古典经济学创始人亚当·斯密最早提出劳动价值论以来，劳动创造财富就已成为经济学界的一个共识。在此之后，较有代表性的观点中，如法国重农学派的魁奈提出土地是财富之母，劳动是财富之父；大卫·李嘉图把劳动看作财富的源泉；而马克思更是用自己的劳动价值论得出了这样的结论：整个所谓世界历史不外是人通过人的劳动而诞生的过程。劳动是谋生的一种手段，也是一种生存方式，更是人对自身发展的一种选择，因此，每个人、每个社会都应尊重劳动的权利。

我们可以这样认为，一切权利都是人之所以为人，是为了使人更加成为人而确立的权利。从这个意义上讲，劳权是指法律规定或认可的处于现代劳动关系中的劳动者，在履行劳动义务的同时享有的与劳动有关的社会权利的总和，即现代劳动关系中的劳动者所享有的权利。[①] 20世纪中叶通过的《关于国际劳工组织的目标和宗旨的宣言》（即《费城宣言》）对劳动作出了极为人性的阐释，称"劳动不是商品"，"人人均有权在自由和尊严的环境中追求自己的物质福利和精神发展，追求经济安全和平等机会"。国际劳工组织以《费城宣言》为基础，强调在自由、平等、安全和人类尊严的条件下，要更好地促进人类（无论是男人还是女人）能够获得体面劳动的机会，并为此确立了国际劳工组织的四大战略目标：促进和实现工作的基本原则和权利；为获得体面的就业和收入创造更多的机会；扩大社会保护的覆盖面和提高社会保护的有效性；加强三方的体制和社会对话，竭力倡导社会对话，加强社会伙伴（雇主和工人组织）的机构能力，与民间团体结成联盟，并展示成功的社会对话和协调的劳动关系的做法。[②] 这就更为明确地定义了国际劳工组织促进人类获得更多"体面劳动"机会的目标。

专门负责劳工问题的"国际劳工组织"在国际上被列入国际人权组织的行列，国际劳工组织的基本文件《国际劳工公约和建议

---

① 常凯：《劳权论——当代中国劳动关系的法律调整研究》，中国劳动社会保障出版社2004年版，第6页。

② 刘升平、夏勇主编：《人权与世界》，人民法院出版社1996年版，第115—116页。

书》对劳动者的各种权利做了极其详尽的规定，被各国政府和学术界同样作为最重要的国际人权文件。对劳动者权利的保护是国际人权事务中一项非常重要的内容，我国学者也普遍认为在世界人权保护运动中，国际劳工组织所做的贡献是十分显著的。对劳动者权利的保护是国际人权事务中一项非常重要的内容，劳工权益在我国学术界也被称为"劳工的人权"。[①]

劳权不是孤立的，它是一个权利束，分为集体劳动权利和个别劳动权利。所谓个别劳动权利是指劳动者个人享有并由个人自主行使的权利，这些权利直接关系着劳动者的切身利益，主要包括：社会保障权、休息休假权、劳动报酬权、就业权、职业培训权等；所谓集体劳权，是指劳动者集体享有，由劳动者组建并代表自己的工会来行使的权利。换言之，相对于资本所有权，劳权作为劳动主权，是人力资本的所有权，是劳动权利与劳动权力的统一，劳动权利是劳动主权的实现形式，它包括自益权和共益权。劳动者的自益权是劳动者为实现自身利益所具有并行使的权利，是对劳动资本所产生的剩余价值的索取权，属于个别劳动权利；劳动者的共益权是劳动者在追求自我利益的同时，还为其他劳动者利益实现而行使的权利，属于集体劳动权利。集体劳动权利作为共益权，其目标实现仍是维护和促进劳动者自益权的实现，因而劳动者共益权只是自益权的实现手段。

一般而言，个别劳权只是使劳动者能够在没有就业的情况下保障基本生活并使其尽快进入劳动关系，在进入劳动关系之后能够享有最低的劳动标准。但是这些权利并不能使劳动关系双方力量达到平衡，也难以保证企业劳动关系和社会劳动关系的稳定。解决这一社会问题的最主要的法律手段，便是规定劳动者的集体权利，即所谓集体劳权，通过集体劳权的行使来平衡劳动关系。[②] 集体劳权概念的出现，使劳动关系实现由从属性到对等性的过渡成为可能。劳动者享有集体谈判权，是因为他们作为劳动力的出卖者，在与生存

---

① 常凯：《劳权论——当代中国劳动关系的法律调整研究》，中国劳动社会保障出版社2004年版，第49页。

② 同上书，第127页。

权攸关的劳动关系中①有着介入劳动力市场价格决定过程的天然权力,而且更需要法律制度的保障。劳资自治是集体谈判的核心,劳资自治的组织形式必须是团体自治,而团体的组成在一定意义上不啻为劳动者的专利或特权。

如前所述,集体劳权是由劳动三权,即团结权、集体谈判权、罢工权构成的,团结权是集体谈判权的前提,罢工权则是集体谈判权得到尊重的保障。团结权是指工人通过自由联合、自主选举的方式,成立并加入工会,从而以一个阶级的力量形成能够与资方平衡的对抗态势,以及选举工人代表负责与资方进行谈判;在谈判可能破裂时,罢工权作为一种手段将是劳动者对雇主和雇主组织施加压力的最后选择。集体谈判权是集体劳权的核心,在市场经济条件下,劳动者的权利主要是通过集体劳权来实现的,劳动者只有认识并争取到集体劳权后,才算在社会经济关系和劳动关系中确立了自己的法律地位。集体谈判权被公认为以制度方式化解两大对立阶级矛盾、有组织地解决劳资冲突的伟大社会发明,是集体劳权的核心,而集体劳权的实现程度,反映了劳资关系法制化和规范化的发展程度,②也体现了社会文明进步的程度。

(二) 劳权理论的发展状况

劳动者的基本人权就是工作权利,有的学者又将其称为劳工权利或劳工权益,从法律构建的角度看,它是处于现代劳动关系中的劳动者在履行劳动义务的同时所享有的与劳动有关的社会权益,其内容所涉及的不仅仅是劳动领域,还包括与劳动有关的更为广阔的社会领域。从个别劳动关系规范调整逐步转向集体劳动关系规范调整,是市场经济国家劳动关系调整发展的一般轨迹;以个别劳动关系调整为基础,以集体劳动关系调整为主线,是各国劳动关系调整

---

① 王全兴教授的观点认为,"在具有人身性和隶属性的劳动关系中,用人单位支配和使用劳动,是劳动者生命力的主要内容,承载着劳动者生存权,劳动力的消耗过程实质上就是劳动者生命的实现过程,在此过程中,对劳动力的任何损伤,都直接危及劳动者生存"。参见王全兴《劳动法》,法律出版社2004年版,第45页。

② 常凯:《劳权论——当代中国劳动关系的法律调整研究》,中国劳动社会保障出版社2004年版,第128页。

的一般做法。[①] 在我国，随着国企改革的深入和市场化劳动关系的进一步形成，由个别劳动关系向集体劳动关系的转化早已成为中国劳动关系发展的趋势，因此，对集体劳权的保障是形成和谐稳定的劳动关系的关键。

劳动立法最初是以个别劳动权利立法为开始的，主要是用以保障劳动者个人的基本权利，并对劳动者集体组织的行为严格禁止。到了19世纪中叶，随着工人运动的风起云涌和巨大影响，政府及资本家终于意识到，对于工会运动单靠暴力压制对企业和社会的损害太大，必须运用法律制度进行规范。劳动者凭借持续的阶级斗争，终于得到了组织工会的结社权。二战后，集体谈判权、罢工权也逐渐得到西方国家的法律确认，这些国家也更加普遍地开始重视集体劳权的立法。到20世纪60年代，欧洲的工会运动重新高涨，劳权立法主要集中在集体劳动方面，对改善劳资关系起到了积极的处理作用。

劳资关系不同于一般的私法。劳动法是公法和私法的融合，是社会法。劳动合同具有从属性，资方占主导地位，劳动者在经济上不独立，所以劳务给付的具体内容只能由资方决定，这就很难保证处于弱势地位的劳动者的公正性。劳动权的发展轨迹所展现的，是一条从强调个体权利本位到强调社会公共利益本位的道路，从强调自行性调节到政策性平衡调整方式的道路，从注重形式平等到注重实质平等、对社会弱者给予倾斜保护的道路，从单纯追求自由到主要追求社会正义（特别是分配正义）价值目标的道路。简而言之，这是一条从仅靠私法到私法公法化、公法和私法要素互相渗透和融合以保护劳动权的道路。

也就是说，集体劳权制度的建立，就是集体谈判以及罢工从自发走向自觉、由非法实现合法的一个演进历程。集体劳动权是为了更好地保障个人劳动权而存在的。允许工人可以团结的结社权，如组织工会的权利，也是属于人权的一部分。罢工是工人以集体行动

[①] 常凯：《劳动关系的集体化转型与政府劳工政策的完善》，《中国社会科学》2013年第6期。

的方式对抗雇主的强有力手段，工人通过宣布采取罢工这种强烈措施所释放的威胁信息，限制一定期限内的劳动力有效供给，纠正失衡的劳动供求关系，迫使资方回到谈判桌上，向雇主主张自己的经济要求，在平等协商基础上形成有约束力的集体合同。为此，国际劳工组织更是发布了专门针对集体谈判权的《关于促进集体谈判的公约》，[①] 将集体谈判权纳入人权的重要范畴，使集体谈判权的行使更加可行和有保证。

集体谈判权一方面是集体劳权的有机组织，另一方面是公正劳权得以实现的基本渠道和重要方式。劳动者的团结权是由生存权而来的，具有天然的不可剥夺性。在现代的宪政中，个人财产权与劳动者生存权为国家存在和发展的两大支柱，但在个人私有的经济社会中，两种权利却存在冲突现象，劳动者的生存权在企业内，而企业以财产权为基础才能存在和运作。为实现劳动者在企业内的自主权，劳动者必须先有实现目的的手段，此即劳动者的团结权、谈判权和争议权。[②] 否则，劳动者就只能丧失应有的权利，并得不到应有的保障。

由此我们可以得出，劳动者与资方之间的权益平衡是社会平衡的有机组成。如果否认罢工权的存在，就意味着剥夺了工人最后的抗争手段，剥夺了工人争取经济利益最有力的工具，只会进一步加剧劳动关系的失衡，造成劳动关系的紧张和混乱。因此，实现劳动关系的平衡发展，就需要建立完善的法律规制，使团结权、集体谈判权、罢工权既得到尊重又使其受到合法的限制，从而尽量消除罢工可能导致的消极后果。

二三百年的历史证明，劳动者采取罢工行动的实践表明，罢工总是发生在工会已与雇主进行沟通，在没有达到预期目的时才会举行。罢工是作为劳工团结对抗雇主最强有力的手段，从而使劳工逐步获得了越来越多的利益保障和尊严，使"劳动"、"劳工权益"、"罢工权"、"人格尊严"能够被国际社会所接受，相互依存地渗透

---

① http://www.humanrights-china.org/cn/rqfg/gjwj/t20061018_164009.htm.
② 常凯：《试析集体合同制度的法律性质》，《中国党政干部论坛》2013 年第 5 期。

于国际人权制度中,为国际人权发展奠定了基础。集体谈判是解决劳资争议的主要手段,谈判过程中有斗争、有妥协、有冲突,也有合作,只是在谈判破裂后,工人才会采取极端的罢工行为。罢工虽是集体争议最激烈的形式,目的仍是迫使雇主让步、妥协,从而达到工人改善经济的目的。处于劳动关系弱势中的劳动者,正是试图通过罢工、集体谈判等手段逐步获得了越来越多的利益保障。承认罢工权,建立集体谈判制度,就能够为激烈的劳资冲突建立利益的平衡机制,也就建立了劳动者激烈情绪的释放出口,起到了"安全阀"的作用。

在我国有一种观点认为,罢工会制约经济发展、影响社会安定,因此反对罢工权的合法化,不同意在宪法中承认罢工自由,这是片面的。人权与经济发展、与社会稳定之间是需要协调的,不能脱离社会发展程度和国家民族的历史文化来孤立地谈人权,片面地扩大公民权利的范围和程度,实践证明这会适得其反;但是,以任何理由过分限制乃至实际上取消人权,则是更大的错误,因为没有人权其他权利也无从得到尊重和保护,这其实是一种极权状态,恰恰是应当改革的。就立法而言,应在社会与经济、人权与秩序、自由与安全的价值之间取得平衡,力求最大限度地保障人权但又不损害社会公共利益,不伤害每个公民应享有的个人权益。在法律上承认罢工自由,不仅符合国际人权的内涵以及发展趋势,也体现了法律发展的潮流。

在劳动关系中,正是资本所有权与人力资本所有权的二元所有权法律架构,形成了劳资关系的制衡机制,无此制衡机制,任何仅仅依靠劳动法来保护劳动者利益的想法都是空中楼阁。随着经济的发展,劳资关系已变得更为复杂,罢工现象在一定阶段的相对增多也会是极为普遍的,特别是对于经济转型、社会转型和体制改革的国家来说更是如此。我们不难发现,但凡是建立有完善集体谈判制度的国家,普遍收到了"制度红利",如经济的持续发展,劳资关系的缓和,工人工资收入的提高,休息时间的增多,劳动保险福利待遇的改善,以及社会的和谐稳定等。"体面的劳动"作为劳动者的应有权利,尽管从现状看来,对相当多数的劳动者来说还显得有些奢侈，但这个目标还是为我们指出了劳动权保障的发展方向，即作为一种发展趋势展现了争取提高劳动者待遇和地位的要求，使劳动与人的尊严建立起紧密的内在联系，让劳动者能够在更加体面尊严的条件下快乐工作。

三　公民权是劳权的重要保障

没有权利就没有完整意义上的人类社会，现代社会更是如此。每个公民都应该享有作为人所应该拥有的权利，这些权利形态按照演进的顺序，包括天赋权利、道德权利、习惯权利、法定权利以及现实权利，而现实权利是对公民权利的最终追求。劳动从一种必然的生存行为演变为一种权利需求，进而上升为一种法定权利，作为一种公民权，这一过程既是劳动者法律角色逐渐确立的过程，也是人权事业不断发展的过程。在公民权的背景下，劳权的确立无论是对于劳动者个人，还是对于社会整体都具有重大意义。

（一）公民权的起源与劳权的发展

公民权思想的起源最早可以追溯到古希腊、罗马时代，早期斯多葛学派中就有从人人具有普遍理性而确认平等权利的观点。近代意义上的公民权理论是在资产阶级革命爆发之后才出现的。可以说，正是洛克、卢梭的天赋人权思想和人民主权思想推动了世界范围内公民权的发展。这些在资产阶级革命中诞生的资本主义国家在宪法和法律中均把公民的平等权、自由权、人格尊严权等上升为法律上的权利，使其取得具有明确法律效力的公民权形态。

从世界范围来看，随着社会的发展、文明的进步，公民权呈现着持续扩张、拓展的趋势，这个潮流一是体现为公民权所包含的内容在不断地丰富，公民权涉及的领域在不断地增加；二是公民对自身公民权利追求的领域已不仅局限于经济利益、政治权力，开始扩展到社会开放、民生福利、人的发展等。从这一点讲，公民权已经成为一个动态的、社会构建起来的、社区或社会中参与性成员身份的概念，是一种携带着权力和地位的成员身份，它包括三个要素：

民权、政治权及社会权。①

一般而言,公民权是一国公民在法律上所具有的一种能力或资格,是国家规定的本国公民在国家和社会中所处地位的法律,也就是"宪法确认公民享有的基本权利和应尽的义务",即宪法权利和宪法义务。它同公民的一般权利和义务相比,具有以下特性:一是它决定着公民在国家中的法律地位;二是它是公民在社会和国家生活中最主要、最根本和不可缺少的权利和义务;三是它能派生出公民的一般权利和义务;四是它具有稳定性和排他性,与公民资格不可分,与公民的法律平等地位不可分。② 从这一点讲,公民权又可以理解为特殊的政治性权利,或者说我们可以政治的视角来看待公民权。

毋庸置疑,公民权必然包含着每个公民的生存权利,而劳动权是公民权的基础。在公民以劳动为主要谋生手段的社会环境中,在资强劳弱的现实情况下,在贫富差距加大、劳动者谋求生存与发展的社会态势中,以保障生存权、工作权为目的的集体谈判权是劳动者实现其完备公民权的重要支撑,而罢工权是其得以实现的最后保障。劳动权作为一种社会权利,如果劳动者面临巨大的生存和就业压力,那就势必会减弱他们对生存权利之外的发展权利、政治权利的追求。集体谈判权的确立,使劳动者维护工作等的公民权得到了法律的确认与保障,并且劳动者作为公民,对其自认公民权的追求完全不会停留在吃饱饭、挣到钱,而会自然扩展到体面生存与个人发展的更高层面。

(二) 权利与义务对称是公民权的核心

《宪法》第 33 条规定,中华人民共和国公民在法律面前一律平等。国家尊重和保障人权。第 35 条明确规定,公民有言论、出版、集会、结社、游行、示威的自由。如前所述,人权的实质内容和目

---

① 陈树强:《增权:社会工作理论与实践的新视角》,《社会学研究》2003 年第 5 期。
② 《公民权是什么》,2014 年 4 月 1 日,百度网(http://zhidao.baidu.com/link?url=6AnVfDAnER99theCAbIFMmnLBJyghehFvaecHL_Ts3xDD02uYxPJqilc9C_8_xCyTBMV7fzV1Ssxts2Tx3RjUK)。

标是人的生存和发展,就是人人自由、平等地生存和发展的权利。公民权是人权的法律表现形式,是宪法和法律所规定的本国公民所享有的权利,因此,通过对公民的生命权、自由权、财产权、尊严权、获取权、公正权以及发展权等权力的确认,这在法律意义上实际已形成了对集体谈判权的维护和支持。

对于政治共同体中的每位成员,马歇尔在其代表作《公民权与社会阶级》中提出了"三位一体"的公民权(法律权利、政治权利和社会权利)理论。在此基础上,雅诺斯基和格兰在《公民权研究手册》中细致勾画了当代公民权的范围和维度:法律权利、政治权利、社会权利和参与权利,在这个类别之下,还有更详尽的亚范畴。这些对于帮助我们理解公民权和"劳动三权"都很有裨益。① 可是,在该权利的行使中,由于劳动者的真实生活状态是处在政治权、行政权和资本权的三重挤压和歧视之中,劳动者的公民权因受到严重侵蚀而普遍存在不完备的现象。当我们社会中的每个人的身份是与相应的权利、福利和社会地位等相对应时,处在社会底层的劳动者对自身权益的维护能力显然是极其微弱的,对于这种不堪的社会现实我们不能长期漠视不管。对于只拥有少部分公民权并未享有应得权利的劳动者群体,只谈其作为社会成员应承担维护社会稳定和谐的责任、作为企业员工应履行"爱厂如家"促进企业发展的义务,在劳资冲突中不正视和尊重劳动者的合理诉求,反而要求劳动者要有"觉悟"、要"自律",在逻辑上是荒诞的,在实践中也是行不通的,进一步讲这也就是在劳资冲突中企业工会和基层政府不能取信于劳动者的主要原因之一。

运用承认政治学原理对这一现状进行分析,我们可以清楚地看到,在市场、社会、企业、政府面对劳动者时排斥性行为的"共同"作用下,带来的是对劳动者的公民权有意的错误承认(misrecognition)或者不承认(nonrecognition),也就是说,很少有劳动者同时具有法律权利、政治权利和社会权利。在这种情况下,劳动

---

① 陈鹏:《公民权社会学的先声——读 T. H. 马歇尔〈公民权与社会阶级〉》,《社会学研究》2008 年第 4 期。

者不可避免地被剥夺了应属于自己的完备公民权（full citizenship），成为只有部分或者完全失去公民权的群体。试想，对于实际处在非公民权（no citizenship）、部分公民权（partial citizenship）状态的不能平等、平权的劳动者怎么能够获得集体谈判权？怎么能够有效地行使集体谈判权？对于既已丧失或者不具有维护自身权利的能力的劳动者弱势群体而言，妄谈其应履行的义务是不具备现实性前提条件的，或者说这是强势集体虚假伪善和强盗逻辑的强加。虽然从法理和逻辑上讲，劳动者与其他公民一样是国家政治体中的平等成员，具有不可剥夺、不可转让的尊严、自由和权益，只要包括集体谈判权在内的集体劳权得不到切实尊重和落实，劳动者就只能享受实质并不存在的"悬浮的公民权"。

《宪法》第33条同时规定，任何公民享有宪法和法律规定的权利，同时必须履行宪法和法律规定的义务。也就是说，公民权具有基本权利和义务的平等性和一致性的特征，坚持权利和义务的统一性，体现在集体谈判权上，就要求无论是作为权利主体的公民（劳动者），还是作为义务主体的公民（雇主），甚至是作为特殊主体的政府都应该正确行使权利、自觉履行义务。集体谈判中的任何一方既不得滥用权利，同时又要自觉履行相关义务，这实际上就是集体谈判得以进行的法律关系前提。

四 中国劳权事业的发展历程

西方国家的劳资关系是在产业革命中，自由经济与资本原始积累条件下产业工人数量逐渐增加、规模日渐壮大，在利益一致、处境相同情况下形成共同意识，结成利益群体，与雇主和雇主联盟形成在利益上对立的阶级，双方围绕彼此利益最大化而形成的劳动关系。经济性是劳资关系的核心。我国的劳资关系在形成与发展中，除了工人争取自身的权益外，还体现出强烈的政治性，因而与欧洲的工人运动有着巨大的差异，甚至本质上的不同。自产业革命在中国落地，再到中国工人运动开始有组织地发生，在此期间的短短20—30年，中国共产党始终是这一运动的领导者。新中国成立后，工人阶级成为领导阶级，劳动雇佣关系在我国不仅体现为经济关系，而且因其所具有的政治性，成为一个较为敏感的话题，实际存在的雇佣关系因工人"当家做主"、企业与职工"利益一致"而被迫消亡。改革开放后，劳动关系重新被构建在了市场经济的制度体系之中，从而促其开始回归本位。

(一) 创立期的劳权立法

由于党的性质，决定了中国共产党自建立起就高度重视工人运动，重视对工人阶级的组织领导，将劳动者的权益保护作为组织和实施工人运动的重要内容。1921年8月，刚成立不久的中国共产党就成立了领导工人运动的公开机构——中国劳动组合书记部。1922年8月，中国劳动组合书记部发出《关于开展劳动立法运动的通告》。之后，又拟定了《劳动立法原则》，并据此制定了《劳动法案大纲》，就有关劳动的19个方面的问题作出了规定，明确提出了有关工作时间、休息时间、女工和未成年工保护、工资报酬等方面的劳动标准。[1]

1922年，在中国共产党发表的《第一次对时局的主张》中鲜明指出：取消列强在华特权，消灭军阀统治的反帝反封建主张，对外争取独立的国家主权，对内实行无限制普选制度，保障人民结社、集会、言论、出版自由权，坚决废除肉刑，承认妇女在法律上的平等权利。同年，党的第二次代表大会进一步提出了推翻国际帝国主义的压迫，实现中华民族完全独立，打倒军阀，统一中国，建立真正民主共和国的政治纲领，强调实现这一政治纲领的必要条件是保障人民享有无限制的选举权和言论、出版、集会、结社、罢工自由等各项权利，号召全国人民"为自由而战，为独立而战"。

中国共产党特别关注工人的权利保障问题，提出要切实保障劳工的劳动权与生存权，积极领导工人展开争人权的运动。1922年，在安源煤矿罢工中，工人喊出了"从前是牛马，现在要做人"的口号。1923年，在著名的"二七"大罢工中，工人也把"争自由，争人权"作为自己鲜明的旗帜。北洋军阀为缓和"二七"惨案后工

---

[1] 北京政法学院民法考研室编：《中华人民共和国劳动法资料汇编》，北方政法学院出版社1957年版，第49—50页。

人阶级的斗争情绪，于1923年3月公布了《暂行工厂通则》，在中国历史上首次规定了一些保护工人利益的条款，就雇佣年龄、工作时间与休息时间等制定了有关标准。但是，这些标准的水平极低，且实际上并没有真正地付诸实施。

在国民党执政的21年，国民政府先后颁布了一些劳动法律法规。1926年国民党第二次全国代表大会通过《工人运动决议案》，其中就工作实践、保障童工女工、设置劳动保险等提出过一些劳动标准。1928年制定《劳动争议处理暂行条件》，就雇佣争议处理程序等作出了具体的规定。1929年完成《劳动法典草案》，公布《工厂法》，就工作实践、童工女工保护、休息休假、工资、津贴等制定了有关劳动标准。1930年公布了《团体协约法》，1936年公布了《劳动契约法》，就集体合同、集体谈判和劳动合同等作出了一些规定，对工会、工人进行集体谈判、签订劳动合同等作出了限制性规定。

中国共产党在积极领导工人运动的同时，也制定了一些有关劳动保障的法规。1930年在瑞金中央革命根据地，全国苏维埃区域代表大会通过了《劳动保护法》，包括劳动时间、休息时间、工资、女工及未成年工、社会保险、劳动保护检查等内容。1931年11月，中华工农兵苏维埃第一次全国代表大会通过了《中华苏维埃共和国劳动法》，该法分为12章75条，就劳动领域的十多个方面问题作出了法律规定。抗日战争时期，陕甘宁边区政府制定了《陕甘宁边区劳动保护条例（草案）》。解放战争时期，在哈尔滨召开的第六次全国劳动大会通过的《关于中国职工运动当前任务的决议》，详细提出了有关劳动立法的基本原则，并明确了解放区职工工资、青工、女工等的特殊保护标准。[①]

（二）新中国成立后的劳动关系

有观点认为，中国大规模的工业化是在新中国成立之后才开始

---

① 夏积智：《劳动立法学概论》，中国劳动出版社1991年版，第298—306页；劳动和社会保障部劳动工资研究所编：《中国劳动标准体系研究》，中国劳动社会保障出版社2003年版，第11—12页。

的，真正的工人阶级也是在20世纪50年代末才出现的。[①] 事实上，这个阶段的劳动关系经过1957年的社会主义改造，1958年的"大跃进"和1966年"文化大革命"，市场化因素快速消失，劳动关系已经发生了根本性的变化。

1949年10月，国家确立了"公私兼顾、劳资两利、城乡互助、内外交流"的经济建设根本方针。"劳资两利"政策主要是出于恢复经济和生产、解决当时全国私营企业由于停工倒闭、开工不足而导致全国失业人员剧增的问题。调整的原则主要包括三个方面：必须确认工人阶级的民主权利；必须有利于发展生产；用协商的办法解决雇佣矛盾，协商不成由政府仲裁。[②] 其基本形式，一是通过集体合同，二是通过"劳资协商会议"。

1956年前后，大规模的全行业公私合营运动使得相关企业的雇佣关系发生了根本的变化。按照规定，资本家将生产资料交给国家，由国家核定股金，据此付给资本家定息，同时给资本家合理安排工作。此时，作为资本人格的资本家已经被消灭了，雇佣关系的运行形式也发生了很大变化，这期间劳资协商会议被取消，相应成立了管理委员会。

之后，中国进入了社会主义计划经济的劳动关系阶段，其突出特征就是实行国家大一统的劳动用工、收入分配制度，实行劳动力的国有所有制。在这种体制下，企业是政府的附庸，没有独立的法人地位，没有经营自主权，不能成为用人主体与分配主体，使用工人和调整工资都受制于国家的指令性计划，企业只是政府与工人之间的劳动中介。

在计划经济体制下，劳动关系被高度地抽象化和理想化了。在这种看似简单的劳动关系下，工人不再是可以买卖的劳动力商品，生产过程不允许讨价还价，物质刺激同样是不被认可的，生产资料和劳动工具的社会所有排除了工人与管理者之间发生冲突可能存在

[①] Oakley, S., *Labor Relations in China's Socialist Market Economy: Adepting to the Global Market*, Westport, Conn.: Quorum Book, 2002, p. 41.
[②] 徐小洪：《冲突与协调——当代中国私营企业的劳资关系研究》，中国劳动社会保障出版社2004年版，第16—17页。

的对立,工作场所的秩序是工人自由维护的,工人工作的动机来自于工人自身的愿望。这种理想化的劳动关系的核心,是劳动的统一分配,国家与工人利益的一致性,且大批工人可以参与到企业管理工作。

(三) 市场经济下的劳动保障

市场化是中国经济体制改革的基本取向,市场主体的多元化是这一取向的必然要求。国有经济"一统天下"、"一家独大"的局面,面对亿万人渴望致富而参与其中的市场经济的大潮,很快就被改变。我国改革开放后最重要的经济政策,就是充分发挥人口优势和资源优势,通过引进外资和逐步积累民族资本,大力发展加工制造产业,特别是以消费品为对象的一般性领域加工制造业。正是制造业的迅速发展极大地带动了我国的工业化和城市化进程,大量从农村解放出来的富余劳动力涌入工厂,进入城市,将我国由一个贫穷落后的后发展国家,变成了"世界工厂",成为一个初步实现工业化的新兴经济大国。

一方面外商投资企业蜂拥而至;另一方面自我创业诞生大批私营企业,而大量的国有企业通过转制也加入到非公经济的行列,全社会的资本构成格局快速实现了多元化。经济发展模式和以劳动力密集型产业为主的产业结构造成了劳动关系相对紧张的客观局面。在这种背景下,对劳动者权益的保障逐步被政府所关注。

与此同时,企业用工制度、用工方式也发生了根本性的改革,国有企业用工制度开始与市场接轨,所有制性质对于劳动关系的影响越来越弱,企业与职工形成了事实上的雇佣关系。各类企业在强化经营自主权、加强内部经营管理的背景下,都在钻劳动法不健全的空子;而劳动力供过于求,更得使劳动者受到侵权伤害的消息不绝于耳,因利益导致的劳资冲突日益加剧,劳动关系发生了天翻地覆的变化。正是这种变化,使政府开始关注对劳动者的保护,并不断加大着这方面的力度。

1993年,处在改革开放前沿,与世界最早接轨的深圳蛇口工业区尝试着试行集体合同制度。蛇口工业区工会起草的集体合同范本内容,一是优于《劳动法》的有关规定,在保护员工合法权益上更明确具体，便于操作；二是规定建立民主谈判和劳资协商制度；三是体现了权利与义务的统一；四是明确了集体合同履行的监督检查制度。1994年2月，深圳永昌机械彩印公司与全体员工签订了深圳第一份集体合同，之后，国家劳动部将"三省五市"（广东、山东、福建三省，深圳、成都、大连、北京、青岛五市）作为开展集体谈判的试点。1995年10月，深圳确定的试点企业标准：一是非国有企业，以外商投资企业和私营企业为主；二是企业经济效益较好；三是企业劳动关系较为和谐稳定。1996年6月，广东省颁布《广东省企业集体合同条件》，在《劳动法》《工会法》的基础上，进一步明确了三点突破性规定：一是突破了自愿性的集体协商体制，提出了强制性集体协商的规定；二是突破了仅在企业推行集体合同的范围，提出了实行企业化管理的事业单位签订集体合同参照执行；三是突破集体合同的单一种类，提出签订行业性、区域性集体合同可参照执行。

从全国范围看，这个时期我国劳资关系整体上仍维持在相对稳定的状态下，但不同地区和不同产业的劳动关系状况并不相同。2009年8月，发生了国有企业工人反对违法改制的"通钢事件"和"林钢事件"。2010年夏季，广东、江苏、辽宁等地从事汽车、电子和制造业的外资企业先后形成了"罢工潮"。劳资矛盾最为突出的是东部发达地区，但存在着向中、西部快速蔓延的趋势。特别是进入21世纪以来，随着企业经营状况和劳动力供求关系的改变，因企业裁员破产而引发的劳资冲突显著增长。通过对引发劳资冲突的原因分析看，在20世纪我国的劳资矛盾绝大多数是由劳动者的基本劳动经济权益被侵害，而又长期得不到解决所致，绝大多数工人的集体行动并不涉及争取经济利益之外的权利，只是在工资、福利等劳动者基本权益得不到保障而引发的争议。随着劳动关系矛盾的发展，劳动者的法律意识、权利意识、团结意识和行动意识大大增强，劳动争议的重点正在从个别争议转向集体争议。①

---

① ［澳］Greg J. Bamber、Russell D. Lansbury、Nick Wailes、赵曙明、李诚、张捷编：《国际与比较雇佣关系》，赵曙明等译，北京大学出版社2012年版，第22页。

《劳动合同法》的颁布和实施，是我国劳动法治史上的重大事件。《劳动合同法》开宗明义就是为了"明确劳动合同双方当事人的权利和义务，保护劳动者的合法权益，构建和发展和谐劳动关系"，通过对劳动者的倾斜保护，以达到矫正劳资关系失衡的目的。随着《劳动合同法》对劳动合同制度的完善，劳动者、雇主和工会等各方主体在劳动关系中的地位也随之变化。一是劳动者得到了更多保障，在劳动关系中的弱势地位有所提高，劳动者的集体意识显著提升；二是雇主的管理模式发生了改变，而工会为职工维权的职责更加明确；三是它改变了劳动关系运行的外部环境，使劳动关系从以往的"法外运行"逐渐向"法内运行"转变，不管你是否支持这部法律，但必须正视和遵守它。① 这就为集体谈判的实施奠定了制度基础。

　　从实践层面看，2010年深圳市以世界500强等千家重点企业为突破口，组织开展了工资集体谈判集中要约行动，积极推进以工资集体合同为核心的集体谈判工作的机制化、常态化。截至2011年底，全市共签订工资集体合同3254份，覆盖企业2.2万家，惠及员工148.4万人，建会企业工资集体谈判建制率超过60%。可以说，《劳动合同法》在劳动法制史上所发挥的是承前启后的作用，标志着中国劳动关系的个别调整在法律建构上已经基本完成，同时又开启了劳动关系集体调整的新起点，并且还为这种调整提供了法律基础，劳动者可以依据此通过集体谈判的方式与企业进行以工资为重点的协商谈判。

第四节　集体谈判权的法律价值

　　法律价值的实质是关于法因何而存在、为何而存在这样一个基本性问题，它不仅能够揭示法律存在的伦理正当性，也能揭示法律

---

① 参见［澳］Greg J. Bamber、Russell D. Lansbury、Nick Wailes、赵曙明、李诚、张捷编《国际与比较雇佣关系》，赵曙明等译，北京大学出版社2012年版，第315页。

普遍存在的理论与现实意义。作为价值尺度,抽象的不受限制的个人至上,已为人类最大限度地控制自然以满足社会需要所代替,发展中的法律正以满足人类需要作为自己的口号,法律的任务被视为协调彼此冲突的人类要求或期望,以便以最少的矛盾和最小的浪费去获取文明的价值。[1] 法律价值是法律理论体系的灵魂与核心,是法律实践的评价标准与精神依托[2],法律最基本的价值包括但不限于正义、人权、自由、秩序、效率。建立劳动法的目的是要保障劳动者的应有权利,合理配置劳动力资源,实现生产力的最优化运转,从而提高社会整体效率,让劳动力资源的使用能够处于稳定有序的状态,把劳动纠纷和冲突稳定在合理的社会秩序之内。集体谈判被视为是实现体面劳动的更广泛条件下的一个重要组成部分,为了能够更加明晰地构建集体谈判制度,我们下面着重从正义、自由、平等和效率等方面阐述集体谈判权的法律价值。

一 对正义理念的遵循

我国古代思想家荀子在《荀子·礼论》曾言:"人生而有欲,欲而不得,则不能无求;求而无度量分界,则不能不争。争则乱,乱则穷。先王恶其乱也,故制礼义而分之。"用现在的话来解读,该句话道出了法律实质就是要为社会成员规定明确的权利和义务,建立能够体现公平的社会正义,并用强制力保护人们之间权利和义务的对等关系。平等就是公道,也就是社会正义,而社会正义原则的主要对象或首要主题应体现为相应的社会的基本结构,即把主要的社会制度按照社会正义的原则安排成为一种合作体系。这些原则要在这些制度中掌管权利和义务的分派,决定社会生活中利益和负担的恰当分派。[3]

人都是有需求的。马克思提出了关于人需要的"三级阶梯"理

---

[1] [美]伯纳德·施瓦茨:《美国法律史》,王军等译,中国政法大学出版社1990年版,第330页。

[2] 姚建宗:《法理学》,科学出版社2010年版,第204页。

[3] [美]约翰·罗尔斯:《正义论》,何怀宏等译,中国社会科学出版社2001年版,第42页。

论：第一是人类的生存或生理需要,包括吃、喝、排泄、睡眠等；第二是人的谋生或占有需要；第三是人的自我实现和全面发展需要。① 人本主义心理学创始人、美国心理学家马斯洛进一步把人的需要归纳为"生理、安全、爱和归属、尊重、自我实现"的五个层级。人的需求有一个从低到高的发展层次和过程,最低层次的需要是生理需要,向上依次是安全、爱和归属、尊重和自我实现的需要。较低层的需求被满足之后,人必然会往高处发展,追求安全和被关爱、被尊重,并希望自身价值得以更好地实现。② 这是人类共同的特质,也体现社会的发展规律,并起到了推动社会发展的作用。毫无疑问,劳动者也有这样或那样的基本需求,但因其本身的弱势,更需要社会正义来帮助逐层实现,至少要提供促成这种实现的可能,即提供与资方有平等对话机会的集体谈判权。

从政治哲学而言,"平等"讲述的是一个德沃金式命题,即每个人均应受到国家的同等尊重和对待,我的生命不能被无辜浪费掉；自由个体有权秉持一己信念,追求理想生活,而这就是政治德性,也就是平等,一种全体公民和平共处的政治底线。就此而言,平等这一"国民的法制愿景"直接诉求的对象是国家和政府,它要求后者担当起分配正义与矫正正义之责,督导交换正义和结果正义的实现,特别是要保障机会均等,给国民一个站在平等起跑线上的法权安排。在《正义论》作者罗尔斯的"公正"③ 意义上,法律正义重在强调这种"平等原则",而社会正义则顾及"差别原则",至于政治正义更多导向是诺祈克式的基于权利的公正,三者各秉其器、各擅其长,也各有进路,但道归一元,即应促进实现公道良善的人世生活。如无法律正义,则意味着连个"出气孔"都没有,底

---

① 《马克思恩格斯全集》第46卷,人民出版社1980年版,第20页。
② [美]亚伯拉罕·马洛斯：《动机与人格》,许金声等译,华夏出版社1987年版,第59页。
③ 根据罗尔斯的定义,公正是一种在平衡中考虑的道德判断,其本质含义是均衡与合理,即在处理人与人之间各种关系时,遵循不偏不倚的原则,给有关的每个社会成员以均衡的条件、平等的机会、适当的利益,从而实现权利与义务的最佳统一。

线正义不存,人世变成匪帮。① 在诸多的社会正义概念中,社会基本结构的正义②是首要的正义,现代政治学把公正的理念分为四个层次,即基本权利的均等分配;与个人能力相关的基本物品的发展机会的均等分配;其他物品按贡献进行分配;国家依据促进社会整体利益和谐要求,对一次分配后的利益格局进行社会调剂,公正最深刻本质的内涵是对人的价值尊严与基本生活的确认和保障。③

综上所述,集体谈判权的确立完全符合学界对法律要肩负起建立社会公平、促进社会正义的责任的要求。确立集体谈判权,就是要在资强劳弱的情况下,在歧视与无助的劳资环境中,在合法维权与暴力伤害交织的态势里,促使劳动者能够基于不平等而追求平等、基于不公平而追求公平,通过建立健全一整套的法律制度规范,建立起劳动关系各方能够共同参与的利益博弈制度和运转机制,以期在尊重雇主合理权益的前提下切实保障劳动者的合法权利,起到维护社会动态平衡的作用。

二 对自由原则的彰显

自由是人们探讨和追求的永恒话题。国人接触"自由"一词应是毛泽东同志在《关于正确处理人民内部矛盾的问题》中谈及的"有了剥削阶级剥削劳动人民的自由,就没有劳动人民不受剥削的自由。"在这里,"自由"和"奴役"是对立统一的。列宁同样持这种观点,他曾对资产阶级叫喊的自由进行了无情的批判:资本家总是把富人发财的自由和工人饿死的自由叫作"自由"。这些对自由的政治论述,使自由被浇铸了强烈的阶级斗争的色彩。

在法学界,博登海默认为,整个法律和正义的哲学就是以自由

---

① 许章润:《论国民的法治愿景——关于晚近三十年中国民众法律心理的一个描述性观察》,《清华大学学报》(哲学社会科学版) 2011 年第 3 期。

② 所谓"社会基本结构"是指一整套的主要的社会制度、经济制度、政治制度、法律制度。社会基本结构的作用是把各种主要的社会组织一体化,在社会成员之间分配社会合作的负担和利益。参见张文显《法哲学范畴研究》,中国政法大学出版社 2003 年版,第 203 页。

③ 余少祥:《弱者的正义》,社会科学文化出版社 2011 年版,第 37 页。

观念为核心建构起来的。① 自由，在罗马法中被定义为凡得以实现其意志之权利而不被法律禁止者是为自由。② 近代一些西方学者认为，自由分为两个方面：第一，自由就是不受他人的干预和限制，即所谓"免予……的自由"（be free from...）；第二，自由就是"自己依赖自己，自己决定自己"，即所谓"从事……的自由"（be free to do...）。英国政治学史学家、牛津大学政治学教授柏林把前一种称作"消极自由"（negative liberty），把后一种称作"积极自由"（positive liberty）。不管"消极自由"和"积极自由"之间有何种差别，自由的实质在于，一方面它标志着主体的意志与客观必然性之间的某种统一性，另一方面它标志着个人与社会之间的某种统一性。③ 资产阶级自由主义最典型的代表人物约翰·斯图亚特·密尔（John Smart Mill）在其代表作《自由论》中，试图把资产阶级的利益与无产阶级的要求加以调和，想在亚当·斯密和李嘉图旧学说范围内解决社会矛盾。他的观点可以简要概括为两条：一是个人的行为只要不涉及他人的利益就有完全行动的自由，不必向社会负责，他人也不应予以干涉；二是只有当个人行为危害到他人利益时，才应接受社会或法律的惩罚。康德对自由的一段论述被认为独具经典性，他说，只有一种天赋的权利，即与生俱来的自由。自由是独立于别人的强制意志，而且根据普遍的法则，它能够和所有人的自由并存，它是每个人由于他的人性具有独一无二的、原生的、与生俱来的权利。根据这些品质，通过权利的概念，他应当是自己的主人。④

社会主义思潮旨在通过铲除私有制的罪恶，使民众在现实生活中获得真正全面的自由，因此社会主义法制不但要确认人人享有自由权而且要为法律自由转化为现实自由提供必要条件。正如马克

---

① [美] E. 博登海默：《法理学：法律哲学与法律方法》，邓正来译，中国政法大学出版社1999年版，第279页。
② 陈云生：《权利的相对论——权利和义务价值模式的结构》，人民出版社1994年版，第99页。
③ 张文显：《法哲学范畴研究》，中国政法大学出版社2003年版，第207页。
④ [德] 康德：《法的形而上学原理——权利的科学》，沈叔平译，商务印书馆1991年版，第50页。

思、恩格斯所说:"代替那存在着各种阶级的以及阶级对立的资产阶级旧社会的,将是一个以各个人自由发展为一切人自由发展的条件的联合体。"① 这正是马克思在《1857—1858年经济学手稿》里所描述的人类走向自由的第三个阶段,即建立在个人全面发展和他们共同的社会生产能力成为他们的社会财富这一基础上的自由个性。②

既然自由是作为人的基本人权,那么追求自由就是人固有的本性。按照马克思的观点,自由在现实世界里是有阶级属性的,而且处在不同社会阶层的人对自由的需要和实现自由的能力是有差别的。从理论上讲,劳动者拥有绝对的自由,然而现实中从属的劳动地位,在缺少法律保障的情况下,又必然使他们失去最基本的自由,丧失理论上的绝对的自由。这种"自由得一无所有"③的自由状况,正是当下的中国所要避免的。当劳动者面对微薄的薪金、恶劣的工作环境和渺茫的前途时,没有丝毫做人的尊严,却为了保住饭碗而必须哑忍;当追求《宪法》所赋予的权利,希望借助法律制度维护自身权益,然而面对宣言性的集体谈判权,没有严谨的程序、得力的保障可以提供帮助而无所借助时,劳动者的自由又在哪里?人们牺牲一部分自由,是为了平安无忧地享受剩下的那份自由。④ 如果堵住了以法维权的谈判协商之路,开启的必然是与法律精神相悖的暴力破坏,如果形成这种局面,那么不仅是劳动者,还有雇主,他们都将不再拥有自由。

严峻的社会现实告诉我们,尽快确定完备、合理的集体谈判制度,使其不再是雾里看花式的模糊软法,既是实现劳动者权利保护的必然之举,也是构建人人享有自由秩序的当务之急。反之,只有自由才能在人类社会中与社会固有的种种弊病进行斗争,使社会不至于失去制动沿着斜坡滑下去。正如托克维尔所说,事实上,唯有

---

① 《马克思恩格斯全集》第4卷,人民出版社1957年版,第491页。
② 《马克思恩格斯全集》第46卷,人民出版社1957年版,第104页。
③ 《马克思恩格斯全集》第23卷,人民出版社1957年版,第252页。
④ [意大利]切萨雷·贝卡里亚:《论犯罪与刑罚》,黄风译,北京大学出版社2008年版,第8页。

自由才能使公民摆脱孤立，促使他们彼此接近，因为公民地位的独立性使他们生活在孤立状态中，只有自由才能使他们感到温暖，并团结起来，相互理解，说服对方，与人为善。只有自由才能使他们摆脱金钱崇拜，摆脱日常私人琐事的烦恼，使他们每时每刻意识到、感觉到祖国高于一切，祖国近在咫尺；只有自由能够随时以更强烈更高尚的激情取代对幸福的沉溺，使人们具有比发财致富更伟大的事业心，并且创造知识，使人们能够辨别和判断人类的善恶。①

市场经济的平等性，首先体现为市场主体之间的平等与交易的自由，因而市场经济是自由经济。作为一种自由经济，它所体现的一定包含人们的意思自治、选择自主、契约自愿、行为自律、竞争自为，也就是说市场经济内在地要求自由。集体谈判权就彰显了这一原则。劳动关系是市场经济的基本构成，为此，法律需要保障的就是赋予劳动者以自由，使劳动者享有意志自由、行为自由，没有自由就没有权利。

三 对权利平等的保障

平等是公平的核心价值，也是衡量公平的尺度。劳动关系意义上的公平是指所有劳方的劳动价值与资方的资本价值是相等的，因此应该享有与其劳动价值相当的收入分配结果。正如马克思所指出的那样，"一切人，作为人来说，都有某些共同点，在这些共同点所及的范围内，他们是平等的。"② 就人的社会性而言，无论是劳动者还是雇主，彼此之间应是平等的，应该受到公平的对待。以公平的态度保障劳动者的平等权利，其中当然还包含有道德的内涵，就是要保护处于弱势一方的劳动者的合理利益，否则，就难免受到不公正的侵害。

《辞海》中把"公平"与"公正"解释为一个类似的概念，是作为一种道德要求和品质，指按照一定的社会标准（法律、道德、政策等）、正当的秩序合理地待人处事，是制度、系统、重要活动

---

① [法] 托克维尔：《旧制度与大革命》，商务印书馆2012年版，第7页。
② 《马克思恩格斯全集》第20卷，人民出版社1971年版，第113页。

的重要道德性质。美国伦理学家罗尔斯认为,在正义的概念中,公平是最基本和最重要的概念。他提出了"作为公平的正义"这一概念。国内学者通常把公正等同于平等。劳动平等是经济公平,即每个社会成员都有平等地占有社会资源的条件,在生产、交换、消费、分配等环节自然享有平等的权利,为实现此劳动者就需要有团结权、集体谈判权和罢工权。

既然人在社会经济结构中的地位主要是由市场机制决定的,那么劳动者与雇主在劳动关系上实际的不平等是显而易见,这是由资本与劳动力的生产关系决定的,当然这个劳动力是特指劳动者可出卖的体力及其附属物,相对于资本既缺少稀缺性、也缺乏决定性。要使这种客观存在的不平等保持在一个合理的区间,使处在相对不平等地位的人不会产生过度的被剥夺感,并对未来改善自己的生存状况还能保持信心,实质也就是相信国家还能发挥保障弱势者权益的作用。正如罗尔斯在《正义论》所说的:"一个社会应当避免使那些状况较好的人的边际贡献是一个负数",如果"在富人和穷人之间的差距越大,穷人的状况也就越差,这违反了相互有利于和民主平等原则"。[①] 这就意味着,为了提高劳动者的"长远利益",国家可以对作为雇主的富人的经济权利有所限制,以保障"状况较差的"劳动者能从"状况较好的"雇主那里得到一个正向的贡献,也就是说要追求实质的一定范畴的社会平等。

法律是对利益的估价,权利是对利益的确认。从法学的观点出发,平等表达的是人与人能够对等对待的社会关系,因此社会平等的原则需要体现在以下三个主要方面:一是基本人权的完全平等;二是非基本权利的比例平等,即每个人享有权利的大小与承担义务的大小的比例在一定社会时期是个定值;三是法律适当照顾弱者的利益。

在劳动关系领域,基于劳动者所追求的目标,公平主要包括以下内容:一是职工在工作期间应得到的公平待遇,这些待遇体现在

---

① [美]罗尔斯:《正义论》,何怀宏等译,中国社会科学出版社1988年版,第2页。参见邱本《经济法的权利本位论》,中国社会科学出版社2013年版,第23页。

《劳动法》中，主要是最低工资保障、劳动安全保障、休息休假保障、健康权和社会保险保障等与劳方基本生存权和基本发展权的内容。二是职工进行劳动而得到的分配性公正以及程序性公正。分配性公正，是指劳动者受资方雇佣进行劳动而得到的工资、资金、补助等；程序性公正是指劳动者享有在职工代表大会上发表和阐述自己观点的权利，以及依照劳动法和劳动合同等享受的其他权利。三是公平的范畴还包括公司非性别歧视政策，保证男女的机会均等、同工同酬等。集体谈判权是对劳动者正当需要的确认，是劳动者实现公正劳权以及保障公正劳权得以实现的基本渠道。

交易是人的一种正当需要，市场中的许多权利都是交易权，或者具有交易的属性，或者是围绕交易而形成的权利。劳动者通过出卖自己的劳动力维持生存和个人发展，资方借助资本的力量通过雇佣劳动者实现利润，分别处在劳动关系的两极。由于劳动者在经济生活中所处的弱势地位，特别是在个别劳动关系中所处的受支配地位，使得基本人权平等的理念，并不能自动解决现实中公平对待劳动者的问题。劳动者追求的公正目标是从事体面劳动，要求资方提供有安全保障的工作环境和工作条件，得到体现自身价值的工资、奖金、补助等。承认与资本所有权相对应的劳动者的劳权，就需要在法律上确认劳权是与资本权具有平等法律地位的主体权利，集体谈判权就是保障劳动者拥有并且能够行使平等主体权利的手段。

四　对效率价值的追求

效率是社会的永恒美德。在经济学上，效率的标准就是帕累托最优，即在不损害他人福利前提下，达到自我福利的最大化。如果在劳动关系领域仅仅强调效率，忽视公平，就会加剧劳资矛盾，引发或者加剧社会矛盾。法律的设立就是应以其特有的权威性，通过分配权利和义务的方式，在不违背公平、正义的前提下，促进效率极大化的实现。现在社会的法律，从实体法到程序法，从根本法到普通法，从成文法到不成文法，都有或应有其内在的经济逻辑和宗旨：以有利于提高效率的方式分配资源，并以权利和义务的规定保障资源的优化配置和使用。① 雇主追求的效率，追求的就是资本的效益最大化；劳动者追求效率，追求的就是劳动力的价格最大化。

权利首先是一种利益，利益是权利的重要构成。集体谈判权就是以权利和义务的规定，通过确认和维护人权，调动生产者积极性，来促进生产力的进步。② 从基本意义上讲，效率就是生产力的进步，就是劳动生产率的提高。当劳动者的愿望得不到尊重、劳动权益得不到保障，就很难产生对企业的归属感和认同感，在这种情况下劳动积极性就无从谈起。可想而知，身处这样的企业，劳动者虽不罢工但会怠工；即便工人因参加了罢工被雇主开除，雇主仍然需要聘用替代者，这无形也会提高企业生产和经营成本，对效率的负面影响显而易见。进入后工业时代，劳动者的劳动意愿和主观能动性对企业效率的影响程度更加显著，在这种情况下，一个成功的企业应该更多地关注员工的诉求，建立利益均衡的劳动关系，增强他们的主体意识，激发他们的创新能力。

另外，以鼓励竞争为特征的市场经济，在对提高资源配置效率、提升劳动生产率发挥了巨大的推动作用的同时，不可避免地也存在着一定的负面效应，特别是过度竞争所引发的严重的社会危机，如贫富分化、企业破产、劳动者失业等。这种自由竞争的结果，是让有限的稀缺资源的作用达到这样一种状态：任何一人要使自己的处境更佳，必须以使其他人的处境更差为前提。因此，市场经济是不解决社会公平问题的，是不可能实现真正的社会公平的，当然无论是社会公平还是社会正义都不应是市场经济的应有之义，也就是说市场只具有提高效率的能力，不负有促进社会公平的责任。如果说基本的社会公平在经济利益方面，主要体现为利益在社会成员之间的分配是平等的，社会政策不鼓励过分悬殊的贫富差别，社会保障制度通过再次分配可以满足居于弱势地位人群的基本生活需求。③ 集体谈判制度就体现了对社会公平的要求。

市场经济并不应使人差别享有平等的权利。集体谈判制度通过

---

① 张文显：《法理学》，高等教育出版社2004年版，第424页。
② 张文显：《法哲学范畴研究》，中国政法大学出版社2003年版，第218页。
③ 余少祥：《弱者的正义》，社会科学文化出版社2011年版，第20页。

制度化的矛盾解决机制，在解决单个企业、甚至一个行业的劳资冲突时，对市场经济整体效率的提高也起到了促进作用。因此，这种以允许"诉苦"、保障"维权"为基本特征的集体谈判制度，并不是劳资双方简单的零和博弈，而是为了能够把财富"蛋糕"做得更大而必须建立的"分好"制度。从根本上讲，集体谈判制度与提升效率是不冲突的，或者说它以调解冲突的方式来消除对立的劳资矛盾的烈度，所谓"冲突"论的本质只是不平等利益取向下的对既有非公平权利的继续维持。对劳动剩余的追逐，只能通过劳动者与资方的谈判实现利益均沾、利益平衡去解决，通过这种方式得到的利益就是正当的、合法的和稳定的利益，且有利于劳资双方对彼此利益相对最大化的实现。

除了上述谈到的正义、自由、平等和效率是集体谈判权应体现的法律价值外，民主参与、法治秩序等也包含在其中。民主已经成为这个时代的主旋律，并开始渗透到社会生活的方方面面。民主参与的核心，在于人成为自己的主人，成为有思想、有自由、有平等地位的人，劳动者对企业的"关注权"、"知情权"和"意见表达权"等能得到尊重和保障。劳动者以人力资本的投入成为特定企业的一名员工，企业的经营管理、经营决策自然会影响到员工的切身利益，不仅在应然层面让劳动者享有民主参与权，在实然层面也要承认员工有权通过工会参与企业内部规章制度的制定，可以与雇主一起就共同关心的企业问题进行磋商和谈判。劳资双方相互间的依赖关系，决定了那些努力为企业工作、关心企业命运的劳动者应该有权对企业的经营管理发表意见，用共同的利益通过集体谈判联合起来。法律是最具统一性、稳定性和强制保障性的规则，而法治又是最能保障法律得以实施的治国方略和社会治理模式，就劳资双方而言它能明确界定劳动者与雇主在集体谈判权中的权利与义务关系，以国家意志的方式，促进法治的劳动关系，形成法治的社会秩序。

第二章

集体谈判权的主体构成

随着改革开放进程的深化,整个社会的民主法治意识显著增强,越来越多的劳动者开始有了独立的意识、尊严的渴望、体面的需要,他们不再一味接受雇主的强制安排,开始敢于对过往曾经习以为常的不公表达自己的不满,这既是社会进步的体现,也是群体性劳动纠纷不断加剧的重要原因。既然劳动者的权利是一个使用广泛且在政治上得到普遍尊重的概念,就应在现实中解决被主动无视、被动轻视这样一种不能使其得到有效保护的状况,否则妄论权利的有效行使。劳动者真正的觉悟,是能够有效地组织起来,并且懂得运用集体谈判权,来实现自身权益的维护。而要实现此目标,还需要工会能够成为劳动者利益的忠实代表,具备集体谈判的能力;还需要雇主的认真参与,切实履行诚实谈判的义务;还需要政府的有效介入,建立健全集体谈判的法律法规,引导和规范参与集体谈判相关方的行为。

第一节 集体谈判权的权利主体

健全完善的市场经济,不仅体现在企业作为独立经营主体的市场地位得到确立,还在于另一个重要利益主体的劳动者的主体地位得到确认。权利首先是一种利益,无权利则无利益,利益是权利的重要构成,权利的背后和目标总是利益。权利的实现,首先在于权利主体的自我觉悟,在于权利主体的自主行动和行为能力。权利与利益是形式与内容、手段与目的的关系。权利主体缺失的集体谈判权是不存在的。

一 作为权利主体的劳动者

劳动者是劳动立法的核心，其立法本意应充分体现对作为集体谈判权利主体的劳动者应得权利及其权利实现的保护。改革开放后，我国劳动关系完成从行政分配制向契约制的转变，使劳动关系相关主体的角色关系更加清晰，相互之间的权益关系得到进一步明确，为确立劳动者真正作为集体谈判权的权利主体创造了条件。

（一）对劳动者身份的角色认定

劳动者因其所特有的政治色彩，在中国一直以来都是一个崇高的身份象征，通俗的称谓就是"主人翁"，但是，在不同的领域、透过不同的视角，对劳动者却有着并不相同的解释。以下摘录较有代表性的观点：

冯彦君教授对劳动者的概念和界定做了详尽的论述，他说劳动者一词，在一般意义上使用，泛指全体公民，包括工人、农民、知识分子、军人等，在劳动法上，劳动者概念有特定的含义，是指具有劳动资格，可以从事职业劳动的自然人。[①] 这里的劳动资格由三个条件构成：劳动年龄、劳动能力、人身自由。这里所说的自然人绝大多数都是公民，除此之外还包括在中国就业的外国人和无国籍人。外国人在中国就业，从事工作当然理应受到中国劳动法的保护（如在工资、工作时间、劳动保护等方面），但是由于他们不是中国公民，除了在中国长期定居的以外，中国政府没有促进外国人就业和对外国人提供社会保障的义务。对中国公民而言，只要符合从事劳动的资格条件，从事特定的职业劳动，即可成为完全意义上的劳动者。劳动者不限于在现实中与雇佣方缔结劳动合同、建立了劳动法律关系的人，没有充分就业或者自谋职业者，比如从事个体经营等都不妨碍其作为一名劳动者的法律身份。

有学者详细列举了日本、韩国、西班牙、加拿大、印度劳动法

[①] 冯彦君：《劳动法学》，吉林大学出版社1999年版，第51页。

中对劳动者的依次定义,并概括作为劳动法律关系中的劳动者应具有的三项主要特征:一是受雇于他人,在他人指令或指挥下从事各类生产劳动;二是获得工资或相当于工资的报酬;三是具有独立身份的自然人。其中,"受雇"是劳动者最主要的法律特征。因此,他认为在劳动法意义上的劳动者,应该是指在现代产业社会中受雇于他人,以工资报酬收入为基础生活来源的体力和脑力工作者。①

还有的学者认为劳动者为一个法律概念,有广义与狭义之分,其广义概念指具有劳动权利能力和劳动行为能力(但并不一定已参与劳动关系)的公民,狭义仅指职工。而职工亦有广义、狭义之分,其广义职工指具有劳动权利能力和劳动行为能力并且已依法参与劳动关系(但并不一定为劳动法律关系)的公民,此即一般法律意义上的职工;狭义职工仅指有劳动权利能力和劳动行为能力、并且已依法参与劳动法律关系的公民,此即劳动法意义上的职工。此外,还有的学者直接从字面意义上解析劳动者,认为劳动者是劳动力的所有者,即具有劳动能力的公民。劳动力具有商品属性,而劳动者不是商品,二者相互依存,既不能相互代替,也不能相互否定。②

我国学者认为的劳动法意义上的职工,在外国还有雇工、劳工、受雇人、雇员、员工等的称谓。从许多国家的劳动法所规定的职工定义和范围来看,职工的概念一般包括四层含义:一是职工是指被录用(雇佣)的人员;二是指在用人单位(雇主)管理下从事劳动的人员;三是以工资为劳动收入的人员;四是国家公务人员、军事人员、农业工人、家庭佣人、企业经理等被劳动法列于职工范围之外,不属于职工。因此,职工是由用人单位所录用(雇佣)并在用人单位管理下从事劳动以获取工资收入的、符合法定范围内的劳动者。

对职工可以按不同标准进行相应的分类。依据我国的劳动法,较为常用的职工分类有下述三种:一是职员和工人,这是以职工的

---

① 常凯:《劳权论——当代中国劳动关系的法律调整研究》,中国劳动社会保障出版社 2004 年版,第 119—121 页。

② 杨燕绥:《新劳动法概论》,清华大学出版社 2008 年版,第 4 页。

劳动类型为标准进行的分类。职员，在有的国家被称为"使用人"，我国通常称为"干部"，一般是指在用人单位中担任管理或技术业务工作的劳动者，亦即脑力劳动者，如行政或经济管理人员、工程技术人员、教学科研人员、医务卫生人员、文化艺术人员、体育人员等；工人，一般是指在用人单位中从事体力劳动和执行性劳动的劳动者。这种分类对职工的劳动分工和劳动待遇有一定的法律意义。二是全民所有制职工、集体所有制职工和其他所有制职工，这是以劳动关系的所有制性质为标准进行的分类。随着经济体制改革和国有企业改革的深化，市场经济的完善，职工的所有制性质正在不断地被淡化。三是正式工和临时工，这是以职工的用工形式为标准进行的分类。① 这种分类方式，也正在经受着企业劳动用工方式的挑战。

(二) 亟待关注的农民工群体

伴随着飞速发展的现代化、城市化，农民工群体已经成为我国一个不容忽视的庞大社会群体，是劳动者群体中一个十分特殊的群体。他们进入城市，在城市工作、生活、成家立业，但在目前的户籍制度下，他们既不被城市真正地接纳，又很难回到生长的农村，"农民工"成为他们在一座城市的特殊身份。同时，他们从事更高强度地劳动、更容易患上职业病、更多被随意地拖欠工资，面临的困难更多、生存的压力更大，且更为无助。即使如此，他们同样是集体谈判权的权利主体的重要组成部分。

改革开放后，随着工业化的发展，一大批农民走出农村，向城市流动，这种自发形成的人口一度成为流入地地方政府严管和驱赶的对象，因而在国家早期的政策话语体系里他们被称为"盲流"。随着城市对劳动力需求的迅速增长，人口转移越来越多，并成为了区域经济发展的一支重要力量，在称呼上也逐渐转变为了"农民工"。这些农民工分布在国民经济的各个行业，在加工制造业、建筑业、采掘业及环卫、家政、餐饮等服务业中已占从业人员的大多数。现在的农民工早已超越原有的城市工人，成为了中国工人队伍

---

① 王全兴：《劳动法学》，中国人民公安大学出版社2005年版，第103页。

的主力、劳动者的主体，虽然他们在政治身份和社会地位上，有的还没有被所在城镇接纳，甚至也没有完全融入所在城市的工人阶层。绝大多数的农民工虽在城市工作，拥有的却是残缺的生活，社会地位处在城市社会分层结构的最下层，他们被边缘化并被排除在城市的政治、社会、经济和文化生活之外，缺乏保障、缺乏尊严，这也就意味着他们是最脆弱的劳动者群体，更易在遭到意外风险时陷入生活困境。

在飞速发展的工业化、城市化进程当中，曾经世代务农的农民群体正在发生历史性的转变，他们中的大多数已经开始由亦工亦农向全职非农转变、由城乡流动向融入城市转变、由谋生生存向追求平等转变。作为一个特殊的劳动者群体，农民工有着与其他劳动者阶层不一样的显著特征和共同境遇，但在农民工群体内部，又有着明显的代际分野。简单来讲，老一代的农民工即使留在了城市，也无法割舍家中的土地、房产，还有那难以忘怀的乡情；而"80后、90后"新生代农民工，他们从小就已经脱离了农业生产，进入企业打工是他们谋求城市身份的方式，家乡对他们来说只是他们遥远的记忆。新生代的农民工已经成为劳动大军的主力，他们的文化教育程度较高，自幼物质生活较为优越，对自身权益的维护意识也越来越高，要求在法律规定的基准之上享受较好的工资福利待遇、改善劳动条件、分享企业或成为社会发展成员等意愿日趋增强。总之，新生代农民工对城市生活更为向往，对城市生活也更为适应，与上一代农民工相比呈现出以下六个特征：一是打工发展和改变命运的愿望更强烈；二是对身心健康与生活安全的要求更为强烈；三是需要被尊重和被认可的愿望更为强烈；四是参与城市生活和共享发展成果的愿望更为强烈；五是追求文化精神生活的愿望更为强烈；六是群体依赖与互助愿望更为强烈。但新生代农民工也整体存在着吃苦耐劳精神减弱、心理脆弱、非理性频繁跳槽、群体性行为偏激等缺陷。[①]

---

① 汤庭芬主编：《深圳劳动关系发展报告（2012）》，社会科学文献出版社2012年版，第31页。

作为新生代的农民工，已不像他们的父辈那样安于现状地认同出生的农村，他们对自身处境和社会不公平的感受更敏感，对改善自身命运和维护自我权益的要求更加的强烈。由于整个制度环境、体制环境没发生大的变化，新生代的农民工在城市的工作生活仍然存在着平等就业难、同工同酬难、社会保障难、职业发展难等状况，虽然维权意识强烈，但自我维权能力同样不足。在这种情况下，新生代的农民工群体对于在融入城市的过程中遭遇的不公、歧视和压迫时，往往会采取公开的对抗，甚至更为激烈的对抗性行为，直接地表达他们对现状的不满，以及对平等发展机会的诉求，只是到目前为止这种抗争还停留在经济层面。

研究集体谈判权的权利主体，忽略农民工群体显然是不完整的，而且特别应重视和照顾到新生代的农民工群体的独特性，善待他们。维护农民工合法权益，引导他们运用集体谈判权合法地维护权益，就应积极地促进他们与城镇劳动者的融合，消除身价歧视，实现与其他工人阶层的认同合作，使他们能够成为城市社会中的真正一员，这是解决农民工问题的根本出路。

以人为本是社会主义制度的基本要求，平等、自由、民主、法治既是健全完善的市场经济的客观要求也是必然结果，对社会成员的基本权利、尊严和体面更加有力地尊重和保障是劳动关系发展的方向。可以断言，劳动者主体意识的觉悟和群体意识的认同已经体现出不可逆转的趋势，这将极大地促进公正劳权的实现，当然，这种主体意识是应当建立在公民觉悟和法治意识的前提下的。

（三）对劳动者的法律定义

在前面我们谈了现实中的劳动者群体，介绍了学术界对劳动者的解读，那么现行的法律是怎么定义的？在《宪法》第8条、第42条，从侧面对劳动者的部分外延进行了限定，强调劳动者应是"具有劳动能力"；在第43条、第44条，将劳动者定义为劳动关系中的劳动者。《工会法》第3条从用人单位的角度界定了劳动者的外延，称其为中国境内的企业、事业单位、机关中，以工资收入为主要生活来源的体力和脑力劳动者。

《劳动法》中多次出现劳动者这个名词，但对劳动者概念的使用却不尽一致。第2条规定,适用《劳动法》的是在中华人民共和国境内的企业、个体经济组织和与之形成劳动关系的劳动者。国家机关、事业组织、社会团体和与之建立劳动合同关系的劳动者,依照本法执行。该条中的劳动者是指已与用人单位缔结劳动关系,正在从事雇佣劳动的人。而在此之后的条文对劳动者的表述则不尽相同,例如第10条第3款又规定,国家支持劳动者自愿组织起来就业和从事个体经营实现就业;第12条则规定,劳动者就业,不因民族、种族、性别、宗教信仰不同而受歧视。这些条文虽着眼点不同,但对劳动者的表述范围显然要远远大于《劳动法》第2条的规定,它们涵盖了一切具有劳动能力的公民。

此外,在《劳动合同法》及《劳动合同法实施条例》中也同样体现了"内涵模糊外延封闭"的立法原则,未对劳动者的内涵给出明确的界定。这就影响了劳动法体系的稳定性和有机性,给司法实践带来了很大的困难。加之我国的司法实践往往严格采用文义解释,很少在文义之外作出解释,以致许多本应受劳动法保护的劳动者被排斥在保护范围之外。[①] 我们理解,《劳动合同法》的第7条所规定的:"用人单位自用工之日起即与劳动者建立劳动关系。"这种劳动关系的实质就是雇佣与被雇佣,被雇佣者即是劳动法上的劳动者,对此他不应有身份上的区别,即不管是城市户口的工人还是农村户口的农民工。户籍制度是强加在劳动者身上的必须打破的枷锁,任何劳动法律断不能以户口为立法着眼点。建立集体谈判制度的核心是使处在劳动关系之中的劳动者享有集体谈判权,劳动者作为劳动力市场上的劳动力出卖者,他们有着介入劳动力价格决定过程的天然权利,这既是研究集体谈判权的法理基础,也是笔者在本书中探究此问题的落脚点。

二 作为权利主体代表的工会

工会是工人基于共同利益自发组织的工人社会团体的统称,除

[①] 侯玲玲、王全兴:《劳动法上劳动者概念之研究》,《云南大学学报》(法学版)2006年第1期。

狭义的工会名称外，广义的工会组织还有劳工联合会、劳工总会、工人联合会等的称谓。工会的主要作用在于保护工人的权益，但强大的工会在政治、经济和社会生活的其他方面也具有不同程度的影响力。

(一) 工会组织的产生与发展

工会的英文全称为 Trade Union，英文缩写为 TU，最早产生于工业革命发源地的英国。当时大批的农民离开土地涌入城市、进入工厂，但微薄的工资、恶劣的工作环境，使处在不平等的被压迫状态下忍无可忍的工人，只能团结起来对付强有力的雇主。工人的强烈反抗，工潮的时有发生，增强了工人的群体意识、阶级认同，工会组织便应运而生。这表明，工会是在工人阶级与资产阶级的斗争中，旨在改变悬殊的力量对立，团结工人的群体力量，反抗资产阶级的压迫，与雇主就工资薪水、工作时间和工作条件等劳动条件开展集体谈判，争取自身的权利和利益而组建起来的团体。

作为一个有着共同利益的组织团体，工会的成员具有诸如为同一雇主工作；或在某一产业领域工作；或是指全国范围的工人，与之相应，工会可以分为企业工会、行业工会以及全国性工会等。这也就意味着，各国的工会虽然在组织层次上有所区别，但均以企业工会为基础则是共同的。企业工会是指只限于某个特定企业并隶属于该企业的工会，作为工会成员的企业员工不分工种，但仅限于雇员，而非企业的管理者。企业工会有对企业的经营状况、财务状况监督的职能，既可以避免职工利益的损害，又可以防止经营者滥用职权。当企业遇到经营困难时，企业工会还有责任激励工人与企业一起度过危机。行业工会一般是以企业工会为基础建立起来的，但也有一些国家不以企业工会为基础，而是直接把该产业的工人组织起来成立工会组织。

经过曲折而复杂的发展历程，世界工会运动数起数落经历了巨大而深刻的变化。在20世纪的五六十年代，工会运动迎来了高涨时期。工会在争取到更多经济权利的同时，还逐步获得了应有的政治权利，工会组织的合法化，工会组织地位和影响力的显著提升，催生了各国劳工法或工会法的诞生。

工会的发展从来不是孤立的，往往伴随着深刻的国内形势和国际局势，又与科技革命、产业结构调整和企业组织方式等密切相关。自20世纪60年代以后，大多数发达国家工会的组织率持续下降。造成工会会员数量下降趋势的主要原因有：科技革命引发的产业结构变化使工人阶级的结构发生了改变。例如，钢铁、制造、纺织等传统产业不断萎缩，信息和计算机等高科技产业迅速崛起，出现了传统产业的"蓝领工人"在锐减而"白领工人"增加的趋势。在许多地方，服务外包已经成为企业非常重要的经营手段，非全日制临时工和家庭工等非正式部门的工人迅速增加。在民主化、全球化和工会多元化浪潮下，国际贸易频繁与多国籍公司的迅速增长，工会在西方国家社会和经济中的地位和作用开始有了不同程度的下降。另外，一些国家的工会对自身利益的激烈追求、过度作为，导致社会阶层分裂、矛盾激化，也使得其他社会群体对工会的同情度降低。因此，近年来，感受到危机的各国工会都在奋力地扩展吸收新会员，以保持自己的影响力，由此可见，即使老牌资本主义国家的成熟工会也在主动地寻求适应性的变化。

美国的工会一直以来被认为是劳工运动中的一个特例，造成这种状况的根本原因是美国具有一种与政治无关的商业工会主义（business unionism）的意识形态，与欧洲国家的工会相比，更为狭隘地关注现有组织成员的利益。一是美国的劳工运动很少用此类术语来界定自己，且凡有阶级意识的工会必然受到美国资本主义的强大压制。二是美国工会形成了全国性工会、地区性工会、地方工会的三级组织架构，能够从根本需要出发精准用力、实现目的。三是美国工会在斗争策略上极其擅长运用集体谈判搭配罢工的方式，建立了自己的工会领导人培训机构，专业领导能力极强。四是全国性工会掌控有罢工基金，在财务上具有偿付能力，确保罢工能对雇主构成实际的威胁，且拥有强大的院外活动团队，善于利用媒体、政治、金融、社会及监管机关的资源，能够影响政府政策。五是美国的工会内部，形成了成熟的竞争机制，工会之间可以自由合并或者结盟，当然也可以退出。凡事物极必反，美国工会越来越明显的利益集团化趋势使其对未入会工人的现实利益构成剥夺，并对企业的竞争力构成了威胁，这就使得更多的美国人开始反省过于强大的工会作用对本国经济可能产生的实际的负面影响。

（二）我国工会的职能演变

1925年5月1日，中华全国总工会及其所属工会成立。中国工会自建立起，就接受了中国共产党的领导，其发展与中国新民主革命的进程同步。早期工会的中心任务是争取工人权利与取得反帝反封建胜利，以巩固工农联盟和工人阶级对革命的领导权为己任，并同武装斗争联系在了一起。例如，在抗日战争和解放战争阶段，工会承担了巩固和发展同民族资产阶级结成统一战线的重要任务。1949年新中国成立后，工会才由地下的、非法的组织成为公开的、合法的工人阶级最广泛的组织。自中央到地方工会建立了完善健全的管理体制，确立了行政化的管理模式，即使是企业工会也是作为企业的内设机构并享有与企业相对应的行政级别。比如，在1981年中共中央转发的《国营企业职工代表大会暂行条例》中就规定，要调选相当于企业党委副书记、副厂长一级的干部担任基层工会的主席。

中国工会的组织模式长期以来深受列宁政党学说理论的影响。列宁认为，没有工会这样的基础，就不能实现专政，就不能够执行国家职能。正是在这个意义上，列宁提出了工会要承担国家组织职能的理论，即"工会国家化"的理论。尽管这一理论之后又被列宁自己所修正，但这一思想对社会主义国家的劳动立法产生了重大的影响。我国计划经济条件下所形成的有关劳动法律法规的文件，基本上都是沿袭了苏联的劳动立法思想和立法原则。[①]

在新中国成立后，我国工会工作转变为以生产为中心，以党的群众工作系统的身份出现，通过诸如组织劳动竞争、关心员工福利和娱乐活动等方式调动广大职工的积极性。工会的主要工作是围绕生产、生活、教育三条主线，协助企业开展文化活动、宣传教育，以及生产动员，没有要求代表广大职工进行维权的职能和作用。

---

① 常凯：《劳权论——当代中国劳动关系的法律调整研究》，中国劳动社会保障出版社2004年版，第129页。

"文化大革命"期间,我国工会组织活动处于停滞状态。1978年全国总工会第九次全国代表大会召开,全国工会运动才重新开展。1988年召开的全国总工会第十一次全国代表大会,确定了工会"维护、参与、建设、教育"的四项基本职能,提出了工会要"群众化、民主化、联合制、代表制"的改革目标,明确工会要维护职工的基本利益。这一规定与工会的本旨相接近,但"维护"与"参与、建设、教育"相并列,在实际工作中又造成了这四大职能长期以来主次不分的问题,制约了工会"维护"核心职能的有效履行。仅从立法的角度看,一部法律也应只有一项最基本的职能,其他的都是基本职能的衍生和延伸,这样才有利于更好地施行。

1994年的《工会法》明确规定"工会代表和维护劳动者的合法权益",并进而把集体合同工作作为工会工作的重点。2001年修改后的《工会法》,对我国工会的市场化改革进行了法律认定,并且提出"工会通过平等协商和集体合同制度,协调劳动关系,维护企业职工权益",构建与市场经济相适应的劳动关系成为工会工作的重点。

在传统的计划经济下,由于生产资料公有制的所有制形式、经济利益一体化的利益格局,以及国家权力高度集中的政治结构,劳动者和工人阶级在法律上的政治地位很高,但其经济权利和政治权利在相当程度上是由党和国家通过"单位"来代表的,劳动者个人的经济权利和政治权利也是通过"单位"给予的。法律上规定了工人有组织工会的权利,但工会作为劳动者一方的代表,还承担着作为无产阶级专政的基础和柱石的使命。这种"双重代表"的身份,是由工人阶级被赋予了领导阶级的地位所决定的,但使工会在集体谈判权的行使中处境尴尬。

在我国工会组织都被纳入国家政治体制之中,享有与同级政府部门相同的行政级别,其正式工作人员为参照公务员管理的国家干部。改革开放后,虽然经济环境和社会关系发生了巨大变化,但与劳动法相关的制度规范并没有根本上的变化,工会的定位和职责更没有作出相应的调整。在工会具有鲜明的"官与民"相结合的双重属性下,工会组织的机关化、官僚化倾向成为各地工会十分普遍的现象。这种已成为"管理者"的工会,与其说存在着代表性的问题,不如说这样的工会其定位本身就是问题,此种状况不改变,工会组织在一些劳资冲突尖锐的地方就有不被工人信任的危险,或者说这种危险已然大量存在。行政工会领导企业工会的管理模式,势必造成企业工会一旦面对上级工会的"服从指挥"与代表工人权益之间的不一致时,由于着眼点的不同甚至还会出现对立。[①] 另外,至今仍有大量的民营、私营企业没有建立工会。实际上,处在复杂利益纠葛之中的无法自醒、迷失方向的企业工会,其窘境还远不止这些。尽管工会与罢工工人的直接冲突的情形较少出现,但工会在劳资冲突发生时和罢工发生后不能发挥作用、不能履行职责,则是十分普遍的现象。

(三) 工会组织的法律地位

1949年新中国成立后,工人阶级的政治地位、社会地位得到极大提高,工人不再仅是劳动者,还成为国家的主人以及企业的所有者,由此也就带来了工会法律地位、工作重心的重大转变。1950年6月,《中华人民共和国工会法》颁发,明确了工会在新政权下的法律地位和职责,此后又相继出台了有关促进工会发展的一系列政策,工会组织得以迅速发展。

我国工会在组织体制上,实行的是中华全国总工会统一领导下的地方工会与产业工会两大组织体系。全国总工会是我国工会的最高领导机关;地方各级工会代表大会是地方各级总工会的权力机构,由同级总工会召集,纳入地方党委的领导;产业工会是按照产业系统建立起来的工会组织,其设置是由全国总工会确定并批准,按照国民经济部门分类情况,成立了10个全国性的产业工会,其中铁路、民航、金融3个全国产业工会实行产业工会和地方工会双重领导,以产业工会领导为主的体制,其余7个全国产业工会实行以地方工会领导为主的体制。

学术界虽然对工会的研究十分充分,但由于出发点、着眼点上

[①] 在2010年5月发生的南海本田罢工事件中,当地的工会公开站在雇主一边,要求工人立即复工并因此与工人发生冲突,工人在罢工中又被工会的人打伤,这在国际工会运动史上也鲜有先例。

的差异因而分歧依然存在。在对工会的定义上，冯彦君教授在其所著《劳动法学》一书中曾对工会的诞生与发展、性质与类型做过详细的梳理。此外，有的学者还从工会在集体谈判中作为权利主体的代表角度，阐述了工会的作用及中国工会的演变历史。也有学者详尽归纳了学界对工会的概念，并梳理出了法学家对工会定义的相同之处，即认为工会是工人的结社组织，对工会的理解需从其产生的历史背景入手。① 还有的研究者从工会的性质、组织目标及实现方式这三个角度出发，把工会定义为：由雇员组成的组织，主要通过集体谈判方式代表雇员在工作场所及整个社会中的利益。②

工会在《宪法》中没有表述，在《劳动法》中虽有提及，但没有具体的定义。《劳动法》第7条规定，劳动者有权依法参加和组织工会。工会代表和维护劳动者的合法权益，依法独立自主地开展活动。《工会法》对工会的性质和职责有系统的界定，在第2条规定，工会是职工自愿结合的工人阶级的群众组织；全国总工会及其各工会组织代表职工的利益，依法维护职工的合法权益。就法律制度而言，工会是代表劳动者行使集体谈判权的合法权利主体。

市场经济是实现个人权利、追求个人利益的经济，以市场经济为基础的社会，各个阶层的权利、利益都得到了充分的分化，相应地就要形成开放的政治环境，使各个阶层都有代表自己利益的组织；每个阶层都能对号入座找到自己认可又能够代表自己权利的集体，进行集体性质的归类，就会形成有效的社会运行机制。与我国作为政府职能延伸、自上而下的一元化工会不同，在世界绝大多数国家，工会普遍是以维护和改善雇工的工作条件，提高雇工的经济地位为主要目的，由雇工自愿组织起来的团体或联合团体。③ 工会是代表劳动者利益与资方进行集体谈判的合法主体，可以说，只有这样的工会组织，才能真正成为与雇主或雇主组织进行集体谈判的劳动者权益的真实代表。从大量的企业劳资冲突情况分析看，如果发生工人的罢工事件，一个重要原因就是企业工会没有有效发挥正

---

① 郑尚元：《劳动法学》，中国政法大学出版社2004年版，第140页。
② 程延园：《劳动关系》，中国人民大学出版社2002年版，第92页。
③ 王全兴：《劳动法学》，中国人民公安大学出版社2005年版，第111页。

面的沟通、引导作用。

在集体谈判中出现企业工会不代表或不能代表工人利益的原因，在于权利主体与代表主体的分离。劳动者是集体谈判权的权利主体，《工会法》明确规定工会是劳动者利益的忠实代表，但是现实中"代表性模糊"的情形比比皆是，这确实与大量基层工会的不作为、作为不够有关。正是本应发挥作用的工会的"代表性模糊"，导致了"代表性散乱"，出现了其他主体对劳动者"代表权的争夺"。比如，相当多的劳动者将政府作为自己权利的代表者；当权益受到侵犯时，劳动者会求助于劳工自助组织，求助于同乡会等。企业社会责任运动（CSR）则倡导由企业自己来解决劳动者的利益问题，在一定程度上也起到了排斥工会存在的作用。

构建市场化的劳动关系调整机制的关键，是要有一个能够真正代表工人利益的工会。那么，在劳资关系的协调应对中，什么样的工会才能有效地发挥作用？有权威、有效力的工会如何才能产生，工会选举的程序该如何设置？面对企业员工提出的差异化极大的诉求，工会领导人如何求同存异、整合意见等，这一系列的问题都需要面对和解决。工会要发挥作用，必须具有良好的代表性以维护工人利益。工会主要关心的是员工权益，如果不能进行有效保护，工会的作用就会被大大削弱，工人加入工会的意愿就会降低。因此，工会自身的市场化改革，如何实现工会组织的自主性、代表性、民主化和整体凝聚力，就成为一个非常紧迫而且重要的问题。当然，我们注意到越来越多的企业工会正在朝着改变有名无实状况的方向发生着积极变化，这种改变与其说是企业工会在履行责任，不如说是企业工会在给自身的生存寻找着土壤；我们同样也注意到，身处在劳资关系急剧变化之中的地方政府，在感受不断加大的治理压力的同时，对企业工会的自主发展开始持更加开明的态度。

（四）工会代表权的优先地位

工会代表权是指法律确认的工会作为会员和职工利益代表的资格、权利和义务。我国工会要真正实现法律所认定的劳动者集体权利代表的职责，有许多实际的问题需要解决，其中最突出的问题就是基层企业工会地位的不独立。实践和经验证明，只有工会成为一个具备与企业相当的谈判能力的独立主体时，集体谈判才能真正进行并发挥其效能。这就是说，必须解决目前企业工会在运作过程中对企业有较大依赖的问题。这种依赖性主要表现在以下几个方面：一是工会组织的建立对于企业存在依赖；二是工会在组织管理上对企业存在依赖；三是工会干部在劳动关系上对企业存在依赖；四是工会在经费上对企业存在依赖。①

参加集体谈判的工人代表能够有效代表工人利益，是集体谈判成功的重要基础和保障。对于集体谈判中工人代表如何产生的问题，相关国际劳工标准强调一个基本原则，即工会的地位高于其他形式的工人代表，只有在谈判单位没有工会的情况下，才能由工人通过选举产生代表他们参加集体谈判的人选。

国际劳工标准规定，工人选举的代表也可以与雇主开展集体谈判和达成集体协议，主要是为了适应20世纪中期很多国家工会组织未普遍建立，或者虽然有工会存在但力量不够强大，不足以代表多数工人的情况。为了防止在集体谈判中雇主通过操纵工人代表排斥工会的现象，国际劳工组织仍将工会的代表权优于为开展集体谈判选举的工人代表，作为一项重要原则加以强调。针对一些国家的这类问题，国际劳工组织指出，在谈判单位有工会的情况下，由雇主与一个不是工会的工人群体直接签订协议不利于促进集体谈判。

各国立法对集体谈判中工会代表权的规定主要有两类情况。一类是在一个谈判单位中如果存在两个以上的工会，需要由这些工会通过协商组织联合谈判团队；另一类是如果其中有一个工会能够代表大多数雇员，或者能够代表由法律规定的一定比例的雇员，则这样的工会就可以成为代表所有雇员的唯一谈判代表。对于有些国家的工会组织就后一种做法持反对态度，国家法律规定一个工会在集体谈判中可以代表所有工人而不限于自己的会员，应当有一些前提条件，包括：（1）由一个独立机构对其进行资格审查；（2）经过谈判单位全体工人投票表决；（3）未能当选的工会有权在质疑选举

---

① ［澳］Greg J. Bamber、Russell D. Lansbury、Nick Wailes、赵曙明、李诚、张捷编：《国际与比较雇佣关系》，赵曙明等译，北京大学出版社2012年版，第271页。

结果时在规定时限内要求重新选举；（4）如果谈判单位出现新建工会，这些工会有权在经过规定时限后要求重新选举。另外，如果参选工会得票都不超过50%，就可以认为没有能代表大多数工人的工会，应当由各工会协商组成联合谈判团队。①

通过对"盐田国际"罢工事件的跟踪分析发现，工会在集体谈判事件中的积极介入，疏导员工的情绪、稳定事态的发展，并引导集体谈判的进行，能够起到积极的作用。②但迄今为止，鲜有集体谈判取得成功的案例，企业工会没有发挥应有的作用，究其原因，不能忽略中国"一统体制"对它的排斥。因为一统体制的核心是强权体制，不同于集体谈判所需要依托的契约文化。有学者甚至断言，集体谈判的困境源于传统社会体制，这种社会体制认为集体谈判威胁政治权利和社会组织模式。③实际上已将企业工会在集体谈判中的代表权不力，不能发挥有效作用的原因分析，放在了一个更大的背景中探讨了。

第二节 集体谈判权的义务主体

义务与权利是相对的，作为企业资产所有者的雇主，要履行与工人代表就其利益实现的谈判义务。义务主体参与集体谈判，是集体谈判权得以行使的前提。根据集体谈判级别的不同，可把义务主体划分为雇主和雇主组织两类。雇主在企业级别进行谈判，雇主组织在产业或地方一级进行谈判。

一 雇主

雇主一般是指由于拥有法律赋予的对组织的所有权（一般称

---

① 刘燕斌主编：《国外集体谈判机制研究》，中国劳动社会保障出版社2012年版，第64页。

② 任小平、许晓军：《职工权益自救与工会维权策略探究——基于"盐田国际"罢工事件的观察》，《学海》2008年第5期。

③ 许叶萍、石秀印：《中国集体谈判的困境与中国的一统制传统》，《江苏社会科学》2013年第2期。

产权），是在就业组织中具有主要经营决策能力的人或团体。因此，雇主也被称为管理方或者资方，是雇佣他人为其工作并支付工资或报酬的法人。在国际上，一般是把招用劳动者并将劳动者纳入劳动组织中的法人称为雇主。雇主包括雇佣劳工的业主、经营负责人或代表业主处理有关劳动事务的人。雇主处于管理方地位，其最重要的意义在于享有对员工的劳动请求权和指示命令权，以及决策的权利。[1] 当然，很多时候雇主的概念需要依靠他所雇佣的员工的概念而定，也就是说雇主与雇员是相对的主体概念。

比如在德国，雇主的概念就需要通过雇员来定义，因为雇员的劳动合同另一方当事人即是雇主。雇主可能是自然人、法人，也可能是商事合伙。法人机关和商事合伙有代表权的合伙人是雇主指令权的行使主体。在美国，雇主的范围更为宽泛，是指"直接或间接的为了与雇员相对应的雇佣方的利益而行事的任何人"。在决定某主体是否为《公平劳动标准法案》的雇主时，关键在于所谓的雇主对其工人是否有控制的权力。

长期以来，"雇主"在我国一直是作为有贬义色彩的词汇存在的。这主要是因为，随着社会主义改造的结束，雇主不仅代表的是一个经济身份，还与"剥削"、"压迫"等道德行为评价联系密切，因而它又是一个政治词汇。改革开放后，以经济建设为中心所产生的财富效应，使雇主咸鱼翻身，又成了人们羡慕和追逐的成功者的象征，虽然出于习惯，人们在日常生活中并不常用雇主这个称谓，而是代之以企业家的称号。因此，我国的雇主是在改革开放中产生和发展起来的新的社会阶层，其成长历程显然有别于西方国家的雇主。

常凯教授在区分了资本家（capitalist）、企业主（enterprise owner）、企业（enterprise）、企业家（entrepreneur）、使用者（employer）、用人单位（employing units）诸多集体谈判义务主体的概念

---

[1] 程延园：《劳动关系》，中国人民大学出版社2002年版，第8页。

后,① 认为使用"雇主"或"雇佣者"或"老板"比较确切。雇主是在劳动关系中代表资方负责管理和处理劳工事务的法人和自然人,有三个法律特征:一是雇主是相对于雇员或工人或劳工的称谓,其基本特征为雇用他人为其劳动;二是雇主可以是自然人,也可以是法人,但在具体劳动关系事务中雇主必须由自然人来充任或代表;三是凡是代表资方或管理方处理有关劳资事务之人,均可称为雇主。所以,雇主的概念可以包括企事业主、企事业的经营者和管理者以及代表企事业业主处理劳资事务的其他人。② 正是因为雇主所具有的第三点法律特征,所以非企业法人、管理者也可以成为集体谈判权中的义务主体。

二 雇主组织

雇主组织是指由雇主(用人单位)依法组成的,旨在代表、维护雇主利益,并努力调整雇主与雇员以及雇主与工会之间关系的团体组织。维护雇主利益、建立协调的劳资关系、促进社会合作,是雇主组织建立的宗旨和目标。在笔者看来,诸如企业联合会、企业家协会、行业协会以及各类商会等民间组织,都是雇主组织的表现形式,虽然与西方国家的雇主组织在组织形态、功能作用、实际运作等方面存在着巨大的差异。雇主组织的形成是市场经济的产物,

---

① 常凯教授认为,"资本家"在字义上,是指拥有资本并投资获利的人。与资本家这一概念对应的概念是"劳动者阶段"或"无产阶级",由于这一概念有强烈的阶级色彩,所以在劳动法中一般不采取;"企业主",是指企业的拥有者或资产的所有者,又称为"业主",这一概念更强调企业的所有权,而并非从劳资关系的角度提出;"企业"是指生产或经营的经济实体,主要是由其所有者、经营者和劳动者共同构成的,如将"企业"运用到劳动关系中,实际上是将劳动者作为的对应方,在劳动法中出现的"企业",其确切含义是"企业行政方"或"企业管理方";"企业家"一词在市场经济国家与"企业主"是一个含义,但侧重于企业的经营,在我国,对企业经营专门人才的称呼,与劳动者并不是一种对应的关系;"使用者"一词源于日本劳动法中的日语汉字名词,该词是在二战后日本劳动法所使用,意为"使用劳动者的人",与"雇主"一词并无区别,英文对应名词即为"employer(雇主)";"用人单位"是在以往计划经济的社会主义国家采取的表述。参见常凯《劳权论——当代中国劳动关系的法律调整研究》,中国劳动社会保障出版社 2004 年版,第 135—137 页。

② 常凯:《劳权论——当代中国劳动关系的法律调整研究》,中国劳动社会保障出版社 2004 年版,第 135—139 页。

是市场经济运行体系中的重要组成部分。

基于劳资关系意义上的雇主组织在我国社会现实中是否存在，经济学界少有认可，法学界也很少研究，这不能不说是一种缺憾。从集体谈判权的角度讲，我国有关集体谈判权的制度尚处在探索孕育阶段，现实中的集体谈判很少超出单个企业的范畴；在单一工会体制下，由于不存在行业工会组织，联合起来对付雇主组织的工会也是不存在的。同时，由于受到政府的特别眷顾，享有或多或少社会特权的雇主处于绝对的强势社会地位，在自身权益没有受到来自行业或者区域劳动者、工会挑战的情况下，促进雇主结成利益联盟的外在环境也是不存在的；既有的各类可称为雇主组织的组织，多是以交流技术经验、拓展企业人脉、促进产业发展的方式存在的。[①]另外，我国的法律制度对社会组织的登记管理也有着较为严格的限制，雇主联合起来以特定组织的形态对付劳动者、工会同样缺乏现实基础，因此，雇主通过结盟的方式在集体谈判权的行使中发挥影响力的可能性是极低的。我们很难想象，为了对付蚂蚁，大象需要

---

① 当今常有这样的情况出现，即劳动者作为社会下层的弱势群体互相倾轧、相互敌视、互不团结，并没有形成马克思·韦伯所说的"职业共同体"应具有的"共同体意识"。比如，2014年3月20日在广东省英德市郊的中铁十五局广乐高速T22标项目部发生的农民工要讨回自己的血汗钱，而被欠薪单位的员工和当地村里人20余人围砍丧命事件；2013年8月，在东莞，两伙外来工人员，因为打桌球发生争执，老乡们群殴砍杀，最后一死四伤；2013年9月，在山东烟台，两伙打工人员，酒后闹事，最后造成几百人的砍杀。而与社会底层的这种表现不同，社会上层以及中层，是另一种状态，社会上层的"精英圈"相当团结，比如"华夏同学会"、"中国企业家俱乐部"等，这些圈子不仅让富人有相互的阶层认同，谁有什么事，别人还会帮一手，对此的解释是，社会上层能明确地意识到自己阶层的利益所在，所以在阶段的意义上不会互相倾轧，因为，他们要预防人数比他们还要多的人。这里还有一种心理学上的解释，即是社会上层一般都自认为自己是成功人士，那他们会以同样的心态去认同对方，一帮成功的或自认为成功的人们在一起，不会从对方身上看到一个自己讨厌的、失败的"我"——因为他们的内心从未体验到这样一个"我"，所以就不会相互厌恶；但是，社会底层则不同，他们在社会中屡屡失败，所以在内心，极其希望忘掉那个自己讨厌的、窝囊的、令自己都嫌弃的"我"，但当和同阶层的人在一起，这样的失败的"我"便很容易被激活，被自我意识到，因此，在心理保护下，一帮自认为失败的人在一起只会更加相互厌恶、相互排斥、相互瞧不起，因为他们自己都瞧不起自己，所以，这种厌恶常常暗含着恨，这就是他们为什么在阶级情感上非常冷漠，而雇主组织的联合却看似"高大上"，又互相帮助、互相扶持，甚至不需要"组织"这一形式。参见石勇《在变革中改变底层命运》，《南风窗》2014年第7期。

结成同盟。

建立政府、工会与雇主（雇主组织）劳动关系三方协调机制，是国际劳工组织所倡导的有效的劳资关系协调机制，在市场经济国家被广泛采用，并成为协调劳动关系通行的国际惯例。我国目前能称得上是雇主组织的最大雇主组织是中国企业联合会。2001年8月，劳动与社会保障部会同中华全国总工会、中国企业联合会建立了国家协调劳动关系三方会议制度。随后，各省、市、县（区）三级也先后建立了三方协商机制，从而形成了我国从国家到地方的政府、工会和企业组织的协调劳动关系方面的对话渠道和协调机制，为加强政府、资本和劳动者的沟通联系，促进三方相互理解和支持提供了平台。就出发点而言，构建者的用意显然是值得赞赏的，作为一种有益的实践探索无疑也是具有积极意义的。但与西方发达国家的雇主组织组织完善、影响较大的状况不同，我国目前的劳动关系三方协调机制存在着许多问题，最突出的就是劳资双方主体在三方协调机制中的代表权问题，因为其中任何一方只要不具有被认可和接受的代表性，三方协调机制的合法性就无从谈起，这是决定三方协调机制能否有效实施和运行的基本前提。基础不牢靠，构建起来的外在表现再精致，也存在着不经用的致命弱点。

除了被官方认可并具有官方背景的中国企业联合会外，还存在着大大小小的商会组织。商会在我国的存在历史更为久远，国际上也有以商会作为雇主代表的惯例；另外，由雇主自发组织成立的民间的非正式组织各类企业"联谊会"等，也是一支较为活跃的雇主力量，只是通常他们把与政府搞好关系当作重点。

我国雇主之间政治上的疏离状态、社会上的疏散关系，与工会一元化的组织格局是极不对等的，当然从另一个角度讲这也恰恰是工会一元化管理体制所需要的。从政治制度和政治文化上讲，似乎难以接受在工人阶级领导下的社会主义国家，允许"资本家"为了剥削工人而自由"勾结"起来对付工会这样一种局面的产生。即使出现与政治等无关的特定形态的雇主组织，也无法发挥国外雇主组织在集体谈判中的作用。在可预期的时间内，看不出雇主组织的发展会出现明显的变化，因此，在集体谈判权的研究中对此可以不必给予太多的关注。

虽然在集体谈判权研究中可以较少关注雇主组织，同样基于中国的国情，却应对既得利益集团对集体谈判的影响给予足够的重视。既得利益集团的基本特征是政商结合、官商勾结，他们以行为的表面合法性和获利的隐秘性、攫取利益的排他性等特点，左右劳动政策、干预劳资关系，对集体谈判权能否实施和如何开展具有极强的影响力。

第三节　集体谈判权的特殊主体

对政府的期待与政府的形成改善、职能履行相伴，中外概莫能外。一直占据中国思想领域主导地位的传统儒家，其民本观概括起来就是爱民、重民、利民三层含义。《论语·季氏篇》有言："不患寡而患不均，不患贫而患不安。"在这里，政府的核心作用之一就是要促进社会均衡。董仲舒在《春秋繁露·制度》中讲到，要"使富者足以示贵而不致于骄，贫者足以养生而不致于忧。以此为度而调匀之，是以财不匮而上下相安，故易治也"。按照马克思的观点，社会主义国家的本质目的就是解放生产力，发展生产力，消灭剥削，消除两极分化，最终达到共同富裕。社会主义应该结束牺牲一些人的利益来满足另一些人需要的情况，使所有人共同享受大家创造出来的福利，使社会成员的才能得到全面发展。[1] 构建和谐劳动关系，实现社会主义市场经济的目标之一在于，政府从现实经济活动中个人的能力及财产的不平等差别出发，通过国家干预，力图实现经济公平，对不同的人予以不同的对待，最后要达到的是结果的相对公平，以保护竞争中的不利者和社会弱势群体的利益。[2]

既然在处理劳资冲突中需要进行集体谈判，并通过集体谈判达成合作，那么除了劳动者、工会与雇主、雇主组织作为集体谈判双

---

[1]《马克思主义选集》第1卷，人民出版社1995年版，第243页。
[2] 余少祥：《弱者的正义》，社会科学文化出版社2011年版，第22页。

方当事人之外,还需要有居中的调解裁判者,负责制定规则、协调分歧、促进和解并监督协议的执行,对此显然只有政府也必须由政府承担起这项职责。集体谈判是劳资双方在矛盾与冲突中的理性选择,正因为如此,很多情况下也是政府主动影响和促进的结果。由于各国在社会环境、法律制度、文化传统等方面存在不同,政府在集体谈判中的作用方式和影响程度也有着很大的差异,但在政府的规范和促进下劳资双方的谈判代表彼此承认,坐下来心平气和地说情况、讲道理,开展集体谈判,从而构建起了劳资双方沟通的常规机制,则是普遍通行且行之有效的做法。

政府在集体谈判的特殊主体地位,源自政府的权力。在不足一百年的时间里,世界各国对集体谈判的态度就经历了反对、承认和保护三个阶段。19世纪初,欧美各国崇尚自由竞争,认为集体谈判和集体合同有悖于契约自由的私法原则,因而持反对态度。到19世纪中叶,随着工会力量的壮大和工人运动的发展,以及雇主对集体合同的普遍接受,政府逐渐地认可并开始乐见其成、不再反对。到了19世纪后期,各国政府又主动作为,对集体谈判和集体合同开始在立法上采取规范和保护政策。

在集体谈判的发展过程中,即使秉持自由市场的西方资本主义国家的政府,也普遍采取了积极干预的政策,并在以下几个方面发挥了不可替代的作用:一是制定有关集体谈判的法律法规。劳动立法和公共政策的实施是政府规范和影响谈判行为的重要手段,这些法律确立了劳资双方在劳动关系调整机制中的主体资格、权利与义务,明确了集体谈判的范围、内容和方式,确定了集体劳动争议处理的办法,如对罢工和闭厂作出专门规定,制定集体合同的标准等。二是制定作为集体谈判依据的基本劳动标准。这些基本劳动标准包括最低工资、工时、休息休假,女工、未成年工保护,职业安全与卫生,社会保障,限制企业裁员等,以便确保集体谈判按照国家确立的基本劳动标准进行。三是提供集体谈判所需要的条件、环境和服务。这里所说的环境和条件,是指与集体谈判密切相关的经济环境、公共政策、人口结构、社会环境以及技术环境等,也包括为支持集体谈判有效开展所需要的咨询和服务,以及适时的必要调解和干预。四是保障集体谈判机制的运行和法律的实施。开展集体劳动争议的调解、仲裁，是政府的重要职能；对于大规模、长时间和对社会正常秩序、公共利益造成重大影响或损害的罢工，以及相应的闭厂行为，则要进行行政干预。在处理集体谈判事务时，政府虽然最不该忽视的是公权力的公正性，但仅有此还是不够的。由此可见，我们切不能以为搞了市场经济，政府就可以"马放南山"、无所作为。

作为集体谈判仲裁者的政府，在劳权关系中是一个特殊的法律关系主体，这种特殊性具体表现在，政府在与劳动者的法律关系中主要是义务主体，但在与雇主的关系中则主要是权利主体。① 在集体谈判权的行使中，政府扮演的就是这样的一种特殊的身份。当劳动者无法得到雇主与雇主组织的认可，难以行使集体谈判权而聚众提出诉求时，政府责无旁贷地应当担当起促进劳动者权利行使的义务主体，即促成集体谈判，促成签订集体合同，至少在形式上是需要这样做的，因为这是一种导向。再比如，在集体谈判权的行使中，政府应该通过运用公共权力对社会资源的重新分配给予劳动者以特别的保障，或者运用公权力，通过创造条件、排除障碍等方式，给予弱势群体以特别的精神、道义保障；或者双管齐下，两者兼而有之。②

结合社会主义国家的本质和市场经济的需要，在集体谈判活动中，有着全能主义传统的政府应从管制模式的包办代替、直接介入，转为强化监管和居中协调。一方面通过劳动行政和劳动监察，直接运用行政手段来调整劳动关系，避免矛盾激化、冲突升级；另一方面通过政府、工会和雇主"三方协商"机制调整劳动关系，尽量使存在的问题在企业日常经营管理中得到解决。但是，不论政府出于多么大的善意，政府作为集体谈判权关系的主体之一，也不宜直接代表或融入劳动关系的任何一方越俎代庖、指手画脚，而应居于劳动者和雇主双方关系之上，以"裁决者"和"公正者"身份，

---

① 常凯：《论不当劳动行为立法》，《中国社会科学》2000 年第 5 期。
② 李林：《法治社会与弱势群体的人权保障》，《前线》2001 年第 5 期。

主持社会公平和维护公共利益。在处理劳动关系问题上体现公正的要求，是以保护劳动者为宗旨的劳动法的基本依据。

当然，那种要求政府能够在劳资双方之间完全不偏不倚的想法是不现实的，或者说只有法律原则上的意义。实际上，政府所发挥的对于劳动关系的协调作用，恰恰是要以限制一部分处于强势地位人的权利，并强化另一部分处于弱势地位的人的权利实现的，也就是要追求法律的实质平等、社会的实质正义。进一步讲，政府作为劳动关系中的特殊主体，对公正和正义价值的追求是通过保障劳动者行使权利、监督雇主履行义务实现的。之所以如此，是因为政府在劳权关系中，面对劳动者是义务主体，面对雇主则是权利主体。至于有的地方发生的政府部门为了追求经济发展，不惜以牺牲劳动者的权益来鼓励和扶植企业的行为，有的地方出现的官商勾结、官商合流对付要求实现合法权益的劳动者的不正常现象，是政府职能的错位，是违反劳动法律规定和原则的。对于这种滥用公权力的违法行为，不仅要在事后严肃处理，而且必须在事前加以预防。[1]

对于在集体谈判中出现的任何一方破坏谈判纪律、干扰正常谈判的现象，需要政府及时加以干预，为劳资双方特别是谈判代表创造良好的谈判环境。如果集体谈判"谈不拢"、"讲崩了"，同样需要政府的及时介入。对集体谈判权的救济问题，我国国家现有的法律制度分别从拒绝集体谈判的救济、签订集体合同发生争议的救济、履行集体合同发生争议的救济等方面作出了规定。这些规定主要体现在《劳动法》第84条，《工会法》第20、53条，《劳动合同法》第54条，《集体合同规定》第49、52、55、56条，比如明确任何单位无正当理由拒绝集体协商的，由县级以上人民政府责令改正；在集体协商过程中发生争议的，可以书面向劳动保障部门申请协调处理，处理期限为自受理之日起30日，如有延期不得超过45日；在履行集体合同过程中出现争议的，工会可以提请仲裁，仲裁机构不予受理或者对仲裁裁决不服的，可以向人民法院提

---

[1] 常凯：《劳权论——当代中国劳动关系的法律调整研究》，中国劳动社会保障出版社2004年版，第151页。

起诉讼。

我国政府在劳动关系中的作用及承担的身份,可以概括为:协调者、调控者、立法者和管理者。由此而论,政府当前在对待集体谈判问题上需要做的主要工作,一是要努力实现集体谈判制度的完善化和体系化,为集体谈判实践提供符合中国国情、能够切实解决问题的政策工具,这方面还十分匮乏;二是在处理劳资矛盾和劳资冲突中保持公正立场的同时,积极引导劳动者能够通过集体谈判解决自身的利益诉求,并在此基础上加强劳资双方的沟通、理解以及合作,如何在化解矛盾冲突中实现劳资关系的和谐重建仍是对政府的一大考验。

第四节 集体谈判权的自助组织

从理论和法律上讲,工会作为劳动者利益的代表,在协调劳资关系中居于极其重要的地位,具有无可替代的作用。但是,由于劳动者的利益无法在现有工会体制下得到充分表达,大量的企业工会也没有履行应尽的职责,不能站在劳动者的立场上有效发挥维护劳动者合法权益的作用,在这种情况下,各类基于相互救助原因而自发组成的劳动者组织便应运而生。这些劳工社团的发起者往往就是那些自身权益曾经的被侵害者,他们在自我维权的实践中切身感受到劳动者维护合法权利的艰辛和不易,也发现了现行制度、管理中的诸多弊端和缺陷。于是,他们中的一些有着较强自觉意识的劳动者就建立起了劳动者互助平台,在实现劳动者利益的有效表达、维护劳动者权利方面开始发挥作用,有的甚至还产生了较大影响。

劳动者互助和劳工社团的产生,除了与大量企业工会的虚名化有关,也是劳动者存在着多样化需求所决定的。比如一些"女工联合会"、"劳动者之家"、"外来工家园"等组织,就是境遇相同的劳动者自行组织或在专业人员的协助下组织起来的。他们分享维护自身权益中的感受和体验,在一起共同释放被压抑的消极情绪,因而也是劳动者寻求自立的方式之一,这在一定程度上有助于不公平待遇问题的解决。

劳动者互助和劳工社团贴近劳动者，或者本身就是劳动者的构成，了解劳动者的现实需要，容易产生信任感，具有明显的沟通优势；他们在向劳工提供法律咨询、进行职业健康宣传和职业教育培训的同时，能够平等、热情、负责地帮助个体情况差异极大的劳动者促成基本诉求的实现，具有灵活性、针对性的显著特点，对化解劳资冲突起到催化剂的作用。劳工社团有组织的、理性的利益表达，远比个人抗争行为要规范、有效得多，可以降低劳动者与政府之间的对话成本，使诉求通过秩序化的组织渠道得到理性表达。政府"以强力求公益"，劳工社团"以志愿求公益"；劳工社团不是工会，但能够协助工会促进公正劳权的实现。劳工社团可以弥补新型治理模式下"政府失灵"的不足，在参与社会矛盾化解过程中，有着政府、工会不可替代的作用。伴随着民主化的历史进程，多元化的参与式治理，是未来公共治理的方向，这也是应对互联网时代对公权力传统管制模式形成强力挑战所必须采取的措施，问题的关键在于政府如何引导、规范和接纳它的存在。

规范劳动者自助组织，依法承认其作为有着社会经济目的的利益团体的合法性，是完善劳动者保护制度、健全工会制度的有益探索；对这些劳工社团，没有必要因为他们在促进劳动者维护自身权益意识的觉醒所产生的影响而紧张，学会运用法律武器恰恰是国民素质提高、社会进步的体现，是实现劳资冲突纳入法治轨道、劳动关系逐渐走向和谐的前提。将这些劳工社团列入社团管理的范畴，对其进行相应的政策引导、工作扶持和依法管理，可以增强劳动者与雇主行使集体谈判权的能力，并借此促进工会组织的发展，使不同群体、不同阶层的劳动者拥有更加充分的利益表达机会，不失为一种有益的尝试。当然，对于那些带有政治目的的国际组织的渗透，则是要保持足够的警惕，这同样是保证这些劳动者自助组织健康发展所必需的。

当然我们也注意到，因为有着这样或者那样的担心和顾虑，有的地方政府将劳动者自助组织当成了地方上的不稳定因素，或者认为他们威胁到了工会的有效存在和作用发挥，因而采取了"漠视"

不承认或"无视"取缔的政策,这是十分不妥当的。只有专制性权力才具有强烈的排他性。对劳工社团要在规范、管理的前提下,引导它们自律、自治,发挥其帮助政府实现公共职能,推动社会治理走向善治的正向作用;同时,企业工会也应该更加注重社会化维权,关注劳工社团的发展,丰富与它们的合作方式、合作内容,在协作中实现有效引导,实现共赢。

第三章

集体谈判权的制度体系

明确了集体谈判的主体及主体关系，就需要构建集体谈判权的运行制度，以保证集体谈判权的正常行使。制度具有根本性。建立集体谈判制度，以法的方式指导、规范和约束劳资双方的行为，促使集体谈判代表依规开展相关活动，是对集体谈判各方合法权益的最大保护，更是对集体谈判权有效性的保障。仅此而言，也是我国劳动法律体系中亟待建立和完善的内容。

第一节 集体谈判涉及的主要内容

集体谈判应当包含哪些事项，可以涉及哪些内容，自然是集体谈判权行使的关键，也是集体谈判制度的核心。集体谈判在本质上是工会与雇主组织之间的自主协商，法律规范的重点是由谁谈、怎么谈、发生矛盾分歧时如何解决的问题，而无须对谈判中必须涉及哪些事项作出具体规定，尽管集体合同在各国实践中包含就业条件和劳动关系几乎所有事项。至于那些应当由雇主自主决定的生产管理方面，如工作任务的分派、员工的任命、劳动纪律的制定等，以及应当由政府负责的事项，如公共政策等，则不属于集体谈判的范畴。

一 集体谈判的内容阐析

国际劳工组织在其第98号、第151号、第154号公约，及第

91号建议书等文件中对集体谈判内容均做了相同或类似的规定,确定主要内容应当是对工作与就业条款和工作条件,以及对雇主和工人、雇主组织和工人组织之间关系的规范。对于工作条件和就业条款应当包括哪些事项,国际劳工组织认为应当不仅限于工资、工时、加班和休息时间等基本事项,也应当包括通常属于就业条件范畴的其他事项,诸如调换岗位、提升、事先未通知的解雇等。在国际劳工组织看来,凡属与就业条件有关的事项均应纳入集体谈判的范围,行政当局如果采取单方面限制谈判范畴和事项的做法不符合国际劳工标准的原则。谈判事项的范畴不可以无限扩大,而应当围绕与就业和工作条件有比较密切关系的内容进行谈判,包括国际劳工组织已作出详细明确的事宜。

对构成集体谈判的内容范畴,学术界有着不同的阐释。比如,有的学者从集体谈判所涉内容分类的角度,将集体谈判的内容分为实体性内容、程序性内容和劳动关系问题三类。所谓实体性内容谈判是指对于劳资双方利益直接相关的问题,比如工资、福利计划、工作量、就业保护以及对技术改进的限制等。所谓程序性内容谈判是指谈判双方达成协议的规则,其中最值得关注的是申诉程序,此程序一经谈判商定,日后双方就要通过它来解决冲突;其他程序性规则还包括解雇的提前通知、安排加班的程序以及擢升、调动程序等,并且与平等就业、健康、安全相关的程序性规则也包含在此。所谓劳动关系问题谈判是指影响工会力量和安全等的因素,尤其是雇员是否有义务加入工会及是否要缴纳会费,也包括那些与工会参与决策过程和共同管理委员会的建立有关的其他问题。[①]

还有的研究者从时间纬度入手,认为集体谈判制度自建立以来历经长期的发展,谈判的内容随着社会经济的发展日渐延展,实际上就是集体谈判在内容上的逐渐丰富、在结构上的日趋多样、在功能上的日渐完备。如有学者从集体谈判内容与劳动者相关性的角度,认为目前集体谈判的内容主要分为四个大类:第一类是与工资

[①] 程延园:《集体谈判制度研究》,中国人民大学出版社2004年版,第168—171页。

相关的内容,包括基本工资的确定,工资级差、加班费、生活成本的调整等;第二类是关于附加的经济福利,包括养老金、医疗保险、有偿休假、补充失业津贴等;第三类是与制度相关的内容,包括雇主、雇员及工会的权利和义务;第四类是与管理相关的内容,包括雇员的职业安全及职业卫生、工作准则、就业保障、培训、休假等。[1]

一般而言,集体合同应当包括哪些具体内容,各国法律规定的差异很大,但多数只是作原则性的规定。例如,美国《劳资关系法》只规定集体谈判的事项是工资、工时和其他劳动条件(第9a条)。在日本、加拿大、新加坡等国家的产业关系和集体谈判相关法律中,甚至没能对集体合同应当包括劳动领域哪些问题作出具体规定。

我国《集体合同规定》在第8条中,列举了15项劳资双方就多项或某项内容进行集体协商时,签订集体合同或专项集体合同的内容,包括:劳动报酬;工作时间;休息休假;劳动安全与卫生;补充保险和福利;女职工和未成年工特殊保护;职业技能培训;劳动合同管理;奖惩;裁员;集体合同期限;变更、解除集体合同的程序;履行集体合同发生争议时的协商处理办法;违反集体合同的责任;双方认为应当协商的其他内容。这些条款基本概括了劳资关系中所涉及的程序性问题和实体性问题,又相应留有很大的自由协商空间。

二 集体谈判的主题分类

我们知道,集体谈判在美国的国家劳动关系形成中发挥了很大的作用,对美国的经济发展、产业结构、社会形态都有不小的影响;同时,美国在集体谈判立法方面也较为完善。在对集体谈判的内容划分上,根据《劳资关系法》,美国对集体谈判采取了主题分类的方法,按内容将其划分为强制性谈判主题、许可性谈判主题及非法谈判主题三种,并列举了大量的案例来规范这些主题,对劳动

---

[1] 刘燕斌:《国外集体谈判研究》,中国劳动社会保障出版社2012年版,第99页。

者进行了倾斜保护。

(一) 强制性谈判主题

强制性主题是指关于"工资、工时或者其他雇佣条件和条款。"① 这里的"工资"被广泛理解为劳动者从事劳务所获得的报酬或者是从雇佣中产生的"价值报酬",工资不只包含狭义的劳动给付,甚至激励性工资和奖金都涵盖在"工资"款项中。② 这里所指的"工时"包括雇员必需的劳动时间。联邦法院认为"雇员每天工作的时间和每周工作的天数属于'工资、工时和与雇佣相关的条件'的主题范畴,这些主题范畴是必须进行谈判的"。③ 这里的"雇佣条件和条款"是与"工资"和"工时"同属于强制性条款但内容和含义更加广泛的另一个部分,这部分包括雇主与雇员、雇主与工会之间关系的大部分内容。比如安全规定,雇主不可以在没有与工会进行谈判的情况下就擅自改变安全规定的内容,并且当法律强行命令雇主履行最低限度的安全标准时,雇主不得以原有的安全规定进行抗辩。④ 为了与美国的《劳动法》内容相一致,雇主和雇员双方还要就招聘期间的有关要求和条件进行谈判,工会要求所有的雇员都应当在工会组织下参加一个没有歧视的招聘会受聘,而雇

---

① Robert A. Gorman, *Basic Text on Labor Law*: *Unionization and Colective Bargaining*, West Publishing Co., 1976, p. 496.

② 在 Local 189, Meat Cutter v. Jeuel Tea Co. (U. S. 1965) 案例中,在劳动者与食品店和肉店签订的劳动合同中,规定了晚上闭店的统一时间,该项条款受到法律支持,甚至从联邦法和反垄断法中得到豁免。法院认为,双方当事人对于营业时间进行谈判和规定,是与作为强制性谈判内容的"工时"紧密相连的。参见 Bobert A. Gorman, *Basic Text on Labor Law*: *Unionization and Collective Bargaining*, West Publishing Co., 1976, pp. 499–500。

③ 同上。

④ 在 NLRB v. Gulf Power Co. (5ThCir, 1967) 的案例中,上诉法院依照 Stewart 在 Fribreboard Paper Prods. Corp. v. NLRB 案 (U. S. 1964) 中做出的判决意见执行,该判决意见详细地界定了一些有关"雇佣条件和条款"的范畴:雇员的工作时间、在这些时间内雇员的工作量,雇员可以找人替工的时间,雇员应当遵守的安全操作规范。如果在谈判时,雇员要求雇主把调整雇员工作、解雇及安全问题纳入工作手册,雇主应当同意。参见 Robert A. Gorman, *Basic Text on Labor Law*: *Unionization and Colective Bargaining*, West Publishing Co., 1976, p. 503。

主要对此要求进行"善意的谈判"①。

对于已经被雇佣的工人，其养老金问题、退休年龄问题也是强制谈判的主题之一，② 解雇的主题及解雇的时间和后果也属于"雇佣条款和条件"的范畴。强制性的谈判主题不仅包括雇主和雇员之间的关系方面，也包括调整雇主和工会之间关系的内容，对于谈判本身的程序中：谈判时间、地点、会议的时长以及是否请记录员参加，都是强制性谈判的主题，并且所签订的集体合同的有效期包含在此。③ 可见，美国的集体谈判的内容中，对雇员的保护条款是全面而具体的，即便在聘任雇员的过程中，存在种族歧视或者任何用工歧视都要与工会进行善意谈判和协商，而对于已经被雇佣的工人的保护更是详尽，凡是与工人利益相关的事宜都被列入了强制性谈判的内容。

（二）许可性谈判主题

许可性谈判主题是指一些并不属于"工资、工时或者其他雇佣条件和条款"等强制性谈判条款的范畴，但却被合法纳入集体合同的款项。这些款项不是雇主和工会根据美国的《劳动法》第 8（a）（3）条的规定必须履行谈判义务的强制性的主题，可以由参与谈判的任意一方提出，但是提议者因坚持该主题而使谈判进入僵局或者把其作为达成协议的前提条件是不被允许的，并且另一方也有权利

---

① 在 Houston Chapter, Assoc. Gen. Cintractors（1963），enf'd（5ᵗʰ Cir. 1965）案例中，尽管雇主认为在招聘期间的工作安排是工人作为雇员前的情况，所以没有义务进行谈判，但是委员会仍认为，"雇佣"一词包含了招聘期间和被聘后的整个阶段。《劳动法》中第 8（d）条定义"雇员"一词包括预期将要成为雇员的人。Robert A. Gorman, *Basic Text on Labor Law*: *Unionization and Colective Bargaining*, West Publishing Co., 1976, p. 504.

② 在 Inland Steel Co v. NLRB（7thCir. 1948）案中，雇主未经工会同意，把员工退休年龄根据本公司强制退休和养老计划的安排改为 65 岁，工会表示不满，雇主拒绝谈判，法院便将雇主行为定为非法，并将此行为与雇主为了某种理由或者歧视原因解雇员工做了类比，认定这是一项强制性谈判的内容。Robert A. Gorman, *Basic Text on Labor Law*: *Unionization and Colective Bargaining*, West Publishing Co., 1976, p. 505.

③ Robert A. Gorman, *Basic Text on Labor Law*: *Unionization and Colective Bargaining*, West publishing Co. 1976, p. 508.

拒绝该谈判而受法律保护。[1]

许可性谈判主题的核心是代表权问题，即主要涉及谈判双方代表地位的问题，应当在不影响谈判的情况下，由双方自愿决定或者通过投票决定，但不能由实力较强的一方操纵决定。这或许有助于我们理解工会为什么将一些调整工会和雇主关系的问题列为非强制性条款，一般来讲这些本应该属于强制性条款。[2] 由此得出的结论是，工会不能主张代表团以外的要求，并且雇主也没有义务对此进行谈判。[3] 但这一条款也有限制雇主的内容，例如在 F. W. Woolworth Co.（1969）案例中，雇主主张把销售雇员的条件与谈判团所代表的烹调雇员的条件统一，一并进行谈判。也就是说，雇主同样不能将谈判条件扩大到本谈判代表团以外的成员。可见，非强制性谈判主题，不只限制了雇主，也同样限制了工会，是对双方力量的权衡和制衡。

（三）禁止性非法主题

无论是在美国《劳资关系法》中，还是美国国家劳动关系委员会的相关文件中，都没有明确表明什么是可以包含在劳动协议中、什么是不可以包含在劳动协议中。美国法律对于集体谈判的前提规

---

[1] 在 NLRBv. Wooster Div. of Borg-Warner Corp（U. S. 1958）一案中，最高院确定，任意性的谈判主题与那些处理雇主与雇员之间关系的强制性谈判不同，主要处理两类关系：一类处理的是雇主和第三方之间的关系，可以将其归类于管理方特权条款的范畴；另一类处理的是工会与谈判代表中的雇员的关系，可以将其归类于工会内部管理特权条款的范畴。参见 Robert A. Gorman, *Basic Text on Labor Law：Unionization and Colective Bargaining*, West Publishing Co., 1976, p. 524。

[2] 在 Douds v. ILA（2d Cir. 1957）案例中，当被授权代表纽约及其郊区的雇员的工会坚持要求将集体合同的适用范围扩大到包括缅因州的波特兰与得克萨斯州的布朗斯维尔的所有港口雇员时，工会就被认定是违反了《劳动法》第8（a）（3）条规定。最高院认为，虽然在谈判中，雇主和雇员及工会有可能自愿的签订协议将合同范围进行扩大，但是法院同样认为，在没有以自愿作为前提的情况下，任何一方都无权改变强制性谈判的范围，无论扩大还是缩小。参见 Robert A. Gorman, *Basic Text on Labor Law：Unionization and Colective Bargaining*, West Publishing Co., 1976, p. 526。

[3] 在 Oil Workers（Shell Oil Co.）（D. C. Cir. 1973）案例中，工会认为代表公司全部19个代表团对公司范围内的小额补贴进行谈判是唯一有效的做法，但是雇主仍然拒绝与其谈判，因为代表团的扩大与否并不属于强制性谈判的主题，所以雇主并没有违反劳动法第8（a）（5）条的规定。参见 Robert A. Gorman, *Basic Text on Labor Law：Unionization and Colective Bargaining*, West Publishing Co., 1976, p. 530。

定，是谈判双方当事人能够掌握和根据行业的实际情况和经济平衡情况自由签订协议。由于近年来集体谈判中关于"任意性"谈判主题的发展，这一前提开始有所改变，如果双方当事人都认可，也可将这些条款包含在协议中。只有在极少数的情况下，《劳资关系法》会作出进一步规定，以禁止违反公共利益和雇员利益的条款出现，这就是非法主题。[①] 如果坚持该类条款为进行谈判和签订合同的前提条件，以通过罢工或者闭厂等强制性手段支持这些条款，将被视为违反《劳动法》第8（a）（5）条及第8（b）（3）条，即可被确定为恶意谈判。如在 NMU（Texas Co）（1984），enf'd（2dCir. 1949）案例的判决中讲到，"法律禁止的就是在集体谈判达成之前，一方要求另一方同意一些与基本法律政策和原则不相符的条款"，这就属于恶意谈判。再如 NLRB v. Woosrer Div. of Borg-Warner Corp（U. S. 1958）的案例，如果雇主和工会达成了协议，同意只有工会会员才能被雇佣，那么该行为就违反了《劳动法》第8（b）（2）条，成为不当劳动行为；因为它鼓励工人加入工会，但在招聘中构成了歧视，这便不再受到《劳动法》第8（a）（3）条的保护。雇主在工人罢工期间，对于不参加罢工的工人和在罢工期间继续工作的公司人员授予优秀称号及嘉奖，也被最高院认定为是对参加工会罢工活动的雇员的一种歧视，这样的奖励条款都被认为是非法的。

三 工资性的集体谈判

工资问题始终是劳动关系的核心，始终是劳资双方争议的首要问题。工资性的集体谈判，主要涉及工资总额、工资水平、工资标准、工资分配形式、工资调整幅度、劳动定额、计件单价及其他有关工资分配的事项，通过劳资双方就劳动者的年度工资增长水平及其他工资福利问题进行的平等协商、谈判，并将一致意见签订为专门的工资契约或作为专门条款列入集体合同，作为约定期限内签约双方处理工资分配的行为准则。在工资集体谈判中，针对工资问

---

① Robert A. Gorman, *Basic Text on Labor Law: Unionization and Colective Bargaining*, West Publishing Co., 1976, p. 530.

题,劳资双方提出的方案都是有一定的参照标准并通过双方妥协后达成的。

影响工资性的集体谈判结果的因素很多,萨缪尔在《经济学》一书中列举了八个主要因素:第一是生活的费用,如果生活费用上升,生活成本上涨,那么工会将强调劳动者的生活标准,要求工资应当跟上生活指数的提高,尽量能比生活费用的指数稍高些;第二是企业支付能力,如果相关企业或者行业利润高,工会会强调其支付能力,如果企业或行业利润低,此点会得到资方的强调;第三是劳动生产率,工资应随着劳动生产率的变化而变动,如果劳动生产率有所上升,工会会提出在确保劳动者提高生产率时,每人能直接分到好处,如果劳动生产率下降,资方也会强调此点;第四是支付比较的工资率,如果同一地区或产业的其他公司支付的现有工资高于该公司所支付的工资,工会提出应支付比较高的工资率,反之,资方将强调这一点;第五是从整体宏观经济的角度,高工资是促进经济繁荣的手段,劳方会极力赞扬这一原理,资方则会强调工资是成本增长的主要原因;第六是全国性的"关键性的集体协议"的影响,如果煤、钢、汽车等几大行业经过全国性的谈判,已经被"关键性的集体协议"明确规定每小时的工资增长率,则在劳资双方的考虑中将占有很大分量;第七是习惯于货币工资的增长,劳资双方都习惯于货币工资的稳定增长,因而劳资谈判必然带来工资的增长;第八是政府的干涉,政府可以规定工资的标准,工资指标是否被重视,取决于协议双方的利益,政府除了规定指标外,有时还采用直接控制工资和价格的方式。[①] 在中国,工资待遇问题毫无疑问是劳资冲突中的主要矛盾,也是集体谈判中劳资双方较力的主要内容。

在集体谈判中,工资问题的核心会受到经济现实的限制,一方面工会要考虑到企业经营状况和工资增长对就业可能产生的影响,另一方面雇主也要考虑到工资增长对公司未来发展是否有利。在工资协议的交涉中,工人通常所要求的工资总会高于资方愿意支付的

---

① 刘燕斌:《国外集体谈判研究》,中国劳动社会保障出版社2012年版,第105页。

工资水平。对于雇主而言，集体谈判不仅要处理企业利润增长的合理分配问题，还要解决劳动生产率提高的问题，甚至可以说劳动生产率的提高更为重要。因此，资方在集体谈判中的定位和目标，主要体现在以下三个方面：一是要以能确保企业现有的市场竞争力为前提，二是保持工资增长低于劳动生产率的增长或者能够将工资增长控制在通货膨胀率之内，三是确保协议执行期间的劳资关系稳定。

由于工资集体谈判是集体谈判中最为关键、最为关注也最容易引起争议的问题，因此，工会在集体谈判前应做尽可能充分地准备，提出的任何增加工资的要求，必须是有充足理由做依据的。比如，增加工资的具体数字、幅度是如何得出的，对企业经营成本可能产生的影响；同行业或相关产业的比较工资率、最低工资标准，可参照的同类企业的集体协议工资率；确定准备妥协的条件等。此外，为了争取谈判的主动地位，还应了解资方准备应允的条件、了解可能的其他需求和打算。

政府对企业工资的影响主要体现在两大政策手段上，一是建立工资指数化的调整制度，二是所实施的最低工资制度。这两项政策对保护劳动者的劳动权益，特别是保护处在最弱势地位的劳动者，能起到积极的促进作用。总的来看，最低工资制度的作用日益显现，使得集体谈判在工资决定机制中的作用受到一定程度的减弱。在笔者看来，对最低工资制度本身也是应当进行检视的，当然这是另外一个话题。

我国的工资集体谈判主要停留在企业层次，涉及行业性和区域性的工资集体谈判和集体合同还很不完备，即使有也较为分散。这种分散性的工资集体谈判使劳动者无法与企业实现力量均衡，劳动者在工资谈判中处于劣势状态，整体工资明显偏低，特别是在生产一线的非技术性工作岗位上的工人，很多是在地方政府公布的最低工资指导线上，劳动者的报酬在国民收入初次分配中的份额逐渐下降。居民消费不足对社会的再生产也形成了一定的抑制，因此应重视行业性工资集体协商。①

全国总工会在 2009 年下发的《关于积极开展行业性工资集体协商工作的指导意见》（总工发〔2009〕31 号）（以下简称《意见》），明确了进行行业工资集体协商的重要性，指出行业性工资集体协商的重点是：行业最低工资标准、工资调整幅度、劳动定额和工资支付办法等。在当前，应重点围绕劳动定额、工时工价标准等进行协商，逐步建立和完善劳动定额标准的协商共决机制。劳动定额和工时工价标准的确定，必须符合国家和地方有关法律法规的规定，以在法定工作时间内、正常劳动条件下、90% 以上职工能够完成为原则，做到科学合理、切实可行。该《意见》重点针对同行业非公有制中小企业、劳动密集型企业相对集中地区的情况，为推动建立企业职工工资共决机制、正常增长机制和支付保障机制，构建职工对工资分配的民主参与和监督机制起到了指导和推动作用。

此后，全国总工会在 2011 年下发《2011—2013 年深入推进工资集体协商工作规划》（总工发〔2011〕4 号）文件中，把"从 2011 年起用 3 年时间，到 2013 年底已建工会组织的企业 80% 以上建立工资集体协商制度，基本实现已建工会企业普遍开展工资集体协商，其中实现世界 500 强在华企业全部建立工资集体协商制度"作为建立工资集体协商制度的总体目标，强调着力抓好区域性、行业性工资集体协商。要以职工工资分配制度、工资增长幅度、劳动定额、计件单价等为主要内容，在企业特别是产业集群、中小企业、劳动密集型企业相对集中的地区和行业，重点推行区域性、行业性工资集体协商工作。为此，要进一步把握协商范围、明确协商主体、选好协商代表、规范协商程序，通过开展区域性、行业性工资集体协商，有效解决非公有制企业、中小企业工会干部在开展工资集体协商时"不敢谈"、"不会谈"的问题，推动工资集体协商

---

① 行业性工资集体协商，是指在同行业企业相对集中的区域，由行业工会组织代表职工与同级企业代表或企业代表组织，就行业内企业职工工资水平、劳动定额标准、最低工资标准等事项，开展集体协商、签订行业工资专项集体合同的行为。《中华人民共和国劳动合同法》对在县级以下区域推行区域性行业性集体协商，签订区域性行业性集体合同作了规定，为开展区域性行业性工资集体协商提供了法律依据。

扩大覆盖面、增强实效性。

由于我国现行法规对开展工资集体谈判缺乏刚性规定，工资集体谈判属于任意性规范，因而许多企业以法律没有强制性规定为由拒绝工会提出的协商要求，这种理由是不成立的。尽管企业作为经营主体享有工资分配的自主权，但企业同时作为集体谈判的义务主体必须参加工资集体谈判，这样企业就无法单方面决定工资，而必须与工会进行平等协商。深圳市的盐田国际是全球最大的集装箱港区，从2007年到2011年春，盐田国际进行了4次成功的集体谈判，成为该企业一项固化的工作内容，步入良性运作的轨道。2011年工资增长幅度创下公司成立以来的新高，加薪幅度为10%—13%。事实证明，企业健全工资分配的民主管理制度，提高了企业工资分配中的职工参与度，对于改善企业运营、提高劳动生产率是有帮助的。所以笔者认同企业的岗位工资、津贴、补贴、工资支付等分配制度以及工资增长方案、劳动定额标准和计件单价等，应广泛听取职工意见和建议，并通过职工（代表）大会等民主程序，接受职工的监督[①]这种做法。

那么在实践中实际影响工资集体谈判的具体因素到底有哪些，深圳市通过梳理工资集体谈判大量案例，总结出工资集体谈判推行难的原因：首先难在思想认识上。比如有的企业主认为，办厂资金是我出的，投资风险是我担的，赚的钱，凭什么要分享？其次难在劳资信息不对称上。企业不提供真实的财务报表和盈利情况，致使员工与老板谈判十分被动。再次难在工会腰杆子不够硬。基层工会干部多是吃企业老板的饭，立场难免出现偏差。最后也是最重要的一点，那就是劳动的相关法律法规缺乏规范和支撑，这涉及国家法律制度和深圳地方法规的完善及工会改革的深化。进一步提高法律法规维护职工合法权益的权威性，进一步从法律法规高度强化工会组织对工人权益的有效保护，已成为当务之急。[②] 有关这方面的实

---

① 刘金祥、高建东：《劳资关系制衡机制研究》，上海人民出版社2013年版，第198页。

② 汤庭芬主编：《深圳劳动关系发展报告（2012）》，社会科学文献出版社2012年版，第10页。

例，我们将在第四章探讨集体谈判权受阻的"义务主体的侵权责任"一节中做更深入的分析。

第二节 集体谈判权的行使准备

劳动者行使集体谈判权，工会方面应首先提出谈判方案，在此基础上雇主对应地制定资方的修正提议。因此，工会必须在正式谈判前做好各项准备，通过各种方式获取开展集体谈判所需的各种资料并加以分析利用，包括资方提供的企业经营和成本核算的数据和材料。此外，工会还需要充分掌握职工的意愿，了解区域社会经济发展情况、企业所处行业发展情况，对物价上涨幅度以及对职工生活可能带来的影响等作出分析和预测，然后确定集体谈判中工会的要求。

一 谈判代表权的确认

谈判主体的确认是开展谈判的先决条件。我国的《集体合同规定》对谈判代表的确认有清晰的规定：在人数上，集体协商双方的代表人数应当对等，每方至少3人，并各确定1名首席代表。在资格上，职工一方的协商代表由本单位工会选派；未建立工会的，由本单位职工民主推荐，并经本单位半数以上职工同意。职工一方的首席代表由本单位工会主席担任。工会主席可以书面委托其他协商代表代理首席代表职务；工会主席空缺的，首席代表由工会主要负责人担任。未建立工会的，职工一方的首席代表从协商代表中民主推举产生。用人单位一方的协商代表，由用人单位法定代表人指派，首席代表由单位法定代表人担任或由其书面委托的其他管理人员担任。集体协商双方首席代表可以书面委托本单位以外的专业人员作为本方协商代表，委托人数不得超过本方代表的三分之一。首席代表不得由非本单位人员代理。用人单位协商代表与职工协商代表不得相互兼任。在代表期限的界定上，协商代表履行职责的期限由被代表方确定。从代表职责上,代表有权参加集体协商;接受本方人员质询,及时向本方人员公布协商情况并征求意见;提供与集体协商有关的情况和资料;代表本方参加集体协商争议的处理;监督集体合同或专项集体合同的履行;以及法律、法规和规章规定的其他职责的责任。在代表规范上,协商代表应当维护本单位正常的生产、工作秩序,不得采取威胁、收买、欺骗等行为,应当保守在集体协商过程中知悉的用人单位的商业秘密。

从对代表者的保护上,职工一方协商代表在其履行协商代表职责期间劳动合同期满的,合同期限自动延长至完成履行协商代表职责之时,除出现下列情形之一的,用人单位不得与其解除劳动合同:一是严重违反劳动纪律或用人单位依法制定的规章制度的;二是严重失职、营私舞弊,对用人单位利益造成重大损害的;三是被依法追究刑事责任的。职工一方协商代表履行协商代表职责期间,用人单位无正当理由不得调整其工作岗位。从代表人的更换上,职工一方协商代表就本规定第 27 条的规定与用人单位发生争议的,可以向当地劳动争议仲裁委员会申请仲裁。工会可以更换职工一方协商代表;未建立工会的,经本单位半数以上职工同意可以更换职工一方协商代表。用人单位法定代表人可以更换用人单位一方协商代表。协商代表因更换、辞任或遇有不可抗力等情形造成空缺的,应在空缺之日起 15 日内按照前述规定产生新的代表。

以上这些规定基本涵盖了代表产生的过程、内容和职责,但从操作层面而言又显得较为宽泛,对限定条件不够严格。在这方面不妨借鉴一下美国的做法。为了使谈判得以顺利进行并具有实质服众的意义,代表权的确认是首要的问题。美国的一般情况是,雇主有意愿承认工会作为劳动者的代表,但自愿承认的特权是受《劳资关系法》第 8(a)(1) 和(2)条的约束的,即该具有代表权的工会不能是由雇主支配和管理,并且要确定该工会是否是该单位少数的雇员选择。因为在很多情况下,寻求代表权的工会并没有被雇主自愿承认,而是遵循一个法定的程序获得代表资格,这个法定程序就被列入到《瓦格纳法》第 9 条。即使一个能获得自愿承认的工会,也会要求按照第 9 条的法定程序进行一个由委员会组织的选举,只有这样才能得到委员会的正式证明,受《劳资关系法》在不同情况下保护的,都是给予已经被正式证明的工会而不是只得到非正式承认的工会。① 这样做的好处是,确定了工会的根本代表地位。只有一个经法律确认且被多数劳动者认可、非被雇主操控的工会,从程序上、身份上才都是具有说服力的。

美国《劳资关系法》的形成主要通过三个阶段:1935 年的《瓦格纳法》、1947 年的《塔夫脱—哈特莱法》,1959 年的《兰德拉姆—格里芬法》。美国《劳资关系法》还对选举人的资格进行详尽界定。按照规定,一名劳动者在企业内有一个全职的工作岗位,在工会选举前结束的工资给付期内及在选举举行期间均被列入企业的工资发放名单,那么他就具有在选举中投票的资格。另外,倘若存在"被重新雇佣和被继续雇佣的合理期待"及"当前被全职雇佣的人所共同享有的利益",以下的雇员也可以投票:被临时解雇的、休假的、休病假的、试用期的(尽管通常只有 20% 这样的试用期雇员会获得这样的投票身份);被定期雇佣的兼职工人(每周工作 20 小时并已经工作了好几年的雇员拥有这样的权利);季节性雇员。真正困扰委员会的对投票人资格确认的,是那些在选举进行时参与经济性罢工,但其工作已经被雇主分配给他人并永久替代的雇员。根据《瓦格纳法》这样的工人允许投票,但是根据《塔夫脱—哈特莱法》这一投票权又被取消了,为此,相应的规定被增加到《兰德拉姆—格里芬法》第 9(3)(c) 条,即凡参与罢工但又无权重新获得工作的雇员,在罢工开始后的 12 个月内举行的选举中有资格进行投票。按照这一折中方法,委员会将投票人的资格延伸到那些参与罢工被解雇但未超过 12 个月的工人,除非雇主可以证明该雇员已经永久性放弃了受罢工影响的工作并且已经另谋高就。

---

① Robert A. Gorman, *Basic Text on Labor Law: Unionization and Colective Bargaining*, West Publishing Co., 1976, p. 40.

由上述内容可知，在参与罢工雇员的代表权问题上，我国的法律较为原则和系统地规定了集体谈判代表人的确定方式、职责要求，以及对劳方代表人的相应保护，但就可操作性而言细化得还不够。美国对雇员代表权的确认是集体谈判制度中最为重要的部分，因为选举出一个没有雇主渗透、真正代表雇员利益的工会作为谈判代表，与雇主代表进行谈判并签订集体合同是代表权确认的核心，这项重中之重的内容理应得到法律严格、详尽的确定与规范。与之相比，我国在这方面的情况相差较大。

我国当下存在的主要问题：一是由企业工会作为谈判代表，开展的是毫无悬念的"和平协商"，签订的是一纸表述较为原则、内容较为空洞的集体合同。法律没有规范就没有限制，没有限制就没有效力。企业工会如何组成，如何确保工会代表体现企业员工的根本利益，缺少相应的程序性确认。如果出现在资方操控的工会里由资方人员担任工会主要领导人，同时又作为劳方的代表，这是最基本的逻辑错误。二是如果集体行动演变为集体闹事所形成的倒逼性集体谈判，谈判代表就是集体行动的发动者和组织者，则超越了工会组织直接与资方谈判，其谈判的局限性和不够专业是不可避免的。在这种情况下，即使签订了集体合同，其法律效力也是模糊不清的，甚至由于所进行的集体谈判以及签订的集体合同都成了平息事端的权宜之计，根本难以体现大多数员工的真实诉求、解决他们的切身需要；如果资方再通过小恩小惠的方式收买几个"发起人"，以达到平息事端、息事宁人的目的，和谐的劳动关系机制仍没有构建，所谓"按住葫芦起了瓢"，实施集体谈判的真实目的和应有成效并没有能够实现。所以，规范工会直选程序，建立劳动者自己的工会，需要在集体谈判中有维护劳方权益的真正代表并配以法律顾问、谈判专业人员的指导，进行合法、合理的谈判，以期达到集体谈判的应有目的。

二　谈判信息的搜集

一般来讲，在开展集体谈判前，工会首先要对其所代表工人的多种需求进行归纳及总结，按照轻重缓急确定谈判的重点，然后针对所要谈判的问题搜索信息、资料，根据谈判内容和谈判代表的专业水平，在必要时聘请律师或谈判专家进行指导和帮助，制定谈判底线、商讨谈判策略，将最终确定的谈判主要内容传递给雇主代表。与此同时，雇主代表根据即将谈判的主体，带领自己的团队和专家顾问，通过广泛地了解、研究各种相关数据和情况，明确自己的立场、确定自己的底线并准备应急措施。

劳资双方谈判的准备工作主要涉及政策和技术两个方面。在政策方面，集体谈判双方都面临一个在谈判基本立场方面达成内部一致的问题。达成内部一致意见有几个相关因素，需要尤其注意的两个最突出的因素是：一是下属成员的构成状况，是否成分复杂或利益诉求多样，劳资双方的领导人对此必须加以考虑，合理地提出统一的意见拿到谈判桌上。二是谈判主旨涉及的各项问题的范围大小和复杂程度，下属成员的构成和利益关系越复杂，问题的复杂性和范围就越大，越难以达成统一的意见。[①] 上述分析重点考虑了行业或区域集体谈判下，谈判双方以行业工会、区域工会或行业雇主协会、区域雇主协会为主体的情况，由于各个企业面临的具体情况不同，劳动力的技能情况和需求情况不同，谈判底线很难界定。比如，一个工资增长的谈判条款，对于一个效益较好的企业相对容易做到，但对于效益不好的同行业就变得不堪重负，这样的情况下要确定一致的谈判立场就变得敏感而不易。在当下，我国的集体谈判主要发生在企业内部，这种情况还极少出现。

在劳方方面，由于工会组织的成员构成的种类不同，不容易达成统一的谈判立场，比如技术类工人和非技术类工人之间，技术类工人中的高级技术工人和普通技术工人之间，资历高的员工和资历低的员工之间，计时的工人和计件的工人之间等，各自会有不同的诉求和期望，这就需要化繁为简，制定一套详尽可行的谈判计划，以工会的专业性提升它的代表性。在谈判的技巧准备上，劳资双方对自己在谈判中期望达到的底线都要有清晰、明确的认识，因此正确理解自己谈判的底线，与搞清对方最后能够接受的底线关系重

[①] 刘燕斌：《国外集体谈判研究》，中国劳动社会保障出版社2012年版，第28页。

大。如果双方预期接受的工资增长幅度为4%—6%之间，那么就意味着双方之间存在一个积极的议价区域，但如果工会预期增加10%的工资，而企业只预期增加2%，那么谈判就会陷入僵局，所以在谈判的准备中，每一方都会隐藏自己的底线以获得对自己更为有利的解决方案。所以，即便企业准备给予对方6%的工资增长，也会在谈判前想方设法让工会确信这是不可能的，以迫使工会同意5%以下的增长幅度。[①] 这是集体谈判准备中释放的烟幕弹。

集体谈判作为以表达诉求为目的的维权方式，通常是由劳方提起的，作为强势一方的雇主提出集体谈判的情形在现实中是很少的。在以提高工资水平为主要诉求的集体谈判中，劳方代表谈判准备中必不可少的就是对企业利润水平、运营状况的了解，只有了解了运营情况、发展方向、利润情况这些与劳动者工资收益有直接联系的数据，工会才能根据劳动者的需要提出合理的要求，而这都要以这些信息作为依据。这一重要的谈判准备，在现实中却是很难做到的，因为虽然有一部分集体谈判需要的信息是在公共领域中为劳方所用，但更为关键的内容却是为资方所独占。企业认为劳动者掌握这些资料会不利于保持谈判优势，有资料流失到竞争对手处则不利于企业经营，因此往往会以公司机密为由拒绝劳方代表的提供请求。工会力量薄弱又没有健全法律的支持保障，便无法得知这些需要的情况，这就给雇主以企业效益差为借口进行工资的削减、扣发和裁员，这对劳动者是极不公平的。针对这一问题的解决办法，同样可以在美国的法律中得到一些借鉴。

三 搜集谈判信息的方法

根据美国的法律规定，如果雇主掌握的信息与工会行使代表职能有重要的关系，那么在正常情况下雇主应当按照工会的要求将该信息给予工会。如果雇主拒绝工会对相关信息的要求，法院会裁定雇主或雇主组织为恶意谈判，并且还会批准逐案裁定的做法，法院

[①] 程延园：《集体谈判研究》，中国人民大学出版社2004年版，第173页。

主动制定一系列原则对雇主发布不同信息的责任做事前的评估。①但凡与工资相关的企业信息，均会被裁定为需要提供的信息，无须逐个评估，也就是不需要工会通过举证来表明所需信息与工资的相关性，因为法院认为像企业利润、现有的或近期的工资比率这样的信息在制定最低工资标准和增加工资的谈判中一定是相关的。② 当工会要求雇主披露的信息超出工资和福利范畴时，只要工会能够证明所要得到的信息与"工资、工时以及其他的雇佣条件和条款"相关，也会受到保护。③ 在以往要求披露公司财务信息却被雇主拒绝的案例中，大多数都涉及雇主强调无法满足工会关于工资和额外福利的要求，尽管此类信息并不一定具有直接相关性，但由于雇主采取了"哭穷"策略，就使其具有了一定的相关性，即使如此，雇主

---

① 在 NLRB v. Truitt Mfg. Co（U. S. 1956）案例中，Truitt 公司在进行新的工资集体谈判时声称其经济实力无法承担工会提出的增加 10% 的工资的要求，并说工资增加超过 2.5 美分就会使公司面临破产；于是，工会便要求公司允许其通过注册会计师审查公司的财务记录和账目，用以判断、核实公司的利润水平和支付能力是否能承担工会提出的工资的增长，这一要求被公司拒绝了。法院认定这种拒绝的行为违反了第 8（a）（5）条的规定，其判定如下：善意谈判的原则必然要求谈判的任意一方提出的主张是诚实诚信的，这一原则也同样适用于这种一方声称无力为对方增加工资的情况，如果这种观点在谈判的讨价还价中足够重要，那么支持该观点的某种证据也就同样重要的，所以，我们同意委员会的意见，判定拒绝努力证实无力增加工资的要求被认定为恶意谈判。参见 Robert A. Gorman, *Basic Text on Labor Law*: *Unionization and Colective Bargaining*, West Publishing Co., 1976, p. 412。

② 如在 NLRB v. Yawman &Erbe Mfg Co.（2d Cir. 1951）案中，法院直接规定，"除非信息表现出明显的不相关性，否则必须披露"，并认为任何其他规则因为各方不断对工资数据的间接相关性问题的争执不休都会影响谈判进程。还有更具有倾斜性的保护，保护工会方的知情权，如在 NLRB v. Item Co.（5thCir. 1955）案中，法院做出了尽管双方尚无对信息披露的争议，但与工资相关的信息也必须披露。参见 Robert A. Gorman, *Basic Text on Labor Law*: *Unionization and Colective Bargaining*, West Publishing Co., 1976, p. 413。

③ 例如 Puerto Rico Tel. Co. v. NLRB（1st Cir. 1966）案例中，企业面临有关因为经济因素而分包合同的权利的申诉时，必须向工会披露其业务量、公司收益、工资比率以及雇员资历等信息，并且在一些案例中，公司把其自己对雇员的工作量和工时进行了研究，但因结果受到工会怀疑，委员会在经法院批准后，不仅把研究的权利交给了工会（参见 J. I. Case Co. v. NLRB7th Cir. 1958 案例），并在无法从表面数据获取所需结果时，授予工会亲自到企业进行调研的权利。参见 Robert A. Gorman, *Basic Text on Labor Law*: *Unionization and Colective Bargaining*, West Publishing Co., 1976, p. 413。

拒绝工会的需求又不提供财务信息仍是一种恶意谈判。①

美国在企业信息披露方面，对处于弱势地位的劳动者的保护是有力且可行的，甚至企业应有不依申请而公开信息的义务。回看我国的法律对集体谈判的准备工作所作的如下规定："（一）熟悉与集体协商内容有关的法律、法规、规章和制度；（二）了解与集体协商内容有关的情况和资料，收集用人单位和职工对协商意向所持的意见；（三）拟定集体协商议题，集体协商议题可由提出协商一方起草，也可由双方指派代表共同起草；（四）确定集体协商的时间、地点等事项；（五）共同确定一名非协商代表担任集体协商记录员。记录员应保持中立、公正，并为集体协商双方保密。"② 上述原则性的规定，忽略了最不该忽略的劳动者（工会）如何能够完成对参与集体谈判而必须掌握的企业信息的收集。

在有关工资合约的集体谈判中，信息不对称会加剧劳资双方的不信任，使劳资谈判产生对峙局面。③ 在谈判准备阶段，通过法律保障工会代表的知情权，明确资方应承担的披露与谈判相关信息的义务，可以从工资谈判入手，逐步涉及其他方面的信息，对建立公平的集体谈判制度是很有意义的。这对工会的专业能力也提出了较高的要求，比如如何提出合理的信息披露请求，如何充分利用雇主所披露的信息，对这些企业信息如何保密等，都是需要规范和健全的。事实上，与谈判有关的信息，特别是财务信息的披露，有助于

---

① 在 NLRB v. Truitt Mfg（U. S. 1956）案中，联邦最高法院做了这样的声明：在工会与雇主代表为达成集体协议努力的过程中，双方都把雇主是否在经济上有增加工资的能力视为与谈判极其相关的问题，雇主是否有能力增加工资又不损害自己的业务是工资集体谈判中重要的问题……善意谈判必然要求双方的声明是诚实的，也就是说雇主方声称无力增加工资也应当是诚实的……这就使可以证明这种声明诚实的证据变得极为重要，如果雇主只是机械地强调自己无力支付工会提出的工资和额外的福利，而不做哪怕是最小的努力去证明自己的声明，那么我们认定其为恶意谈判的结论也定不是毫无理由的。参见 Robert A. Gorman, *Basic Text on Labor Law: Unionization and Colective Bargaining*, West Publishing Co., 1976, pp. 410-416。

② 参见《集体合同规定》第 33 条。

③ Craig R. J. Amernic, "Disputes about Disclosure ofFinancial Information in Arbitration: Cases and Guidelines", *International Journal of Employment Studies*, Vol. 8, No. 2, 2000, pp. 43-60.

确保谈判的效率和质量。①

集体谈判代表掌握的信息和情况越充分、具体和准确，就越能取得谈判的主动权，提出的要求也越具有针对性和说服力，越有利于实现集体谈判的目标。为了防止雇主阻挠集体谈判代表获得必要的信息，需要在法律上明确规定，履行集体谈判义务的雇主不得以"商业秘密"等作为借口拒绝向集体谈判代表提供企业相关的信息和资料，否则属于违法行为。当然，集体谈判代表也有责任保守企业秘密，并要对扩散行为和扩散结果承担相应的法律责任。

第三节 集体谈判权的行使过程

集体谈判的"谈判"是就谈判的一般概念而言的，集体谈判权的"谈判"的不同在于它是有规则、有组织、有目的、有价值实现的，在于它是理性的。因此，集体谈判权的行使过程，就是参与谈判的双方为达成某种共识、协议，求得各自权益取得新的平衡的过程。作为一种利益分配方式，集体谈判权的行使基础是在妥协中实现己方利益的最大化，在承认对方利益的前提下做出可接受的让步，是劳资双方能够无条件地、宽容地认可对方的需要，或双方同时能够通过此获得利益。集体谈判是谈判双方对现实的理性选择。参与谈判的双方代表，在掌握尽可能完全信息的情况下，需要清楚地了解任何一个条款背后的成本和收益，只有当收益大于成本时才可能接受所要达成的谈判协议；而谈判的顺序安排、条件提出、要挟方式，以及谈判策略等，对于谈判结果也有着较大的影响。也可以说，行使集体谈判权更多的时候所展现的是一种宽容的艺术，而不应该也不可能是一方的全赢或者全输。

---

① ［韩］全泰荣、卞容焕：《会计信息在韩国劳资关系中的作用》，全泰荣、卞容焕、王云霞译，《青岛科技大学学报》2004 年第 6 期。

一 集体谈判的阶段划分

一个完整的集体谈判通常包括准备阶段、提出议题、磋商阶段、达成协议和争议解决阶段。一是准备阶段，集体谈判是个长期而艰苦的过程，不论对劳方还是资方而言，都需要充分的时间为集体谈判做准备。劳资双方的准备工作主要包括：安排参加谈判的人员、收集相关材料以及回顾以往的劳动合同。对于资方来说，通常会安排人力资源总监、财务部门以及法律部门人员参加谈判。二是提出议题阶段，通常被称为"聋子的对话"或"挑战与违抗"，即在对话中，谈判人员多是忽略其他人提出的问题，集中全力提出和强化自己的问题，真正目的是揭示自己立场的大致轮廓，收集尽可能多的关于对方的信息以明确对方谈判限度，为此后的谈判定下了基调。三是磋商阶段，这个阶段是问题与争议最多、谈判中时间最长的阶段。在这一阶段，谈判双方都会进行大量的说服工会，试图使对方重新调整期望值，愿意作出让步，从而为自己获得有利条件奠定基础。为了达成协议，双方会从一些争议较少的问题入手，最终在一些比较关键的问题上作出适当让步，也就是说谈判的底线不是固定的。四是达成协议阶段，劳资双方代表在拟定初步协议后，一般都需要将协议内容反馈给他们各自所代表的群体，确定该协议是否为多数人所接受。在听取、汇总各自群体的意见后，反复协商、修改，之后形成最终的协议，进入批准程序。五是争议解决阶段，如果劳资双方始终不能达成一致的意见，就会出现谈判僵局。为解决争议，工会可能会组织会员罢工，对资方施加压力；资方也可能采取闭厂等形式工会的要求作出强硬回应。为此，政府作为第三方就要介入进行调解和斡旋。国际上常用的争议解决措施包括调解、调停、仲裁以及审判。争议解决的目标是使劳资双方达成共识，停止罢工或闭厂等行为。[①]

也有学者把集体谈判的过程分为：接触、磋商、敲定、扫尾四个阶段。"接触"即指最初的几个谈判会议，在这一阶段双方交换

---

① 郭庆松：《企业劳动关系管理》，南开大学出版社2001年版，第189页。

初始的需求，表明立场；"磋商"即指谈判双方开始严肃的谈判，并且试图通过一定的让步取得对方的回应，在遇到问题不可调和时，可能会出现罢工或闭厂的情况；"敲定"即指双方为达成协议作出了足够的让步并达到相对满意的结果，签署一个"协议备忘录"；"扫尾"即指双方签订了"协议备忘录"后，工会把协议备忘录中所有达成的内容反馈给成员进行投票表决，如果批准，新的协议开始产生法律效力，但通常双方达成协议时还没有形成精确的法律语言，那么协议内容的法律化表达也是扫尾阶段的重要内容，甚至会在其过程中出现一些细节的问题带来新的磋商。① 这一划分，简要描述了一般进程的集体谈判从启动到完成的过程框架。

根据沃尔顿和麦可西（Walton & Mckersie）提出的集体谈判的行为理论模型，集体谈判过程中存在四个子流程，分别是：分配式谈判、整合式谈判、组织内部谈判和端正态度。分配式谈判将谈判视为一种利益分配，结果是一方受益、另外一方相应地承担损失，是一种零和谈判，即雇员一方获取的恰是雇主一方所放弃的；整合式谈判则是一种双赢式谈判，是指劳资双方针对共同面临的问题，通过协商一起解决问题的谈判类型；组织内部谈判在于由于目标和偏好的不同，内部成员之间也可能存在分歧，这时参与谈判的代表就要向自己内部成员"推销"谈判结果，同时谈判代表也会受到自己所代表的团体的影响；端正态度的需要在于谈判活动产生的合作、信任、对立、敌意等氛围，会对双方的行为产生影响，也影响着谈判的方向。合作的态度会使得双方易于将对方的利益为是合理的，更加容易达成有利于双方的协议；而冲突态度会促使双方相互诋毁，不承认对方利益的合理性，甚至认为对方妨碍了自己的利益，难以形成共赢的协议。②

中国的《集体合同规定》规定："集体协商会议由双方首席代表轮流主持，并按下列程序进行：（一）宣布议程和会议纪律；（二）一方首席代表提出协商的具体内容和要求，另一方首席代表

---

① 程延园：《集体谈判研究》，中国人民大学出版社2004年版，第173—175页。
② 郭庆松：《企业劳动关系管理》，南开大学出版社2001年版，第187页。

就对方的要求作出回应；（三）协商双方就商谈事项发表各自意见，开展充分讨论；（四）双方首席代表归纳意见。达成一致的，应当形成集体合同草案或专项集体合同草案，由双方首席代表签字。"此外，该规定还明确对集体协商未达成一致意见或出现事先未预料问题的，经双方协商，可以中止协商。中止期限及下次协商时间、地点、内容由双方商定。

二 集体谈判的原则和工会作用

就集体谈判的一般程序而言，一次完整的集体谈判通常包括以下步骤：选派协商代表，要求谈判，书面回应，协商准备，协商会议，签订草案，通过草案，签订合同，审查登记，合同生效，合同公布等。但是，我国当前的普遍情况往往是先发生罢工尔后才有集体谈判，这与西方国家集体谈判的先出现谈判僵局再进行罢工的模式不同，甚至是截然相反。这表明，探讨集体谈判权的行使必须结合我国当下的实际情况。

较为常见的情况是，如果罢工的规模大、影响广、时间长，或者假如受到更高层级的关注，"守土有责"的地方政府及上级工会就会感受"压力很大"、"坐不住了"。于是，为了不使罢工持续和蔓延，成为一个受到注目的公共事件，政府及上级工会就要强力介入到集体谈判之中，包括促成集体谈判、干预谈判进程、引导谈判结果。有了政府的"积极作为"，集体谈判就不可避免地受到政府的引领，必然偏离了平等、自愿、互利的谈判原则；而政府的权力思维与雇主、工会代表的利益想法是不会吻合的，结局只是看谁更愿意给政府"面子"，特别是雇主一旦把"面子"给了政府，一定盘算着如何另外找机会在政府那里找会"里子"。在这种"强压"和"利诱"下，劳资双方通常就会"各让一步"，避重就轻，尽快达成协议、恢复生产。在集体谈判中，地方政府采取扬汤止沸、息事宁人的"摆平"策略，不利于集体谈判制度的健全完善，不利于集体谈判权的正确和充分的行使，而且对如何构建反映长远要求的和谐、稳定的劳资关系考虑欠缺、照顾不足，难免会遗留一定的隐患。

除了政府因素外，集体谈判的进程难免还会受到其他各种因素的干扰。比如，集体谈判的过程与谈判情况的复杂程度，与工会代表与雇主代表的专业水准和权限大小等有着直接的影响。在集体谈判的决定权方面，如果是中小企业的集体谈判，资方的谈判者可能就是雇主，具有现场的决定权；如果是大企业、连锁企业，可能谈判代表即使得到授权，也不能决定所有的问题，有的还要向公司总部进行汇报，当然也可能借此"打太极"。就意愿而言，工会更愿意与有实质决定权的资方代表进行谈判；而工会作为谈判代表，遇到较大问题，也必须听取工会会员甚至是上级工会的各种意见，这不仅会增加谈判的环节，还会出现很多不可预见的情况，包括谈判意见得不到工会会员或上级工会的认可，谈判代表不再被工人信任，以及罢工活动失控等。

集体谈判应遵循民法中的平等自愿、公平和等价有偿、诚实信用、权利不得滥用四个公理性原则，特别是平等自愿的原则对集体谈判权的行使尤其重要。集体谈判的自愿性质在1949年国际劳工组织的《组织权利与集体谈判公约》（第98号公约）中表达得十分清楚，即自愿基础上的集体谈判是结社自由原则的一个重要方面。在促进集体谈判的各种手段中，不应当包括有强制要求进行谈判的规定，特别是国家不能建立强制性集体谈判的机制，政府不能用强制手段迫使雇主或工人组织进行谈判，这些组织也没有必须谈判和达成协议的义务。法律关于集体谈判的程序性规定，只能是赋予雇主和工人组织的谈判权利，保证参与谈判的是具有代表性的组织。为了使工会提起谈判的权利得到保障，需要规定只要工会组织的谈判资格和要求符合法律规定，雇主方即不得拒绝谈判或借故拖延。例如日本《工会法》第7条（不正当劳动行为）明确规定，雇主不得无正当理由拒绝与工人代表开展集体谈判。

从工会职责的角度看，作为集体谈判的权利代表，它在集体谈判中所要做的工作包括：一是事前准备工作，工会要深入细致地了解职工的诉求，重点是对工资、福利和劳动条件等方面的要求；同时，要收集企业和企业所在行业的经营数据，收集企业所在城市的经济发展、社会保障和平均工资、物价上涨等情况。资方有义务向工会提供所需相关资料，工会也负有对这些资料的保密责任。工会还可以通过考察以往与资方签订的合同，分析资方过去的谈判行为，估计在谈判中资方可能让步的空间。二是向资方提出谈判要约，工会就签订或者调整集体合同向资方提出正式诉求，明确集体谈判所涉及的基本事项、条件和时间等。三是资方履行诚实谈判义务，在法律规定的时间内对工会的诉求作出书面答复，告知是否接受谈判，如不按期答复则要承担不正当劳动行为的责任。四是劳资双方举行谈判，这是一个需要双方多次交锋和商榷的过程，在此过程中工会需要做好与职工的情况沟通和人员稳定工作。五是签署谈判协议，谈判成功则由劳资双方首席代表签字，新的集体合同正式生效。需要指出的是，实行集体谈判制度的目的是劳资双方达到彼此均可接受的适度共赢，这必然是双方自愿妥协的结果，因此，在集体谈判制度中不能单方面地保护劳动者的权利，或者忽视对企业应有权利的保护，避免可能会出现的任何一方对集体谈判权的滥用现象。

三　透过具体案例观察谈判过程

集体谈判是劳资双方进行博弈的过程，但它不应成为一种零和博弈（它背离了实施集体谈判的目的），而应是一种期望达到劳资关系平衡、创造更多合作剩余的双赢博弈，谈判双方只有更专业、更具诚信精神，其过程才会更顺畅、和谐，取得的成效才能更好。2009年，深圳先端精密公司经过8轮极其艰苦的集体谈判，终于签下了劳资双方都自愿接受的集体合同。深圳市总工会通过对这次集体谈判所做的深入了解和详细分析，认为此次谈判过程堪称完美，实现了企业与员工共赢，将其称为中小企业开展集体谈判、签订集体合同的一个典范。[①] 笔者据此，摘录谈判的关键节点，以此表明集体谈判在我国和谐劳动关系建设中的现实价值和可行性。

深圳先端精密是一家日本独资企业。作为一家生产订单充足、效益良好的企业，先端公司却一直参照最低工资标准来确定员工的

[①] 程立达：《从先端精密公司的实践，看集体协商制度的可行性》，载汤庭芬主编《深圳劳动关系发展报告（2012）》，社会科学文献出版社2012年版，第169—172页。

基本工资，员工工资晋升没有正常规律，一般都是由企业单方面年终给予少数人员非透明状态的加工资，加薪的范围窄、人数少、幅度低，一线员工抱怨多，给部门管理者维持正常生产管理带来难度。公司在每年度深圳最低工资调整的对应策略上，仅提升低于最低工资标准的部分新入职员工的工资，略高于最低工资的大多数老员工不作调整，越是老员工加薪的机会越少、加薪数额越低，造成多数员工工作消极，员工的流失率较高。2008 年，曾有一个班组20 多名员工自发组织起来向企业提出涨工资，结果被企业集体辞退。公司频繁发生劳动争议。任何劳动争议产生后，企业唯一认可的方式是通过法律渠道解决。公司外聘有 4 名常年法律顾问，相对普通员工来讲仲裁耗时耗力处于劣势状态，大多数情况员工放弃仲裁，放弃正常合法权益的争取。

2008 年下半年开始，由于受到国际金融危机的影响，公司业绩自 10 月起下滑。年终公司单方面决定年终奖减半，并辞退技术人员 12 人，每月对于部分老员工采取合同到期不续签的方式，一线员工流失率 30% 以上，当年员工数从最高时的 850 人减到 2009 年 3 月的 500 人。

2009 年 3 月，企业员工在上级工会的支持下，通过合法程序进行工会换届选举。2005 年组建的工会没有经过法律程序注册，企业也没有划拨工会经费。经过民主直选，产生了 7 名兼职工会委员，工会取得了"社团法人资格证"、"组织机构代码证"，并开设独立的工会银行账户。2009 年 8 月，公司员工因高温补贴问题举行自发性罢工，手足无措的外方管理人员只能求助于工会疏导员工。工会成功地为员工争取到了 2009 年度的高温补贴。这是一次团体交涉首战告捷，既积累了经验，鼓舞了士气，也为之后的集体谈判打下了基础。

2009 年 9 月底，30 多名企业员工投诉公司加班工资基数存在不合法的地方，要求工会就工资增长问题向企业方提出异议。经过两个月的精心准备，工会向企业方发出了集体谈判的要约。对形势估计不足的企业方开始委婉地予以拒绝。出人意料的是，12 月 24 日起，公司生产一线的员工自发地开始拒绝加班，警示性地支持工会。3天后,企业方迫于压力主动地与工会接触。工会明确告知企业方相关的法律规定,指出集体谈判是企业的义务,因而不可回避。公司对工会提出的集体合同文本迅速地进行了翻译、阅读和熟悉,根据工会要求和法律指引,确定谈判代表由日方董事长、总经理和3名副总经理组成。员工方则选派了工会正副主席和3名一线职工代表参加,启动集体谈判程序。

工会提出的谈判条款共有50项,涉及加班基数、高温补贴、工资增长等一系列员工权益问题。谈判进入最核心的工资增长议程时,格外艰难。企业行政方说,工厂近10年都在亏损,工人工资最多只能增长7%;但工人坚持认为,这10年来工厂规模越来越大,生产量逐年翻番,但工人工资却10年不涨,此次工资至少要增长10%。双方僵持许久,企业方代表说工人谈判代表"漫天要价,破坏和谐",工人代表据理力争、毫不示弱。

整个谈判过程从2009年12月中旬开始到2010年1月中旬完成,双方共进行了8轮谈判,每轮谈判长达4个小时,劳资双方终于达成共识。在工资薪酬、保险福利、休息休假等方面,得到企业方从未有过的优厚承诺,尤其是工资增长方面,双方商定2010年度一线员工工资增长10%,非一线员工工资增长8%。

2010年1月21日,公司工会主持召开职工代表大会,在热烈的气氛中,集体合同草案高票通过。工会主席向员工发出号召:在新的一年中,积极开展劳动竞赛和技术比武,把企业生产搞好。这次集体谈判的成功以及集体合同的顺利签订,极大地提高了公司员工的生产积极性,生产效率大幅提升,以前该公司一线员工流失率达30%以上,经过这次谈判,稳定了员工队伍,春节后员工返岗率达100%。公司方将以往需要外包才能未完成的业务收回。这样的变化,也使得公司方真切感受到集体谈判是有利于劳资双赢的。

第四节 集体谈判权的行使结果

工会和雇主经过集体谈判,取得成功后的正常结果通常就是签订集体合同。集体合同，也有译为"集体协议"、"集体协约"、"团体协议"、"团体协约"的，其中用集体协议的较多，通指用人单位与本单位职工根据法律、法规、规章的规定，就劳动报酬、工作时间、休息休假、劳动安全卫生、职业培训、保险福利等事项，通过集体谈判签订的书面协议。除此之外，还有一种叫"专项的集体合同"则是指用人单位与本单位职工根据法律、法规、规章的规定，就集体谈判的某项内容签订的专项书面协议。集体合同在很大程度上确定了雇主和雇员的关系，以及雇员内部之间的各种关系，通常包含工资调整、劳动纪律、升职调职、劳动时间、医疗和卫生保险、养老金、假期和双休日、工作计划、工作资历等内容，它虽不是雇佣合同，但却规定了劳动者在雇佣期间的相关事宜。

个别劳动关系调整的基本方式则是签订劳动合同。集体合同与劳动合同相辅相成，一般而言，集体合同制度作为劳动关系集体调整的法律制度，需以个别劳动关系调整为基础，而集体谈判是订立集体合同的建立方式。由于劳动者个人的势单力薄和劳动力资源的相对丰富，劳动合同有它无法克服的对劳动者个人权益保障不足的缺憾；要解决劳动合同留下的问题，就必须借助于集体合同，将单个的力量整合起来，争取在单个条件下无法得到的协议。因为集体合同具有强制性，其效力高于劳动合同，对企业及其工会和全体职工均具有约束力；行业性、区域性集体合同对当地本行业、本区域的用人单位和劳动者具有约束力。比如，劳动合同规定的劳动者个人劳动条件、标准不得低于集体合同的规定，否则无效。

集体合同是一个更具效率、更具效力的劳动合同形式，是更好地平衡劳资力量、实现劳动关系和谐的手段。我国劳动合同制度的实施，是以国家制定的劳动基准法为依据，并通过政府的劳动行政监督来实现的。集体劳动关系的调整是劳资双方在国家劳动基准的基础上，也就是在最低劳动标准的基础上，共同商议确定新的劳动标准。在集体谈判和签订集体合同当中，政府并不直接介入，应履行的职能主要是制定规则、监督实施和处理集体争议，劳资双方自行处理相关劳资事务，即实行劳资双方的自治，这也是集体合同制度最重要的法律特征。

集体合同在形式和作用方面与其他民事合同有诸多相似之处,具备合同的一般特征,就是说集体合同也是一种能引起法律后果的法律行为。签订集体合同的劳资双方当事人在法律地位上是平等的,但它与其他民事合同又有一定差别。首先,对合同主体的限定不同。一般民事合同的主体可以是任何公民或法人,具有多方性的特点,但集体合同的主体只限于劳资关系的双方,雇主方面可以是雇主个人或雇主组织,但劳方则必须是法人或团体,而不能是个人。其次,对民事合同要约的提出不同。民事合同要约可以由任何一方当事人提出,但集体合同的要约内容是由雇主主导的,因劳动者的弱势地位,通常都是由劳动者代表或工会提出。[①] 在民事合同行为中,作为受要约人对于要约没有承诺的义务,要约对其不具备法律约束力。[②]

集体合同相对其他民事合同,还具有在时间上、内容上的独特性。在时间上,一般合同调整的是单一的不断发生变化的一定时期的民事关系,劳资合同虽然也有有效期限,但合同中的大多原则性条款是长期不变的,是一种对已经出现或者将会出现状况的一种预见和规范,因此集体协议既是一个双边合同,也是一部规范劳资双方关系的"法典"。在通常情况下,集体合同不仅包括书面的合同和文件,还应当包括一些企业的惯例和非正式的妥协和让步;有些集体合同还有意设置一些模糊、沉默条款,目的是规避可能因此产生的争议,或者当产生冲突时能为劳资双方提供较大空间来妥善解决这些问题。[③] 集体合同一般自双方签署协议的日期起生效,有效期分为有年限和无年限两种,有年限的合同一般规定为1—3年。

在内容上,一般的民事合同是以当事双方的合意为基准,只要双方均表示同意便可以签订合同,但集体合同的签订内容则是在劳动法基准上的合意,也就是说,即便是经劳资双方认可的内容,如

[①] 在工会力量强大的国家,也有很多事由雇主或雇主组织迫于生产和经营的压力,提出集体谈判要约,在我国这一情况并不多见或者可以说基本没有。

[②] 胡鸿高主编:《合同法原理与应用》,复旦大学出版社1999年版,第70页。

[③] Robert A. Gorman, *Basic Text on Labor Law: Unionization and Collective Bargaining*, West Publishing Co., 1976, pp. 540–543.

不符合劳动基准合同也不能生效。在法律效力上，一般性民事合同只对合同的当事人有效，只在一定的条件下才具有第三人效力；但集体合同的作用则不只限于此，它对企业内的所有劳动者都存在效力。

为了提高集体谈判的效率，在集体合同已经具备足够代表性即覆盖了大多数雇主和雇员等条件的前提下，还可以启用集体合同的扩展适用，即规定集体合同不仅适用于签订协议的雇主和雇员，也适用于更多其他雇主和雇员。设有集体合同扩展规定的国家，大多是以行业谈判为主导的国家。

第四章

集体谈判权受阻情形的主体分析

在本书中，笔者对集体谈判权的论述多是着眼于法律层面。法律是要规范人的行为规范的，这就必然要诉诸权利与义务。权利与义务是人们根本利害之所在。作为一种法律权利，意味着人们可以为一定的行为，是对当事人正当权益的维护；作为一种法律义务，则意味着人们不可以为一定的行为，是对当事人自由意志的约束。义务是一种正当的限制或强制。[①]《中华人民共和国宪法》第1条明确指出，中华人民共和国是工人阶级领导的、以工农联盟为基础的人民民主专政的社会主义国家。因此，劳动者在国家政治生活层面具有至高无上的地位，应具有属于自己的完备公民权（full citizenship）。从法理和逻辑上讲，劳动者与其他公民一样具有不可剥夺、不可转让的尊严、自由和权益，但是，任何尊严、自由和权益从来不是能够自动实现的。法律所要解决的，就是如何把理念性的权利转换为现实性的权利。改革开放三十多年，面对越来越多的劳动纠纷、越来越烈的劳资冲突，考察处在现实中的劳动者的真实地位，客观看待和评价对劳动者最基本权利的保护状况及其社会地位的变化情况，就需要着眼分析集体谈判权的权利运行，检视无论是个体劳权还是集体劳权行使的受阻情形，进行类型化分析，进而探究权利虚置的根本原因。

[①] 邱本：《经济法的权利本位论》，中国社会科学出版社2013年版，第4页。

第一节　集体谈判权受阻的外部原因

集体谈判权包括"集体谈判"和"权利"两个部分。权利的存在，在于它的正当性，这种正当性是从社会性的角度讲的，既可以体现为社会成员对特定主体应有权利的接受和认可，也可以体现为得到法律法规确认、受到公权力保障的权利。毫无疑问，集体谈判权应当兼具但不限于上述两种权利的特征，也就是说它既具有法定权利的正当性，也具有道德上的正当性。但是，在现实中本应具有这两种正当性的集体谈判权并不完备，以致造成了权利行使受阻的各种情形。造成集体谈判权行使出现梗阻的根本原因，在于这项权利以及对此项权利的保障都处于一种"悬浮"的状态，使其无法发挥平衡劳资关系的作用，不能促使受雇佣者取得平等、体面的劳动地位。

自 20 世纪末以来，以信息化为代表的新技术革命大大加快了经济全球化的进程，商品、服务、劳动、资本以及信息跨国界全球流动已经成为一种常态。在这场全球化的浪潮中，贸易自由化是其前导，资本国际化是其动力源，生产国际化则是其物质前提与基础。各种经济因素不断超越民族、国家的界限或者不断跨越空间障碍和制度、文化等社会障碍而在全球范围内迅速扩散、自由流动、优化配置，并进一步呈现出全球一体化的趋势。在这种背景下，对如何建立适应这种趋势的新型劳动关系所有主权国家都提出了更多的挑战，亟须适当及时地调整劳动法律、劳动政策去迎接这种变化，其中如何重建集体谈判权也是如此。

跨国公司通常都具有规模巨大、资金雄厚、技术先进的特点，有的企业还历史悠久，且所属子公司数量众多，往往涉足多个行业，并在全球范围内配置资源。跨国公司是经济全球化的主要承载者和推动者，是全球经济的真正主宰，在国际政治、经济、文化和外交、军事领域发挥着越来越重要的作用。跨国公司与一般国内公司相比：一是有很大的机动性，随时可以在不同国家之间转移投资；二是实行的是多国生产，有的是把零部件分散在多个国家生产，有的是将同一种品牌的产品分散在多国生产。由于具备了这样的优势，跨国公司就可以凭借其巨额资本和强大的经济影响力，通过威胁要削减就业机会或把生产基地转移到另外一个国家来获得政府订单、减税、补贴等各种优惠，事实上他们也是这样做的。由此可见，跨国公司在世界各国的投资经营活动，正在逐渐地侵蚀和弱化国家的部分主权和政治权力，特别是在那些市场不足够庞大的国家。

经济全球化加剧了国家与国家、地区与地区、企业与企业之间的竞争，并使竞争的领域、范畴进一步加大加深，如何保障在跨国公司工作的劳动者权利变得更难、更为复杂。比如为了帮助跨国企业降低生产成本、提高产品竞争力，核心目的是拉动地方经济发展，创造更多就业岗位。许多地方竞相采取了降低税率、增加政府补贴等措施，支持或变相支持企业以廉价劳动力为优势参与国际竞争，在"低工资竞赛"中，把所谓的价格优势依托在工人"牺牲"的基础上，依托在"人口红利"上。所谓人口红利，某种程度上讲就是劳动力的长期"无限供给"，与之相伴的是劳动力处在长期"买方市场"格局下，导致了工资水平低下、劳动条件恶劣、社会保障缺乏等劳动者的生存状态。

集体谈判权受阻的另外一个外部因素，是在一些国家工会的作用日益削弱。近年来，西方国家的劳动关系相对比较和谐，罢工等激烈的劳资冲突明显减少，主要原因之一是这些国家的产业结构发生了重大变化，第一、第二产业地位相对下降，第三产业比重迅速上升，这就使得团结性最强的制造业工人的人数锐减。产业结构的调整，必然带来社会结构的相应变化，而社会分工的进一步细化，又进一步导致了社会阶层的不断分化。中产阶级比重扩大，传统产业人数下降，属于工人阶级的知识分子阶层与属于资产阶级的知识分子阶层的界限正在淡化，西方工人阶级的批评性和斗争精神大大降低，这就使得以"斗争"为己任的工会失去了更多的舞台。另外，二战后西方国家政府在扩大民主、保障人权方面十分努力，依靠雄厚的政府财力制定了大量的社会保障立法，大大提高了社会福利水平，降低了劳动者的社会风险，缓解了社会矛盾，低收入者群体对政府的依赖度越来越大。这些都对劳资关系产生了重大影响，同时也大大削弱了工会在与资本家通过集体谈判谋求更大利益方面的作用，降低了工人借助加入工会组织保障自身权益的兴趣。

从现在的情况看，世界各国的工会组织仍没有完全适应经济全球化带来的改变，尚未形成有效地应对跨国公司在全球范围组织生产、配置资源所产生影响的策略，没有完全适应产业结构调整、企业经营方式变革对劳动者群体所带来的影响，对社会形态演变、技术革命深入推进产生剧烈变革的认识和准备不足。不争的事实是，跨国公司在不同国家和地区之间转移投资、分配生产的做法对工人就业影响是不容低估的，并成为这些公司用以压低工资水平和打击工会运动、抵制工人斗争的有效手段。如果某个国家工人的工资水平高，跨国公司就可以随时把生产从这些国家大量转出，以降低成本、增加利润；如果某个子公司工人宣布罢工，资方既可以将在该国的生产和投资转移到别国的子公司，又可以通过在别国子公司建立的物资储备来战胜罢工工人。这就是说，以跨国公司为代表的资本已经打破国界限制，但各国工人运动的主要组织者（工会）仍只能在特定国家的范围内活动，即使国际劳工协会的影响力也在降低。相比于资本家，全世界无产者联合起来的难度要大得多，几乎是不现实的。由于跨国公司通常采取的是"撤走资本"或者"追加投资"的双重手段对各国政府和工会进行威逼利诱，从而最后各个击破。这就使得开展集体谈判的难度和复杂性越来越大，而且罢工权这个武器面对这样一个庞然巨兽越发地不好用了。上述情形，正是中国这个"世界工厂"正在面临的严峻问题，从当下的情况看我们并没有做好这方面的准备。

与西方市场经济国家不同，我国的劳动关系无论是法律制度还是企业的管理规则，基本上都是在无对手"较量"的情况下制定的。劳动者的原子化和碎片化情形，使得员工面对企业的诉求都是个别争议，无法形成集体行动的力量，使得企业的劳动关系基本上处于由雇主单方面决定的状态。

另外，改革开放所确定的以经济建设为中心的方针政策，导致了各级政府对 GDP 的一味追求和相互攀比，甚至形成为了发展就必须以牺牲劳动者利益为代价的通行做法，对劳动者应有的合法权益尊重不够、保护不够，在基层政府甚至出现以保护投资发展环境为由，为企业侵犯职工权益当保护伞的情况，使为数不多的劳动保障制度也难以执行到位，处于"虚置"状态。这就越加怂恿了一些不法雇主在劳动关系管理上为所欲为，企业劳动关系管理处于"法外运行"状态。这些都使得集体谈判权无从真正实现，或者说阻碍很大。

第二节 权利主体的自我弃权

除了存在大量阻碍集体谈判权实现的外部因素外，就集体谈判权的权利主体而言，劳动者的主动放弃也是重要的原因。劳动者的这种自我弃权，如果是对自己当属权利在不清楚的情况下没有行使尚情有可原，明知道自己的应有权利却自我放弃，要么是有特殊原因迫使权利主体因为看不到实现权利的希望产生"习得性无助"（learned helpessness），[①] 不得不作出不去行使的决定；要么是因为行使权利的过程过于复杂，实现的成本过高，得不偿失而只能放弃。马克思曾说，资本家对工人采取的是残酷还是较人道的形式，那要看工人阶级自身的发展程度而定。但是，当权利主体放弃应有权利以及实现这种权利的正当方式，就很有可能转而选择其他手段寻求实现时，失控下的无序、混乱、冲突和伤害将难以避免。

一 心理文化导致的消极弃权

在社会分工水平大规模提升的过程中，高度精细化、专业化的

[①] "习得性无助"是心理学家塞利格曼（Martin Seligman）1967 年在研究动物时发现的，并为此设计了专门的实验。是指人们从自己以往的经验发现，再怎么求助都不会起作用，所以天大的事也只好忍着，不再有所要求或希望。比如，一个人总是在一项工作上失败，他就会在这项工作上放弃努力，甚至还会因此对自己产生怀疑，觉得自己这也不行、那也不行，彻底无望。反观一些劳动者在集体谈判权的行使中存在的主动弃权现象，正是因为诸多的受挫经验，使他们失去了维权的信心。

生产分工和管理方式，使生产过程被高度解构和精细划分，导致大批的劳动者只是无限重复某一劳作环节的同样动作，其自主感、尊严感、成就感和意义感会逐步丧失，变成为生产线所奴役、重复简单劳动的"机器人"。喜剧大师卓别林在《摩登时代》艺术地再现了这一场景。同时，资方对劳动者的雇佣关系、管理关系，使劳动者在日常工作中必须服从雇主的管理、指挥和监督，这是劳动者的基本义务，体现于劳动法、劳动合同法和用人单位内部的规章制度之中，并构成了上述制度性文件的主要内容。因此，就劳动者而言，其与雇主所形成的劳动关系的显著特征之一就在于它的依附性，这必然会对劳动者的文化、思维和心理形成相应的影响。文化的影响也许是潜在的，但却是渗透于血脉之中的。

（一）法意识匮乏带来的无知

法意识，是人们对于客观存在的法现象的认识和反映，[1] 其内容包括对现行法律的要求和态度、对法律的评价和解释、对自己权利和义务的认识、对法律现象的认识以及法律观念等。[2] 法意识通过选择偏好、动机、心理反应等形式表现为个人的法行为，并最终影响法制的实践。历史决定着观念，观念又左右着历史，[3] 法文化深深地影响着人们的法意识，而法意识又成为影响人们行动的直接动因，从而影响着法律制度的实效。所谓法律文化，是法律现象的精神部分，即由社会的经济基础和政治结构决定的、在历史进程中积累下来并不断创新的有关法和法律生活，特别是权利和义务的群体性认知、评价、心态和行为模式的总汇。[4] 准确理解特定法律文化范畴下的法律行为，能够更深入地认知和把握法律现象。劳动者秉有法律赋予的集体谈判权不去行使，在于其法意识的缺乏造成了第二层次的不平等，这又与我国的法律文化有着千丝万缕的关系。

儒家思想对中国人的道德价值观进行了深刻的勾画，比如旨在

---

[1] 吴方正：《试论我国法意识的若干问题》，《学术交流》1989年第6期。
[2] 丕公祥：《法理学》，复旦大学出版社2008年版，第31页。
[3] 梁治平：《法辨》，中国政法大学出版社2003年版，第62页。
[4] 张文显：《法哲学范畴研究》，中国政法大学出版社2001年版，第89页。

培养人在情绪冲动面前的"克己"、"自省"以及"忠恕",是君子的基本修养。"夫子之道,忠恕而已矣。"(《论语·里仁》)朱子《集注》亦曰:"尽之谓忠,推己之谓恕。"这种以自己的心推之他人,得饶人处且饶人的从尽己出发达至推己的忠恕观,使人在塑造自我的仁人主体道德人格的过程中强调更多的隐忍与退让,摒弃了更多的维护与争取。

"权利"这两个字最早见于先秦诸子文献。例如,"接之以声色、权利、愤怒、患险而观其能无离守也。"(《荀子·君道》)"穷则生智而权利。"(《商君书·算地》)"是故权力不能倾也,群众不能移也,天下不能荡也。生乎由是,夫是谓德操。"(《荀子·劝学》)上述所谈及的"权利",意谓权势、权威。在《史记》《盐铁论》等著述中"权利"作为"权势"、"家势"和"货利"的复合词也多有出现。① 在我国传统法律文化中,权利和义务极少出现,即便出现也不具有现代法学意义和法定权利、义务的概念,基本不具备法学科学中所规定的"法律权利是规定或隐含在法律规范中,实现于法律关系中的,主体以相对自由的作为或不作为的方式获得利益的一种手段。"②

据21世纪初所做的一项针对劳动者的主题为"如果你的权益受到侵害或不公正的对待,你会选择什么方式"的调查显示:愿意选择报纸、电台等新闻热线投诉的受访者占10.49%;通过法律途径(打官司)解决的占12.53%;选择永久忍耐,不了了之的占16.88%;选择通过一般信访途径向有关部门反映的占17.65%;而选择通过12345市长电话和暂时容忍、寻机反映的受访者最多,分别占到了27.11%和34.78%③。根据上述数据,选择"永久忍耐,不了了之"和"暂时容忍,寻机反映"者的比例超过了半数。这种忍耐及忍耐压抑的背后,是劳动者对社会公正和应有权益实现期望值的降低,是劳动者法治观念、道德意识和心理底线的一降再降,

---

① 张文显:《法哲学范畴研究》,中国政法大学出版社2001年版,第279页。
② 同上书,第289页。
③ 陈胜勇、林龙:《权力失衡与利益协调城市贫困群体利益表达的困境》,《青年研究》2005年第2期。

这种状况极易造成劳动者群体性失范的爆发。然而十年之后，这种状况仍然没有得到很好的改善。2013年1月7日，中国社会科学学院社会学研究所发布了《中国社会心态研究报告》，其中对北京、广东、江苏、浙江和四川五个省市250名进城农民工的问卷调查、对10名北京农民工的访谈，显示农民工普遍感觉到社会不公平，而且在受到不公平待遇时，往往会选择消极逃避的行为。大批劳动者因为受到不公正待遇，但不得不采取怨而不发、怨而不得发的情况，使中国企业劳动关系总体上处于低水平稳定状态[①]，一些小的偶发事件往往就会触发怨愤情绪的发泄，使原本就对立的劳资关系更加激烈，难以避免会在情绪共鸣中爆发群体性事件，并进而危害社会的稳定。

虽然西方近代法学思想已引入中国多年，但这并不意味着法律观念的革命已经完成。一定的法意识一旦形成之后，便具有相对的独立性，并不随着它赖以存在的物质生产方式的消灭而立即随之消失，而是在一个相当长的时期存续，并继续发挥着作用。法意识这种特殊的社会意识，是上层建筑中最坚固的顶层，它具有既不容易生产、又不容易消灭的特殊的稳定性和历史惰性。[②] 这便不难理解，在当今社会，法律更多的是以"制裁"的形象根植于人们的内心，特别是在身为弱势群体的劳动者心里，法律是维护权利的意识还未完全形成。[③]

[①]《我国企业劳动关系处于低水平稳定状态》，2014年4月1日，新浪网（http://finance.sina.com.cn/review/20090112/16225749898.shtml）。

[②] 吴方正：《试论我国法意识的若干问题》，《学术交流》1989年第6期。

[③] 广东劳维律师事务所段毅律师在接受采访时提到自己在为劳动者进行集体谈判培训时发现，"在你跟工人们讨论法律、救济、尊严和体面的问题时，他们非常暗淡和迷茫，但一讨论工人间的共同遭遇和共同诉求，讨论到相互依赖和团结时，工人们的脸上就绽放出一种希望的光芒"。这也恰恰是当前劳动者法意识的一种缩影，他们没有太多的对法律可以维护自我权利的认识，因为封建法意识之势以另一种形式存在于劳动者心中，"为民做主"的不是法律而是"青天大老爷"，而集体行动异化为群体闹事、堵路上访，便是"击鼓鸣冤"的另一种表现，当出现不平等的待遇时并没有清晰的主体性法律意识，只有"要钱"的生活常理，只要能要到"血汗钱"，法律规范、法律程序都不重要。

(二) 被"符号化"造成的无力

不公正和社会偏见的普遍存在，造成的对劳动者身份和权利的片面认知，并由此导致劳动者的自我认知出现偏差，这些都会促使劳动者被"标签化"、"符号化"。被抽空了本质内涵的"符号化"后，劳动者既难以得到社会的认同和援助，当面对需要维护合法权益时也会由于自卑心理而不能充分表达，无形之中使他们的境遇更加恶劣，反过来又给集体行动带来更大的心理障碍。在这种自卑心理的作用下，长时间受到压抑的劳动者往往会采取偏离法律、践踏规则和破坏秩序的"不鸣则矣、一鸣惊人"的行为，从而给社会造成更大的危害。复杂问题"符号化"后，往往意味着内容的概念化、思维的简单化、认知的浅表化，使人们更加习惯于接受结论而不是思考过程。

2012年9月发生在山西太原的富士康打砸抢事件，被评价为"不涉及生产的斗殴"，而这种暴力事件的发生，正是劳动者被"符号化"后沉默的爆发。工人们反映"从还没入厂就有种被当成牲口任人挑选的感觉"。据他们说，"我们刚进去时宿舍里已经有6个人住，新来的有4个。有些人上白班，有些人上夜班，宿舍里太吵，很难好好休息，有些人很长时间也不会说几句话。宿舍管理也很严格，不能自己洗衣服、不能用吹风机、不能抽烟、不能晚于夜里23点回宿舍、不能进入其他的宿舍楼……"[①] 这种近乎"集中营"式的待遇，并没有使这些底层劳动者寻求法律帮助，与雇主进行平等的协商，争取提高工资待遇、改善生活条件。他们一再地自我压抑，试图依靠"加班"这一赚钱的最主要途径获得生存的资本，这种在人格和经济上的从属性，让他们觉得"永远低人一等"。

在应然的层面上，每个个人应被以尊严相待，这种尊严就是，他们应该被看作其自身的目的，而非之于目的的手段。在严重不平等的劳动关系中，不但雇主把劳动者看作了手段，如果劳动者自己也没有把自己当作平等的、有尊严的人，又何来权利？不仅如此，

[①] 吴丽玮：《太原富士康骚乱：年轻人与大工厂》，《三联生活周刊》2012年第42期。

有的工会显然也不是能为工人说话的组织,甚至都不在一个"阶级",唯有同乡会,这个由地缘关系组成的团体,才能让工人更有归属感和安全感。富士康的一个工人说:"我们刚去,技术不熟练,但线长明显歧视我们,经常骂我们笨,还说你们这些外地人来这里干吗。一个山西工人和线长打起来,所有的山西工人就会全拥上去,车间里的几个组长也不敢管。"[①] 这种以地域、以义气为基础的结盟,其解决问题的合法化、程序化可想而知。在这种情况下,当权益受到侵犯,劳动者不会想到自己有资格与雇主谈判的,只会想到找同乡为自己"出头"。"今年上半年,车间领导带着他们搞了一次罢工,抗议工厂任务重、待遇差。最后涨工资的是线、组长,我们一分钱都没涨。领导不带头了,我们也只好继续开工。"同为劳动者的"领导"与"我们"的清晰界限,便是横亘在底层劳动者心里的一个分水岭。

在严重等级化的社会,不同职业角色的人的身份是有实质性差别的,而且极易被固化。人是一切社会关系的总和,每个人的身份里面都包裹着权利、地位、尊严、福利、待遇等,在纵向流动难以实现的情况下,社会成员被"符号化"更便于他们身份的自我识别和相互认同。"我们"是谁?现实生存状况使许多工厂劳动者的自我认知便是讨生活的"农民工",是"底层人",甚至成为"盲流",是没有尊严、没有权利、没有依靠的弱势群体。于是,有激进者选择了个人的消极抗争,跳河讨薪、跳楼讨薪、开胸验肺等种种以死相逼、以命换薪的维权案例,总是充溢着血与泪的辛酸,留给世人命贱人微的感慨。"我们什么都没有,只有命一条"、"人家不和我们谈"、"有口饭吃就行了,还提什么要求",劳动者这种种"符号化"的社会定位亦是集体谈判权难以实施的根源之一。

改革开放后诞生的大量企业采取了西方国家工业化早期的资本原始积累模式,通过弹性用工、克减工资、延长工时等方式,无限

---

① 吴丽玮:《太原富士康骚乱:年轻人与大工厂》,《三联生活周刊》2012年第42期。

制地压低劳动成本的现象大量存在。① 经济的快速发展与政治改革、社会建设的严重滞后，在持续滋养既得利益集团的同时，社会纵向流动的阀门却被关上了，社会活力的被抑制必然产生社会成员希望感的下降和阶层的对立感，新生代农民工与其父辈相比，工作和生活条件虽有所改善，但是他们也经历着更加显著的城乡分裂，更大的收入不平等，以及更深刻的社会排斥②，这些对新生代农民工的情感、思想冲击要远大于他们的父辈。近年来，社会结构不但在定型化而且出现阶层断裂，一个逐步定型下来并且再生产的断裂社会所形成的社会氛围及社会心理，注定是充斥戾气和不稳定的。

普遍的不公平感为部分人的绝望所取代，尤其是在农民、农民工和城市底层等群体中，形成的则是一种看不到希望的绝望感，以及带有破坏性的肆意的情绪宣泄。这种状况正如马克思所描述的那样：原来的货币所有者成了资本家，昂首前行，劳动力者成了他的工人，尾随其后。一个笑容满面，雄心勃勃；一个战战兢兢，畏缩不前，像在市场上出卖自己的皮一样，只有一个前途——让人家来鞣。③ 于是，在资本积累的过程中，工人的状况必然随着资本的积累而日趋恶化，这种恶化局面的一极是财富的积累，另一极却是贫困、劳动折磨、受奴役、无知、粗野和道德堕落的积累。④ 劳动者这种愿为鱼肉的绝望无助感和自我意识的内化，把自己"符号化"变成了资本运作中的一台机器；同时，社会对"社会底层"、"无权阶级"的劳动者的歧视，以及对他们不公平境遇的漠视，导致劳动者中的一些人不信任社会还有公正，不相信这个冷冰冰的社会能给

---

① 国务院农民工办课题组对当今农民工特别是新生代农民工在劳动权益保障方面进行了调查，认为仍存在较大问题，主要表现在劳动合同签订率较低、工作时间较长并且加班时间常常超过法定时间、工资支付极不规范并且常有欠薪情况发生、工资收入水平偏低以致难以满足城市生活的需要。职业安全卫生条件较差、劳动强度和心理压力较大等。参见国务院农民工办课题组《新生代农民工发展问题研究》，中国劳动社会保障出版社 2012 年版，第 148—155 页。
② 刘建洲：《农民工的抗争行动及其对阶级形成的意义——一个类型学的分析》，《青年研究》2011 年第 1 期。
③ 《马克思恩格斯全集》第 3 卷，人民出版社 1962 年版，第 136—140 页。
④ 马克思：《资本论》第 1 卷，人民出版社 1975 年版，第 723 页。

予他们所需要的帮助，甚至这种帮助仅仅是倾听。这些因素都造成了劳动者合法维权上的"集体失语"，使得集体谈判权更难以建立起来。

(三) 放弃是挫折下的无望

处于跨越式发展重要战略机遇期的中国，同时又处于劳动关系矛盾的凸显期、由个别劳动关系向集体劳动关系的转型期，以及实现和谐集体劳动关系构建的关键期。这使笔者不由得想起了狄更斯在《双城记》扉页上写下的那句话："这是最好的时期，也是最坏的时期；这是智慧的时代，也是愚蠢的时代；这是信任的年代，也是怀疑的年代；这是光明的季节，也是黑暗的季节；这是希望之春，也是失望之冬；我们前途无量，又感未来渺茫；我们直奔天堂，我们又直奔另一个方向……"① 这不就是当下很多身处快速工业化、城镇化中的劳动者的真实感受吗？他们中的许多人，特别是广大的农民工怀揣希望，背井离乡，来到五光十色、灯火辉煌、日新月异的城市寻求自己的梦想，但却不受尊重、备受压榨，在不平等的劳动关系中沦为弱势群体，甚至迷失了自己，既无法有效开展自助救济，也得不到有力的公力救济。

马克思在其晚期著作《哥达纲领批判》中提出，在社会主义经济关系和社会关系中，由于实行等量交换的按劳分配原则，还存在着类似资本主义社会那种形式上平等而事实上不平等的属于资产阶级性质的法定权利。这也就是说，在资强劳弱的现状下，作为独立个体的劳动者是根本无法就自身劳权向资方提出协商诉求的，更妄谈达成使劳动者乐于接受的结果。我国劳动法关于集体劳动关系的内容比较有限，对不当劳动行为在立法方面缺少规制，对劳动者及其代表争取劳权的保障体系还很薄弱。在缺乏应有保护机制的状况下，不仅劳动者的权利得不到尊重，客观上也造成了劳动者代表遭到资方事后报复情形的大量存在。

从理论上讲，每个劳动者似乎都拥有着绝对的自由，然而现实中从属的经济地位、没有话语权的社会处境，在缺少法律保障和行

---

① [英] 狄更斯：《双城记》，叶红译，长江文艺出版社2001年版，第3页。

政支持的情况下,又必然使他们失去基本的自由。劳动者的自由具有双重的意义:"一方面,工人是自由人,能够把自己的劳动力当作自己的商品来支配;另一方面,他没有别的商品可以出卖,自由得一无所有,没有任何实现自己劳动力所必需的东西。"[1] 由于不公正和社会偏见的普遍存在,加剧了劳动者对自我身份和权利的片面认知,当需要维护权益时会由于自卑而不能充分表达,由于无望而不能主动作为,放弃对应有权利的争取,这种自我弃权使劳动者的境遇更加恶劣,给集体谈判权的行使带来更大的群体性心理障碍。在集体行动中有多少人是发泄性地聚众闹事?多少人是盲从性的"乌合之众"?多少人是犹疑的"不坚定的革命者"?在实现应有权利上的弃权,是无助的劳动者对现实绝望、对未来不抱希望的表达。

劳动者参与集体谈判的一个基本前提,就是要意识到作为一名企业的员工,在财富的创造过程中劳动者自己也发挥了主体作用,自己获得应有的劳动报酬是正当的,只要符合劳动力的市场价值就是合理的,反之则是不合理的;这既不是资方对自己的恩赐,也不是对企业的无理"索取"和对"效率"的损害。劳动者行使集体谈判权,只是在表达自己在要求得到自己应得的那一部分剩余价值而已,即选择自己的代表,以平和的集体默契的方式要求资方返还本应由自己所得的那一部分人力资本的价值罢了。同时,劳动者要清楚地意识到,在集体谈判中自己并非独立的个体,而是属于有着相同目标和利益诉求的团体成员,并通过工会形成集体力量,与雇主进行谈判以维护自己的利益,因此,自身的行为必须受到相应的约束和规范。

二 选择困境导致的行动弃权

在"三位一体"密不可分的集体劳权中,团结权是集体谈判权、罢工权的基础和前提,没有个体劳动者行使团结权而建立的工会,就缺少集体谈判权、罢工权的行为主体。集体谈判权是让资方满足劳动者提出的劳动条件并签订集体合同的手段,罢工权是保证

---

[1] 《马克思恩格斯全集》第 23 卷,人民出版社 1957 年版,第 252 页。

雇主满足劳动者提出的劳动条件并签订集体合同的保障。简言之，团结权是集体谈判权的前提，罢工权则是集体谈判权得到尊重的保障。如果"劳动三权"内容残缺不全，法律软弱无力，就必然导致劳动者在与雇主争取权益过程中的大量弃权现象的发生，大大降低维护工会在维护劳动者权利方面的实现能力。集体劳权的实现状况反映了劳资关系法制化和规范化的发展程度，也体现了社会文明的进步程度。

（一）偏见和压力下的"不敢谈"

2010年6月2日的《中国新闻周刊》刊发了一篇关于广东南海本田罢工事件的纪实性报道，描述了劳动者面对劳动者发起集体行动时的实际状况。"谭志清和小肖（两名罢工组织者的化名）对着各自流水线的员工高喊：'工资这么低，大家别做了。'说完，一些员工加入了这两个湖南人引领的队伍，但大部分员工仍然停留在流水线旁，不知所措。组装车间50多人的罢工队伍，来到隔壁的铝加工车间'串联'，不过这里的工人却没有理会罢工的口号，仍然埋头干活。接着，在轴物车间，谭志清遭遇了同样的尴尬，无人响应。铸造车间的工友们也对这支罢工队伍投来疑惑的眼神。"[①] 这次最终会聚起了浩浩荡荡千余人的罢工事件，在初期呈现的却是一个既无人支持也无人反对的尴尬局面。罢工领导者的想法是：反正自己是要离开的，不如离开前给工友争取些福利。原本毫无组织的劳动者在组织集体行动的初期甚至整个过程中，达成真正的参与和团结是一件极不容易的事情。

在资强劳弱的现状下，以原子状态存在的劳动者是无法以一己之力实现与资方的基于平等格局的谈判，所以劳动者的团结与集体参与便是获得雇主重视而促成谈判及以罢工制衡雇主的关键力量。但在现实中，劳动者仍然普遍愿意做沉默的大多数，有时甚至是工会的带领亦不能得到劳动者的相应支持。当工会或劳动者代表发起谈判要约时，劳动者没有了抱怨的声音，万马齐喑，这种沉默绝不

---

① 周政华、刘子倩：《中国本田南海厂今复工——从员工角度看劳资事件》，《中国新闻周刊》2010年6月2日。

是对现状满意的一种平静,更不是因生理缺陷而听不到代表人的呼吁,"永远不能叫醒一位装睡的人"。没有集体,何来集体谈判?出现这种现象,确有很多学者研究后提出的制度不健全、程序不顺畅的原因,但还应从劳动者"理性人"的起点出发,以法律行为经济学①的视角,分析劳动者在集体行动中的心理。定义行为法律经济学,首先要从定义法律经济学入手。法律经济学认为,对法律规则最好是根据标准的经济学原则进行分析,即所有人类行为都可以被视为包含这样的参与者,他们一是最大化自己的功效,二是来自一个稳定的偏好集合,三是在不同的市场积聚最佳数量的信息和其他投入。法律经济学的任务是研究这种市场内和市场外的理性最大化行为隐含的意义和它对市场及其他制度的法律含义,而行为法律经济学的任务,就是探索现实而非假设的人类行为对于法律的含义。正是集体谈判制度缺乏保障下的个体利益选择倾向,更加彰显出的集体谈判制度的不健全。

我国劳动法有关集体劳动关系调整的内容比较有限,对不当劳动行为缺少一定的规制,对罢工权立法的回避和模糊定位更是使"集体行动"与"群体闹事"只有一线之隔。在这种情况下,对劳动者代表或工会代表争取集体权利的保障体系必然较为薄弱,由于缺乏应有的保护机制,客观上造成了劳动者代表遭到雇主事后报复和打击现象的屡见不鲜;另外,政府有关部门将劳资冲突当作"维稳"事件来处理,用非集体争议的规定处理集体争议的情况经常发生,如对集体行动的劳动者动用治安、防暴力量进行威慑,对劳动者代表当作"带头闹事",采取"社会治安管理"、"拘禁"甚至"刑事拘留"手段等,都是阻碍劳动者参与集体行动的现实因素。

人们倾向于维持现状,需要有足够多的理由,才能说服他们离开现状;②而人们对损失又特别厌恶,对损失的不快,比得到同样

---

① [美]凯斯·R. 桑坦斯:《行为法律经济学》,涂永前、成凡、康娜译,北京大学出版社2006年版,第16—18页。

② 同上书,第5页。

受益的愉快来得更大——大体说来，损失带来的不快是其两倍。①当工人被分配到一项（可放弃的）只有特定原因才能被解除的权利，他们对这个权利的估值很可能比如果被雇主分配到一项（可交易的）随意解雇的权利，对前者的估值要比后者高得多。就像空气吸入者可能对他们免受空气污染（不可交易的）权利的估值，要远远高于如果污染者被给予一项向空气释放污染物的（可交易的）权利对此的估值。这就是法律权利创造出的禀赋效应（endowment effect），即仅仅因为被赋予了这个事实，就会产生更高的估值。②作为理性人的劳动者，只要"安分"工作，没有特殊原因是不会被开除的，虽然这是他们"可放弃"的权利；但是，实施集体谈判权及参加为实现集体谈判权所进行的相关活动会使这种"可放弃的"权利存在风险，即使如果成功他们也会获得更高的利益。因为制度设计有缺陷、法律保障不健全的集体谈判无疑是种冒险活动，这是多数劳动者不可能愿意尝试的，特别是以牺牲自己已有的甚至是仅有的维持生计的工作权利为代价时。

趋利避害是人的天性。在集体谈判权的行使中，要能给工人提供一个合理且安全的理由参加工会维权，就需要劳动立法给予相应的保障。国际劳工组织在《工人代表公约》（1973年）中明确承认了工人代表不因其代表工人的行为而遭受任何有损权益的行为，集体谈判制度相对完善的国家更是明确了罢工的程序、范围和强度及对劳动者的完备保障制度。我国虽然没有加入《工人代表公约》，但仍应该完善法律法规以保障劳动者的维权安全。保障劳动者的基本生存权，是现代社会任何一个政府所应提供的，只有这样，他们才能免予生命的恐惧。

（二）"搭便车"心理的"不愿谈"

假设法律对集体谈判权给予了有力的保障，那么劳动者就能主动主张和实践自己的权利吗？当我们重视法律制度的完善时，亦不

---

① ［美］凯斯·R. 桑坦斯：《行为法律经济学》，涂永前、成凡、康娜译，北京大学出版社2006年版，第7页。

② 同上。

能忽视劳动者作为一个理性人在集体行动中的逻辑。2011 年 11 月 24 日，西铁城在中国最大的表链代工厂深圳冠星表链厂成立由 9 人组成的劳资委员会，其中资方四人（日本人），劳方五人，冠星表链厂持续一个多月的劳资谈判终于宣告解决。整个谈判期间，12 名员工代表顶住了来自厂方和全厂员工两方面的压力，既要勇敢站出来为了工人的利益和工厂劳资问题的解决去面对企业老板，还要想尽办法组织协调好历来就不曾被有效组织起来的全厂工人，处境之尴尬，工作之艰难，着实不易。用他们自己的话说，就是"已经被车间那帮人烦得头疼得要命！""我认为我们能站出来当这个代表，老板应该奖励我们！""最初我根本不会想到最后我会牵这个头，和大多数人的想法一样：我自己没时间去打理这事，你们怎么搞，我声援，我支持。但是入群没几天我就发现一个现象，出主意的人多，实际行动的人少。"① 在 2011 年 9 月发生的深圳比亚迪罢工中的带领者魏宇也有过这样抱怨："在组织这场维权行动中，最让我苦恼的就是，打电话的时候，电话那头说什么都支持你，但是你真要准备行动了，那边却是有这事有那事的万般推脱，甚至还出现有人明显背叛组织了还理直气壮。"

　　人的行为是其动机的结果，从法律行为经济学的角度来看，人性的选择是指导行为的重要源头。既然罢工的受益者是大家，又没有特别的激励机制，为什么"我"要做出头鸟？既然工会不能代表劳方或为资方控制，那工会让劳动者信赖并参与其组织的集体行动的基础是什么？根据世界集体行动学的代表人物奥尔森的"公共物品"理论，实现或满足任何一个公共目标或者公共利益就意味着向该集团提供了一项公共物品或集体物品，而一个目标或者目的对这个集团是"公共"这一事实本身就意味着任何集团成员都不会被排除在实现这一目标所带来的利益和满足之外。② 不难想象，一个人只要不被排斥在分享由集团任何人努力所带来的利益之外，就很难

---

① 《深圳冠星厂精密表链厂（西铁城代工厂）》，2014 年 4 月 1 日，安康信息网（http://www.ohcs-gz.net/osh-news/worker/20120114.htm）。

② Mancur Olson, *The Logic of Collective Action—Public Goods and The Theory of Groups*, Harvard University Press, 2002, p. 15.

有动力为共同的利益做个人的贡献,从而成为"搭便车者"。实际上,除非一个集团中人数很少,或者存在强制或其他某些特殊手段以使个人按照他们的共同利益行事,有理性的、追求自我利益的个人,是不会采取行动以实现他们共同的或集团的利益。[1] 因此,一个大的游说组织、一个工会或者集团,尽管他们是为了某个大公司或者大部分工人们的利益进行努力,却很难从其中任何理性、自利的受益人中得到帮助。尽管这一产业中的每个人都确信这一目标的实现会有利于他们,情况还是会如此。特别是当有一些人可能根本就不认为这些努力是为了他们,这将会使组织的任务更加艰巨。[2] 一个把别的农民的利益置于自己的利益之上的农民,不一定会限制自己的产量以提高农产品的价格,因为他知道他的牺牲不会给任何人带来多大好处。这样一个理性的农民,不管多么无私,也不会作出这种徒劳无益的牺牲,不能带来明显效应的无私行为有时候甚至被认为是不值得称赞的。[3] 既然收益是惠及组织中的每个人,那么没有作出任何贡献的那些人也将会与那些作出了贡献的人获得一样多的收益,这通常会导致"让别人去做吧"的想法。[4] 在集体谈判权的行使中也是如此。

少数的自发劳动者难免有英雄主义之嫌,根本原因可能在于某种激励。是什么激励了代表们?比如太原富士康的罢工,几个车间领导带领工人罢工,公司迫于压力给领导们涨薪了,带头领导罢工的人的利益得到满足,罢工得以平息。可工人们,只有继续埋头工作,忍耐并等待时机。再有人带头,他们可能还会跟着打砸一下,一方面算是一种情绪发泄,毕竟"法不责众";从另一方面来说,也不一定是出于理性,甚至对相当多的工人来讲都没想过自己在做什么,只是群而起之罢了。劳动者是弱势群体,但弱势不等于弱

---

[1] Mancur Olson, *The Logic of Collective Action—Public Goods and The Theory of Groups*, Harvard University Press, 2002, p. 2.

[2] Ibid., p. 12.

[3] Ibid., p. 64.

[4] [美]曼瑟·奥尔森:《国家的兴衰》,李增刚译,世纪出版集团2007年版,第18页。

智，他们也有思考能力和选择能力，但一哄而起的乌合之众参与的集体谈判与罢工，与有组织的理性选择的结果相差迥异。劳动者的先行逻辑是我为什么要参加，后行逻辑是大家一起起哄便会法不责众，特别是在明显的资强劳弱和集体合同以数量化模式简单全面覆盖的情况下，是否参与支持工会、是否拥护协助劳动者代表促成集体谈判并签订集体合同，结果似乎都不会差很多。富士康的"13跳"，用生命的代价换来所有员工的工资增长；东航返航事件中的13名带头飞行员被严肃处理，换来了公司对全体员工薪酬的调整。实现任一公共目标或满足任一公共利益，就意味着向该利益集团提供了一件公共的或集体的物品；一个目标或意图对一个集团来说就是公共的这一事实本身，就表明该集团中没有人会被排除在实现这一目标所带来的利益和满足之外。

我们不惮以最坏的恶意猜测每一名理性个体，但当每个理性个体感觉到"其个人的努力是不会对他的组织产生显著影响，而不管他是否为组织出过力，他都可以享受到其他人努力带来的好处时，"[1]又有谁愿意多担一份风险呢，特别是在罢工阶段。面临扣薪、解雇的威胁，谁会挺身而出、"以身试法"，挑战雇主呢？要想摆脱集体行动的困境，就要有作为私人物品的"选择性激励"。所谓选择性激励，是指有选择地试用于个体成员，依赖于他们是否对集体物品做了贡献，它可以是消极惩罚也可以是积极奖励。[2] 经济激励是选择性激励的主要形式，当然声望、成就、尊重等社会激励、道德激励、心理激励也起着与经济激励相同的作用，但却处在不同的激励层级。

工会可以通过消极的选择性激励来实现更好的运作维持。工会提出的较高的工资、较短的工作时间和较好的工作条件对工人来说都是集体物品，而且在运用罢工这一工会的主要武器时，一般要求

---

[1] [美]曼瑟·奥尔森：《国家的兴衰》，李增刚译，世纪出版集团2007年版，第16页。

[2] 同上书，第20页。

每个工人放弃他的全部收入直到雇主答应工会提出的条件。① 为此，在集体谈判制度及工会制度完善的国家往往会采取强制成员制和设置纠察，以确保工会的领导力。设置纠察（icketing）是指一个工会，为了给不关心或不愿意加入工会的雇员和拒绝承认谈判的雇主施加经济压力时会设置纠察。这是因为在工会成立的初始阶段，能从雇员处得到的支持是很少的，即便只是由非雇员开展的纠察，也可能对向雇主送货或取货及其他形式的顾客光顾形成中断，这种中断因为伴随着经济损失，就可能会引起内部雇员参加工会，促成与雇主谈判的作用。② 因为在联系密切的社会集团中，寻求集体物品者会给那些为实现集体利益而牺牲个人利益者以特别的尊重或荣誉，从而就给他们提供了一种积极的选择性激励。③ 从集体物品中获益的个人或企业的数目越大，从实现集体利益的行动所产生的收益中获得的份额就越少，而这个集团利益是让个人或企业进行集体行动的诱因。这样，在没有选择性激励的情况下，集团行动的激励就会随着集团规模的扩大而消失，因此大集团相对小集团更不可能达成实现共同利益的集体行动。④ 对在集体谈判权的行使中作出突出贡献的个人或组织给予一定的经济奖励与精神奖励，是极其必要和有益的，并且应将维权团体的规模作为需要考量的因素之一。如果没有选择性激励机制，工会的作用得不到科学体现，都会成为集体谈判权受阻的重要原因。

劳动者是集体谈判权的权利主体，也是集体谈判权的直接受益者，唤醒劳动者的主体意识，增强劳动者的主体自觉和行为能力就是最不可或缺的。只要雇佣关系存在，劳动者把自己当商品来支配的"自由得一无所有"⑤ 的状况就必然发生，因为作为独立个体的

---

① ［美］曼瑟·奥尔森：《国家的兴衰》，李增刚译，世纪出版集团2007年版，第67页。

② Robert A. Gorman, *Basic Text on Labor Law: Unionization and Colective Bargaining*, West Publishing Co., 1976, pp. 219-223.

③ ［美］曼瑟·奥尔森：《国家的兴衰》，李增刚译，世纪出版集团2007年版，第22页。

④ 同上书，第29页。

⑤ 《马克思恩格斯全集》第23卷，人民出版社1957年版，第252页。

劳动者根本无力向雇主就劳权问题提出协商诉求，更妄谈达成使劳动者乐意接受的劳动合同。不公正的经济待遇和社会偏见的相互渗透，加剧了劳动者对自我身份和权利的片面认知，弱化了劳动者改变不公平劳动关系的权利意识，进而加剧了不公正劳权现象的普遍存在。没有权利主体的主动参与，公正劳权不可能真正实现。

事实上，对相当多的劳动者、特别是农民工而言，他们所期望的"劳权"无非就是最基本的养家糊口的生存权利，就是"企业不欺诈、月底拿到钱，工作少责罚、做活有安全，企业不关闭、就业能稳定"罢了，只有少部分受过良好教育的劳动者会考虑到个人的发展，至于从人权、公民权层面的诉求更是少之又少。由于集体行动的逻辑和制度缺陷，使劳动者在"得不偿失"的心理预判下不能真正参与维护自己的劳动权利的行动中，选择自我弃权，其结果只能使自己的工资福利、工作境遇、劳动条件长期得不到改善；如果这种坏情绪长时间得不到改善，他们中的一些人就会再把积怨投放到社会，转化为冲突化的群体事件。

任何集体谈判都必须有坚实的群众基础。大量从事相同或类似熟练岗位工作的劳动者的存在，是劳动者能够有效地组织起来与用人单位开展集体谈判，实现有效对话的基础。然而随着市场化和专业化程度的显著提升，特别是第三产业逐渐挤占第二产业成为新的支柱产业，诸多企业的劳动关系开始变得越来越具有松散性和多样性，劳资双方的自主选择空间比之前更大了。许多劳动者、特别是掌握一定技能的劳动者，由于自我议价能力较强，对自我发展会有更高的期许，他们更愿意与用人单位签订不固定期限的劳动合同，或者只是按项目建立劳动关系。劳动关系的多样性，对劳动关系中特定主体的身体识别越来越难，劳动者与企业的利益关系许多时候不再仅是单纯的雇佣关系；此外，劳动力流动性的不断加快，使劳动者的共同利益也受到弱化，这就必然使其中相当一批劳动者不愿意参与工会组织并以此团结起来，也就意味着他们共同维护一致权益的积极性、自觉性已经大大地降低了。

存在的就是现实的，但现实的未必是合理的。经济基础薄弱的劳动者，因为"一无所用"无论以什么方式、做出什么事来维权或发泄怒气，对自身来说成本可能都接近零，但对社会来说则是非常危险的，甚至还为此要付出沉重的代价。如何扭转这种怨而不得发、一发便不可收拾的法外维权现象，如何转化先把事情闹大再坐下谈判的倒逼态势，是实现和谐集体劳动关系的前提。这里需要劳动者转变观念、克服心理障碍，更需要的是制度的有力保障。

三 代表性缺失导致的主动弃权

为了进一步阐述权利主体的弃权状况，需要回到前述的广东南海本田罢工事件中进行分析，此次罢工事件在现阶段中国发生的诸多罢工事件中极具代表性。比如罢工组织起来了，但南海本田的工人却非常迷茫，罢工基本上处于无人领导的混乱状态，由于整体上严重缺乏斗争经验，工人们不知道罢工开始以后应该如何收场，在罢工过程中应该如何同企业周旋，在谈判过程中应该采取什么样的策略。罢工领导者的缺位，必然导致工人内部意见分歧严重，难以达成共识。无论是工会主体性缺失还是罢工领导者缺位，都是集体谈判权难以有效开展的重要因素，也是难以将混乱、无序、失控的劳动者群体性事件纳入目标清晰、互动有序的法制轨道的重要原因。工会的代表性不强，在集体谈判中缺乏应有的专业能力亦是导致集体谈判权行使受阻的关键原因之一。

（一）工会的核心是代表性

工会的代表性问题是极其重要的，因为只有真正地"代表"职工的利益，工会才能有效履行其职责、体现其价值。当然"代表"有主动代表，也有被动代表，但强制的被代表，就可能意味着是剥夺了被代表者主体性的蛮横。2001年10月，中国公布了重新修改后的《工会法》，本法第2条在"工会是职工自愿结合的工人阶级群众组织"的基础上增加了第二款，即"中华全国总工会及其各级工会组织代表职工的利益，依法维护职工的合法权利"。

在成熟的市场经济国家和地区，工会模式主要是以区域工会与行业工会为主导。我国工会的组织模式是以近乎政府部门的行政工会领导下的企业工会，企业工会的运作虽然是围绕各自企业展开的，但首先要符合行政工会的要求、完成行政工会的任务；当然行政工会也会在不超出特定限制的领域，动员自己掌握的行政资源、社会资源对企业工会开展的工作给予支持，包括在集体谈判中给予指导。在这种模式下，工会组织形成了"上强下弱"的倒三角格局：工会组织的行政级别越高，人员、经费的保障越充足，政治地位也越高，而且行政工会的资金来源是政府财政，工作人员端的不是企业的饭碗，能不能切实维护会员权益不影响工会生存；但越往下走，人员、经费等资源越紧张也越没有地位。"本应共同作为劳方主体的工会和劳动者，在现实中却是相对分离的，劳动关系三方协商机制中，劳动者并没有形成一个共同的'劳方'，劳动者实际上是游离于这一机制之外的。"[①]

在资本主义国家的发展进程中，各种利益群体都能找到自己合适的代言人，对应集团之间能够以一种制衡、平衡的张力来维持每个集团的核心利益，以达到社会的稳定和发展；如果对应集团的某个力量过于强大，就会使另一种力量长期处于受压抑状态，其结果必然产生社会冲突，如果失衡特别严重甚至可能导致社会变革。行政工会对企业工会在集体谈判中的指导力度，至少从愿望上讲，是与该企业的员工集体行动的声势和可能产生的影响成正比的。于是，企业工会究竟应对谁负责这样一个看似非常简单的问题就成了一个难解的结，始终考验着企业工会，这不是仅从概念层面就能解释得通的，也绝不是赋予某一个主体的"代表性"就能名至实归的。

虽然集体谈判权仍未被官方完全地正式认可，但事实上已形成了政府主导、劳资参与、工会运作的集体谈判模式。这种模式的弊端是名义上劳动者可以选择自己的代表，但实际上企业工会要接受行政工会的领导，而行政工会要贯彻地方政府的意志。应该说，党和政府对工会工作一直以来是非常重视的，在企业中普遍建立工会也是作为一项重要的政治任务加以推进的；企业工会的组建，绝大部分也是在行政工会的强力推动、具体指导下开展的。换个角度讲，也许正因为如此，又导致了普遍片面追求建会率现象的存在。

[①] 常凯：《中国劳动关系报告》，中国劳动社会保障出版社2009年版，第67页。

这就在一定范围内限制了劳动者在集体谈判中选择自己认可的代表表达意愿的权利；如果企业工会需要遵守的是具有"控制性"特征的程序性限制，就必然使其难以适应日益尖锐和多样化的劳资冲突。在这种情况下，工人一旦忍无可忍而采取集体行动时，往往不会选择和依靠企业工会，而是甩脱各种羁绊作出自发罢工的行动，这就是为什么现阶段中国的罢工基本上是工人自发行动的原因。由于罢工缺乏工会的参与和领导，以至于有些罢工发生以后，工会还全然不知情。[①]

对资方形成从属性和依附性是"工会之癌"，它将使劳动者通过工会形成的"组织性优势"化为泡影，试图改变资强劳弱过度悬殊格局的希望就会被大打折扣。只要工人不把工会作为保障权益、联系雇主的基本组织，就谈不上依靠工会与雇主谈判维护自己的权益。只有形成法律认可、社会认同和工人承认的集体谈判机制，才能使集体谈判制度真正地建立起来，得到落实，使它成为构建和谐劳动关系的减压阀，实现对劳资关系的动态平衡，而不是低水平的稳定。

（二）对工会组建规程的分析

《工会法》第 3 条规定，劳动者有依法参加和组织工会的权利。然而在现实中，劳动者的自由结社是受到限制的。第 10 条规定，全国建立统一的中华全国总工会。第 11 条规定，基层工会、地方各级总工会、全国或者地方产业工会组织的建立，必须报上一级工会批准。与中央集权的行政管理体制一样，我国实行的是集中统一管理的工会体制，没有劳动者根据自己的意愿自发组织的工会，只有按照"上一级工会"的要求组建的工会。全国总工会对组建工作的必备前提是，适时、规范成立企业建会筹备组，并要在企业党组织和上级工会的帮助指导下进行。筹备组成员的产生，如企业已经建立党组织的，可由党组织提出筹备组人选，报上一级工会批准；没有建立党组织的企业，由职工选出自己的代表，向上一级工会提

[①] 熊新发：《比较视野下中国罢工治理的反思与展望》，《云南社会科学》2010 年第 5 期。

出申请，再由上一级工会与企业和职工共同协商，提出筹备组人选。工会筹备组人员组成，由上级工会代表组成，也可吸收企业行政管理人员参加，但行政管理人员不得超过筹备组总人数 1/5，其中职工代表不少于筹备组人数 1/3。[①]

2008 年 7 月 25 日，中华全国总工会发布《企业工会主席产生办法（试行）》，确认了"民主选举"工会主席的程序，即经会员民主选举方能任职：选举企业工会主席应召开会员大会或会员代表大会，采取无记名投票方式进行。此外，还对企业工会主席的候选人做了限制，要求企业党组织和上级工会应对企业工会主席候选人进行考察，对不符合任职条件的予以调整；企业工会主席候选人应报经企业党组织和上一级工会审批；上级工会可以向非公有制企业工会、联合基层工会推荐本企业以外人员作为工会主席候选人等。

显然，我国的企业工会主席要经过上级批准，是参照党政领导干部的管理模式进行考察、选派和任职的。自上而下的工会建立机制，与国际通行的由工人自发组织工会的自下而上的方式大相径庭，极易使得工会在组织结构和工作形式上严重行政化，脱离了其维权的本质属性。必须经过权力批准才可能兑现的权利，从来就不是真正完整意义上的权利。按照这一规定建立起来的企业工会，虽然合规合法，但其代表的广泛性无疑会被大打折扣。

（三）困扰工会代表性的原因

《工会法》明确规定，维护职工合法权益是工会的基本职责；《中国工会章程》又指出，工会除了作为工会会员和职工利益的代表角色之外，工会还是党联系职工群众的桥梁和纽带，是国家和政权的重要社会支柱。这种角色安排是党领导下的政治体制的必然要求，使得工会成为了具有较强政治色彩的劳工社团。但是，这种安排在一定程度上也破坏了工人的结社权，而结社权是基本人权，破坏结社权则可能损害社会本身；结社权是反对专制政治的重要保

[①] 中华全国总工会组织部、基层组织建设部：《企业工会组建工作培训教材》，中国工人出版社 2011 年版，第 33 页。

障，结社可能会带来暂时的政治不稳定，但从长远看有利于社会稳定。① 劳动者利益的代表，党和政府的工作机构，企业工会的双重角色使其在面对大量复杂的具体问题时，往往分身无术、无所适从，这是制约工会发挥作用的深层困惑。

除了企业工会较为普遍的行政化现象外，私营企业中老板工会的现象也很普遍。在非公有制企业工会筹备过程中，有的地方工会还要经过资方同意、得到资方配合，存在由资方确定工会主席的现象；工会组建后，又会遇到工会资金来源受限、工会运作受资方控制、工会不敢也不能维护职工权利的困难，造成某些工会形同虚设，被称为"御用工会"、"豆腐工会"；某些工会主席被称为"缩头乌龟"，不被劳动者认可。② 长期从事劳资冲突法律事务的广东劳维律师事务所段毅律师在谈及工会存在的问题时说："有的工会，工会主席就是厂长，工会干事就是人力资源部的负责人。"他还举例说，江苏某原国有特大集团公司被民营企业取得控股权后，其二级单位（平均每个二级单位有千余职工）党委失去正式编制，公司党委便通过"党管工会"的原则，让二级单位的党委书记纷纷兼任工会主席，原来的主席们让位，由此实现了"党工一体化"结构。段毅认为，我们并不反对党建带工建，工建促党建，甚至认为在非公企业中"党工一体化"是基层党建和工建中不可多得的好模式。但另一个不容忽视的问题，是上述方式不仅侵害了工会的权益，而

---

① ［法］托克维尔：《论美国的民主》（上卷），董果良译，商务印书馆1991年版，第216页。

② 冯钢教授曾在两个企业进行访查，并总结了他所看到的情况："在工人印象中，工会还没有上升到'我们自己的组织'的程度，通过工会和老板去对话，他们工人也没有这个意识，在采访工人对自己企业的工会的看法时，工人回答'我们现在的工会领导就是办公室主任兼职的'，如果办公室主任代表工人跟老板谈判，那这个办公室主任还想干下去？（众人大笑）"在谈及既然工会不能代表工人利益与老板对话，那么工会都做些什么呢？回答是"工会呀，就是组织些活动呗，搞一些晚会、文体活动呀什么的，这么多人，总是要组织些活动的吧，再有就是帮助困难员工，如果老总知道一些员工困难，会带着工会去……"参见冯钢《企业工会的"制度性弱势"及其形成背景》，《社会》2006年第3期。

且是对职工权益的公开侵犯。①

为了把这一现象探讨得更加明晰,有必要深入解构一下工会主席的工资薪酬。先以国有企业改制情况为例。许多地方的国有企业在改制过程中,作为原体制的顺延,让工会主席享受"党政副职"待遇,其持股比例和年薪比例与经营者相当。由此就带来了一个问题,即企业年薪中效益年薪是从经营利润中提取的,这就意味着工会主席的工资与工人的工资形成了一种近似"零和"关系,就此而言,作为理性人的工会主席会不会真心地代表工人的利益是要打问号的。从制度层面细究,这种做法我国现有的法律规定是不支持的,这也不符合法律对工会主席的资格要求。代表性问题在工会组建过程中没有得到切实解决之前,工人在集体行动过程中就不会寄希望于"被代表"情况下产生的工会,这是一个更具现实性的对制度和体制安排的严峻挑战。此外,工会经费保障、运作管理等问题也制约着工会的独立性,在使工会不能挺直腰杆为工人争取利益的同时,也使工人不能不产生"工会到底代表谁的利益"的疑惑;对资方的依附性和顺从性是工会最大的"制度性弱势",它使劳动者通过工会"组织性优势"改变资强劳弱格局的力量大打折扣。②

在"以国家成长为主"和世界竞争体制下"资本优先逻辑"下,工会组织还极易沦落为服务于国家利益和社会稳定的工具。③比如,在2010年的广东南海本田罢工事件中,工会不愿履行本应承担的集体谈判的义务,不但不作为,更出现了本公司的上级工会狮山镇总工会的工会人员与工人冲突"不该出手乱出手"的情形,凸显了丧失代表性的工会在集体谈判中的尴尬地位。有学者一针见血地指出,中国集体谈判流于形式的内在原因,最主要一点,即是工会参与这一谈判并不是向劳动者负责,而是向其上级

---

① 徐东兴:《"人权入宪"与基层工会主席直选的思考》,《江苏省高层论坛》2005年第7期。
② 胡磊:《在构建中国式集体协制度中发展和谐和劳动关系》,《现代经济探讨》2012年第8期。
③ 张允美:《理顺与冲突:中国工会和党—国家的关系》,2010年9月23日(http://www.usc.cuhk.edu.hk/PaperCollection/Details.aspx? id=7665)。

负责。① 工会结构功能残缺所产生的影响，当然不会只停留在工会层面；这种工会职能异化的结果，就是工会组织集体行动的能力的近乎丧失。剥夺工人组建代表自己的工会实施集体行动的这一手段，就剥夺了工人经济斗争的最有力工具，劳动关系失去了制衡因素，就不可能平衡发展，就会造成劳动关系的紧张和混乱。②

企业工会的建立不能只追求数量和形式，只有建立起真正能代表工人利益的工会组织，才有可能使集体谈判权得到保障。要使这些问题得到一定的解决，就应该推进工会的直接选举、主席专职化、实行任期制、建立工会主席权益保障基金等改革，使工会的作用得到有效发挥。

（四）工会谈判主体资格的认定

在工会多元化的国家，只有具有代表性的工会才具备与资方进行集体谈判的资格，代表性不足的工会则被排除在外。认定一个工会是否具有代表性有一定的复杂性，在企业一级、产业一级和国家一级都是这样，其中对企业工会代表性的认定更为困难，为此就需要预设一些前提条件，如工会和会员的数量标准，工会的影响力、独立性和地域范围方面的标准。无论企业有多少工会，都只能由一个工会作为谈判代表机构，或者由各工会共同组成一个谈判代表机构参加谈判。

确定工会组织作为集体谈判代表是集体谈判制度的基础，也是集体谈判法律的重点内容，更是集体谈判有效开展的核心保证。由于我国实行的是工会组织的"一元化"管理，就使得谈判主体资格问题从体制层面看似乎不存在了，只有经过行政工会批准的企业工会才具有集体谈判的主体资格。

四 专业性缺乏导致的组织弃权

在组织工人开展集体谈判时，工会也面临着专业能力的考验。

---

① 程延园：《集体谈判制度在我国面临的问题及其解决》，《中国人民大学学报》2004年第2期。
② 郑爱青：《试述法国对罢工的法律调整及关于我国罢工立法的思考》，2014年4月1日，洪范网（http://www.honfan.org.cn/file/2010/06/251278242605.pdf）。

在集体谈判中对工会专业能力的要求主要体现在以下两个方面：一是工会如何将工人有序地组织起来、有效地团结起来。如何整合意见、消除分歧是工会在领导集体谈判时必然解决的问题。要把工人提出的零散的利益诉求收集上来并加以整理归纳，说服工人能够承认和接受符合大多数人利益的谈判要求，特别是能让没有满足自己所提要求的那部分工人也能认同谈判的内容，从而形成一致性的集体力量。二是工会领导人的素质、能力和专业水准等是否胜任在集体谈判中承担起领导责任的要求，其中特别是应当具备动员组织、协调平衡、谈判能力等方面的素质，具有充分运用法律以最大限度保障劳动者权益的能力。一般而言，工会需要的是对企业没有经济依附关系，在企业专门从事工会工作且具备一定工会工作技能的工会工作者，[①] 否则，就难以保证集体谈判权的有效行使。

通过分析广东南海本田罢工事件，就可了解到谈判技能对顺利完成集体谈判的重要性。从南海本田《针对117条员工诉求的公司回复》中，我们可以发现员工诉求充斥着混乱和自相矛盾，其中一些诉求已经大大超出了企业的法定义务，甚至有违现行法律的规定，而且没有充分的理由来支持诉求的合理性。比如员工诉求中的第1条是"希望过年放假延长至半个月"，而在第20条又有"降低工作负荷，增加周末加班"，这些诉求的提出是无条理、无逻辑的异想天开。再比如工人坚持一定要加薪800元，但谈判本身是一个讨价还价的过程；工人在罢工时还提出让资方"重整工会"的口号，却不知重组工会本就是工人自己的事情，没有必要经过资方同意，工人显得不够成熟、不够理性。由此可见，工会行使罢工权的专业水平和专业能力是极其重要的。我国工会需要很好地借鉴西方国家集体谈判中的有益经验，学习他们的工会谈判代表对谈判内容专业化的把握、谈判方式的运用，以及"讨价还价"的技巧和合同签订的策略等方面的技能。

---

① 张艳华、沈琴琴：《制度经济学视角下的工会干部职业化》，《中国劳动关系学院学报》2008年第5期。

如前所述，工会要切实履行维护劳动者合法权益的职责，就必须具有维护劳动者权益的能力，否则其合法性就要受到相应地质疑，其现实存在就会被冲击，甚至会受到否定和排斥。在当前劳动关系的紧张格局下，企业工会应依据《工会法》等法律法规，切实增强其代表性，提升其独立性；但在集体谈判的代表性问题未得到妥善解决前，要真正提升企业工会在集体谈判中的专业能力也是有难度的，也就是说二者之间是有相关性的。

根据劳资关系和工会建设中遇到的这些新情况、新要求，深圳市总工会探索实行了基层工会干部职业化的培养路径，即按照"社会化招聘、契约化管理、职业化运作"的思路，力求建立一支符合专业要求又有活力的社会化工会副主席、工会组织员、专业社工组织的社会化工会干部队伍，以适应工会组建工作和维护职工合法权益的任务。这种探索使企业工会的组织方式更富有弹性，在一定程度上弥补了体制僵化存在的先天不足。

第三节　义务主体的侵权责任

作为集体谈判权义务主体的雇主和雇主组织，他们所持的态度和采取的行为对集体谈判的影响同样是巨大的。劳动者维权是因为侵权的存在，再就是在劳动关系中雇主普遍所持的强力逻辑、单赢逻辑下"不可商量"所导致的情绪性冲突，在这种情况下如果缺少缓冲和调解机制，一旦冲突爆发就会使矛盾迅速升级，因此，要妥善解决雇主和雇主组织的侵权问题就得确立一定的法律制度进行规范和制约，使雇主理性地接受和参与到集体谈判之中。就集体谈判而言，义务主体的侵权主要表现为雇主和雇主组织未尽接受谈判的义务和未尽诚实谈判的义务两个方面。

一　接受谈判是雇主应当的义务

作为集体谈判的义务主体，履行接受谈判义务具有天然的合理性。然而，劳资双方的利益冲突，使作为投资者的雇主通常并不会自觉自愿地与劳动者平等地就工资和福利待遇、劳动环境和工作条件，特别是企业的经营管理事务等与被雇佣、被管理者展开平起平坐的谈判。因此，要使雇主和企业管理者认识到接受集体谈判是应当的义务，就必须既要使其意识到不与权利主体进行理智沟通、理性谈判可能带来的损失，更要使其意识到还有法律的强制力要求他们必须这么做。也就是说，要让雇主接受集体谈判，就如同"赶着鸭子上架"，需要软硬两个手段。

（一）对未尽承认谈判义务的界定

所谓承认集体谈判的义务，又叫"应诺义务"，即雇主或雇主组织在无正当理由的情况下不得拒绝谈判。在美国集体谈判的相关法律规定中，就明确了雇主有必须承认谈判的义务。比如，在《劳资关系法》第8（d）条中规定，进行集体谈判是雇员代表与雇主都要履行的义务，双方应该在任何一方提出要约时在适当的时间就工时、工资和有关的雇佣条款，或者针对一项协议，或者是对协议中的任何一项问题进行善意的谈判，但这项义务并不强迫任何一方必须同意某一建议或者作出任何让步。这一规定的核心，是要针对"工时、工资和与雇佣相关的条件和条款"这些命令性主题进行善意谈判，要求各方提出自己的建议，表达自己的理由和意愿，并且听取对方的理由和意愿，把对方带到谈判桌旁进行谈判。该法要求对方在"合理的时间进行会谈"，就是对拒绝谈判或拖延谈判现象的制止，特别是在大多数情况下，雇主并不是直接拒绝工会进行谈判的要求，而是采用拖延的办法，延长谈判的时间。[1] 于是，《劳资关系法》第9（a）条还规定，就工资、工时和其他有关雇佣条件的条款召开会议进行谈判，同时警告，任何一方都不需要必须同意某一提议或者作出妥协。这就是雇主和工会必须承认谈判的强制性要求。如果该谈判是善意的，任何一方都可以通过罢工或者闭厂来坚持自己的立场，但是都不可以依靠自己的经济力量不进行关于

---

[1] Robert A. Gorman, *Basic Text on Labor Law: Unionization and Colective Bargaining*, West Publishing Co., 1976, p. 399.

"工资、工时和其他有关雇佣条件条款"的善意谈判。①

我国法律法规对与集体谈判权相关的"应诺义务"虽没有明确的表述,但有赋权性的相关规定。《劳动法》第33条规定,企业职工一方与企业可以就劳动报酬、工作时间、休息休假、劳动安全卫生、保险福利等事项,签订集体合同。《劳动合同法》第51条也规定,企业职工一方与用人单位通过平等协商,可以就劳动报酬、工作时间、休息休假、劳动安全卫生、保险福利等事项订立集体合同。《集体合同规定》第4条规定,用人单位与本单位职工签订集体合同或专项集体合同,以及确定相关事宜,应当采取集体协商的方式。

关于集体谈判权的行使主体,《工会法》第6条规定,工会通过平等协商和集体合同制度,协调劳动关系,维护企业职工劳动权益。《劳动合同法》第6条规定,工会应当帮助、指导劳动者与用人单位依法订立和履行劳动合同,并与用人单位建立集体协商机制,维护劳动者的合法权益。第51条又规定,集体合同由工会代表企业职工一方与用人单位订立;尚未建立工会的用人单位,由上级工会指导劳动者推举的代表与用人单位订立。此外,《劳动法》第8条还规定,劳动者依照法律规定,通过职工大会、职工代表大会或者其他形式,参与民主管理或者就保护劳动者合法权益与用人单位进行平等协商。第33条又规定,集体合同由工会代表职工与企业签订;没有建立工会的企业,由职工推举的代表与企业签订。《集体合同规定》在第32条也做了相应的规定,即集体协商任何一方均可就签订集体合同或专项集体合同以及相关事宜,以书面形式向对方提出进行集体协商的要求。一方提出进行集体协商要求的,另一方应当在收到集体协商要求之日起20日内以书面形式给予回应,无正当理由不得拒绝进行集体协商。但在第56条又规定,用人单位无正当理由拒绝工会或职工代表提出的集体协商要求的,按照《工会法》及有关法律、法规的规定处理。再查找《工会法》,

---

① Robert A. Gorman, *Basic Text on Labor Law: Unionization and Colective Bargaining*, West Publishing Co., 1976, p. 496.

也只在第53条规定，无正当理由拒绝进行平等协商的情形，由县级以上人民政府责令改正，依法处理。《工会法》在第20条同时明确规定，工会代表职工与企业以及实行企业化管理的事业单位进行平等协商，签订集体合同。集体合同草案应当提交职工代表大会或者全体职工讨论通过。

（二）雇主不尽承认谈判义务的现象

通过对上述规定了雇主在集体谈判中应尽义务法条的梳理，我们只能说，这些规定在立法态度上是明确的，但也存在着缺陷，主要体现为在力度上是含糊的，在具体操作上不是很清晰。例如，大量运用的"可以"一词，是可以谈还是也可以不谈，指向不够明确；如何界定"无正当理由"，又何为"正当理由"，没有相应的界定；对于雇主不尽谈判义务怎样要求依法改正，如何进行处理，具体可采取什么措施等，都不是十分清晰具体。正因为制度的刚性约束不足，在通常以劳动者提出诉求的集体谈判权的行使过程中，资方拒绝或回避集体谈判的现象屡有发生且屡禁不止，因为对不尽应诺义务的惩罚就是得罪员工，最多是得罪政府，并不必担心承担相应的法律责任。这种情形带来的另一个直接后果，就是很多群体闹事及先以罢工显示力量的群体性事件，都是因为雇主或雇主组织不尽承认谈判的义务造成的。

法贵在行。法律规定的不完善，为制度的施行留下了极大的缺口，在集体谈判中造成的是劳动者与雇主在发生冲突时所采取的不同策略。为了进一步论述在集体谈判权的行使中，雇主未尽承认谈判义务所造成的不良后果，下面我们集中分析一下比亚迪、冠星表链厂、盐田国际集装码头有限公司等企业发生的群体性冲突中集体谈判的典型案例，从中归纳一些具有普遍性的规律，以期对这个问题有更深入的认识。

2011年9月16日，比亚迪公司员工把对公司裁员等事宜意见的《情况说明》递交给了坪山新区总工会，在总工会没有立即明确表态的情况下，便派出代表去劳维律师事务所委托其出面协调。因涉及员工众多，劳维律师事务所先给比亚迪汽车销售有限公司发去了律师函，建议公司接受员工开展集体谈判的建议，希望通过集体谈判化解这次"裁员风波";9月21日,员工给比亚迪汽车销售有限公司总经理送去一封《致比亚迪汽车销售有限公司总经理的公开信——关于就比亚迪汽车销售有限公司裁员一项的相关建议》,要求对"调整优化"给出书面解释,"要求公司方尊重员工的合法权利。我们呼吁比亚迪的全体员工关注我们这批可能被裁员工的命运。同时,我们也请求比亚迪公司的工会组织和地方总工会组织依法履行维护工人权利的职能。"但公司没有给出任何回应,并在9月22日晚,向所有在深圳的签字维权员工发出《关于汽车销售公司开展2011年第一期业务精英训练营的通知》,要求他们23日一早参加培训,竞争上岗。对此,员工们非常愤慨,公司保安还与员工们发生了肢体冲突,有数名员工被打伤,有的被当即送去了医院,报警后警察也出现在了现场。当晚,资方通过媒体辟谣,宣称没有"裁员",更没有"打人",是员工在蓄意闹事。"十·一"国庆长假后,比亚迪人事部门包括维权员工的直接领导,频频打电话或者发短信通知员工回去上班,并提出了原岗原薪的条件。有人接到通知说照发10月工资;有人被通知,如果不上班就办理离职手续。维权员工们一时乱了方寸,不知所措。[①]

在冠星表链厂的事件中,资方同样选择了在问题没有得到解决的情况下,通过媒体向社会宣称事件已经妥善处理、工人们全面复工的消息。然而,工人迅速利用互联网发表公开信,表明问题根本没有解决,揭露事件的真相就是资方连谈判的意愿都没有,使资方承受了很大的社会舆论压力。由于更多工人的情绪不断被激发,工人们选择了怠工的斗争方式,企业劳动生产率不足平时的30%。这时,资方认识到如果再不与工人谈判,工厂就开不成了,才转而接受集体谈判。

2007年4月7日凌晨,深圳盐田国际集装码头有限公司的280多名"塔吊"和"龙吊"司机因对工时、工资及企业没有成立工会等问题不满进行罢工,造成全球最大的集装箱码头营运停顿,影响

[①] 中国集体谈判论坛:《比亚迪员工就公司单方决定裁员一项所进行的集体维权过程》,《集体谈判研究》2011年第10期。

班轮 14 艘，后经市委市政府的强力介入，罢工在 4 月 8 日结束，企业恢复正常运营。造成这一事件的导火索，是在此之前员工听闻西部港区（蛇口码头）员工将加薪，因此他们也要求提高工资并且提出与企业进行集体谈判的诉求，"资方对职工有关劳动待遇的要求一直未予以重视和尊重，甚至以粗暴的方式对待员工。"① 这种不回应，实则是一种侵权。

（三）不尽接受谈判义务的行为分析

从上述典型事例中可以看出，劳动者要想发动集体谈判是十分困难的，即便劳动者及劳动者代表以书面形式发出正式的谈判邀约，仍很难得到资方的回应，有的还会遭到资方的欺骗、拒绝和打压。为什么一定要在工人罢工、怠工等"闹事了"的情况下，企业才不得不坐下来谈呢？广东劳维律师事务所律师段毅对记者的回答是：有些人说现在工人的行动从个体到集体都显现出行使暴力的倾向，是对此缺乏客观观察的说法。现实中的暴力从来不是由工人首先行使的，相反从来都是资方通过各种形式向工人首先施以暴力，比如动用保安、克扣工资、开除工人等。也有一种说法，现在工人事先没有诉求，动不动就罢工，实际上这种结论也是不符合事实的，不信可以到任何一个工厂去观察，哪有工人什么都没有做，就突然罢工的？冠星表链厂的事例就是由于老板在长达一年多的时间里完全漠视工人的集体诉求，根本不予回应，才迫使工人罢工，如果老板和工人商谈，冲突是可以消解的，但诉求遭遇冷漠，最后，使之成为集体行动的加速剂。②

其实，雇主和雇主组织一味地回避集体谈判的义务是不明智的，谈判未必就会使企业的利益受损，拒绝谈判，堵塞了劳动者合法合理表达诉求的通道反而会带来更大的问题；事实证明，成功的集体谈判更会及时化解劳资矛盾，促成劳资和谐，增加企业劳动生产率。就在冠星表链厂工人与资方进行集体谈判后的第十天，企业

---

① 《解读盐田港区吊车司机罢工事件》，2014 年 4 月 1 日，锦程物流网（http://info.jctrans.com/zxzx/xwkb/tpkb/200751446580.shtml）。

② 王江松：《从冠星厂事件看工资集体谈判——段毅律师专访》，《中国工会》2012 年第 5 期。

老板在当地四星级酒店设宴100桌,以每桌1000元的标准宴请1000余名工人。根据追踪观察,工人在得到加班补偿并受到适当尊重的背景下,劳动生产率不是下降反而提升了,从而为企业带来了更大的效益,其提升程度足以使资方满意并感谢工人,为此还主动提出要组建企业的劳资关系委员会。

在一个企业中,每一名劳动者可能都有着不完全相同的利益诉求,特别是规模较大、用工人数较多、劳动者构成复杂的大企业,作为企业的管理者,不可能有精力、有能力应对每个劳动者的诉求,集体谈判恰恰为资方提供了整合这些利益诉求的契机和平台。企业只需面对和处理最紧迫、最基本的诉求,能够大大提高劳资双方的沟通效率,降低了沟通成本,使大多数劳动者得到心理满足而更好地投入到工作中,提高企业竞争力。同时,承认集体谈判还会使劳动者增强主人翁意识,增强对企业的认同感,劳动者话事权的确认和平等感的提升,有利于提高企业的凝聚力。如果能形成这样一种劳动关系格局,即便在企业遇到经营困难、效益不好的时候,资方也可以主动提出集体谈判,包括提出暂时降低劳动者的工资、福利等的诉求;只要劳动者对集体谈判这一沟通模式建立了信任,相信一旦企业效益提升还会恢复或增加工资水平,自然会愿意与企业共同努力渡过难关,显然这对企业的长期发展是有利的。

劳资矛盾和劳资冲突的存在是必然的,所不同的是对待它的态度和方法,是选择暴力解决还是非暴力解决,是选择充分沟通的有序解决还是选择不予协商的无序解决,是选择集体谈判的低成本解决还是矛盾升级对抗的高成本解决,这不仅影响企业的经济效益,还会对社会稳定构成重要影响。为此,资方是否尽承认谈判的义务,需要雇主及雇主组织转变心态,而推动他们实现态度和行为切实发生转变的,还有赖于可行且必须执行的法律制度。

二 诚实谈判是雇主应尽的义务

集体谈判的成功有赖于谈判双方对诚信原则的切实遵守,对诚信的法律要求是一方面,更重要的是集体谈判的权利和义务主体能够作出自觉自愿的努力。在集体谈判相关劳工标准中国际劳工组织对此虽没有作出直接规定，但通过对会员国实施公约的情况进行监督检查，发表评论意见等方式表明了自己的看法。遵守诚信原则意味着谈判双方尽一切努力达成协议，包括承认工会组织的代表性，以真诚和建设性的态度开展协商，避免无正当理由拖延谈判进程，以及尊重对方在集体协议中各自的权利和义务，认真履行谈判成果。

（一）对未尽诚实谈判义务的认定

所谓诚实谈判，简单讲就是集体谈判中的信息披露制度。为保证谈判的公平和有效，集体谈判双方有义务向对方提供必要的资料，这对于消除工会方面因掌握和获取的企业信息不足而所处的不利谈判地位尤其重要。各国的集体谈判法律对此都有明确规定，基本原则是雇主要向工会提供所需信息，但是以谈判的需求为准，对涉及商业秘密的资料则应当保密等。在美国《劳资关系法》中规定，如果雇主所有的信息与工会所要进行谈判的内容有关，在正常情况下应当应要求披露该信息。瑞典《就业（工作场所共决）法》在这方面的要求比较具体，摘录如下作为参照：第18条（获取信息的权利）规定，在谈判过程中，引用任何书面材料的一方应当与之签订信息协议的要求下向其提供这些材料。第19条规定，雇主有义务向与之签订集体协议的工会定期提供关于企业生产和财务状况及人力资源政策方面的资料。雇主还应以维护工会成员的利益为目标，保证雇员组织能查阅与本企业有关的资料、账目和其他文件。只要不造成过分负担，雇主应当在雇员组织的要求下向其提供相关资料的文本，并帮助其对资料进行审查。第21条规定，提供资料的一方有权就资料的保密问题与对方协商。如果达不成一致，任何一方可在协商结束10日内就保密义务相关问题向法院提起诉讼。法院应当就在何种程度上遵守保密方义务，以便不对起诉一方或任何其他人造成实质性危害作出裁决。

我国第一部规定集体谈判信息披露的法律条文是2008年颁布的《深圳特区和谐劳动关系促进条例》，该地方性法规第27条规定，用人单位应当为集体协商提供必要的条件和所需的信息资料，参加集体协商的工会或者职工代表应当保守在协商过程中知悉的用人单位商业秘密。此条款所称的"必要条件"是指安排集体协商的场所、不占用参加集体协商劳动者的休息时间、保障参加集体协商劳动者的工资待遇不受影响等，所称的"信息资料"包括工资总额、经营费用、财务状况、技术改造和设备更新计划、社会保险费用缴纳情况、职业培训基金使用情况等。参加集体协商的工会或者职工代表未按照本条款规定保守商业秘密的，参照违反保密协议处理。综观当前集体谈判中雇主履行应尽的诚实谈判义务的情况，即便是走在全国集体谈判改革前沿的深圳，在集体谈判中达到信息的充分披露仍是很难做到的，其中的原因，不仅仅是与劳方的弱势地位有关。

（二）雇主未尽诚实谈判义务的原因

2010年6月，深圳富士康在很短时间实施了连续加薪，涨薪幅度达到30%—60%，这是在富士康发生13名工人陆续跳楼之后作出的。富士康公司采取的加薪举措，是在社会舆论的压力和政府的强势介入下实行的，十几万受益的被加薪工人并没有参与商讨。这也就是说，无论是通过政府施压迫使企业提高工人的工资水平还是资方的主动加薪，劳方都没有作为平等主体参与其中，只是被动地接受。正如在一篇新闻报道中富士康的一位高管透露的：虽然在集体合同中，对员工的工资、工时、福利、休假等核心问题都做了明确规定，今后员工的工资不再由企业单方说了算，要经由集体谈判，双方达成合意才能确定，但在此次连续加薪的举动中，基本都是郭台铭独自完成的动作。[①] 在这个过程中，既没有对企业经营情况信息的披露，也没有工会或劳动者代表的相关参与，只有资方单方面的心中有数，来确定工资增长的幅度和力度，显然并不能达到应有的企业管理收效和理想的社会效果。

再举前面提及的深圳盐田国际罢工事件。该公司从1994年至2007年，企业利润增幅达到近500倍，但员工的工资在十几年中却基本未增长过，甚至还有被减薪的情形发生，员工要求加薪，企业

---

① 《工资集体协商须过"两道坎"》，2014年4月1日，腾讯网（http://www.21cbh.com/HTML/2010-7-22/2OMDAwMDE4ODA2OQ_2.html）。

不予回应更不承认利润颇丰的事实,从而引发了工人大规模的罢工。最后,在市委市政府及市总工会的介入下,企业同意给员工工资增长3%,给"塔吊"、"龙吊"这样高空作业的一线司机增加500元/月的津贴。从大量的现实事例中我们不难发现,在以工资谈判为主要内容的集体谈判中,当劳动者提出涨工资的诉求时,大多企业雇主都会以"公司效益不好"、"年年都在亏损"等理由加以拒绝,而这种缺乏说服力的"莫须有"拒绝无论真假都因没有一定的信息披露使员工难以信服,从而造成更多的猜忌和更深的矛盾,不但影响员工的积极性也为日后的群体性事件埋下了隐患。集体谈判的一大原则就是诚信原则,必须建立硬性的资方信息披露制度,也就是说企业赚了多少钱、劳动力成本是多少,必须清清楚楚地告诉工人,否则这种谈判就是非诚信的,甚至是虚幻的。①

遵循诚信原则对集体谈判的成功至关重要,谈判双方以诚信的态度参与谈判过程是集体谈判制度有效发挥作用的重要保障。诚信原则包括尊重对方谈判代表的权益,为达成协议尽最大努力,开展有诚意的建设性的对话协商,避免不合理的任意拖延,认真遵守和实施已经达成的各种协议等。为了保证雇主必须以诚信的态度与工会进行谈判,美国《劳资关系法》就"谈判义务"作出规定,谈判是雇主与雇员的代表带有各自愿望,以诚信的态度在一定的时间就工资、工时、工作条件或者其他事项履行双方义务的行为;或对协议和与其相关的问题进行谈判;或对书面合同执行的协商过程。新西兰《就业关系法》第32条(集体谈判的诚信要求)规定:"诚信是指工会和雇主在谈判过程中至少应做到以下各点:(a)在谈判开始之后,工会和雇主组织要立即尽一切努力作出安排,制定有效率的谈判程序。(b)双方应就谈判事项随时进行沟通。(c)双方应认真考虑对方的建议并及时作出回应。(d)在谈判就某一事项停顿或陷入僵局的情况下,双方应继续就其他事项进行谈判[包括按以上(b)(c)款的规定行事]。(e)双方必须:(i)承认对方指定

---

① 《工资集体协商须过"两道坎"》,2014年4月1日,腾讯网(http://finance.qq.com/a/20100722/003283.htm)。

的谈判代表或助手的作用和权限；(ⅱ) 除非对方另有同意，不直接或间接与谈判代表或助手所代表的人员就就业条款和条件进行谈判；(ⅲ) 不破坏或试图破坏谈判过程或对方的谈判权限。(f) 双方必须要求并按照第34条的规定，向对方提供就谈判目的而言支持或证实谈判要价，或对谈判要价作出回应属合理必要的信息。"

企业在集体谈判中未尽履行诚实谈判的义务，不愿意披露应予提供的信息，主要有以下两个方面的原因：一方面没有明确、强制性的法律规范进行约束，[①] 没有强制性要求又没有现实性的好处，自然就不会主动公开企业信息，在这一点上，企业如此，政府如此，任何一个社会组织皆是如此。制度上的缺陷必然会导致权利关系中的强势一方对弱势一方的要求有恃无恐，资本傲慢的本质，更会让企业管理者认为劳方没有掌握这些信息的资格。另一方面是企业基于对商业秘密的自我保护，这个顾虑对企业来讲也不是没有道理。处在市场中的企业也存在着竞争压力和生存压力，如果竞争对手掌握了自己的客户信息、利润水平、核心技术及产品定价等关键信息，那对企业本身来讲可能就蕴含巨大的经营风险。现行的法律并没有明确的条款保护企业信息的安全，员工恶意的泄露或是因劳动者的流动导致信息偶然性流失都是极有可能的，防患于未然，也算是企业理性的选择。但如果企业有披露与工人基本诉求相关信息的诚意，限定获取信息的劳方人员的范围和数量，并进行合理的信息披露，则有助于提高谈判效率、培育谈判信任，用较小的成本解决集体谈判运行中的技术性问题；从长远看，这种举措对企业的经营管理又何尝不是一件益事？

（三）谈判中的协商技巧必不可少

谈判是讨价还价，不是强买强卖。在集体谈判中协商是一种态

[①] 正如长期关注劳工权益的广东劳维律师事务所首席合伙人段毅所言：从目前自己所接手的劳资纠纷案件来看，职工更多的诉求正在向集体方面转移，这使得集体谈判具备了前提条件。但是，中国目前企业相关信息披露制度根本不存在，企业谈判机制更接近于无，这使得集体谈判难以在公平、公正的基础上进行。参见《人保部官员：集体谈判推进受阻五大软肋》，2014年4月1日，网易网（http://money.163.com/10/0712/01/6BBTCDGU00253B0H.html）。

度，也是一种技巧，更是一种智慧，它鼓励劳资双方在实现共同利益目标上的自主参与、沟通谈判、博弈妥协、协同联合。在市场经济日渐成熟、民主法制意识逐渐增强的社会背景下，涉及集体谈判的任何一方无论手中握有多大的资本、多强的权力甚至是暴力手段，如果仍抱着以强权压服、单向要求以及零和博弈的思维和方式来解决经济纠纷、劳资冲突都是极不理智和非理性的，也是不可能再行得通的。这一点已被两三百年的国际工人运动史所重复证明的，越是有钱有势就越不能迷信于此。由于协商可能是涉及多方博弈的动态过程，因此集体谈判成败在很大程度上还受制于整体社会环境、经济形势的变化，受到劳资双方彼此心理预期、可动员力量的影响，并最终体现为参与谈判者的组织沟通能力和谈判技巧运用等。

从理论上讲，集体谈判的结果既应有利于企业的发展，又能基本满足劳动者的合法合理要求，既要让鸡生蛋，还不能把下的蛋都分了吃。但是，在"强人所难"与"勿施于人"、在"合理要求"与"现实可能"之间，找到这样一个集体谈判的平衡点并非容易。为了争取集体谈判的成功，避免损害劳资合作的基础，防止在"内斗"中造成两败俱伤的局面，劳资双方都必须保持克制和理性，可以威胁但不宜彻底撕破了脸，破坏了劳动关系的基础，这就需要在严格遵循法律的有关规定的基础上，参与集体谈判的双方能多些协商技巧，必要时可以请专业人员参与，在"斗而不破"中握手言和、签署协议。

第四节　特殊主体权责错置导致的结果[①]

在集体谈判中，政府是作为一个特殊的法律关系主体存在的，通俗地讲就是"有他嫌多，没他不行"。相对于劳动者，政府是促进劳动者权利实现的义务主体，但相对于雇主政府则又是劳动者权

[①] 艾琳：《集体谈判权中特殊主体侵权现象研究》，《江汉论坛》2014年第3期。

利保障的权利主体。作为义务主体，政府在集体谈判权的运行中有着不可推卸的保护劳动者权益不受损害的义务，包括建立较为完善的集体谈判的法律法规；作为权利主体，政府对于雇主侵害劳动者集体谈判权的行为，如拒绝参与集体谈判或不履行诚实谈判义务，应给予劳动者必要的行政救济、司法救济。但是大量现实情况一再告诫我们，由于在自身功能定位和施政目标设置上的原因，导致了政府在集体谈判中存在诸多越位、缺位、错位的情形，不仅不能帮助劳动者顺利地实现集体谈判，甚至还成为了集体谈判权受阻的原因。

一 公权力应有的权利与义务

政府运用国家公权介入劳动关系，是集体谈判权中的特殊主体。广义的国家公权包括立法权、司法权及行政权，集体谈判权的特殊主体通常是指狭义国家公权中的行政权，即通过行政权的干预对劳动关系中的不平等现象进行矫正。公权力介入劳动关系的必要性，在于劳动者作为劳动力的供给者，天然的不平等造成的经济上的依附性，使其无力量与雇主进行平等的对话和公平的协商来保证和维护自己的应有权利，政府以"管理者"和"裁决者"的身份对劳动者进行既必要又必需的倾斜保护，以求在不平等劳资关系中尽可能地促进劳动关系的相对均衡。

政府作为劳动关系中的特别主体，并不代表或者直接融入权利主体或义务主体的任何一方，而是居于劳动者和雇主双方之上，以公权力的身份主持社会公正，维护基于正义的社会利益，对集体谈判活动保持"若即若离"的距离，促进劳资双方的平等协商。这个距离，就是政府职能的范畴边界，就是政府的职能定位。正是对公平、公正和社会正义的追求，成为以保护劳动者为宗旨的劳动法的立法依据，也使政府在调整劳动关系中的作用就是强化一部分人的权利并限制一部分人的权利，追求法律的"实质的平等"。[①] 从这个意义上讲，政府相对于劳动者是促进劳动者应有权利实现的义务主

---

① 常凯：《试析集体合同制度的法律性质》，《中国党政干部论坛》2013年第5期。

体，相对于雇主则是劳动者权利保障的权利主体。

作为义务主体，政府在集体谈判权中有着保护劳动者的义务，具体包括两个方面：一是不作为义务，即政府不干涉劳动者依法集体行使团结权、谈判权和行动权；二是作为义务，即政府必须采取相应的措施，以恰当的方式保障劳动者集体劳权的实现。[①] 作为权利主体，政府则有针对不当劳动行为制度，对于雇主侵害劳动者团结权的行为，给予权利人以行政救济、司法救济，如在工会集体谈判要约遭到拒绝的干预时，通过政府、工会、雇主"三方协调"机制来调整劳动关系。[②]

在笔者看来，"权利必须要行使"，是对权利概念的一种误解，持此误解对集体谈判危害尤甚。在集体谈判中，政府不该做的但却做了，就是"越位"；本该履行的职责但被放弃了，就是"缺位"；在原则性问题上没有立场或者站错了立场，那就是"错位"。虽说权利在任何时候任何情况下都只是一种现实存在，但是否行使、如何行使这项权利则是当事人的意愿，有无这种意愿在很大程度上则取决于权利主体所处的社会环境和社会条件，以及对行使该权利的结果预期。由此，我们可以看出，权利与义务的最大区别之一就是权利是可以被放弃的，无论是主动放弃，还是被动放弃，而义务则是必须履行的，这就是作为集体谈判权中的特殊主体的政府逻辑。如何遵循这一逻辑，考验着的不仅是一个政府的执政能力，还有他们的良心和底线。

二 政绩导向下的政府越位

劳动关系的实质是经济关系，因此集体谈判的本质是劳资博弈，是劳资双方通过谈判确定协商规则、解决劳动争议，并以集体合同的签订和执行作为表现形式的。真正有效的集体谈判要经过反复多次的讨价还价，谈判的过程实际上就是双方增进了解、求同存异、逐步达成共识、解决矛盾和分歧的过程。没有相互交锋的谈判

---

① 常凯：《劳权论——当代中国劳动关系的法律调整研究》，中国劳动社会保障出版社 2004 年版，第 114—116 页。

② 同上书，第 156 页。

过程，就不可能通过谈判达到解决纠纷和冲突的目的。① 我们这样讲，是认为即使最激烈的集体谈判都是"杯中风浪"，作为政府完全可以作壁上观、静待结局，完全用不着忙上忙下地"撮合"，那只会吃力不讨好。任何承担公共利益的组织如果缺少了历史感、缺乏整体观，就有可能会因小失大、因近失远，就会在处理当下貌似棘手的问题中手忙脚乱，尤其是当公权力在手的时候更应自我警惕。

（一）全能政府下的行政强制性推行

在全能政府的管制体制下，我国许多地方的集体谈判制度是一个由政府主导、行政工会发动、企业工会代理、地方党政机构配合的自上而下的立体功能形态和推进模式，它有别于以劳动者的诉求为起点、工会作为代表、政府监督协调的自下而上的单一制度安排和运作模式，因而具有鲜明的"中国特色"。学者克拉克（Clarke）等人的研究认为，集体谈判在中国的引进是一个官僚化的过程，它最早是由较为开放开明的地方党政机构推动的，而不是基层对劳资关系的主动回应，企业经营中的工资和雇佣条件都包含在了当地政府颁布的劳动关系指导框架之中。② 并体现为有计划、有组织的实施推行，这个执行阶段包括制发文件、分派任务、限期达标等。政府部门和工会将研究提出并经上报批准的集体谈判"内容"和"要求"传达到企业，以此作为企业劳资双方讨论协商的主要内容、核心要求和关键参考。如此，在集体谈判的过程中必然少有工人的参与，也较少有真正的谈判过程，集体谈判难免多流于形式。③ 自上而下的立体功能集体谈判使得本应是谈判主角的劳资关系双方不能够真正成为推进集体谈判的主体力量，在行政强制力的支撑下，政府则始终以主动参与、主导实施的姿态占据着舞台中央，既当导演又做演员。

---

① 程延园：《集体谈判制度研究》，中国人民大学出版社2004年版，第102页。
② Simon Clarke, Chang-Hee Lee and Qi Li, "Collective Consultation and Industrial Relations in China", *British Journal of Industrial Relations*, Vol. 42, No. 2, 2004, p. 236.
③ 赵炜：《基于西方文献对集体协商制度几个基本问题的思考》，《经济社会体制比较》2010年第5期。

为了能够更加清晰地分析我国近年来集体谈判工作的基本情况，我们不妨引述下列两份文件。一份文件是 2010 年 8 月印发的人力资源和社会保障部、中华全国总工会、中国企业联合会、中国企业家协会《关于深入推进集体合同制度实施彩虹计划的工作方案》（人社部发〔2010〕32 号），该方案在第 2 条规定，从 2010 年到 2012 年，力争用三年时间基本在各类已建工会的企业实行集体合同制度。其中，2010 年集体合同制度覆盖率达到 60% 以上，2011 年集体合同制度覆盖率达到 80% 以上。对未建工会的小企业，通过签订区域性、行业性集体合同努力提高覆盖比例。另一份文件是 2011 年 1 月印发的中华全国总工会《2011—2013 年深入推进工资集体协商工作规划》（总工发〔2011〕4 号），该规划从总体目标、推进步骤、实施阶段等以工资集体协商工作做了类似的表述：即从 2011 年起，用三年时间分三个阶段推进工资集体协商工作三年规划：2011 年底实现已建工会组织的企业工资集体协商建制率达到 60%，其中世界 500 强在华企业工资集体协商建制率达到 80% 以上；2012 年底实现已建工会组织的企业工资集体协商建制率达到 70%，其中世界 500 强在华企业工资集体协商建制率达到 90% 以上；2013 年底实现已建工会组织的企业工资集体协商建制率达到 80%，其中实现世界 500 强在华企业全部建立工资集体协商制度。在提高工资集体协商制度覆盖面的同时，不断增强工作的实效性。

（二）权力思维下的表面化签约行政

即使你对政府不欢迎，但却无法脱离政府而存在。17 世纪英国哲学家托马斯·霍布斯在《利维坦》中指出人们为了获得和平安全的生活，在理性的启迪下，相互间同意订立一种社会契约，甘愿放弃人的一切自然权利，并把其交给统治者或主权者，权力的相互转让就是人们所谓的契约。政府的主体地位来源于其手中的公共权力和公共资源，于是政府成为了公共服务的提供者、公共政策的制定者、公共事务的管理者、公共权力的行使者、公共意志的实现者，政府在社会治理中扮演着社会化活动的组织者、协调者和裁判者的角色。亚当·斯密在其著名的《国民财富的性质和原因的研究》（即《国富论》）中痛斥资本家通过操纵和贿赂政客来剥削工人，呼吁结束这种官商勾结,让市场这只"看不见的手"发挥作用。可见,亚当·斯密不是抽象地反对政府干预,而是反对那种"同资产阶级勾结起来压迫工人的腐败政府",虽然时下许多人只是掐头去尾,认为亚当·斯密反对的就是站在市场对立面上的政府。亚当·斯密的这一观点同马克思高度一致,因为马克思一再倡导的是我们需要的是廉价的好政府。

诚然,在国家层面通过量化的指标推行集体谈判制度的做法是有积极意义的,毕竟数字的增长是可以部分证明进步的存在,但是仅此是不够的,过度依赖此还会使其走上歧途。如果在推进集体谈判制度的出发点上不能体现对谈判主体地位的尊重,不能还原集体谈判的本质要求;在推进集体谈判的过程中,如果不能加强对谈判过程及手段运用的指导,在这种情况下,地方政府就难免出于政绩的考量,把完成集体合同覆盖率指标当作集体谈判的目的;同时,出于"不多事"以及避免给自己招惹麻烦的心理,还会有意忽略集体谈判的博弈本质,只将其作为一项"政治任务"落实,集体谈判的真正法益很难得到体现。以这种方式完成的集体谈判,实际就会演变为"政府下达任务—工会提出要约—企业配合应约—政府部门检查推进"的要约工作链。[①] 在学者吴清军进行的调查中,H省总工会的一位负责人对这个要约工作链做了十分逼真的表述:如果企业坚持不应约,目前工会在法律上是没有太多办法的。但是,我们工作中办法多得是,只要随便用一个法子就能让他们来谈。你比方说,我们可以进工厂查他们的用工情况,说有职工举报企业用工不合法,实际上也不是真要查,就是起到敲山震虎的作用。去了之后,企业也知道怎么回事,有些企业也不太敢惹事,就说我们马上开展工资集体协商。只要他们答应了,我们就算了。办法多得是,可以借税务工商的办法,去查他们是否偷税漏税,哪家企业经得起查呀,只要你去查,最后都能签集体合同。[②]

---

① 吴清军:《集体协商与国家主导下的劳动关系治理》,《社会学研究》2012年第3期。

② 同上。

事实上，当以逐个企业要约为手段达到指标这种工作方式出现困境时，地方政府还可以采取签订区域性集体合同和行业性集体合同的方法，眉毛胡子一把抓，批量完成集体合同制度覆盖率、集体协商建制率的既定任务。由此可见，在我国的集体谈判的实践中，政府同时身兼运动员、裁判员两个角色，从长远看这是不科学的。

政府要适应要素市场发育和走向成熟的要求，转变政府政绩观，借鉴国际社会在集体谈判方面的有益做法，将原有的为获得投资而迁就雇主的执政观念，扭转为强化企业的社会责任，逐步形成合力的规制与监管系统。① 《集体合同规定》第 56 条规定，用人单位无正当理由拒绝工会或职工代表提出的集体协商要求的，按照《工会法》及有关法律、法规的规定处理。查找《工会法》的相应条文，第 53 条是这样规定的，违反本法规定，有下列情形之一的，由县级以上人民政府责令改正，依法处理：妨碍工会组织职工通过职工代表大会和其他形式依法行使民主权利的；非法撤销、合并工会组织的；妨碍工会参加职工因工伤亡事故以及其他侵犯职工合法权益问题的调查处理的；无正当理由拒绝进行平等协商的。该法条明确地把对集体谈判义务主体侵权的救济责任全归于了政府。毫无疑问，在劳动纠纷的处理中，政府的行政救济确是一种十分直接且可行的介入方式，但不应该成为主要甚至唯一的方式。如果从场域而非结构的角度对此进行分析，甚至又折射出集体谈判的形式化和企业工会的傀儡性的问题。

按照依法行政的要求，政府行为的目的应该是把劳资双方都纳入到一定的法律制度框架之内，尊重劳资双方的主体地位，规范劳资双方的主体行为，以劳资双方契约自治方式和制度化形态来化解和处置随时都存在并可能发生的劳资矛盾，维护企业生产经营的正常开展。然而，对集体合同的指标管理成为了当下集体协商工作的核心，地方政府和工会调用各种资源，使用各种策略和技巧完成国家的考核指标，而不愿将集体谈判作为教育、引导和培训职工主体

---

① 李喜燕：《实质公平视角下劳方利益倾斜性保护之法律思考》，《河北法学》2012 年第 11 期。

觉悟和法治意识的难得机会来组织和动员职工。在不发动职工与企业讨价还价的情况下就能完成扩大集体合同覆盖率的目标，自然是不会劳神费力地去真正推动劳资双方就权利与义务针锋相对的博弈的，但这样做的结果却使得集体谈判演变成了一场"国家和地方围绕指标考核而进行的体制内互动"。① 近年来，各级政府对劳动关系的治理工作越来越重视，但劳资冲突的问题却越加严重，教训之一就在于以集体合同的覆盖率为目标追求的政府，其越位代理的是不触及劳动关系本质的表面化、形式化的集体合同覆盖率。

三 管制导向下的政府缺位

在劳动领域法治化程度较低的背景下，对劳动者权利的保护，普遍存在着劳动执法软约束和选择性执法两个方面的问题，存在着对劳权保护的形式化、表面化的现象。有学者甚至认为，正是"权力与市场的'非法婚姻'，即权力与市场结合到一起，形成了权贵资本主义"，正是地方政府和不法企业之间的利益之网，才是造成两极分化、贫富差距和像劳动者这样的底层民众境况堪忧的根本原因。② 虽然这种观点对政府采取了一概否定的态度，但却提出了地方政府在劳动关系施政中的弊端。

（一）社会供给不足导致的缺位

宏观调控和公共产品供给不足是劳资矛盾产生的一个主要原因，因为公共产品供给与劳动关系运行、劳动者权益实现之间的关联性尤为密切。比如农民工劳动关系的稳定程度普遍偏低，多源于农民工因市民化程度低而流动性强，这又是住房保障、子女教育等与农民工市民化相关的公共产品供给不足造成的。富士康员工连续跳楼自杀事件，从一个侧面反映出的就是农民工市民化公共产品供给不足、企业文化建设和员工管理方面缺少人文关怀的问题，这一点从富士康园区内的社区缺失中即可找到导致员工连续自杀的诱导

---

① 吴清军：《集体协商与国家主导下的劳动关系治理》，《社会学研究》2012年第3期。
② 孙立平：《"权力—利益的结构之网"与农民群体性利益的表达困境》，《社会学研究》2007年第5期。

因素。

富士康的事例非常典型，从中能揭示出许多我们劳动关系存在的问题，我们不妨多介绍一些。作为富士康的员工，最为普遍的感觉是"不尊重人，觉得没有人权"，"工作很辛苦，压力大，除了上上网，没有别的活动，憋屈得慌"，"上班不能讲话，一讲话就要受处罚，把我们当作是机器"，"基层管理人员态度简单粗暴，不容员工有任何异议"，"保安动辄就骂，甚至动手打人"，在企业的厂区、车间甚至生活区，人们也都随处可见企业文化中强调效率、执行力的宣传标语。事实上，富士康作为全球最大的代工企业，成本控制要求极高，形成了一套极为严格的管理制度和管理方式，的确存在管理机制半军事化、管理层级壁垒化，对基层员工的管理手段刚性，在企业文化方向强调效率、竞争和执行的氛围非常深厚，要求下级对上级的绝对服从，管理层与一线员工沟通渠道不畅等状况。这种冷冰冰的、缺乏人文关怀的管理文化及方式，对员工造成的心理压力及至伤害是明显的，客观上也是导致入职不久的员工不堪情感、家庭、疾病等个人原因而自杀的诱因。

富士康"13连跳"事件，引发了人们对"血汗工厂"问题以及在"低工资收入、高劳动强度、无发展希望"境遇下劳动者幻灭与异化问题的持续关注和讨论。富士康在深圳共有40多万员工，在龙华的一个厂区就超过30万人，其规模相当于一个中等城市，但它又不是一个完整结构的社会，它缺失社会最基本的单元——家庭，因而缺乏人与人之间的亲情和关怀，缺乏人生最后的避风港。由于富士康招工的年龄上限是不能超过25岁，这就使得员工中85%以上都是"80后"、"90后"的新生代员工。30多万18—30岁之间的年轻人集中在一个厂区，其管理难度可想而知，同龄人之间因为竞争、攀比心理导致的压力巨大。员工入职时间不久，面对工作、生活方面的困难和压力，对城市生活的憧憬与现实状况的较大落差，在适应社会和处理情感问题方面缺少经验、无所适从而又缺乏有效的教育引导，容易产生消极情绪，就有可能发生因为不堪压力、无助绝望而厌世轻生的现象。[①]

在自成体系、相对封闭的富士康企业园区，社区实质缺失的是将农民工隔离在了城市社区之外，使职工丧失了市民化的前提，无法得到市民化的底线待遇。造成企业社区社会功能残缺的原因，又可追溯为政府向社区供给公共产品、建设社区的责任缺失。[②] 另外，户籍管理制度所制造的身份壁垒，也削弱了劳动者的资源组织能力，不利于取得与资方相称的谈判地位。一个只允许资本"自由"而限制劳动"自由"的社会，一定是一个发育不健全的社会，这种功能不健全社会在现代思潮的冲击下，必然会呈现四处透风的状况。从社会的角度，政府介入劳动关系，要通过一系列的劳动标准立法，维持社会基本的公平与稳定，[③] 起到均衡和制约的作用。政府假设不能够通过立法来保持劳资关系双方力量的对等均衡，不能够通过立法来约束劳资关系双方的行为，避免出现影响社会和经济发展的情形，难道不是地方政府同样最为缺失的吗？

（二）法律不完善下产生的缺失

旨在强化劳动者权益保护的《劳动合同法》在施行过程中障碍诸多，问题不是出在这部法律的立法主旨上，而是出在提供解决问题的方法上。《劳动合同法》对在立法上较为敏感、现实中又较为紧迫的问题采取了主动回避的立法策略，有的暂且不作规定，或者只做原则性表述，带来了集体谈判实践中的大量依据不充分的情形存在。这种"半部法"所造成的法律漏洞，体现为大量模糊、模棱两可以及口号式的条款。一般而言，引发劳资冲突特别是劳动者采取集体行动的普遍原因是工人的实际权利受到损害，这在劳资力量对比悬殊的情况下，政府更有责任通过公权力的介入来实现劳资双方力量的相对平衡。

[①] 王同信：《让劳动者体面劳动，有尊严地生活——从富士康员工连续跳楼事件谈起》，参见汤庭芬主编《深圳劳动关系发展报告（2012）》，社会科学文献出版社2012年版，第120—121页。

[②] 王全兴、谢天长：《我国劳动关系协调机制整体推进论纲》，《法商研究》2012年第3期。

[③] 李琪：《产业关系概论》，中国劳动社会保障出版社2008年版，第130页。

亚当·斯密指出：工人在经济上的维持能力总比不上资本家，因此，工人的联合或工人协会往往更具有暴力性和侵犯性。[①] 这种因能力上的缺失而造成的实际危险，政府是要有所预防、消解和补偿的，如果劳动者的权利长期得不到有效保障，引发涉及范围更广、更为激烈的劳资冲突将不可避免。公正劳权的实现，离不开劳动者的抗争，但争取自身合理权益的斗争必须纳入法治的框架。如果法律不能主动提供公平、公正的制度环境，那么"丛林法则"下的弱肉强食、不择手段就会充斥于劳动关系之中。因此，正视劳动法规现状的不完善、不健全和针对性不强、操作性较差的问题，审视过往劳动立法着眼点上的偏差，是建设良性有序的劳资关系所必需的。这就要求政府尽快充实集体劳权的内容，完善劳权实现的程序性规定，以提升法律法规的社会效果和民众的信任，增强法律的权威性。

在市场经济、法治国家与社会公民共同进步的状况下，不同的社会主体之间是可以也应当形成利益制衡格局的，在相对均衡中使有着不同利益和主张的群体能够共生共存。在自由竞争的市场经济中，资本家与工人之间的矛盾是因为二者的结合而产生的，因此这是客观的必然存在。劳资双方为实现合作剩余最大化的合作互利，需要法律制度进行保障；劳动者为追求自身合理权利的抗争，也必须在法治的框架下进行。没有法律的规范，实现集体劳权的实践就缺乏明确的指引、强有力的依据；法律不完善，不仅会使劳动者的合法权益受到侵害，资方的合理利益也难得到完整地保护。在这种情况下，为追求合作剩余的劳资合作会转换为彼此更为直接的伤害。政府需要根据现实的需要，重视集体谈判制度建设，进一步修改完善既有的涉及劳动关系的法律、法规和规章，特别是《劳动法》《工会法》《劳动合同法》《集体合同法》《劳动监察法》等应该结合实际情况着手进行修改，同时应着手制定《罢工法》《最低工资法》《劳动诉讼法》等，健全劳动者权利保护的法律制度体系。

---

① [英]亚当·斯密：《国民财富的性质和原因的研究》，郭大力、王亚楠译，商务印书馆2005年版，第213页。

（三）低效争议处理造成的缺憾

劳资双方发生纠纷的解决方法，主要是在劳动法和工会法中所做的规定，一般的解决程序是协商—调解—仲裁—诉讼，由最初的当事双方自主协商到最后的公权力介入是劳动争议处理的基本过程。具体讲就是，当劳资双方发生劳动争议后，应先由劳动者与用工单位自主协商解决；如果双方自行协商不成，那么工会和劳动行政管理部门就可以组织调解，促使双方进行妥协以达成一致的意见；如果仍旧协商不成，那么劳资双方可以就争议内容申请劳动仲裁；假如劳动仲裁还无法使双方达成协议，就可以向法院提起诉讼。从这样一个程序设计看，似乎程序制度十分完善，只要在实践中能够落实，劳资双方的争议一般是会得到解决的。然而实际的情况，并不完全这样，其原因同样在于"完善"二字。

就协商来说，由于资方所处的优势地位，即使其与工人发生了劳动争议，也很少会主动地同劳动者协商，更普遍的情况是即使劳动者向企业提出利益诉求，要求与资方协商，用工单位在一般情况下往往会无动于衷、不闻不问，要改变这种状况就需要外力的介入。这时，代表工人利益的工会如果不能保持应有的独立性、自主性，为其代表主体仗义执言，其在劳资双方的纠纷过程中，丧失的不仅是谈判资格、调解能力，还有其现实中的合法性。

劳动仲裁和行政诉讼存在的问题同样也是很突出的：一是门槛条件严、时间成本大、维权成本过高，导致受到侵权伤害的劳动者望而却步。二是仲裁和诉讼的环节多、程序长、司法资源浪费严重，由于劳动仲裁争议委员会和法院在法律适用方面存在着分歧，劳动者一旦将劳动争议诉诸此项机制，通常会像"秋菊打官司"那样，选择"不胜诉不罢休"的态度，任性地只为讨个说法。目前实行的"一调一裁两审"制度，即使在顺畅的情况下要走完全部的程序至少也需要一年以上，仲裁、一审、二审程序给极为紧张的司法资源造成很大的浪费，对劳动者造成的创伤又何止于不该有的浪费。劳动争议不能得到及时解决，直接影响了劳动者合法权益的保护，这往往又会迫使劳动者转而选择其他维权方式。三是经过旷日持久的诉讼、仲裁，即使劳动者打赢了官司，但接着面对的就是执行难的问题,而这一问题又是普遍存在的,诉讼结果未必能够得到支持和落实,劳动者的合法权益依旧未得到保障。没有实质的结果正义,又何谈正义的结果。事实上,劳动监察机构本身也存在诸多问题,制约着劳动者权益的保护,不利于集体谈判权的落实。

据资料显示,截至 2010 年末,全国劳动监察机构共有 3291 个,各级人力资源社会保障部门配备专职保障监察员 2.3 万人,同期全国就业人口总数为 79163 人;到 2012 年末,全国劳动监察机构仍为 3291 个,配备专职劳动监察员 2.5 万人,全国同期就业人口总数 76704。[①] 笔者计算,2010 年,专职监察员与就业人员数量比约为 1∶34418,2012 年数量比约为 1∶30681,虽然比例有所提高,但劳动监察的力量仍十分薄弱,劳动监察的效果可想而知。至于法院在处理劳资纠纷方面的力量则更为薄弱。劳动执法力量不足反映了对劳动者权益保护的重视不足,落实在对劳动者权益保护的难以兑现。[②] 执法者自身缺乏权利受侵害的切肤之痛,检查人员数量配备不足是集体谈判权行使艰难的一个重要原因,更关键的是如果不改变"市场转型期的中国劳动政策变迁的基本取向是服务于企业效率和国家经济发展"[③] 的格局,只要劳动争议处理机制得不到完善,劳动保障监察力量不足,对违法行为查处不力,政府缺位的现象就不可避免。

综上所述,尽管我国现有法律法规对解决劳资冲突做了一些规定,但是在落实过程中却存在很多不足,成为"纸面文章",事实上很难保证劳动者合法权益的实现。在这种情况下,如果赋予劳动者应有的集体谈判权,那么产生劳动争议时,劳动者无须按照"协商—调解—仲裁—诉讼"的程序走完整个过程,用尽上述所有手段;当资方感受到来自劳动者拥有可举行罢工的压力,为了不影响

[①] 人力资源与社会保障部:《2010 年度人力资源和社会保障事业发展统计公报、2010 年度人力资源和社会保障事业发展统计公报》。

[②] 对于没有发生涉及集体谈判的司法裁定这个事实,当然不能仅从法院处理劳资纠纷的法官力量不足来理解。客观经验告诉我们,只要被认为重要,资源总会被安排,无论它是多么的稀缺。

[③] 岳经纶、庄文嘉:《转型中的当代中国劳动监察体制:基于治理视角的一项整体性研究》,《公共行政评论》2009 年第 5 期。

正常的生产，即使在不得已下也会明智地选择坐下来谈的集体谈判。以"不战屈人之兵"的方式解决劳动争议，这样既有利于劳动纠纷内部消化、迅速解决，实现劳动自治，也可以减少对社会生产生活的消极影响，避免公共资源的无谓消耗。

四　利益导向下的政府错位

在集体谈判权行使过程中，有的地方政府采取了包办代替的方式，主导谈判规则、谈判进程和谈判结果，这就完全违背了劳资双方平等谈判的原则，也侵蚀了劳动者和雇主的主体地位；甚至有的地方政府部门将属于集体争议范畴的劳资冲突当作"维稳"事件来处理，对参与集体行动的劳动者动用防暴力量进行威慑，劳动者的保护者粗暴地将自己转换为劳动者权利的践踏者，这就使所掌握的公权力失去了本应有的人民性。这种状况的存在，使本不合理的劳动关系进一步扭曲，是对劳动者应有权利的最大不尊重，是这些基层政府"站错位、干错事"的异化行政。

（一）过度干预易使集体谈判异化

改革开放确立了企业作为独立市场主体的地位，但市场经济中另一重要利益主体劳动者的主体地位并没有得到完全确认，使30多年来有些地方普通劳动者的政治地位、社会状况、生存境地几无多大改观，甚至个别地方还有恶化迹象。只要这种局面不改变，只要政府职能不归位，正确地行使公共权力，成为尊重人权、讲法治、有责任的服务型政府；只要法律制度仍是可随意解释、选择性施行的工具，依法行政脱离了"以人为本"，我国就仍不能称为完整意义上的市场经济，市场在资源配置中的决定性作用就不能真正实现。

对政府行事的活动剖析不是仅仅为了纠正政府的行为，而是因为政府的政策取向、行为方式都会造成一系列的社会影响、公共效果。许多地方政府长期以来以权力管制的模式，运用行政手段调整和管控劳资关系，这种模式因与调整雇主主导的劳资关系现实要求相悖，已经被证明难以有效发挥作用，只是仍没有使有的地方政府醒悟过来。比如，在 GDP 主导的大背景下，许多地方政府实际扮着区域经营主体的角色,政府行为动机的"经济性"和组织行为的"企业化",导致了公权力对资本的高度依赖和过度友善。

为了招商引资牺牲劳动者的权利,为了营商环境无视劳动者的利益,究其实质是地方政府在推进工业化、城镇化的过程中参与了对劳动者的盘剥。也就是说,地方政府一方面出于职责的要求,对集体谈判义务主体的过度侵权行为需要进行一定的干预,提醒雇主不要做得"太过分";另一方面出于招商引资、加快发展的政绩需要,又有意无意地暗许甚至放纵雇主不履行诚实谈判义务的行为,放弃了对不能体现公平、公正的劳资关系进行严格校正的责任。在这种情况下,权力与资本两大最不应该走到一起却又各取所需的强力主体的结合,必然左右劳动政策、干预劳资关系,导致一系列侵犯劳动者权利的合谋现象的发生。在看到失衡的分配制度是诱致我国劳资矛盾的直接性变量的同时,还要认识到既往经济发展模式下"亲资本、疏劳工"理念对集体谈判制度建立和实施的负面作用。因为正是"权力与市场的'非法婚姻',即权力与市场结合到一起,形成了权贵资本主义",才造成了两极分化、贫富差距和劳动者成为弱势群体这样的社会问题。①

行政权在运作过程中,有着本能超越既有权限和约束的倾向,这也是所有权力的共同属性。公民权面对不受束缚和监督的行政权力,瞬间就会变得抽象,时时都处于被支配的弱势地位和被侵犯的可能性之中。不容否认,政府同样存在着强烈的"经济性",只不过追逐利益的过程是以权力方式实现的,对此可以从"逐利性"理论对政府在集体谈判中的角色和行为进行分析。中央政府采取分税制财政管理体制削弱了地方政府的财政能力,为了创收,地方政府公司化的趋势愈演愈烈,政府脱离了规则制定者和仲裁者的神圣角色,相信企业早已取代劳动者成为财富的创造者,在资本和劳动者之间就会毫不犹豫、无所保留地站在资本一边,用行政力量扶植企业发展,以致难以区分以寻租交易为目的的官商勾结和以发展经济

---

① 孙立平:《"权力—利益的结构之网"与农民群体性利益的表达困境》,《社会学研究》2007年第5期。

为目的的政商合作之间到底该如何界定它们的边界。如果说在改革开放后的一段时期内政府集中力量发展经济,劳动者的正当权益无论是劳动者自己还是政府都有意无意地忽略了,以此完成了经济起飞前的社会资本、企业资本的原始积累尚有一定的合理性,也就是说我们承认后发展国家在实施追赶战略时政府同样需要有一个原始积累的过程;但劳动者不能够永远处在被剥夺又被愚弄、被欺压又被赞美的状态,这一点即使是西方市场经济国家也早已着手改变了,我们又怎么能步其后尘。从长远看政府放弃公共责任是极其危险的,更为危险的是明明已危机四伏却仍沉浸在过往的经济成就而不醒悟和自拔。

经济的繁荣要求劳动关系能够创造生产力,但仅仅是经济效益并不能作为劳动关系和谐的唯一标准,而且仅有此标准是极不牢靠、极不稳定的。工作不能只是经济交易,对人的生命和尊严的尊重,劳动者得到平等的待遇也是劳动关系的一个基本标准。[1] 据有关方面的统计,在我们信心满满地进入21世纪时,加班时间较长,加班工资较低或者被取消,以及外资企业中外籍人员与我国职工"同工不同酬"等,成为引发劳资冲突的最常见原因,而且仍然保持着持续上涨的势头。

仍以轰动一时的深圳冠星精密表链厂劳资纠纷为例,上千名工人参与的长达半个月的罢工行动在启动集体谈判后,事态才得以平息。回顾整个事件过程,政府错位的现象无处不在。比如当劳动者提出集体谈判要约时,厂方反对工人诉求的凭据竟是地方"维稳小组"的通告,表明当地政府对厂方的做法是不持异议的,厂方律师的声明中说他们与中级人民法院劳动庭的负责人讨论过关于超时加班不给工资的问题,法院也不认为企业的行为违法。可见,在现实中政府有着解释法律的权力,甚至当地政府的表态就是法律,而对法律规定的恣意解读,使劳资双方本可通过集体谈判解决的矛盾陷入了僵局。当工人采取罢工手段时,政府运用行政强制力迫使该厂

---

[1] [美]约翰·巴德:《人性化的雇佣关系——效率、公平与发言权之间的平衡》,解格先、马振英译,北京大学出版社2007年版,第6页。

工人复工，官方媒体马上报道称企业劳资纠纷问题已经得到解决；对此，工人当即通过网络媒体发表公开信，称双方争议的重大焦点持续5年的每天40分钟加班费的追索问题仍未能得到解决，工人积怨很大，工作效率不到正常状态的30%，随时都有可能引发新的冲突。当参加罢工的工人被政府工作人员强行驱赶回到工作岗位上时，工人们将显性的抗争转为隐性的抗争——坐在工作台前怠工，彻底打消了资方原本寄期望于政府、凭借行政力量平息工人诉求的幻想。当记者向罢工工人问及："在劳资冲突中，你们希望政府做什么？"工人的回答是："我们希望政府公正。不用向着工人，只要别向着老板就行了！"工人质朴的回答恰恰表明了本应在集体谈判中受到政府保护的劳动者在政府错位情况下的无奈与期望。

劳动关系需要有政府作为第三方介入进行调整，特别是当劳资矛盾激化的时候，控制劳资双方的任意对抗，避免出现激烈的冲突，从而推动双方在回归理性的谈判中找到解决问题的办法，最大可能减少对相互的损害，保持社会秩序的稳定。处于弱势地位的劳动者通常对政府的依赖性很大，如果与雇主发生冲突，也往往寻求政府的帮助，这不仅是有对政府怀有信任的因素存在，因而也更容易接受政府的处理结果。与之不同，雇主则多不希望政府的过多介入，他们更习惯于自己以独断的方式处理"企业内容的纠纷"，尤其是他们在明知理亏的情况下。

在促进集体谈判过程中，需要在自愿的前提下让劳资双方相互之间建立起协商谈判的契约机制、契约关系，劳资双方当事人都要意识到具有接受谈判的义务；但是从另一方面讲，任何一方又都没有强迫对方签订合同或强迫妥协的权利（权力），这种限制同样适用于权力机构，甚至权力机构更应懂得自我约束。如前所述，政府作为集体谈判中义务主体与权利主体的双重主体的特殊身份，决定了其越位、缺位和错位下的任何侵权行为，都必然带来集体谈判的形式化、表面化，同样又进一步造成集体谈判制度的空洞化、虚拟化，具体讲就是有集体协商无集体谈判、有集体合同缺集体认同。

（二）有集体协商却无集体谈判

我国工会既具有行政属性又具有社团属性，社团属性是其表，行政属性是其里，从这一点讲，具有双重代理功能的工会就是政府的有机构成，是政府职能的延伸。① 在推进集体谈判过程中，政府一方面确定集体合同的签订数量和覆盖率，另一方面又运用行政强制力要求企业与职工签订格式化的集体合同。政府虽然越俎代庖，但企业基于自身利益的考量，自然会识趣地配合政府（工会）的工作，很少会与政府（工会）陷入不合作性的"囚徒困境"。在这种默契下，企业给了政府（工会）面子，政府照顾了企业里子，企业职工成为参加了有组织活动的旁观者，而在名义上代表自己的工会又在名义上完成了一次对工人权益的重大维护。

有国外学者认为，判断工业民主的标准有三：一是工人对企业决策的影响程度，二是企业决策的涉及范围，三是参与工人所占的比例。② 不论是出于对劳动者的尊重，还是出于促进社会民主的需要，企业职工对直接关系自身工作状况、生活条件的自决权都是重要的，因而它要求劳动者对与之相关的决策具有发言权与参与权。③ 政府过度介入劳资矛盾、干预集体谈判所带来的直接结果，就是劳动者难以实现本应具有和应该实施的发言权、参与权，失去了应有保障的权利地位，反而会加剧劳动者对法律的漠视，既可能助长对权力的崇拜、也可能埋下对权力的仇恨。既然权大于法，劳动者遇到劳动争议时自然就不愿也不会运用法律武器，首先想到的是寻求政府的权力公道。循此逻辑，劳动者蔑视法律的结果必然是"倘若人民偶然激动起来的话，最微小的波动立即就可以将人民引向暴力，而这时镇压人民的，也总是暴力和专权，而不是法律。"④ 托克维尔一百多年前留下的话，仍振聋发聩。

不要认为出于善意的愿望就是在做事，更不能把公民当作匍匐

---

① 在现实中，行政工会通常列入党群口，工作人员参照公务员管理，并纳入党委直接管理的部门。

② M. Davis and Russell D. Lansbury, *Democracy and Control in the Workplace*, Melbourne: Longman Cheshire, 1986, p. 17.

③ ［美］约翰·巴德：《人性化的雇佣关系——效率、公平与发言权之间的平衡》，解格先、马振英译，北京大学出版社2007年版，第6页。

④ ［法］托克维尔：《旧制度与大革命》，冯棠译，商务印书馆1992年版，第115页。

在权力之下，如同蜷缩在老母鸡翅膀下的小鸡仔。对劳动者在集体谈判中主体权利的"过度代表"和"包办代替"不仅是政府的一厢情愿，以此构建的有协商无谈判的集体谈判制度无疑也是在作茧自缚，这在有些地方无非就是一出精致的肥皂剧罢了。因此，将本应体现博弈过程的集体谈判表述为只要结果的集体合同，既在表明劳资矛盾的非对抗性，也暗含着对集体谈判的控制与操纵，实质是对集体谈判制度的否定。

（三）有集体合同但缺集体认同

2010年7月，全国总工会召开的第十五届四次执委会议，要求"依法推动企业普遍建立工会组织、依法推动企业普遍开展工资集体协商"。"两个普遍"的要求无疑对扩大工会组建率和集体合同覆盖率起到了积极的促进作用。在集体合同的覆盖率稳步提高的同时，劳动者的生存状况并没有得到明显的改善，劳资矛盾在一些地方越发尖锐，甚至持续高涨的劳资冲突向大规模、高频率的方向发展，通过集体谈判达到社会减压阀的预期作用并没有很好实现。究其原因，在于许多地方政府推进集体协商的出发点是完成考核指标，有别于集体谈判权是为保障劳动者合法权益的目的。

如前所述，协商与谈判的不同之处在于，它不是一个决策过程，而是一个咨询过程，它强调劳动关系在根本利益一致基础上的合作而不是对立。协商与谈判不同，谈判的结果取决于双方能否达成一致意见，而在协商中，决策的最终力量总在管理者手中。① 用基本利益一致的"协商"替代存在一定对抗性的"谈判"，提高了集体合同的原则性、通用性，但相应的集体合同的内容也必然会更加一般化、空泛化和简单化。统一格式的集体合同，表达内容和方式完全法条化，从工作待遇到工作环境都是一成不变的最低标准，即使是增加和细化的指标也是出于考核的需要而非针对解决特定企业职工的具体问题的。由于着眼点存在偏差，即使考核越加烦琐化，但仍无法起到促进和谐劳动关系建立、化解劳资矛盾和冲突的

---

① ［美］约翰·P. 温德勒姆：《工业化市场经济国家的集体谈判》，何平译，中国劳动社会保障出版社1994年版，第12页。

实际作用。在这种情况下，签订集体合同对劳动者权利的保护是没有太大实质意义的，对企业而言无非是陪着地方政府完成了"表演"程序，还免去了诚实履行集体谈判的义务。这种尖锐的批评，又怎能仅仅简单地当成批评呢？

如果不能认识到集体谈判的意义和作用，不能为集体谈判作出切实的制度安排，不能立足于对每一名劳动者权益的实质保护，那么在这个形式大于内容的链条中，缺乏对劳动者权益诚实关怀的以完成考核达标为主要目的的集体协商和集体合同，本是权利主体的劳动者就成为了政府与企业的协商成果的受让者，其任务无非就是扮演集体合同签字确认的"画押人"角色。我们不能否定这个"画押"过程中，劳动者并非是一无所获，但劳动者已不再是权利人则是肯定的。这就是为什么，地方政府对劳动者权利"救世主"般的全面代理，蚀化了劳动者的集体谈判权利，本应最有发言权的劳动者成了帮助完成一次集体协商整套路演的第三方。

再看看2008年1月1日生效的《劳动合同法》，该法增加了若干旨在保护劳动者权利的条款，试图让长期失衡的劳资关系朝着平衡的方向发展。《劳动合同法》中强制性地规定了一些在市场经济国家通常由劳资双方集体谈判确定的内容，因而被有的学者批评为"政府干涉劳动力市场的合约自由，过度保护劳动者。"《劳动合同法》体现了政府力图将劳动合同法作为平衡利器来构建平等的劳资关系的意图和决心，这本无可挑剔的，但由于采取的是直接干涉劳动合同内容的方式，这就与劳资自治下的劳动者保护模式相去甚远。虽然政府以劳动者保护者的身份，强制规定劳动合同法内容条款的做法，在市场经济国家也不同程度存在，但其弊端日渐明显，特别是在2008年全球性金融危机的背景下，受到批评是正常的，何况它确实反映了一大批处于经营困难之中的企业声音。笔者赞同许多学者提出的政府应运用法律、政策等手段来均衡劳动者与资本方的关系，而不是用《劳动合同法》直接干预、强制规定，这个领域的问题完全可以交给集体谈判来解决，如此则实际效果会更好。

五 对劳资双方的双向侵权

政府对集体谈判权实施的侵权行为，受到影响的不仅有劳动者，对雇主、雇主组织的侵权也是同样存在的。任何有着自身利益的政府，都不可能与劳动者、与雇主、雇主组织始终保持利益的共同性、行为的一致性。当公权力能够恣意行使时，它则完全可以按照自身的逻辑行事。比如，政府及其工作人员会以社会公共利益代表的身份，在特定状况下扼制雇主、雇主组织的行为，强令他们遵守体现他们意愿的法律政策，并称这是加强监管、依法行政；为了营造和谐劳资关系的景象，又可以要求他们承担非劳动关系意义上的本应由公共服务提供的额外义务，这又是企业应尽的社会义务。处在政府与工人之间的雇主、雇主组织，既要为企业工人争取的合法权利作出必需的让步，又不能不按照政府的决定作出被动性的给付。

在权力异化的作用下，集体谈判中的义务主体向特殊主体的主动给付，目的是为了争取公权力的支持和特殊眷顾，这样还有利于掩盖其对权利主体的侵权事实，以便在与工人的博弈中取得主动；而向政府提供的被动给付，可以视为是对特殊主体索取行为的无奈响应，除了争取权力的关照动机外，显然还包含着避免受到无端打扰的顾虑、受到合法伤害的恐惧。如果处于社会强势地位的企业经营者普遍存在这种不安，那就是对法治的无信心，对公权力的惧怕，应引起各级政府的深入思考和反省。

在集体谈判中，权力与资本结合的体现就是义务主体与特殊主体的默契配合，其结果必然是一系列对权利主体的权益侵害合谋现象的发生，须知恰恰是权利主体本应是需要受到特殊主体保护的。需要特别指出的是，在集体谈判中义务主体与特殊主体合谋现象是普遍存在的，而权利主体与特殊主体的合谋现象一般则不会发生，即使有那也是公开合法的。因为政府介入集体谈判的目的，就是确保处于弱势一方的劳动者能够通过公正的协商谈判，获得本应属于他们的合法利益。合谋是一种利益交换，主要动力来自于合谋者个人利益的交换实现，必须是在保密的情况下才可以进行，而劳动者通常并不具有可用于满足权力欲望的交换资源,换言之,普遍贫寒、渴望保护的劳动者群体是不具有与权力进行利益交易的主客观条件,但这并不妨碍掌握权力的一方仍然怀揣着对交易利益获取的冲动。

我国工会是执政党领导下的属于参照公务员管理的群众组织,在集体谈判中它需要将工人的利益诉求与政府的要求结合起来,承担起落实政府指令、完成政府交办的平息劳资冲突的任务。在美国等西方资本主义国家,许多工会早已演变成为一支有着强大财力和社会影响力的政治力量,他们在竞选中大笔地捐款,在国会中游说,这就使得政府基于各种原因在很多时候需要工会的配合支持,特别是政党基于获得更多选票的目的,在这种情况下开展的集体谈判出现义务主体与特殊主体的合谋情形则是完全有可能的。

扩张权力永远是权力的本能。英国教授罗恩·比恩(Ron Bean)在《比较产业关系》一书中列举了政府在劳动关系中的五种角色,分别是:一是第三方管理者角色;二是为劳资双方提供一般性规范与制度框架,法律制定者角色;三是规定最低工资标准及安全、卫生最低标准,收入调节者角色;四是出现劳动争议政府要出面调解及仲裁,调解和仲裁角色;五是公共部门的雇主角色。[1] 这一角色定位值得我们参考和借鉴。行政权力在运作过程中,无时不存在着超越既有权限和约束的趋向。如果将劳动者的劳动权利保护责任过多地由政府承揽,过度依赖政府公共权力的干预性行使,这同样会使政府陷入两难的境地,因为这里政府需要在保护投资、促进经济增长与保护劳动者、改善生存状况之间左右"示好",其结果则可能事与愿违,甚至是"两头讨好"结果中"两头不是人"。与其这样,不如发挥集体谈判权的作用,在法律上打开一条劳动者能够合法维权的康庄大道。

行政权力的任何扩张行为,都必然会对行政相对人的权利带来影响,集体谈判权就处于这样被支配的弱势地位和被侵犯的可能性

---

[1] Roy Bean, *Cooperative Industrial Relations: An Introduction to Cross-national Perspectives* (2nd), London: Routledge, 1994, pp. 102-104.

之中。在集体谈判中，地方政府完全可以借助公权力的社会力量和政治资源实施"吃了原告吃被告"的双向侵权行为，这是必须极力避免和防止发生的。如果集体谈判权得不到应有的尊重，集体谈判制度就无法真正建立起来。因此，政府在集体谈判中既要体现对公正和正义价值的根本追求，又要把握合适的度，恰如其分地处理劳动者与雇主在各自利益上的对立纠纷。

就劳资关系而言，其大大小小的矛盾，最后大致都可归结为缺少权利保障的被雇佣的劳动者与借助资本的力量扩展权利的资本所有者之间的冲突，差别只在于诱发冲突的契机、冲突的剧烈程度，以及相关方对冲突的控制和处理方式。要使社会能够真正地稳定与和谐，就无法忽略且必须处理好这一对"永远的矛盾"。各国处理劳资关系的丰富实践已经证明，无论是"均贫富"，还是"损有余以奉不足"都肯定不行，这样做不但手段粗暴，而且必然造成对社会和生产力的极大破坏。集体谈判权的现实追求，虽是对雇主为实现利润简单最大化而不择手段压榨生产力的抵制，但不能直接地理解为是对资本方逐利冲动的抑制，而仍是立足于合作剩余的实现。就此而论，它所要求无非是给劳动者一个不至于绝望的公平机会。

虽然经济社会发展和人类文明进步是总趋势，但在这个过程中，处在不同阶层的社会群体分享的利益与承受的代价是不同的。经济地位、劳动关系决定了劳动者正是这样一群承担了更多社会代价而较少分享发展成果的弱势群体。对这些没有或者拥有很少话语权的弱势群体，无论是政府还是社会，都有责任和义务使他们的生活得到应有的保障，基本权益受到应有的维护，人格尊严获得应有的尊重。从现实而言，政府还需要进一步健全包括劳动监察、劳动调解、劳动仲裁、劳动诉讼、劳动信访等在内的劳动争议行政调处机制，健全完善救济制度，特别是要重视和善于运用司法解决机制。

第五章

健全集体谈判权的救济渠道

劳资矛盾的高发昭示着我国的多元利益主体的格局已经形成，但是不同的利益主体的表达能力和维权能力是不同的，这就需要在建立完善的利益表达机制中健全动态平衡的市场关系。集体谈判无疑便是其中最重要的一种利益表达和调整机制。虽然现行的法律制度在一定程度上赋予了劳动者享有集体谈判的权利，但广州本田工人罢工事件、富士康连跳事件、东航集体返航事件等一系列的劳资冲突都是先有大规模的"群体性事件"①，再有政府为"维稳"而促成劳资双方的"集体谈判"，使这些公共事件得到平息。这表明企业内部的矛盾因缺少有效的利益表达机制和诉求沟通机制无法化解而释放于社会，集体谈判权的行使仍停留在制度形成的早期不成熟状态：劳动者先展示对抗性力量再迫使权利受到确认，以期形成相应有利于对自身权利保护的法律法规；即使建立了类似保障集体谈判权的法律制度，也存在着集体谈判权的法律效力不彰的现实缺憾。有权利就得有救济，那么，如何才能健全集体谈判权的救济渠道呢？

第一节 强化集体谈判权的自力救济

通过前面的叙述，使我们认识到集体谈判权处处存在着被侵害的可能，必须以得到侵权救济为保障，否则，就可能形同虚设。一

---

① 即劳动者通过怠工、罢工和示威游行等群体行动而不是集体行动。

般而言，救济方式主要有私力救济、自力救济与公力救济三类，三种救济作为三个相对独立的概念，早已存在于法学理论和实践当中。① 在集体谈判权的行使中，我们反对采取自杀讨薪、暴力讨薪、报复雇主等极端的私力救济方式，而公力救济虽是保障劳动者权利的重要方式且不可少，但在处理集体劳动纠纷中司法救济、行政救济存在着成本过高、效率过低的问题，故应特别重视集体谈判权中的自力救济。

一　权利救济的适用性问题

无救济则无权利。最早讨论权利救济的亚里士多德把正义分为"分配正义"与"矫正正义"，矫正正义就包含有权利救济的内容。集体谈判权救济追求的目标要么使权利主体（劳动者）的权利得到实现，要么使不当行为所造成的伤害、危害、损失、损害得到一定补偿，要么使未履行的义务得以履行。其基本含义是，通过排除权利行使障碍，促使劳资双方的冲突主体得以继续履行应履行的义务，以使权利的原有状态得以恢复。② 这也表明，集体谈判权的自力救济是一种更积极的、具有建设性的救济方式。

（一）自力救济是一种权利救济

按照《牛津法律大辞典》的定义，救济是纠正、矫正或修正已发生或业已造成伤害、危害、损失或损害的不当行为，是一种纠正或减轻性质的权利，这种权利在可能的范围内会矫正法律关系中他方当事人违反义务行为造成的后果。③ 权利救济通常是以某种利益的存在和被侵害为前提，是对权利的救济，即在权利被侵害后对权利的修复、恢复、补偿、赔偿或对侵权的矫正。权利救济包含着对权利进行救济和根据权利进行救济两个基本方面。权利救济作为权

---

① 《布莱克法律辞典》将救济定义为是"一种主张权利或对权利侵害行为加以阻止、矫正、责令赔偿的方法；一种赋予权利受到侵害的一方当事人诉诸法庭或其他方式的补救性权利，权利包含着救济"。Black's Law Dictionary, West Publishing Co., 1999, 7th ed.

② 贺海仁：《从私力救济到公力救济：权利救济的现代性话语》，《法商研究》2003年第1期。

③ ［英］戴维·M. 沃克：《牛津法律大辞典》，光明日报出版社1988年版，第764页。

利的一种,是一种自我救济的权利,即权利人或者权利主体对其权利的自我判断和自我实现的资格和能力。

权利救济的理念在我国也有一个发展的过程,简单讲主要体现在三个方面:一是通过传统文化资源与现代权利的有机结合,将儒家的"为仁由己"的道德人格转化为"权利由己"的现代主体,强调社会行动者在实现权利过程中的自主性;二是强化公力救济特别是司法救济的现代化转型,重点在于完善司法救济中的民主参与,突出权利主体在司法救济中的能力、资格和信心;三是从正义的社会结构着眼,承认利益的多元化发展,承认公民组织的合法有效,承认公民自主的利用自我治理的方式解决纠纷,为多元化救济的发展奠定基础。①

任何法定权利都是人通过法律方式设定的,以法律方式设定的目的是为了更好地保障该权利的实现。随着社会经济的发展,人类文明程度的提高,劳动者的权利内涵会随着人权事业的发展不断地丰富和提升,这可以肯定是基本趋势,对集体谈判权的救济方式、救济力度、救济效果也需要与日俱进,这就意味着今天没有列入救济范畴的也许明天就要考虑,今天不能实现的救济或许明天就要做到,由此而论,在实现对集体谈判权的救济上要做到竭尽可能。

(二) 自力救济有别于私力救济

在民法界,学者或法律工作者常把自力救济与私立救济混合使用进行界定,认为自力救济又称私力救济,是指纠纷主体在没有中立的第三者介入的情形下,依靠自身或其他私人力量解决纠纷、实现权利的方式。私力救济与公力救济的两分法,虽然强调了二者之间的对立与差异,但并不否认相互之间的制约与联系。依据法律性质,私力救济又可以分为法定和法外两种私力救济,法定的私力救济包括正当防卫、紧急避险、自助行为等,而法外的私力救济包括法无明文规定的私力救济、法律禁止的私力救济。法外的私力救济往往具有破坏性,如在劳资冲突中主动实施的人身伤害、毁坏机

---

① 邵华:《组织增权:农民工维权途径探索》,《云南大学学报》(法学版) 2009年第7期。

器等。

　　法律曾把抑制私力救济作为法律的重要功能，如孔子提出的"胜残去杀"、"捐残去杀"本意都是以善治而感化民众，废除刑罚，以期享太平盛世。富勒也主张，法治之目的之一在于以和平而非暴力方式解决争端。[1] 私力救济虽"可谓人们面对纠纷的典型反应"[2]。而"因私力救济，易生流弊，弱者无从实行，强者每仗势欺人，影响社会秩序。故国家愈进步，私力救济的范围愈益缩小。至于现代法律遂以禁止私力救济为原则，私力救济往往在民法上构成侵权行为，在形式上成为犯罪行为"[3]。有学者还认为，私力救济即是通过私人之间、共同体内部和其他民间力量，实现个人权利、解决权益纠纷的非正式机制。[4] 这一说法没有强调第三方出现与否，与自力救济的定义较为接近。私力救济的基本特征是无中立的第三者介入，纠纷解决过程表现为非程序性，解决途径是依靠武力、操纵、说服和权威等私人力量，采取方式为纠纷主体一方凭借自己的力量，强行使对方服从的自决与当事双方协商化解纠纷的和解。

　　事实上，私力救济与公力救济之间的界限并非十分清晰，甚至还是交错的，这是社会结构的多元性和复杂性的体现。很多通常被视为法律的功能实际上是由替代性机制承担的，在我们称之为"公"和"私"的因素之间，很大程度上是相互贯通的。[5] 从历史发展的角度，把权利救济划分为私力救济、公力救济和自力救济，不但有助于从理论上更好地理解集体谈判权，也有助于扩展权利救济理论发展的视野，更好地指导集体谈判权的实践。

　　（三）私力救济不适用集体谈判

　　私力救济是当事人认定权利遭受侵害，在没有第三方以中立名

---

[1] Lon L. Fuller, "The Forms and Limits of Adjudication", *Harvard Law Review*, Vol. 92, 1978, pp. 349–402.

[2] Douglas Ivor Brandon et al., "Self-help: Extrajudicial Rights, Privilileges and Remedies in Contemporary American Society", *Vanderbilt Law Review*, Vol. 37, 1984, p. 850.

[3] 梁慧星：《民法总论》，法律出版社1996年版，第252页。

[4] 范愉：《私力救济考》，《江苏社会科学》2007年第3期。

[5] S. Macaulay, "The New Versus The Old Legal Realism: 'Things Ain't What They Used To Be'", *Wisconsin Law Review*, Vol. 2, 2005, p. 365.

义介入纠纷解决的情况下，不通过国家机关和法定程序，而依靠自身或私人力量，解决纠纷、实现权利。私力救济的形式分为交涉和强制两类。所谓交涉，即以和平方式合意解决纠纷，双方接受且不损害他人，社会亦乐意接受。合意和自治证明了私力救济的正当性。[①] 私力救济的主要特点和基本要素，从集体谈判实践的角度看存在着无法解释和难以周延之处。因此，应把自力救济与私力救济相对分离开来，或者说将自力救济从私力救济范畴中抽离出来，作为相对的概念加以确定。

私法规范是建立在主体关系平等基础上的，但劳动关系并不完全具有一般私法意义上的平等属性：首先，劳资双方签订的劳动合同是以劳动者的从属性为前提的。劳动者在经济上不具有独立性，以出卖自己的脑力或体力的方式，获取由资方决定的劳务报酬，在劳动人格上处于从属甚至依附的地位，即使就个别劳动者而言是有选择权的。其次，劳动合同必然体现资方对劳动者能力、素质的要求，体现资方对相应劳动者的使用要求。一般而言，绝大多数劳动者并不具有稀缺性，劳动力的不可存储性和企业用工的可替代性，同样决定了劳动合同必然要体现资方的意图，绝大多数劳动者相对而言其"自由"仅限于接受或者不接受。最后，作为就业岗位的提供者、选择者，资方可以利用其所拥有的资本优势，享有着就业岗位提供者、社会财富创造者、经济发展实现者的天然特权，会受到地方政府、整个社会的各种优待，劳资双方的社会地位不可能是真正平等的。这就意味着，永远处于劣势地位的大部分劳动者，虽然数量庞大，但并不具有相应的社会影响力，在社会生活中的话语权也极其微弱，甚至正当的合理诉求也得不到应有的重视。

在劳动关系中的非公力救济方面，劳动者通过自身、工会以及劳工社团、NGO（Non-Governmental Organization，非政府组织）等第三方维权组织联合的方式，力求实现权利救济。如果将这种权利救济方式简单地归属于民法中的私力救济无疑是牵强的。救济的意义既体现在权利缺损后的补救阶段，也体现在权利的实现过程，在

---

① 徐昕：《论私力救济》，中国政法大学出版社2005年版，第195页。

权利的实现过程中,它不仅能排除外力的继续侵害,还能克服权利主体自力的不足,允许权利主体在自力之外请求外力援助。① 结合集体谈判权本身即具有的权利属性,集体谈判是一种以权利主体自发组织并选择工会为其权利主体的代表主体,当权利受到侵害时进行的权利维护,其本质就是一种自力救济。当集体谈判中出现雇主这一义务主体不承认谈判、不诚实谈判的现象,或者政府这一特殊主体出现越位、错位、缺位的情况造成集体谈判不公平结果出现时,劳动者或者工会可以寻求律师事务所、NGO 等维权组织无论是在谈判过程中还是在谈判终止之后,采取排除侵害的救济行动。

集体谈判权的精髓在于摈弃暴力,在于承认对方同样具有提出利益诉求的完整权利,在于其是基于法律制度的事先约定的"谈"。在谈判中表面的言语交锋,关涉劳动者的切身利益,在信息不对称、利益冲突的前提下,劳动者与雇主既可能妥协,也可能互不相让,甚至还会以罢工、闭厂等极端方式相威胁。由此而论,对集体谈判权的救济是必需的,这就是集体谈判权的自力救济。

二 实现权利主体增权的自力救济

自力救济是一种试图调整实体正义与程序正义的救济方式,它既不完全依赖法律的教条程序,又与私力救济排斥专业性的代理而寻求民间私力不同。在自力救济中不是没有其他主体存在,只不过其他主体只能是自力救济的一方主体的组成部分,而不是凌驾于一方或双方当事人之上的"他者"。自力救济的目标是使权利主体既成为解决冲突的规则制定者,又成为执行者,② 这一特征符合集体谈判权的内在属性,并与集体谈判中劳动者是权利主体而工会是权利主体的代表主体的结构是相同的。

(一) 权利主体实现自我增权的意义

真正的劳动契约自由只能存在于地位平等、势均力敌的劳动关系之中,这在现实的劳资关系中几乎是不存在的。《劳动合同法》

---

① 张维:《权利的救济和获得救济的权利》,《法律科学》2008 年第 3 期。
② 贺海仁:《自我救济的权利》,《法学研究》2005 年第 4 期。

的颁布及实施,确立了劳动者作为市场雇佣主体的地位,标志着调整个别劳动关系的法律构建已经基本形成,并为调整集体劳动关系奠定了基础。但是,仅此要解决集体谈判中的权利主体的权益维护问题是远远不够的。由于我国集体劳动关系的调整仍缺乏制度基础,这就必然部分地需要通过自下而上的自力救济来实现。实践证明,仅靠外部的行政力量并不能实现劳动关系的力量对等,只有通过劳动者自身的集体力量,才能实现劳资力量的相对平衡和劳资自治。①

1. 劳动者自我增权的实现

作为自力救济的集体谈判,其核心是对劳动者集体谈判权的激发、行使,而不能是对这一权利行使的放弃、忍让。学术界大多从政策、制度、政府支持、倾斜保护等外部因素探讨对劳动者的救助问题,对于如何帮助无权或弱权、去权状态下的劳动者实现增权或赋权,关注得还很不够。对处于弱势地位的劳动者给予利益补偿、制度救济诚然是必需的,但正如"授人以鱼"不如"授人以渔",如何从根本上提高劳动者自我维权、自我发展的能力则更为重要,特别是在对集体谈判权这种本身就具有自力救济的权利进行救济时,只有靠劳动者自我权利意识的增强、集体意识的觉醒进行自力救济,才能实现对集体谈判权的行使中普遍存在的自我弃权现象的救济;只有以劳动者集体有序的行动推动集体谈判,进而促成我国集体劳动关系的转型,才能形成劳动关系自发调整的内在动力。

按照权利及权利救济的主体性原则,劳动者自我增权的实现尤其重要。因为权利的主体性原则不仅使权利主体意识到权利的存在,也使权利主体在权利遭到否定时有自我决定和自我救济的权利。在这个意义上,权利救济只不过是自我救济的外在形式,②外部的作用需要通过内在机制发挥作用。在集体谈判权的权利实现中,如果劳动者不能够做到自我增权,没有在真正意义上的权利主

---

① 常凯:《劳动关系的集体化转型与政府劳工政策的完善》,《中国社会科学》2013年第6期。
② 贺海仁:《从私力救济到公力救济:权利救济的现代性话语》,《法商研究》2004年第1期。

体意识下先展开自力救济，那么外部的公力救济无论多么强力也是无法从本质上救济其权利的。只有权力而没有权利的自力救济，就必然阻碍权利的维护与实现。有鉴于此，笔者希望运用社会工作学中的"增权"（empowerment）理论，对分析弱势群体的弱权、无权现象，对探讨建立符合我国劳动者实际状况、符合劳资双方实际关系的增权途径能有所帮助。

2. 对增权理论运用的分析

增权理论产生于20世纪的70年代，又译为"充权、赋权、激发权能理论"，是对应无权现象的学术观点。为了更好地理解"增权"在集体谈判中的概念，先要对与之对应的"去权"和"无权"两个词汇给出定义。所谓去权（disempowerment），是指受到外在因素影响，某些群体未能保护及运用一些他们有权享用的社会资源。具体分为三个层面：一是社会方面的去权，指弱势群体相对他人而言无法获得生计所必需的资源；二是政治方面的去权，指弱势群体在政治上既无明确的纲领又无发言权；三是心理方面的去权，指他们自觉毫无价值，消极地屈从权威，而且这种精神状态已经被内化。去权的发生是一个自然形成的历史过程，换言之也是一个被社会化的过程，但究其结果却使得某些社会群体长期处于无权状态。所谓无权（powerlessness），是指人们实际缺乏或自认缺乏必要的能力或改善生存状态的资源，在外部压力作用下并内化为稳定的行为意识，从而形成无力争取和改变，只能接受现状的无权感。在赋权、无权、去权之外，还有一种现象是"剥权"。所谓剥权，是指被赋权群体虽然名义上获得了应有的权力，但在其主张自身权益的实践过程中，却遭遇到与赋权完全相反的"合法"的权力（权利）剥夺，是一种从无到"似有"再到无的过程。[1] 剥权的发生，是外部权力主动作为的结果。

不同于去权，更与剥权相反，增权要解决的是无权或相对无权的状况。因为增权是赋予特定主体权力或权威的过程，是把平等的权利通过法律、制度赋予对象并使之具有维护自身应有权利的能

---

[1] 郑广怀：《伤残农民工：无法被赋权的群体》，《社会学研究》2005年第3期。

力。透过这一过程，人们变得具有足够的能力去参与影响他们生活的事件和机构，并且努力地加以改变。① 由于社会利益的分化和制度安排等原因，处于社会底层或社会边缘的弱势群体总是缺乏维权和实现自我利益主张的权力和能力。如要改变这种状况，就必须对权力进行再分配，走增权的途径，充实个体或群体的能力。② 按照增权理论的观点，实现增权就是要通过处理问题中的特殊障碍，改变受到外在污名化的社会团体界定，使团体内的成员，重新界定和认识该团体，以拾自信与自尊。③

在社会学界，宏观层面上的学者通常逐字地界定增权，把它刻画成增加集体政治权力的过程；微观层面上的学者则把增权描绘成个人增加权力或控制感，而没有结构安排上的实际变化；第三类学者则试图把这两种取向调和起来：即研究个人增权如何为群体增权作贡献，群体的增权又如何提升个别成员的功能。④ 第三类学者所持的折中观点，显然更具有现实性。

按照第三类学者的观点，在我国以劳动者为代表的弱势群体在实现自我增权的实践中，可以从个体增权、人际关系增权和社会参与增权三个层次展开。⑤ 首先，实现劳动者的个体增权，就需要劳动者在个体控制自身生活的能力、对所处劳动和社会环境的融合以及自身影响力上的提高，它包括劳动者对自我的实际控制能力和心理控制能力两个方面。亟待提高的是劳动者个体对社会环境的适应能力、在劳动力市场中的竞争能力、对自身生活的改善能力，与之相应的是劳动者能够实现在主观心理上的控制感、自我效能、自我

---

① 陈树强：《增权：社会工作理论与实践的新视角》，《社会学研究》2003年第5期。

② L. M. Gutierrez, "Understanding the Empowerment: Dose Consciousness Make a Difference", *Social Work Research*, Vol. 19, No. 4, 1995. 转引自范斌《弱势群体的增权及其模式选择》，《学术研究》2004年第12期。

③ Solom, *Black empowerment: Social work in oppressed communities*, New York: Columbia University Press, 1976. 转引自李贵成《增权理论视域下维护新生代农民工尊严问题研究》，《郑州大学学报》2013年第5期。

④ 陈树强：《增权：社会工作理论与实践的新视角》，《社会学研究》2003年第5期。

⑤ 范斌：《弱势群体的增权及模式选择》，《学术研究》2004年第12期。

评价、自我意识和满足感的提升，以及为此而能够采取的自我行动的能力。其次，实现劳动者的人际关系增权，则需要劳动者既要增强自身的沟通、联系和团结，发挥工会在新型劳动关系构建中的积极作用，同时增进与社会不同阶层、不同团体的交流，能够通过各种方式反映工人的劳动和生存状态，还要积极地参与其他社会活动，也就是所谓的"拓展交际范围、提升交际层面、增加层际交往"。最后，实现劳动者的社会参与增权，就需要劳动者在增强自身主体性的基础上，能够更多地以整体性的群体活动出现，无论是表达对经济社会发展愿景的意见和建议，还是表达自己的利益诉求，都使自身成为一个社会有机体不可或缺的社会群体，当然也包括在工会组织下可能采取的罢工行动。

总之，在劳动者实现自我增权的途径和渠道上，可以从上述三个层面进行努力，而努力的模式无外乎劳动者的个体主动增权和外力推动增权两大模式。

(二) 集体谈判是自力救济的有效手段

自力救济的消极方式包括放弃权利、忍让、宽容或饶恕及决斗，积极方式概括为调节、和解、对话或商谈，依此，集体谈判应是一种积极的自力救济。强化法治指导和制约下的积极的自力救济，会使劳动者在实现实体正义的过程中跳出公力救济为中心的思想藩篱，在解决劳资纠纷中更为积极主动地选择集体谈判，并提高这一自力救济的时效性和可行性。对自力救济方式的选择，人们首先考虑的就是时效性，即能否通过救济切实保护权益，实现救济目标，即行为人针对特定纠纷的不同解决方式之预期收益进行权衡，尤其是考虑收益实现是否确有保障。①

1. 自力救济的时效性分析

在劳资纠纷中，通过公力救济达成维权目标的时间成本和经济成本通常都是巨大的。目前我们国家对劳动争议所采取的"一调一裁两审"（即劳动争议发生后，当事人可以申请调解，调解不成的应先申请仲裁；对仲裁裁决不服的可以向法院提起诉讼；法院实行

---

① 徐昕：《为什么私力救济》，《中国法学》2003年第6期。

两审终审制）制度，走完全部程序需要一年以上，影响了劳动者合法权益的保护。① 即便走完了这些程序，对于维权的结果仍有很多不确定性。比如，我国的司法判决在相当程度上不具有终局效力，无论胜诉与否，除申请再审外，当事人还可无限申诉，即便胜诉，还有执行难的现实问题。不是所有的司法判决都能产生正义，但是每个司法判决都会消耗资源。② 劳动者胜诉的结局，很可能是倾家荡产换得的一纸判决公文在手，毫无现实意义。

劳动者以原子的状态分散存在，当受到不公平、不公正的对待时，如果每个人都走一遍法律程序进行公力救济，其消耗的法律资源、行政资源和对劳动者本人的生活成本及雇佣方的经济消耗都是不可小觑的，并且，在某种程度上"较低等级的人比较高等级的人拥有的法律少"。③ 劳动者作为弱势群体，其实际上的人身依附关系和经济依赖关系，使其以一己之力放弃维生手段，与富庶的雇主主体走法律程序进行维权，是显失公正亦不切实际的。集体谈判权的设立就是使个人诉求集体化，通过权利主体和义务主体的有效沟通解决劳资关系的内部问题，用最小的投入、最快的时间达成一致，恢复生产。在集体谈判权行使出现侵权现象时，寻求工会、劳工维权组织等第三方力量的支持，进行系统化、专业化的谈判博弈，通过符合法律、符合市场规律的自力救济解决问题。

2. 自力救济的可行性分析

我国市场化的劳动关系与传统市场经济国家不同，并非是在经济发展过程中自然形成，而是政府通过改革从计划经济体制中转型而来的。劳动关系的市场化转型作为经济体制转型的重要组成部分，以所有权关系、经营权关系的转变为背景，通过劳动用工制度

---

① 《何鲁丽在作检查劳动法实施情况的报告时认为处理劳动争议"一调一裁两审"耗时太长》，2014 年 4 月 1 日，新浪网（http://news.sina.com.cn/c/2005-12-29/09027847650s.shtml）。

② 方流芳：《民事诉讼收费考》，《中国社会科学》1999 年第 3 期。转引自徐昕《论私力救济》，中国政法大学出版社 2005 年版，第 76 页。

③ [美] 布莱克：《法律的运作行为》，唐越、苏力译，中国政法大学出版社 2004 年版，第 13 页。

的改革而实现。① 法之生命在于法的实现。通过集体谈判这一自力救济手段可以适当消解公力救济的惰性，也使对劳动者权益救济的实现变得更为可行。

从法理意义层面讲，法律对于劳动关系的调整主要通过两种途径来实现：一是直接制定劳动法来规定雇主的义务，保障劳动者权益，并通过国家监督予以实施；二是工人成立工会与雇主进行集体谈判，确定彼此的权利和义务，实行国家指导下的劳资自治。② 前者是公力救济的手段，后者就是自力救济的手段。在我国现行的劳动法律关系体系下，如果说公力救济是自上而下的，那么自力救济就是自下而上的。

3. 劳动者增权的实现模式

劳动者经过经济去权、社会去权和政治去权后，都不可避免地会产生深深的无权感；而法律宣言式的"集体协商权"似乎赋予了劳动者一定的权利，但由于涉及调处劳资关系的法律制度的不健全、不完善，使其成为了难以落实的软法。处于原子状态的劳动者，得不到能够真正代表自身权利的工会的保护，实则是劳动者从无权到"似有"又到无权的一种进一步剥权。

实践证明，集体谈判是帮助劳动者实现合法增权的有效方式。劳动者在集体谈判权的权利行使中要实现增权，就不能离开工会，脱离工会发挥作用。这又涉及工会的代表性问题，显然许多地方的企业工会尚不能满足劳动者的信任和能力需要，解决这一窘况的办法，就劳动者而言，只能通过提升自己的各种生存能力，组建并参加工会，改革工会的运作形态，并进而增强工会的主体性、专业性，使工会成为劳动者强有力的保护者，以维护劳动者的各项权利，才能实现劳动者的体面生存和全面发展。有关这方面的内容，我们在后面还会更详细地提到。

---

① 常凯：《劳动关系的集体化转型与政府劳工政策的完善》，《中国社会科学》2013年第6期。

② 王泽鉴：《民法学说与判例研究（2）》，中国政法大学出版社1998年版，第324页。

三 权利个体主动增权模式的困境

曾有媒体描述了一位新生代农民工龙金华的所思所想：当他听到"中国梦"这一构想时，先是被触动，接着便很快陷入困惑。25年的人生，挫败感已经成为了他的思维定式，他不知道凭自己的努力是否能打破自己父母是农民工，未来自己的孩子也许还只能是农民工的阶层再生产链条。在回答记者的采访时他说，他早已明白，自己天生就比权贵、富人子弟，比城里人处在了一个不利的起点上，命运从出娘胎的那一刻就已经确定了……他的精神寄托似乎就是一款智能手机，平时用它上网，关心一些新闻八卦，并向记者提及一些新闻热点，并会在这些新闻的跟帖里骂上几句。[①] 有学者以农民工讨薪事例为依据，分析了弱权、失权状态下的劳动者维权之艰。文中举例写道，在1996年第一次讨薪时，"刘天会跪在于欢乐（工厂负责人）面前，求厂里给农民工一条活路，但于欢乐不予理睬"[②]。上述两个事例影射出处在社会底层的弱势群体孤独无助、痛苦绝望的精神状态，在劳动者，特别是农民工中是有很强的代表性的。在龙金华内心里，注定低人一等的人生定位似乎与生俱来；而刘天会的这一跪，实则是一种弱权的表现，是以牺牲自己的尊严为代价的，其权利意识不仅没有觉醒甚至就从来没有。

结合权利主体自我弃权现象研究，我们不难发现，劳动者这一弱势群体经过社会的去权，早已在自我评价和自我认识方面形成了强烈的无权感，把自己边缘化、孤立化、符号化了。这种由物质性失权内化为精神性失权的过程，恰恰反映的是劳动者由外部否定到自我否定的过程，亦是造成在集体谈判权行使过程中作为权利主体自我弃权的内在原因。"个体主动增权模式"强调的是个人在增权过程中的决定性作用，是以弱权或失权群体相信自己可以改变现状为预设前提的增权模式。无权状态有无权、弱权和失权三种表现形式：所谓无权，是指完全没有权利，比如由于自身生理或者智能缺

---

① 石勇：《中国梦，从机会平等开始》，《南风窗》2013年第4期。
② 张云昊：《增权："农民工讨薪"案例的分析及启示》，《青年研究》2005年第9期。

陷致残的弱势群体；所谓弱权，是指有一部分权利但不足以正常获取改善生活和环境资源，比如在城市化进程中的农民、农民工弱势群体；所谓失权，是指原来拥有部分权利，由于种种原因被剥夺或失去了权利，比如在经济社会转型过程中资源和利益被剥夺的下岗职工、失业人员等。① 依此归类，需要以集体谈判实现维权的劳动者基本属于弱权和失权的弱势群体，他们大多生理和智力上没有缺陷，只有多数人的文化、生活水平相对较低，因为身份属性使他们自觉不自觉地沦为了弱权、失权者。该假设前提是权利存在于当事人之中，而不是当事人之外，如果弱权或失权者本身没有建立相信能改变现状的信念，任何人的帮助都是徒劳的。

就劳动者个体层面来讲，劳动者因不具有足以安身立命的财产，也不掌握即使很有限的社会资源，对资方有着天生的依赖性和附属性，很难有信心去改变不利的处境。从人际关系层面来讲，很多劳动者都是从农村老家来到城市打工谋生的，其本人没有融入城市，而城市也没有真正地接纳他们，难以获得比自己更高层级的社交网络；从社会参与的层面上来讲，弱势劳动者基本没有参政议政的机会，那些经过挑选出来的取得成功的农民工代表，实在无法代表更广泛的劳动者的根本利益，工会主体性一旦缺乏，更使劳动者没有一个真正属于自己的利益表达组织。在这种情况下，如果劳动者想通过公力救济达到增权维权的目的，又会因为制度文本与制度实现之间的悖论，再次卷入制度安排造成的剥权状况；进入无法摆脱的无助和无奈的困局。如果说公力救济的优势在于能够迅速解决特定侵权事件中对劳动者的维权问题，但在实现劳动者的增权上则往往难以做到。

依靠个体主动增权模式来实现劳动者增权，无论在个体层面、人际关系层面还是社会层面都有很大阻碍，因此需要引入外部力量推动的增权模式。这一增权模式的本质并不是只靠外力的输血，而在于通过争取外力的协助及推动，挖掘或激发劳动者的内在个体潜能，进行自我造血，通过工会组织、借助集体谈判，实现仍是个体

---

① 范斌：《弱势群体的增权及其模式选择》，《学术研究》2004 年第 12 期。

劳动者的由弱权到强权的自我发展。

在劳动者实现个体主动增权的实践中，我们还应注意到对集体劳权存在的各种顾虑。这些担心和忧虑主要表现为以下几点：一是认为在我国的政治制度和行政体制下，工会能否成为真正代表劳动者权益并能独立运作的、强大的、理性的力量。如果在现行工会体制之外，允许劳动者自由、自愿地建立工会，以及在工会组织和领导下开展集体谈判、集体行动，尊重劳动者运用在市场主导体制下的议价机制，是否会在给企业正常的生产经营形成冲击的同时，对国家的政治生活、社会秩序和经济发展构成损害，应避免由此产生多米诺骨牌效应。也就是说，集体劳权并不是一个孤立的问题，它既涉及工会的体制，也影响着党和政府的执政模式、治理方式。二是在法律上确立了劳动者的集体谈判权、罢工权，是否会从根本上打破目前基本可控的劳动关系的基本平衡，激化劳资冲突，导致劳资矛盾变得更加难以控制，甚至引发社会整体或者局部的不稳定。当然，这种所谓的"基本平衡"是假平衡，是在维持不能体现公平、公正的劳动关系的前提下的，而且这种假平衡的劳动关系是不可持续的，是不可能保持长期不变的。三是如果赋予劳动者与资方进行博弈的更大空间，就可能对企业效率产生负面影响，增加企业成本、导致效益下滑，降低企业的竞争力，无法创造更多的就业岗位，这又会转化为社会问题；同时，劳动者过度维权，会使雇主心生畏惧，恶化投资环境，会影响区域经济发展。这种观点，显然是把赋予劳动者应有的集体谈判权视为各种危机的导火索，以此"威胁"来阻止集体谈判权的切实落实、集体谈判制度的完整构建。此外，对集体劳权持有异议的观点还包括，即使在欧美发达国家，劳动者集体权利的过于壮大，也产生了不少的负面结果，因而又对它采取了限制措施；同时，在新技术革命和全球化背景下，传统的企业组织形态有的已经发生重大改变，劳动者出售劳动力的方式也在发生重大调整，对此，世界主要国家的劳资关系已发生了一些新的变化，对集体谈判制度也相应做了调整，其影响力在降低。

对上述问题，需要认真研究、审慎对待，即使不一定认同这些观点。时代在变，经济、社会关系也在变，公正劳权的实现方式也要跟着作出相应的调整，只有这样，才能更有利于劳动者的权利维护、保障和实现。但与此同时，劳动者在追求自身利益最大化的过程中，也必须增强法制观念、提升法治意识，将争取权利的行为纳入到法律制度的框架之中；要在追求自身利益最大化的行动中，也尊重雇主的关切、关心企业的发展，绝不能纵容情绪的不节制、非理性。只有这样，劳动者的利益诉求才有兑现的更大可能，才能营造更有利于实现公正劳权的社会环境、公共基础。因此，保持自律性同样是权利主体实现自我增权的必然要求。

四　增强工会的代表性和主体性

工会应是以维护和代表广大职工的合法利益为最根本职责的组织，这也是工会组织成立的初衷。按照一般的表述，工会的宗旨，就是关注和保护工人利益，为会员争取工资福利、改善劳动条件等，达到最大限度保护、调动和发挥企业员工的积极性和创造性。维护职工合法权益是工会的基本职责，工会真正代表职工的利益是劳动者行权之基，是公正劳权得以实现的关键；同时，受劳动者认可、信任、依赖的有公信力的工会，是企业工会真实存在并发挥作用的前提。但是，毋庸置疑，现行工会官僚化、行政化的内在体制，应当承担的维权职能、调解职能、沟通职能等社会职能的弱化，导致工会在集体谈判中失去了本应具有的地位、作用与活力。据此，我们就如何增强工会的代表性、主体性和能力建设问题做进一步的探讨。

《工会法》第 2 条规定，中华全国总工会及其各级工会组织代表职工的利益，以近乎垄断的方式确立了工会的一元化地位；第 3 条又规定，劳动者都有依法参加和组织工会的权利。《劳动法》第 3 条也做了相同的规定。但是，在企业工会"代表性"的制度设计上是值得斟酌的。显然，能够体现劳动者意愿条件下的自由加入、参与活动和选择退出的企业工会，才能成为劳动者认可的自己利益的真正"代表"，才能获得职工的充分信任。"派出"的企业工会和不能以直选方式产生的工会领导人，是很难获得劳动者的普遍承认和真诚拥戴的。即使避此因素不谈，我们也应注意到企业工会与劳动者之间在现实中的严重背离：一方面劳动者被侵权现象普遍存在，但有的企业工会却长期失语或漠视回避；另一方面企业工会忙于行政工会下达的诸如会员覆盖率类的考核指标，以数字和文件的方式构建和谐劳动关系。工会职能异化的结果，就是企业工会对企业行政的过分依靠，或者沦为雇主的"附属物"、"传声筒"，自己剥夺了职工利益代表者的资格。于是，"职工之家"成了"空壳工会"、"牌子工会"，这种状态下的企业工会虽可以获得独占的组织地位，具有政治上、法律上和行政上的合法性，但却不能确立自身的"现实代表性"，这一点才是当下企业工会面临的最为严峻的挑战。

《劳动合同法》第43条规定，用人单位单方面解除劳动合同，应当事先将解除理由通知工会。用人单位违反法律、行政法规或者劳动合同约定的，工会有权要求用人单位纠正。用人单位应当研究工会意见，并将处理结果书面通知工会。从实践层面看，这是否就意味着只有建立工会组织，劳动者的权利才受保护；或者是否是劳动者只有依靠工会，劳动者的权利才能受到保护呢。这显然具有一定的讽刺意味。工会异化的结果，就是工会组织集体能力的近乎丧失，它必然要被工人所抛弃。[①] 无论是工会缺失还是罢工领导者缺位，都是集体劳权难以有效行使的重要因素，也是难以将混乱、无序的劳动者群体性事件纳入目标清晰、方法得当、互动有序的法治轨道的重要原因。在没有凝聚力、向心力和缺乏信任的情况下，劳动者一旦忍无可忍采取集体行动，就会摆脱各种羁绊自发行动，导致工会组织名存实亡。要解决企业工会的生存危机，就必须使其真正回归本位、回归自我，成为劳动者权利的真实代表者，成为劳动者自愿加入并愿意维护的职工组织；与此同时，应大力培育和发展产业工会，使大量的劳动关系在行业内得到妥善安排，避免企业工会弱小难以与雇主对等谈判，也避免企业间的过度攀比。

《劳动法》第7条规定，劳动者有权依法参加和组织工会。工

[①] 2012年5月27日，深圳龙岗区日资企业欧姆电子（深圳）有限公司工人直选新一任工会主席，来自生产线的35岁工人赵绍波以绝对多票数当选，同时参与竞选的原厂工会主席李世忠第一轮就被淘汰，可见劳动者对一个真正能代表自己利益的工会和工会领导者的期待。

会代表和维护劳动者的合法权益，依法独立自主地开展活动。问题并不止于企业工会的定位，它还需要具备足够的行动的能力，但既有的法律法规尚不支持企业工会能够成为一个在维护劳动者权利中与雇主进行抗衡的组织。徒有权利不足以自行。《工会法》《劳动法》对工会维护职工的劳动权、报酬权、休息权等基本权利上虽有规定，但表述上却都是"有权参与"、"有权要求"或"有权提请"等，到底"有权"什么、"有权"的约束性却少有下文，对侵权者的制裁也存在漏缺；何况要把这些纸上的名义"有权"真当回事，还需要得到政府部门的支持与协助才能实现转换，实际上起到了牵制与制约的作用。不能兑现和落实的权利，是软弱无力的，甚至是虚假的。企业工会面对的有名无实、有责无权的双重尴尬，这恰恰是工会立法、劳动立法应该解决的。从这一点讲，迫切需要保障的权利本身，就意味着该权利、权益正在被侵害的事实。

只有工会才是代表劳动者利益与资方进行集体谈判的合法权利主体，因此，工会的代表性、主体性就成了必须解决的根本性问题。企业工会必须切实履行维护劳动者合法权益的职责，否则其合法性就要受到相应质疑，更不要说代表性问题。要使工会能够"依法独立自主地开展活动"，就应该减少束缚在企业工会身上的种种不合时宜的限制，就要使工会自身的工作由间接性、等待型和表面化的状态，转变为主动性、主体型和实质化的行动，而不是仅仅成为一种点缀。

工会组织的最大作用和核心价值是维护自己所代表的劳动者的主体权益，换言之，就是要在一定程度上起到制衡在劳动交换过程中处于主导地位的资本意志的随意性。强化工会的代表性、自主性和专业化是构建集体谈判制度的客观要求，必然应予特别重视的，也是当下亟待解决的紧迫问题。在集体谈判中，工会理应成为职工权益最强有力的代表者、维护者、践行者，这又何尝不是工会自身存在的要求呢？在劳动者与雇主实质地位不可能平等的情况下，工会代表职工参与集体谈判，争取通过与雇主订立集体合同的方式，来弥补个人雇佣合同的不足，维护劳动者的权益。仅此而论，工会制度改革的基本思路应是不断强化和落实维护广大职工合法权利这一根本职能，以维权为中心，将工作重心下移，发挥企业工会的主体作用，想职工所想，急职工所急，更好地体现职工的要求。我们注意到越来越多的企业工会正在朝着改变"有名无实"状况的方向发生着积极变化，以及更多的地方政府对此所持的开明态度。

在集体谈判中，工会必然要发挥牵头组织、统筹实施的作用，这同样要求工会能够回归本位、回归自我，成为劳动者自愿加入并愿意维护的职工组织，只有这样企业工作才根基牢固，与雇主谈判才能有底气。在工会缺失或不能发挥有效作用的情况下，如何使集体谈判仍得以继续进行呢？有的地方通过建立工人协商代表制的方式，使劳资双方在处置劳动关系争议时仍有畅通的沟通渠道，在工人准备采取集体行动时也能够通过集体谈判方式得到控制；同时，逐渐建立相应的制度规范，特别是工会领导人的民主产生机制，改善原有工会的运作机能，使工会逐步演变为劳动者的忠实代表。企业工会发挥作用比较现实的路径是，既要旗帜鲜明地维护职工的合法权益，又要积极协助企业恢复生产，实现企业和职工的双赢。"两败俱伤"绝不是集体谈判追求的结果。笔者在前面提到的深圳盐田国际的集体谈判就体现了这一点。该企业工会在总结4次集体谈判取得成功的原因时谈到，工会应学会运用集体谈判的方式，有效引导公司和职工共创利益共同体、事业共同体和命运共同体。

鉴于中国当下劳资关系和劳动者境遇状况，开展集体谈判，应以工会提出的方案为基础，在此之后雇主才需对应地制订资方的提议。为此，企业工会要充分发挥在"劳动基准制定"、"集体合同制度"和"三方协调机制"中的集体谈判作用，凸显工会的话语权，使集体谈判机制成为劳资关系制衡的主要手段，并在此过程中建立和完善集体合同制度。笔者认为，集体谈判为工会找到了一个符合在市场经济条件下劳资关系变化和发展要求的活动方式，使工会能够通过此焕发新的活力。工会代表职工与资方谈判，要做到内部民主，重大事项和关键决定在内部要先取得一致意见；同时，在谈判策略上，工会要充分考虑劳动力市场供求状况和宏观经济发展状况等因素，将谈判工作的灵活性与劳动关系的安全性有机结合、保持适度平衡。

集体谈判是工会的使命，工会理应切实地肩负起来。深圳盐田国际的工会认为，工会作为职工利益的代言人，应始终坚持站在协调劳动关系的第一线，尽职履行"第一知情人、第一汇报人、第一协调人、第一帮扶人"的使命，既要勇于抛头露面，敢于谈判斗争，又要努力架好构建企业和谐劳动关系的"桥梁与纽带"。在他们看来，"和谐"是目的，"协商"是手段；没有集体谈判，就难以实现真正意义上的和谐劳动关系。为此，要充分理解尊重行政方以市场经济为基础的人力资源管理要求，广泛动员职工参与到集体谈判中来，搭建起有效的劳资对话和协商平台，教育、引导、培养职工的依法维权意识和集体谈判意识，充分调动职工的积极性，形成自下而上启动谈判的良性循环；进一步调动全体员工的主观能动性，为企业的发展献计出力，推动了企业的持续平衡发展，努力营造企业与员工共享发展成果的良好局面。

五　外力推动的权利主体增权模式

社会的进步、历史的发展，使法的价值取向越来越显示出社会本位的价值，这是对市场本位的一种纠偏。与之相应，法律制度的建构需要更加重视对公共秩序的维护，而这些又是以充分保障个人权利和自由为前提的。开放的现代社会如果不在社会政策上使处在不同地位中的社会群体做到强弱双赢，社会的良性运行和协调发展就很难实现。但是，改善劳动者的弱势地位和生存状况，不能迷信和依赖处于强势地位的资方的良心发现和道德善意，这就需要借助公共力量和团体力量的介入，形成推动集体谈判权形成的公共环境。在集体谈判权的权利行使中，可以激发权利主体潜能的外力增权模式主要有两种：一种是社会中间的良性力量，另一种是劳动者自发形成的维权组织。

（一）社会力量推动的增权模式

所谓社会良性的中间力量，是指诸如一些 NGO 组织、社会中介组织或者是有着专业化、职业化特征的社会工作组织，他们可以形成工作小组，纠正劳动者的心理偏差和行为偏差，让其重新分析自己处于弱势的主客观原因，增强自我发展的决心和信心，还可以为劳动者提供法律上的援助。比如,广东劳维律师事务所响应"构建和谐社会"的号召,以"维护劳工权益、推进集体谈判"为宗旨,以维护劳工阶层、雇员(职员)阶层合法权益为主要服务方向,向社会提供"解决劳资纠纷、和谐劳资关系"的法律服务,坚持在劳动争议案件中"只代表劳动者、不代表企业"的服务理念,先后成功代理了劳动者与沃尔玛关于涨薪的集体谈判、冠星表链厂罢工事件后的集体谈判等大型劳资谈判,为劳动者提供了法律的援助与支持。该律师事务所开展了法律咨询和劳动法方面的法律培训等业务,普及与劳动者基本权益最相关的福利报酬、工伤与职业病、女工维权等领域的基础知识,使很多劳动者从中获得了物质生活水平与精神生活水平的提高。

  劳维律师事务所的律师段毅清晰地描述了冠星表链厂员工与企业进行集体谈判维权的案例细节。据他介绍,冠星表链厂的谈判过程分为三轮,第一轮是启动程序性的谈判。律师事务所致函给企业,标注所有要谈的内容,并得到企业签字确认。发律师函的目的是通过书面的形式确定工人权利,特别是对工人代表权利的保障,这是现在很多集体谈判不太关注的业务细节。第二轮的焦点在于谈判代表的决定权问题。工人谈判代表是根据组、工种的划分推选了12名工人代表,双方谈判的发言人代表各有5名(事务所有两个律师作为职工方的谈判代表),其他代表都在会场旁听。谈判代表明确地向厂方提出,我们是来谈判的,只是谈判代表,没有决定权。第三轮是谈判的过程。劳方代表提出了要求,但资方不予回应,出现了僵局,整整十分钟,双方都未发表意见。在这十分钟,便有了一个技术性的处理,我们与工人代表事先约好,万一遇到谈判无法进行的时候,要沉默十分钟,全体代表什么也不说,站起来就走,因为谈判技术要求大家行动上的一致性。第九分钟的时候是最紧张的,虽然我要代表工人,但作为专业人士,必须把控谈判过程,因为如果工人站起来走了,谈判破裂的责任就会被企业甩给工人。在这个时候,我提议把计价标准换做是按照法律认可的当年的标准。这个建议提出后,企业方要求休会,其实这是为了掌握谈判的节奏。我敢于提这个方案,是因为有很多计算的方法,包括一些法律的补救，都可以达到工人的要求底线，但工人们觉得这种算法损失很大，差了将近3000元钱，他们能不急么？后来我向工人代表说明我的意图：一方面是为了要把谈判继续下去并且是为了不把谈判破裂的责任归咎于劳方，另一方面万一谈判破裂，根据现在的法律框架，工人可以申请当地的工会和劳动部门介入，这个时候我这个方案就是一个有绝对法律依据的方案。在谈判前我们就对冠星表链厂做了评估。首先，该厂建厂有22年的历史并且有65%是西铁城总部所有的股份，西铁城是国际享有盛誉的跨国公司。其次，罢工期间老板提出来的间接损失是1500万元，估算其直接损失为500万元，工人要求的加班费补偿金额在600万元到800万元，按照这个数字计算，西铁城公司是有一定的支付能力的。并且，当地政府做了很大的努力，做了很多的工作，最后谈判破裂，把包袱再扔给政府，当地政府是不能接受的。实际上在休会最后的二十多分钟里，他们都在打电话，我相信有给西铁城日本总部打电话的，也有给当地政府打电话的。根据我对日资企业的观察，日资老板在谈判的关键时刻，拿出的方案有时比工人的方案还会高那么一点点。这也是在日资企业中，谈判往往都会成功的原因之一。[1] 由此可见，从前期的资料搜集整理以及谈判评估到谈判过程中技巧的运用和节奏的掌握，对一次成功的集体谈判都是极其重要的；而这样成功的经历，又会增加劳动者维权的信念和决心，形成良性循环，是劳动者增权过程中必不可少的外力增权模式。

(二) 工会自我推动的增权模式

劳动者自发形成的组织，非工会莫属，因此，作为权利主体代表的工会自我推动的增权模式对实现集体谈判权的自力救济至关重要。增权理论方面的专家古铁雷斯、帕森斯和考克斯指出在增权过程中的三个要素：一是态度、价值和信念，即促进为自己行动的自我感、自我价值的信念和控制感；二是通过集体的经验加以确认；

---

[1] 王江松：《从冠星厂事件看工资集体谈判——段毅律师专访》，《中国工人》2012年第5期。

三是批判性思考和行动。① 对实现工会自我推动的增权有着很强的指导性。

1. 消除增权的自我障碍

组建一个具有主体性、独立性、专业性的真正代表劳动者的工会，是增强劳动者维权信念、团结劳动者积极行动的最重要手段，应是能够真正提高劳动者意识的组织。② 劳动者意识又称为劳工意识（labor consciousness），是指市场经济下作为雇佣劳动者的工人群体在特定劳动形式和劳动过程中对于自身地位的认识。劳工权利意识是劳工意识的核心内容。这与增权实现中的引导个人、家庭、社群和社区保持乐观态度，积极参与决策和通过行动来改变自己的不利处境，提升自己的权力和能力，从而使整个社会的权力结构更趋公正③的价值理念是一致的。

二战后，美国面临着经济与社会秩序重建问题，国内充满劳工骚动，存在着住宅不足与通货膨胀的严重问题，这一时期增权工作最成功的事例就是鼓励案主参与建立同辈网络，降低弱势人群的疏离、孤立与无权感，增权的实际取向是鼓励案主与境遇相同的同辈建立互助团体，通过集体意识的觉醒与共同努力，提供摆脱无权的悲情关怀，争取公平对待、社会正义、社区发展、社会服务与自尊心的建立。④ 这样的同辈网络就是工会组织。

在权利主体自我弃权的现象中，无论是因现状偏见造成的"不敢谈"，还是搭便车心理造成的"不愿谈"，都与在产业关系中缺乏一个真正属于劳动者自己、代表劳动者的强大工会直接相关，这可不仅是理念层面的代表，而应是劳动者能够切身感受到、能够随时进行沟通的自我代表。改变工会作为劳动者权利代表主体的主体性、专业性缺乏带来的维权不彰，是实现劳动者由个体增权到集体

---

① 陈树强：《增权：社会工作理论与实践的新视角》，《社会学研究》2003年第5期。
② 常凯：《论劳动者文化》，《开放导报》2004年第5期。
③ 范斌：《弱势群体的增权及其模式选择》，《学术研究》2004年第12期。
④ 陈树强：《增权：社会工作理论与实践的新视角》，《社会学研究》2003年第5期。

增权，再由集体增权从而强化个体增权的路径转变，这对于促进集体谈判有序、有效开展至为关键。为此，立足中国的国情，同时借鉴国外工会的成功经验，应大力推进主席直选、财务独立等工会健全措施。

2. 推行工会主席的直选

推行工会主席直选，对实现劳动者集体增权的重要性不言而喻。这就需要停止由上级工会或企业领导指定工会领导候选人的做法，由企业职工进行直选，选出自己认可的工会主席。原全国总工会主席王兆国曾指出，要完善基层工会主席民主产生机制，把那些真正为职工说话办事、敢于开展维权服务、善于协调劳动关系、得到广大职工信任的人选到工会领导岗位上。工会直选，就是通过直接的民主选举产生工会领导，体现工会作为"职工自愿结合的工人阶级的群众组织"的应有面貌。

2012年5月27日，深圳市的日资企业欧姆电子深圳有限公司（以下简称欧姆电子），以直选方式产生了新一届工会主席及工会班子，不少媒体更给这次直选冠以"全国首例"称号。面对媒体的高度关注，深圳市总工会副主席王同信冷静地表示，工人民主选举工会领头人，不是新的创举，只是还原了工会的本来面目和角色定位。欧姆电子成立于1996年，直到2007年6月才成立工会。2012年3月29日，欧姆电子员工因为对工资制度和福利待遇不满，发生了停工事件。在此期间，员工们一致拒绝由工会代表他们与资方进行谈判，理由就是工会不是民主选举出来，而是由资方安排的，不能真正代表和体现员工的利益和愿望，并且成立以来没给员工做过什么实事，很多员工甚至还不知道工会的存在。员工的12条诉求中最重要的一条就是罢免原来工会的所有人员，由员工民主选举新的工会班子，由此便有了这次直选。事实上，早在1984年，吉林省梨树县总工会就在县办工厂中有过工会"海选"的尝试。欧姆电子的工会主席直选被媒体冠为全国首例，可见工会主席直选这一本应是工会存在的最基本条件，却一直没有得到应有实现。一个以代表和维护职工权利为主旨的组织，其领导人却是由作为集体劳权义务主体的资方委派或任命，这是一种先天不足。

不妨对比借鉴一下美国的情况。在美国《劳资关系法》中，为确定工会在集体谈判中的代表性问题，严格规定雇主在工会领导者选举中的行为，不要说由雇主任命工会领导者，就是对雇主干预或者只是间接影响雇员的自由选择权都有严格的明确禁止的法律规定。1935年，美国国会通过《瓦格纳法》，在第8（1）条中明确雇主的违法行为包括"干预、限制或压制雇员行使在第7条中所保证的"组织并参加和平的一致活动并进行集体谈判的权利。该法还清楚地划定四种雇主行为是违法的，而且认定其为对第8（1）条非法行为的次分类，它们分别是：雇主对工会的操控；雇主用雇佣、解雇或工作条件上的歧视，鼓励或阻碍工会中的成员；雇主对向国家劳资关系委员会提出指控或作证者的歧视；雇主拒绝与大多数工会谈判。违反第8条任何具体规定的行为压制或者限制了雇员的第7条权利，因此也构成对第8（1）条的违反。[①] 这些款项确定，雇主不得操纵、限制工会，不得影响、控制雇员，在举证方面也具有保护劳动者的倾斜设计，凡违反第8（1）条规定的没有必要通过雇员的直接证言或者其他方式表明特定雇员被压制了，只要大律师指明雇主的行为会对一个有理性的雇员构成压制就足够了。很明显，这一原则标准的设立促进了审理不当劳动行为案件的发展，避免了雇员要对雇主进行指证的尴尬。而且检验第8（1）条的第二个标准也是客观的，即雇主的行为只要具有限制或者压制员工的实际效果，即满足不公正劳动行为的条件，根本无需指证雇主的意图。[②]

美国《劳资关系法》对防止雇主干预、影响工会和工会选举的相关规定，对我国制定工会直选立法是很好的借鉴。一方面法律规范应该明确工会直选的要求和步骤，用不确定候选人和会员自荐的方式进行不记名投票；另一方面为防止发生资方的恶意控制和操纵，可以把资方的非善意言论及事后报复定性为不当劳动行为，并且在举证上对工会成员给予倾斜保护。有了工会会员自己选出的领

[①] Robert A. Gorman, *Basic Text on Labor Law: Unionization and Collective Bargaining*, West Publishing Co., 1976, p. 132.

[②] Ibid., p. 133.

导者，工会的代表性问题就得到了一定的解决。在具有凝聚力的集体中，劳动者更易由信任感促成安全感，由强团结促成强权力[①]，认为工会是自己的组织，从成员到领导都是与自己有着相同追求、相似处境的自己人，这是实现由集体增权到个体增权的第一步。

3. 争取工会财政的独立

经济基础决定上层建筑，一个没有经济来源和经济保障的工会，即使实现了直接选举，从长期看也是无法维系应有的独立性和代表性的，这就需要解决工会财政的独立问题。上文提及的被媒体和社会广泛关注并被冠以"中国首例"的欧姆电子，通过直选产生的工会主席赵绍波，上任不到十个月又迎来了同样备受关注的罢免风波，罢免书被张贴在了工厂门口，全厂400多名工人中有160人在上面签了字。按照《深圳市实施〈中华人民共和国工会法〉办法》，全体会员10%以上并且不少于8人联名，即有权向所在单位工会或者上级工会提出罢免所在单位工会主席等工会成员的书面建议。更为奇怪的是，当赵绍波得知职工要罢免他的时候，他竟只是淡淡地说了句："求求大家，赶紧罢免我。"出现这种情况，既与民主的真正实现需要一个曲折迂回的过程有关，更在于工会必须实现真正的经济独立。赵绍波总结工人对他的不满，主要有：工人因违反公司规定受处罚，希望工会能出面"摆平"，但他没有做到；逢年过节发福利，有人指责他们吃了回扣，或是用小恩小惠迷惑员工；不少工人还认为，工会成员都拿了双份工资等一些与利益有关的不满。但事实上，欧姆工会的10名工会成员全部是兼职，也没有额外的报酬和补贴。按赵绍波自己所讲的，上任9个月来，他日渐感到这个工会主席的位置是夹在劳方与资方之间吃力不讨好的角色，同样是拿着资方工资的打工者，亦没有法律手段可以使用，如

---

① 权力的方式可以归纳为以下三种，即获得所需要东西的能力，影响其他人思考、感受、行动或信念的能力，影响资源在诸如家庭、组织、社区或社会等社会系统中分配的能力。这种能力不仅表现为一种客观存在，而且表现为人们的一种主观感受，亦即"权力感"。正是这种权力感可以增进人们的自我概念、自尊、尊严感、福祉感及重要感。参见陈树强《增权：社会工作理论与实践的新视角》，《社会学研究》2003年第5期。

何使得资方满足工人提出的合理要求？一分钱的额外报酬都没有，既要制定工会章程，还要协调劳资纠纷、工人分歧，经济被搞得身心俱疲。其实在直选之后，资方承诺以后每年向工会提供10万元的活动运营经费，这恰恰给工会的维权不利埋下了隐患。直选使工会获得了本就应有的权利地位，但工会的资金来源无疑又为发挥权利代表的作用留下了"短板"。

根据《工会法》规定，工会经费大概有五个方面的来源：一是工会会员缴纳的会费；二是建立工会组织的企业、事业单位、机关按每月全部职工工资总额的2%向工会拨缴的经费；三是工会所属的企业、事业单位上缴的收入；四是政府的补助；五是其他收入。但"其他收入"是什么，并没有明确。从上述经费来源可见，企业工会对政府和企业有着很大的依赖性。工会经费由企业提供，那么在罢工中，特别是在持续罢工期间，工人的生活难以为继时，工会用什么为其提供保障？工会领导人的工资由企业发放，他们有什么底气去和自己的老板抗衡？正是这种经济上的不独立，使工会很难自主地开展活动。工会在企业中没有地位，不能参与任何涉及员工利益的决策；在员工中没有威信，发挥不了员工权利代表者的角色职能。经济的不独立，经费的缺乏保障，必然扭曲工会的权利角色，这就是为什么会有2005年9月30日发生的山西沁水林场的工会主席任富昌等在劳动争议诉讼中，被企业派去作为资方代表与职工对簿公堂的荒诞事件。

毫无疑问，工会财力状况与工会维权能力有着直接的正向相关性。工会应当实现经济独立，工会主席的工资、福利待遇视企业状况可由工会自理或者由上级工会发放，但必须与所在企业脱离。财政状况是工会的命门。企业工会实现财务独立甚至有强大的财力支撑，并不是没有可能，这又涉及我们该给工会如何定位的问题。前德国工会联合会在20世纪70年代后期经营着德国最大的工业经济联合股份公司，拥有250亿美元资产。德国工会有句名言，叫作"财力就是战斗力"。德国工会的巨人地位，是保证他在政治上保持独立性并在集体谈判桌上与资方分庭抗衡的重要条件之一。[①] 对此，我们可以做进一步的了解。德国工会的经费来源主要由以下三个方面构成：一是按照会员工资的1%缴纳的会费；二是利息或者其他收入，工会会把所持有的会费存入德国工会持有股份的公共经济银行，每年获得可观的利息；三是类似房地产等的其他收入，但所占份额不大。在工会经费的支出方面，主要集中在以下领域：一是对会员的各种补助，比如罢工补助、失业补助、法律保护费、紧急补助费和业余时间事故保险费及会员死亡补助费的发放，只要会龄达到一年并按时缴纳会费依申请即可；退休养老费提供给会龄20年以上的会员；丧失劳动能力的申请者，可一次性领取所缴纳会费20%的补贴。二是工会的各种活动经费，比如培训补贴、资料费、出差费、邮寄费、宣传费、印刷费、休假中心的费用等。三是管理费，比如维修费、人事费、酬金、外事费、咨询费、税金、水电费、租金等。四是向德国工联缴纳的费用。这样庞杂的会费管理和使用，需要有严格而专业的经费管理体制，为此德国工联设有经费审查委员会，一般由三人组成定期及不定期的审查监督并向联邦委员会和代表大会上报审查情况。一些产业工会还会有更详细的设置，例如五金工会，就由监督委员会和审查委员会共同进行经费监督，监督委员会的委员必须是有5年以上工会会龄并按时缴纳会费的会员，由代表大会直接选举，一经选举不得再兼任其他职务。[②]

虽说文化不能复制、制度难以移植，但经验可以借鉴。正如西方一句古谚所讲"Thinking globally, acting locally"（从全球着眼，从本地着手），德国工会经费自给自足并严格监管的有效做法，是可以结合我国自身实际，进行创设。比如，工会的会费可以出自会员的缴纳和政府及企业的补贴，但工会领导人的工资由上级工会或者企业工会在工会会费中划拨，不再由企业给付，工会还可以通过开展法律培训、维权咨询，甚至开办业余文体学习班等营利性活动

[①] 史探径：《中国工会的历史、现状及有关问题研究》，《环球法律评论》2002年第2期，第170页。

[②] 黄汝接：《德国工会的经费来源、使用和监督》，《中国工会财会》2001年第9期。

增加收益。充裕的资金不但可以摆脱资方的束缚,而且可以用以聘请法律、财会方面的专业人才。只有工会实现了经济独立并逐步经济丰厚,才能使集体成员得到社会和企业的尊重和认可,增加维权的实力,具有实现自我增权的内在动力。

在计算机软件设计领域,经常使用"耦合度"和"内聚度"作为衡量模块独立性的标准。① 由工会主席直选影响下的工会组织,会形成工会内部劳动者的高内聚,增强员工的维权信心和能力;而工会与雇主的耦合度越低,特别是在财政、行政上的较少依赖,自然会起到提升其独立性和自主性的效果。进言之,以工会为外部动力激发和挖掘劳动者维权潜能,实现个体增权的路径选择是可行并有效的,为此需要逐渐消除工会现有的体制性弊端,争取实现"低耦合、高内聚"状态,从而大幅提升工会在劳动关系中的平衡作用。

(三) 建立均衡对等的谈判平台

绝对的平等只可能存在于抽象的人之间,因为"人虽身心具备"无甚差异,但"能力却未必是平等的"。所以,"作为现代民法的理念,从人的抽象的自由、平等到其实质上的自由、平等的确认,以及相对于自由更为强调平等的发展过程,与此对应,现代民法中的人,作为强者、弱者的差异直接地得到承认的对象,强者成为若干法律上控制的对象,弱者得到保护,一切人事实上也应当是自由、平等的"。这样一来,"现代民法中的人,就不是抽象的人,而是法律认可的成为按其社会的、经济的立场差异受到不同对待的人,也即许多学者所说的'具体的人'"。这些具体的人,在更多时候或场合,指的不是理智的、聪明的、坚强的那些人,而是软弱

---

① 耦合度(Coupling)指软件系统结构中各个模块间相互联系的紧密程度。模块间联系越多,耦合度越高,则模块独立性越差。耦合度的强弱取决于模块间接口的复杂性,模块间互相调用的方式,以及通过接口传送信息的数量。内聚度(Cohesion)指软件系统结构中每个模块内部各元素之间相互结合的紧密程度。各个元素间结合越松散,内聚度越低,则模块独立性越差。内聚度的强弱取决于模块内元素的划分方式和使用方式,如果某元素与其他元素不产生关联,则说明该元素是多余的。"低耦合,高内聚"是软件工程基本原理,依赖该原理进行软件系统结构的模块划分,能够最大化个体功能,最小化群体冲突,保证系统的合理性和有序性,防止对某一模块修改所引起的"牵一发动全身"的水波效应,为设计高质量的软件系统奠定基础。在工会组织体系的构建中,也适用此原理。

的人，包括劳动者、消费者、社会弱者等，法律对这些人应该予以特别的关照，因此，"关照到这些人是现代民法的理念"。①集体谈判所要努力搭建的，就是一个相对均衡对等的利益妥协及互惠的平台。

集体谈判是劳资双方相互沟通的重要渠道，建立集体谈判主体双方均衡对等的谈判关系是形成和谐稳定劳动关系的基础。我国在推进集体谈判过程中，既存在着劳动者"不敢谈"的情况，也存在企业"不愿谈"的问题，以及毫无诚意的"虚假谈"、态度粗暴的"一口价"等问题，还存在着基层政府消极对待和抑制集体谈判的情形；既存在着法律制度不健全、不完善和执行力差的情况，也存在着工会组织不健全、不能有效发挥作用的情况，以及为数众多的民营和外资企业还没有建立工会组织的问题。单个劳动者在劳动力市场中处于相对弱势的地位，难以与雇主形成对等的平衡关系并有效地维护自己的利益。集体谈判机制可以使劳动者的个人意愿通过工会组织以更强力的方式表达出来，由工会代表劳动者个人同雇主进行更有效率的谈判，这样，显然能够大大增强劳动者一方的力量，特别是解决了单个劳动者的诉求困惑，在一定程度上实现劳资主体双方的对等均衡。

从目前的情况来看，集体谈判在很大程度上还取决于雇主的态度，如果企业不积极响应，甚至拒绝谈判，由于外在的强制力不足，集体谈判仍很难开展起来。法律的保障性就是法律的干预性，它不是纯粹的内在自发性，还有外在的强制性；不是纯粹的市场机制的调节性，还有国家权力的干预性；不是纯粹的私人自治性，还有公共决策性。要进一步明确集体谈判双方的权利与义务，使劳资双方形成相对均衡的对等关系展开谈判。信息对称、运行良好的集体谈判机制有利于减少和消除劳资双方的误解，促使劳资双方互谅互让、达成妥协、签订协议，减少有意破坏、消极怠工、不辞而别，以及大规模、突发性的停工罢工事件的发生。因此，必须通过

---

① ［日］星野英一：《民法劝学》，张立艳译，于敏校，北京大学出版社2006年版，第105—111页；参见邱本《经济法的权利本位论》，中国社会科学出版社2013年版，第66—67页。

法律的方式,增强集体谈判的强制力,并成为外力推动的权利主体增权的主要模式。

民主的核心,在于人成为自己的主人,其保障就是法律面前的人人平等,享有受到保障的权利。劳动者以人力资本的投入就成为了特定企业的一名员工,就与该企业建立了特定的组织关系。承认工人有权通过工会代表参与工作场所规章制度的制定,工会可以与雇主就共同关心的问题进行磋商和谈判,强调了工会和企业间的相互依赖关系,劳资双方应通过集体谈判联合起来,使冲突及解决冲突的方式制度化,用共同的利益协调存在的分歧。

强调在集体谈判制度构建中雇主与劳动者要建立"正向合作"关系,表达的是对建设和谐劳动关系重要性的认识,也就是要确立在集体谈判中"斗而不破"、"分而不散"、"协商共赢"的总原则。开展集体谈判的过程,就是代表劳动者的工会与资方为签订主要体现劳动工资、劳动条件和劳动环境等的集体合同所进行的讨价还价的互动过程,是一个涉及主体均力求实现自身利益最大化的博弈过程,这就必然需要有明确详尽的制度规范作为共同的遵循,为劳资双方提供一个确定性的行为坐标,确保集体谈判能够在规范框架内有序展开,并有效化解谈判过程中出现的各种问题。

劳动关系从来都不是孤立的,它是经济、社会和政治等各种因素综合作用的结果,具有复杂性,解决的艰难性,因此必须善于综合运用和不断创新劳资领域的社会治理机制和手段。正如恩格斯所说的,任何"权利决不能超出社会的经济结构以及由经济结构制约的社会的文化发展"[1]。确认集体谈判权并不能超出社会条件的许可,避免在集体谈判中无限制地主张更多、更高的权利要求。可以将集体谈判制度与劳、资、政三方协调制度,与职工民主参与管理制度,与劳动争议纠纷仲裁诉讼制度,与企业社会责任运动等有机结合,以民主法治的方式实现多元主体的良性互动、合作博弈,达到劳资关系的协调、社会秩序的善治。

---

[1]《马克思恩格斯选集》第3卷,人民出版社1995年版,第305页。

第二节　确立罢工权的威慑救济

罢工是由劳资纠纷引发的。对于资方而言，通常情况下一般劳动力的资源并不稀缺，且具有极强的可替代性，而流动性、逐利性是资本的基本属性，因此，即使法律赋予了劳资双方平等的社会地位，劳动者与其雇主之间也难以做到实际的平等（绝对平等不可能发生在劳资关系之中）。赋予劳动者合法的罢工权（right to strike、the right of strike action），保证罢工能够在法律允许的范围内顺利开展，有利于更好地保障劳动者权益，促进承认差异的实质平等的实现。在立法上对劳动者的罢工权加以确认，就意味着给劳动者赋予了对雇主的威慑权，从而实现对集体谈判权的有效救济。

一　工人阶级争取罢工权的历程

作为一种普遍的工人运动，罢工的兴起源于资本主义的发展，产生的根源是资本家对工人剩余价值的疯狂压榨和过度剥削。

（一）风起云涌的工人运动

17世纪中叶以后，以英国为首的欧洲主要国家先后取得了资产阶级革命的胜利，资本主义生产方式逐渐取代了封建领主式的生产方式，以大规模生产为特征的劳动力商品化的雇佣劳动关系随之广泛建立起来。在资本主义经济的快速发展中，特别是在工业革命的早期，资本家为了赚取更多的相对利润，往往采用降低工人工资、延长工作时间、减少劳动保障等最为简单粗暴的压榨方式降低生产成本。大批工人被迫在极端恶劣的劳动条件下劳作，无法获得应有的劳动报酬，生命和尊严也得不到起码的尊重，基本健康和安全受到了严重的侵害。

在这种被过度剥削的状况下，面对强大的雇主，工人为谋求生存状态的改善，不断尝试各种对抗和斗争方式，并在这一过程中逐渐地成熟起来，作为一个有着类似意识、相似行动的阶级逐渐地建立起来。可以说，正是雇主的无度欺压，才使寻求出口的工人走到了一起。工人们团结起来,借助集体的力量同雇主进行斗争,最有力的斗争方式就是通过组建工会与企业进行谈判,并以罢工作为谈判的筹码,或者将罢工作为谈判破裂的升级行动。这就意味着,资本所有者在创造巨额财富的同时,必然需要、事实上也培育了越来越庞大的劳动者队伍,这反过来又增强了工人阶级为自身利益与资方进行抗争的力量。

早期以零和博弈方式存在的劳资关系,由于都寄希望于强制(暴)力解决冲突,在对抗中具有极大的不妥协性。由此,引发了一次次绵延不绝、规模不同的劳资冲突,在这个过程中,资方在政府的支持下普遍对参与罢工的工人采取了高压政策,推动政府对冲突升级的罢工运动进行残酷的镇压,并采取各种方式剥夺工会权利,包括以法律的形式禁止罢工。但是,这种一边倒的高压政策,使原本就绝望中求生存、没有其他选择的劳动者被激发采取了更为激烈的反抗行动,持续的大规模的暴力对抗,造成了更大的社会伤害,这就使得资本家开始意识到不妥协的对抗对自身利益所带来的实质损害。逐渐地,一些相对理智的政府也认识到这种高强度的阶级对抗是应得到缓和的,不应是不可调和的,因为这不符合政府的利益、公共的利益。

(二)罢工权利的逐步确立

难以调和的纠纷既然存在,人类的理性便会促使建立防止纠纷激化、解决矛盾冲突的制度规范,使其受到限制,避免造成其他更大的危害。随着工人运动的蓬勃发展,特别是以法国里昂工人运动、英国宪章运动以及德意志西里西亚纺织工人运动为代表的欧洲三大工人运动,使这些国家的政府清醒地意识到单方面维护资方利益的不可行性,也是错误的。面对工人就改善生存状况、保障人权等提出的合理诉求,无论是政府还是资方都应作出一定的妥协。于是,工人的一些利益开始得到承认,禁止工人罢工的法律逐渐被废除,比如1824年英国议会宣布废除1799年实行的禁止工人罢工和组织工会的法律;1864年,法国政府也解除了对罢工的禁令。这就意味着,罢工权作为劳动者的一种基本权利和权利维护方式,开始被社会所接受和承认,并在此基础上得到法律的确认。当合法罢工、依法维权成为工人阶级可以实现利益诉求的工具时，罢工行为也必然受到相应的规范和限制，从而使权利与义务基本对等，这显然有利于劳资双方理性地解决利益冲突。但是，实现此的过程并不是一帆风顺的，期间的反复是对重构劳资关系的不断博弈和确认。

1932年，美国《诺里斯——拉瓜迪亚法案》提出了对和平罢工、纠察和联合抵制的保护，保护其不受联邦法院受雇主要求发出的禁令的禁止。1935年的《瓦格纳法》更宣布一致的雇员行动，作为促进雇员群体和雇主之间平等谈判权的一种手段，应该得到积极的保护。根据《瓦格纳法》第8(a)(1)条，雇主应当被禁止"干预、限制或者胁迫雇员进行参与这种一致行动的权利。"被保护的一致行动的明细被列于第七部分，这些内容包括：雇员有组织及加入工会、参加或支持劳工组织的权利，有通过自己推选的代表进行集体谈判的权利，有进行以集体谈判或互助为目的的其他一致行动的权利。上述内容明示了一致行动的合法性，确立了一致行动理应受到的保护，但没有主张所有支持集体谈判的一致行动（特别是破坏机器、浪费材料或破坏财产等）都应受到保护，并且对合理的一致行动还进行了相应的规范和限制。《瓦格纳法》规定只有在满足如下四个要求的情况下，一致行动才受到保护：(1)必须有一个与工会相关的不满存在；(2)一致行动必须是要促进某种集体利益；(3)必须通过该一致行动得到一个具体的救济或结果；(4)行动不能违法或不适当。

1943年，美国工会相继组织了电力工人、卡车司机、搬运工人等的大罢工，使旧金山、特利多、伯利斯等城市生产相继瘫痪。罢工遭到军队的残酷镇压，打死打伤多人，但罢工行动仍然坚持了下来。1947年，罗斯福总统公开承认工人有组织起来的权利。同年，经国会通过的修改后的美国《劳资关系法》第13条公开承认工人阶级具有罢工权："除本法内专门有规定的情况外，本法内的任何部分都不得被解释为可以以任何方式干涉或妨碍或减少罢工权利，或者影响罢工权利的限度或范围。"并将罢工界定为受雇者协同一致地停止工作，及任何协同一致地怠工，或者受其他受雇者集体中断企业营运的行为。① 至此，美国工人的工资、工时、工作环境等有了法律保障，劳资关系总体趋于缓和。

第二次世界大战后，世界主要国家相继将罢工权作为一项公民权利，通过宪法等法律加以保障。比如，《意大利共和国宪法》（1947）第40条规定："罢工权应在调整此项权利的法律范围内行之。"《法兰西共和国宪法》（1964）在序文中这样写道："罢工之权利在法律规定内行使之。"《瑞典王国宪法性文件》在第5条也规定："任何工会、雇主和雇主协会均有权采取罢工、闭厂等类似行动。"此外，一些国际公约对罢工权也做了规定。比如1961年10月18日签署的《欧洲社会宪章》（European Social Charter）第6条第4款规定："在权利冲突的情况下，工人和雇主只要遵守由以前所达成的集体协议所派生出来的义务，就享有集体行动的权利，包括罢工的权利。"这是最早明确工人享有罢工权的国际性文件，之后联合国《经社文权利公约》对罢工权做了更为详尽的表述，至此，罢工权正式作为一项法定权利被整个世界所接受和公认。

对于罢工在调和劳资矛盾、化解劳资冲突中的重要作用，英国大法官怀特（Lord Wright）认为，工人罢工的权利是集体谈判原则中最重要的组成部分。② 因为罢工自由（罢工权）是一种自我防护、自力救济的手段，是劳动者在劳动关系中的矛盾尖锐或激化的结果；是劳动权利遭到严重损害而且无法通过集体谈判获得权益保障，其他救济途径无效或者关闭的情况下，劳动者被迫采取的自我保护、强化斗争。在集体谈判权的视角下，必须明确罢工权是劳动三权的重要组成部分，是具有正当性的集体劳权的行使，是劳动者为在集体谈判中对雇主方施加一定压力而进行的有计划、有组织的停止工作的行为，它通常存在于以工会为主体的谈判中，但也会以非工会领导的形式存在于产业关系中。

（三）罢工行动的共性特征

产生罢工的根本原因，在于劳动关系双方对利益追求的不尽相

---

① *Labor Management Relations Act*, Vol. 142, No. 2, 1947 (U.S.A)，转引自赵守博《罢工权的保障与规范》，《厦门大学法律评论》2008年第1期。

② 郑尚元：《建立中国特色的罢工法律制度》，《战略与管理》2003年第3期。

同，在于利益相对确定的情况下分配和报酬取得上的对立。在市场经济体制下，处在激烈竞争中的企业要生存和发展，必然要以实现利润最大化为目标，有着降低劳动成本、经营成本的客观要求；而受雇佣的劳动者则期望尽可能多地从企业得到劳动回报，比如提高工资、增加福利、改善工作条件、增强劳动安全、多些人格尊重等。罢工是"不应为之为"。虽然罢工是改善劳动者的自身境况的举措，能够起到激励劳动者的作用，但也会直接地转化为企业的经营成本，不利于企业在市场中取得竞争优势，这种情况在劳动密集型企业中体现的更为突出。下面，从法律认可的角度概括一下罢工行动所具有的共性特征：

1. 罢工诉求的经济性

劳动者的罢工诉求通常都是与劳动者群体自身密切相关的经济利益和相关权益，如薪金报酬、工作时间、劳动条件，以及社会福利、社会保障、经济政策等涉及自身生存或生活质量的诉求。一方面指向特定的意识形态和社会制度，或者表达特殊的政治理念和要求的罢工较少发生；另一方面，以要求维持或改善劳动条件等经济目的而举行的罢工法律是允许的，但非经济类的罢工、特别是基于政治目的的罢工在许多国家法律则不予认可，大多是被禁止的。

2. 罢工行为的组织性

罢工是劳动者的集体行动，因而必须是有组织的。罢工行为的组织性体现在：一是处于劣势地位的劳动者个体理智地意识到，孤立地与资方对抗是软弱无力的，不仅很难达到改善自身劳动待遇的目的，甚至还会影响到自身的就业，给自己带来生活困顿；二是经过无数次的工人运动洗礼，工人阶级的组织性、工会的领导能力得到很大的提升，集体行动使工人与资方的交涉能力显著提高，极大地改变了劳资双方的力量对比，以工会为核心的工人组织在斗争中建立起的权威使其成为罢工行动的当然代表；三是出于对随意罢工可能引发社会混乱的顾虑和对"无政府主义"工人运动的担忧，许多国家都规定只有在集体谈判失败后工会才有权发动罢工，而且罢工必须是一种集体或协同一致的行动。

3. 罢工活动的常态化

在市场经济国家，工会组织的大大小小、各种形式的罢工活动是相当普遍的现象，是各个阶层、各个领域的劳动者表达自身利益诉求的正当方式，甚至被认为是一种社会"常态"，因而在许多国家的公民对此已习以为常，小规模的罢工只是街头示威。但在2008年全球金融危机爆发后，由于欧洲国家政府普遍实行了财政紧缩措施，就被各国工会认为是伤害了社会弱势人群利益的做法，多个国家相继发生了以抗议大规模紧缩政策为主要内容的大罢工，数百万工人参与其中，罢工潮一时席卷欧洲。

4. 罢工指引的法制化

在前面的叙述中，笔者已就世界各国的罢工立法作为较为详细的情况介绍，应该说罢工指引的法制化是一个国家法治文明的重要标志之一。完备健全的法律制度，既为罢工行动提供了有效的法制指引，降低劳资冲突可能对社会生产和生活带来的负面影响，在动态中维护社会经济的稳定发展，求得社会秩序的动态稳定；对罢工权利的行使方式遵循法律规范与制度约束，可以大大减少违法罢工发生的可能性，并为解决罢工冲突构建了制度基础。

5. 罢工方式的秩序化

欧美国家的罢工方式已呈现理智化、秩序化的特征，这是各国总结工会运动的经验教训的结果，是罢工行动日渐成熟的体现，也与整个社会的法治化程度较高有关。包括劳动者在内的社会群体，已经习惯于在法律的框架内表达诉求、依法请求和解决问题，愿意通过妥协的方式实现双赢。因此，总的来看，劳资双方之间以及政府与劳动者之间以暴力方式激烈对抗，并且造成较为明显的人员伤亡的情形，已经越来越少发生，而是选择在法律和秩序的框架内温和开展。即使在具体的罢工事件中，发生小范围或个别的身体冲突，甚至有罢工人员被拘捕，一般也会通过正常的法律程序予以处理，引发大规模政治性、对抗性的社会革命运动的可能性，几乎不存在。罢工就是罢工，不能当作革命。

6. 罢工力量的分散化

随着以信息化、智能化、全球化为特征的第三次工业革命的到来，互联网已经逐渐成为一种工作和生活方式，现代服务行业广泛兴起，世界变得更加平坦，资本加速在世界范围内的配置步伐，以现代企业治理为特征的企业经营管理和人力资源政策发生了巨大的变化。劳动经济向知识经济的转型越来越明显，大批企业的劳动关系变得越来越松散、越来越不确定、越来越模糊，许多国家工会的凝聚力在降低、参会率在下降，组织罢工行动开始变得力不从心。显然，能与资方抗衡的罢工力量正在不断地被消解、削弱。大工业生产是劳动者大规模聚集并通过团结使自身强大、获得力量，从而借此改善境遇的重要条件，然而这个条件正在发生着逆向改变。此外，企业资产的证券化，股权结构的多元化，企业内部管理的改善，社会保障的逐步健全，均使得工人之间原有的凝聚力、团结优势在逐渐失去，并且越来越快，需要我们重新寻找和构建劳资关系的平衡点。

二　对罢工与罢工权的辨识

罢工作为劳动者维护自身权益的重要手段，在承认劳动者应有罢工权的基础上所构建起的罢工制度，对工人薪酬的不断提高、劳动保险福利待遇的不断改善、劳资冲突激烈程度的缓和，起到了十分显著的作用。凡以集体谈判为基础的劳资关系协调机制，都与罢工制度的建立密不可分。要解决集体谈判权的权利运行受阻问题，就必须正视保障劳动者集体谈判权得以实现的罢工权，罢工权的合法性问题是构建集体谈判制度绕不过去的槛。

（一）对罢工与罢工权的释义

《牛津法律大辞典》上定义的罢工，是指某个雇主的全体雇员或其中的大部分同时一致停止工作，通常因劳资纠纷引起。美国法学界盛名已久的《布莱克法律辞典》（Black's Law Dictionary）在其1968年修订第四版中，将罢工界定为一个劳工的组织（a body of workmen）为了迫使其雇主接受他们之前所提出但被雇主所拒绝的要求（demand），而采取的停工（quitting work）的行为；在其2001年的袖珍第二版中，则将罢工解释为受雇者的一种组织性的停工或怠工（organized cessation or slowdown of work），以迫使（compel）雇主接受其要求（demands）的行为。尽管两个定义的表述有些差异，但同时强调罢工是一种有组织的团体性行为，也就是为迫使资方同意其提出的条件而执意"暂停工作"。1947年制订的美国《劳资关系法》，对于罢工作了如下的解释：罢工是"受雇者协同一致地停止工作（concerted stoppage of work）（包括因团体协约之期满为由的停止工作），及任何协同一致地怠工（concerted slowdown），或其他受雇者集体中断企业营运（concerted in-terruption of operations）的行为"。罢工的要件包括劳工的"集体行动"（concerted action）和"停止工作"（work stoppage），罢工的目的则是维持原有权益或争取更佳的劳动条件和工作保障。

对于罢工的概念及定义，一直以来国内学术界有很多不同的表述。比如，有学者认为罢工是多数被雇人，以劳动条件之维持、改善或者其他经济利益之获得为目的，协同的劳动之中止。[①] 有的学者从五个方面对罢工进行了注释：一是罢工为单纯之业务休止，并非劳动契约之终止；二是罢工为依多数受雇人组织所为之业务休止，一人罢工之观念为法所不许；三是罢工为受雇人之业务休止，并依法定程序为之；四是罢工应以经济性为目的，而政治性罢工不为劳动法所允许；五是罢工为经济斗争手段，即雇用人与受雇人之利害相反，立于不能依和平办法为协议之状态。[②] 总之，确立罢工权的目的不是为了鼓励罢工，而是为了规范罢工，在这一点上，绝大多数的学者意见是一致的。

罢工权作为劳动者权利，就其法律性质而言，是兼具公权与私权的社会权，是与资方的所有权相对应的劳动者的生存权。西方发达国家普遍以宪法的方式，确定了罢工权是劳动者应享有的宪法权利，是公民自由权的重要构成，因而罢工权又可以称之为罢工自由权。将罢工权作为一项宪法权利，其意义在于国家或其他公共团体不得随便禁止或限制劳动者的罢工权。但是，由于罢工行为针对的

[①] 黄越钦：《劳动法新论》，翰芦图书出版有限公司2000年版，第400页。转引自程延园《集体谈判制度研究》，中国人民大学出版社2004年版，第230页。

[②] 史尚宽：《劳动法原论》，1934年上海初版，1978年台北重刊，第249—250页。转引自赵守博《罢工权的保障与规范》，《厦门大学法律评论》2008年第1期。

实际对象是特定雇主，也就等于要求雇主要承担不作为的义务，即不得阻碍或者限制劳动者对这一权利的正当实施，这就意味着劳动者与雇主之间形成了在罢工上的权利义务关系。罢工权的发生和实施，是与雇主的闭厂权共生共存的，即在劳动集体争议的解决方式上具有法律规定的对等权利。正如瑞典王国宪法性文件中规定的："任何工会、雇主和雇主协会均有权采取罢工、闭厂等类似行动，但法律另有规定或为合同所保证者除外。"

在市场经济的发展过程中，罢工一直都是工人和雇主进行谈判、谋取经济利益的重要砝码，虽然在当今很多国家，工人维护自己权利的主要方式正日趋平和，多以集体谈判的方式实现，但罢工作为最后的抗争手段，从来就没有被放弃过，也不可能被放弃。只要以雇佣为纽带的劳资关系存在，劳资冲突就无法避免或是消解，这种客观事实只要存在，这时罢工作为处于弱势的劳动者与资方抗衡的最后武器也就一定有其存在的必要和使用的空间。实际上，罢工威胁并不总是发生的，而且在大多数情况下，罢工威胁并没有成为现实，也就是说罢工是以罢工权的方式存在的。赋予劳动者罢工权，就能够改变劳资双方力量的严重不均衡，有利于处于劣势的劳动者不至于在发生劳动争议时毫无招架之力，这并不是绝佳的劳动关系状态。根据英国选举改革服务局的报告，2003 年，英国共成功进行了 684 个罢工投票，但最终罢工的只有 133 起，占当年罢工威胁数的 19%。这一比例在之后的三年逐年下降，2007 年有所回升，比例最高的 2008 年也只有 22%。由此可见，英国约有 4/5 的罢工威胁并没有实际发生，都是通过继续协商、调解等方式解决的。[①]

因此，劳资双方在地位上的相对平等，带给劳动者的却是可以实现公平对话、公平谈判的机会，以罢工为最后胁迫手段下的集体谈判，不仅仅是一种形式上的劳资双方的平等，更有助于实现实质上的劳资关系的公正。抽象而言，罢工权是一项个人权利，是否罢工由劳动者个人自主决定，但是罢工权的行使必须是劳动者的集体

[①] 刘燕斌主编：《国外集体谈判机制研究》，中国劳动社会保障出版社 2012 年版，第 170 页。

行动,所以罢工权是个人权利与集体权利的统一。它的行使是以个人权利为基础的,只有法律上规定了个人享有罢工权,而后集体的罢工权才能存在;个人权利的行使又必须通过工会的组织,劳动者一致行动才能行使罢工权,是集体行使的权利,因而属于集体权利的范畴。在宪法层面明确劳动者具有罢工自由,在劳资法律关系中明确劳动者和雇主同时享有罢工权和闭厂权,对于处于弱势地位的劳动者有着更加直接的实际意义。

(二)对政治性罢工应予严格管控

对罢工内涵和范畴的界定至关重要,它关系到对罢工行动的容忍范围和接纳程度。笔者倾向于对罢工作广义与狭义之分。狭义的罢工仅存在于劳动关系之中,是指企业内的全部或多数受雇人,为达到劳动条件的改善或经济利益的获得,以中止劳动力供给为具体方式的同时停止工作的行为,以迫使雇主让步,是受雇人在劳动争议不能通过正常程序解决时所采取的最激烈的斗争行动;广义的罢工还包括政治罢工、革命罢工、宗教罢工等在内,[①] 因而也就不限于特定企业的内部。也就是说,狭义罢工仅指经济性罢工,广义罢工则不同,它还将政治性罢工也纳入了罢工范畴。通常情况下,国际社会只把狭义罢工,即经济性罢工纳入到国家法律对工人权利的保障范围,对政治性罢工则持极为严厉的禁止性态度。

当然,即使是经济性罢工也难以避免会包含一些社会性或隐性的政治性因素,但是这并不等于罢工就是政治性的。纯粹的政治性罢工区别于其他形态罢工的关键因素,在于政治性罢工是为了某一团体或个人特定的政治主张而发动的,或者是利用群众对政府的不满将罢工矛头直接或间接指向了国家机构。在美国 Shelly & Anderson Furniture Mfg. Co. v. NLRB 9th Cir. 1974 的案例中,就列举了不受保护的一致行动:怠工、静坐、野猫罢工、损害工厂设备、非法侵入、暴力、拒绝接受分配的工作、拒绝遵守规则等类似的行为。[②]

[①] 史探径:《中国工会的历史、现状及有关问题探讨》,《环球法律评论》2002年第2期,第171页。

[②] Robert A. Gorman, *Basic Text on Labor Law: Unionization and Collective Bargaining*, West Publishing Co., 1976, pp. 296-297.

这些法律条款，对罢工行为所进行的规范和限定，目的恰恰是为了保障经济性罢工的有效开展，保障劳动者通过罢工改善劳动条件目的的实现。

世界各国普遍将政治性罢工排斥在外，是因为在他们看来，政治性罢工可能严重破坏一个国家的经济基础和宪政秩序，尤其是强制性的政治罢工。坚决反对政治性罢工的观点还认为，强制性罢工的目的并不是为了争取合法的经济利益，而是要争夺凌驾于其他社会成员之上的特权，使国家机器丧失其应有的代表全体人民利益的职能，沦落为贯彻和执行罢工者意志的工具状态。即使是政治性色彩相对较低的示威性罢工，也会使第三方企业蒙受经济利益上的损失，不利于社会的安定、团结，损害宪法保障公民的其他基本权利。

一般而言，公民的政治权利和自由是人的核心权利，这些核心权利就包括诸如选举权和被选举权，以及言论、出版、结社、集会、示威、游行等公民参与国家政治生活的权利和自由。由此而论，罢工权是政治性权利和经济性权利的结合，但是，政治权利是根据宪法、法律的规定参与国家政治生活的权利，它是公民的经济要求在政治上的集中反映，是公民权利的重要成部分，也是公民其他权利的基础。经济权利是指公民依照宪法规定享有物质利益的权利，是公民实现其他权利的物质保障，主要包括劳动权、休息权、社会保障权、社会保险权、社会救济权、合法财产受保护权、土地使用转让权等。在本书中，笔者研究的是劳动法层面的集体谈判权，相对应的罢工权也是劳动法意义上的一种经济性权利。

与政治性罢工不同，经济性罢工是作为一种人的社会权利而被确立的。这种社会权利通常被认为是人的生存权，是公民通过合理、合法的方式从自己生活的社会中获得基本生活条件的一种权利。这种权利既包括公民获得基本生活条件的权利，如人身权、自由权等，还包括公民向国家依法要求提供这些条件的权利，以及实现这些条件的保障。经济权是社会权的最重要组成，是与公民依法实现个人经济利益相关的各种权利。经济性罢工是社会权中劳动权保护的具体内容之一，是劳动者以集体中止劳动力供给为手段，迫使雇主让步从而维持或改善劳动条件或经济待遇的重要权利。这就使得公民在行使诸如经济性罢工权利时，不仅要求国家对劳动者可能遭受到的非法侵害进行排除，还有权要求国家提供相应的条件以保障罢工权利的实施，因此，罢工权作为受雇佣人用以对抗雇主的一种手段，是劳动者行使集体谈判权的一个非常有效的武器，更是民主法治国家和文明社会应当给予同样是公民的劳动者的一项重要权利。

（三）马克思主义的罢工学说

即使仅从学术研究的角度，马克思主义的罢工学说也具有极高的理论价值。马克思、恩格斯从19世纪40年代开始研究资本主义劳资关系，以唯物史观和阶级分析方法，逐步形成了系统的劳资关系理论。《资本论》的实质，就是劳资关系理论。

马克思主义的传统理论认为，劳资关系是资本主义社会的基础，劳动和资本是两种最主要的生产要素，而劳动从属于资本，因为资本主义社会的运行机制就是经济人追逐资本、剥削劳动。因此，劳资关系是一种阶级利益关系，反映的是资本家和雇佣工人之间剥削与被剥削的关系，由此决定了劳资双方必然是一种对立和对抗的关系。在资本主义社会里，人们在社会生活、生产劳动过程中逐步形成了两大对立阶层，即生产资料所有者（资本方、资产阶级）与不占有任何生产资料的劳动者（被雇佣方、无产阶级）。虽然，劳资双方都希望能为福利改善提供足够的资金，且保障企业良好运转。但是劳资之间存在着的基本利益矛盾，必然在生产如何进行、产品如何分配等问题上双方利益相悖，工人致力于提高工资所占比例，而资本家主张提高利润份额。资本方作为社会大生产的组织者，凭借自己的金钱和在上层建筑中的优势地位，强势占有处于社会最底层的被雇佣者的劳动成果，进行着不平等的交换。他们千方百计延长劳动时间，加大劳动强度，无节制地降低劳动成本和管理费用，无孔不入地赚取利润，榨取劳动者的血汗。在追求利益最大化的过程中，他们对一切社会道德不屑一顾，也不管劳动者的死活。

这就意味着，资本主义的发展只能增强这种对立和对抗的关系，而不可能弱化这种关系，工人阶级要想改变自己的处境，必须通过暴力革命消灭雇佣劳动和私有制，罢工就是其中的方式之一。罢工是阶级社会的产物，是社会发展到资本主义社会时大量出现的社会现象。一无所有的劳动者只有团结起来，成立工人组织来凝聚力量壮大自己，为维护自身利益、争取合理待遇与资本家斗争。

今天我们重温马克思主义劳资关系理论，应充分考虑到当时的时代背景，只有这样才能历史地辩证地理解和分析罢工和工人阶级为争取罢工权的斗争。在19世纪中期，欧洲工人运动风起云涌，迫切需要理论的指导，马克思主义劳资关系理论主要是为当时的工人运动服务的。这种理论要揭示资本剥削和压迫劳动的秘密和经济实质，使工人明白自己所处的地位，找到在经济上受剥削、政治上受压迫的真正根源，并向他们指出推翻资本主义制度的必要性和科学方法。当然，马克思、恩格斯的劳资关系理论只是对资本主义早期劳资关系的一种描述和抽象，对他们身后的资本主义劳资关系只能作一些预测性的原则描述，而不可能是未知先觉、先知先觉的。

（四）罢工权在国际法中的相关表述

国际性的法律法规对罢工权的表述，最早见诸法律性规定的是1961年制定的《欧洲社会宪章》。该宪章第6条第（4）款规定，为确保有效行使集体谈判权，在权利冲突的情况下，工人和雇主只要遵守由以前达成的集体谈判协议所派生出来的义务，就享有采取集体行动的权利，包括罢工的权利。在之后的《经社文权利公约》，对劳动者的罢工权做了更为详尽的规定。

由1966年联合国大会通过，于1976年生效的《经济、社会及文化权利国际公约》是联合国人权公约的核心文件之一。中国政府于1997年10月27日签署该公约，2001年3月27日递交批准书，正式加入该公约，成为履约国。该公约第三部分第8条规定："本公约缔约各国承担保证：（甲）人人有权组织工会和参加他所选择的工会，以促进和保护他的经济和社会利益；这个权利只受有关工会的规章的限制。对这一权利的行使，不得加以除法律所规定及在民主社会中为了国家安全或公共秩序的利益或为保护他人的权利和自由所需要的限制以外的任何限制。（乙）工会有权建立全国性的协会或联合会,有权组织或参加国际工会组织。(丙)工会有权自由地进行工作,不受除法律所规定及在民主社会中为了国家安全或公共秩序的利益或为保护他人的利益和自由所需要的限制以外的任何限制。(丁)有权罢工,但应按照各个国家的法律行使此项权利。"上述第8条清晰地指出,劳动者人人享有组织工会、参加工会的结社权,明确了罢工权这一基础权利。比如在(丁)款中还特别提及,应按照各个国家的法律行使此项权利,即协约国可以根据本国国情通过立法的方式规范罢工权的使用。我国在签署该公约时对其中关于组织和参加工会的条款作了保留,主张通过本国立法解决劳动者结社权的问题,但对于罢工权的条款没有作特别声明。鉴此,作为《经社文权利公约》的缔约国,中国政府致力于实现民主化、法治化的国家,承认罢工权的存在并加以法律规范是在国际法层面的应尽义务。

需要承认的是,只要有雇佣关系,劳资矛盾就不可避免,经济性罢工就必然存在,对此,只有坦然应对才有可能消弭冲突,运用集体谈判把纠纷以平和的方式解决在萌芽状态。对罢工的法律规范,就是要将其作为劳动者为了提高薪酬待遇、改善工作条件、争取合法权益,支持工会代表开展的集体谈判,从而签订(变更)体现劳动者意愿的集体协议,当谈判破裂才能实施的有计划、有组织的集体暂时停止工作的行为。也就是说,作为劳动者应有权利的罢工在通常情况下是以威慑的方式存在的,是否行使这项相对激烈的对抗式权利,则取决于劳资双方的博弈状况。作为现今民主法治国家和社会所给予劳工和受雇者的一项极其重要的权利,罢工权与劳动者的团结权、集体谈判权是"三位一体"的,统筹使用才能发挥更大的平衡劳动关系的"武器"效能。世界大多数国家在法律层面是认可劳动者的罢工权的,承认罢工乃一群工作者,以集体的或其他相同程度的全部或者部分停止工作的方式,向其雇主施加压力,以求进而达其特定需求[1]的行为,因而具有相应的合法性。

---

[1] 丘周刚:《劳动争议:罢工及闭厂之法律》,《法学丛刊》第142期;转引自郑尚元《建立中国特色的罢工法律制度》,《战略与管理》2003年第3期。

三 罢工权在我国的制度演变

不同于西方市场经济国家由压制到接受、由不承认到健全法制的发展道路，我国对待罢工和罢工权问题可谓是一波三折，期间充满着意识形态、思想观念的较量，充斥着利用与反利用、打压与反抗的斗争，迄今为止这个已经被严重涂抹了"政治化"色彩的问题也未在法律层面得到解决。大政方针、法律制度不明确，在实践中会导致更多的无所适从、混乱无序，使既已存在的矛盾冲突难以得到妥善的处置。一切为了人民，就必须有效地保障处于弱势地位的广大劳动者群体的正当利益，积极引导劳动者开展集体谈判，承认劳动者的罢工权，对罢工持较为宽容的态度，这将有利于提升整个社会的文明、法治程度。透过罢工权在我国的制度演变，会使我们更加强烈地认识到调整和健全现行的公共政策、法律制度的必要性和紧迫性。

（一）民国期间截然对立的政治态度

对罢工的规定，最早见诸北洋政府分别在1912年和1914年发布的《暂行新刑律》和《治安警察条例》，对工人同盟的罢工和团结活动均严厉禁止。比如《暂行新刑律》中有这样的规定："从事同一业务之工人同盟罢工者，首谋处四等以下有期徒刑、拘役或300元以下罚金；余人处拘役或30元以下罚金。"其基本态度就是罢工即是犯罪，因此，应予严厉禁止。

中国共产党成立后，高度重视工人运动。1922年7月，中国共产党领导工人运动的总机关——中国劳动组合书记部在广州发起召开第一次全国劳动大会，拟定了《劳动法立法原则》和《劳动法大纲》，明确提出："承认劳动者有集会结社权、承认劳动者有同盟罢工权，承认劳动者缔结团体契约权。"此后，中国共产党又领导了多起产生广泛影响的罢工行动。比如1925年毛泽东、刘少奇、李立三领导了有一万七千多名工人参加的安源路矿工人大罢工，迫使路矿当局承认工人提出的大部分条件，显示了工人阶级的巨大力量并为组建工农红军积累了力量。1925年在上海发生的著名的"五卅运动"，也是由共产党人领导上海工人进行的罢工运动。可以说，自建党初期起，罢工就成为了中国共产党夺取政权的重要方式。

1924年11月，孙中山以广东国民政府大元帅的名义颁布了《工会条例》，规定："承认工人与雇主团体立于对等地位，工会有言论、出版及办理教育事业之自由，承认工会对雇主团体契约权，工会之罢工权。"孙中山"联俄、联共、扶助农工"的三大政策，促进了工人运动的蓬勃发展，极大地配合了北伐战争。

南京国民政府对合法罢工持认可的态度，但对罢工权和罢工行动制定了更加完善的制度规范。比如，在1943年第四次修订的《工会法》中规定："劳资间争议，非经过调解仲裁程序后，于会员大会以无记名投票，经全体会员过半数以上之同意，不得宣言罢工，其已付仲裁者亦不得宣言罢工，工会罢工时，不得妨碍公共循序之安宁及加危于雇主或他人之生命财产，工会不得要求超过标准之加薪而宣言罢工。"国民政府承认劳动者有组织工会，并在工会领导下进行罢工的权利。

中国早期的罢工大多是有极高的政治性目的的，特别是作为"工人阶级先锋队"的中国共产党，十分熟悉国际工人运动的经验，领导的工人运动都是以经济性罢工的方式实现政治性罢工的目的。这种情况，与西方工业化早期的工人运动是相似的。这是因为，在二三十年代，工人不仅经济权利得不到保障，在人格尊严上也受不到尊重，更不要说政治权利了，于是劳资矛盾的冲突级别很低、很尖锐，也很频繁。要改变人格上被欺凌、政治上被压榨和经济上被剥削的境遇，工人阶级常常发动规模不等、激烈程度不同的罢工，既为谋求自己的经济利益，也为了追求自己的政治诉求。由于当时爆发罢工的原因具有同源性、重叠性，因此，在许多时候要区分经济性罢工还是政治性罢工是很难的，大多是二者兼而有之，或者说是相互促进，对此我们要用历史的观点来看待。但从世界工人运动史的发展来看，随着国家政治民主化进程的推进，到20世纪中叶以后，包括工人、妇女、少数族裔等在内的弱势群体政治权利得以保障，罢工的目的日渐趋向简单化、直接性的特点，即主要是为了提高工资薪酬、改善工作条件、增加员工福利等经济利益。

（二）新中国成立后对罢工的立法调整

中华人民共和国建立后，罢工权立法大致经历了三个时期：第一个时期是1949—1956年。在这个时期，无论是我国1948年的《共同纲领》还是1954年的宪法或其间的其他法律，都没有对罢工权做具体的规定，但在实际中持禁止劳动者罢工的态度。第二个时期是1957—1982年。在这个时期，由于国家最高领导人的明确表态，1975年修订宪法时将公民罢工自由写入宪法。第三个时期是1982年以来。1982年宪法制订之后，我国法律对罢工权的态度回到了模糊状态，既没有明确对劳动者罢工权利的保护，也没有任何禁止性的规定。

新中国成立初期，在"发展生产、繁荣经济、公私兼顾、劳资两利"的政策方针带动下，政府制定了大量保障劳动者权益的法律法规，在很大程度上改善了劳动者的劳动条件和劳动待遇，调动了劳动者的工作积极性，也为劳动者的劳动安全和身体健康提供了一些保障，劳动者的地位和处境，特别是政治地位与新中国成立前相比有了很大的提高，各项权利也得到政府较为充分的保护；加上当时经济结构的单一，社会经济百废俱兴和政治动员带给人们的信心和干劲，原有的劳资关系平衡得到保持，所以当时的工人无论在客观上还是在主观上都没有通过罢工来维护自身权益的迫切需要，罢工权的确立也不是很紧迫。1954年9月20日颁布的第一部《中华人民共和国宪法》，没有提及罢工事项。

1956年底，随着对农业、资本主义工商业和手工业进行的社会主义三大改造的完成，以公有制为基础的社会主义生产关系逐步确立起来。在这个过程中，由于经济制度和企业管理制度的调整，有些企业的经营管理出现较为混乱的局面，许多地方曾发生了工人罢工的事件。在1952年、1956年至1957年期间，还先后集中发生过罢工运动，如上海就出现过万人大罢工。当时的中共华东局和上海市委认为，罢工是工人的无理取闹，不合理也不正当；然而，全国总工会则认为，工厂管理的不善和严重的官僚主义作风引起了工人的不满，进而发生罢工。全国总工会在对1956年发生的86起罢工进行深入分析后，认为引发罢工的原因主要有：经济制度和企业管理制度不完善，官僚主义严重，严重地侵害了工人的利益，工人和企业之间的矛盾激化；[①] 工人的权益受到损害后，缺乏合法的渠道维护权利，而工人要本能地维护其权益，只好通过其他手段。[②]

新政权的领导者，面对昔日的动员对象、发动对象和组织对象，不可能不对当时发生的罢工活动产生更为独特的认识和感受。在国民党统治时期，控制工人和工人运动，成为了国民党和共产党另一个激烈较量的战场。在这种情况下，以阶级斗争的视野看待罢工，必然被蒙上了一层层浓厚的政治色彩，"1949年之后的中国领导者一直对工人阶级的影响十分警觉"，[③] 这必然决定了对罢工权立法和研究领域难以摆脱的政治思维。在这种思维下，对罢工和罢工权的理解多是作为政治性罢工来看待的，这就难免偏离了对罢工是平衡劳资关系的基本功能的认识。

法律虽然没有对罢工的相关规定，地方政府对罢工也普遍采取了抑制的态度，但这并没有使这个问题得到相应解决。对经济状况没有得到积极改善的不满，原有预期的落空，加上一些资本家的唆使，以及在战争年代积累的罢工经验、罢工习惯，使不少企业的工人持续不断地进行罢工。针对这种较为混乱的情况，1956年11月15日在党的八届二中全会上，毛泽东在总结讲话中指出，要允许工人罢工，允许群众示威。游行示威在宪法上是有根据的。以后修改宪法，我主张加一个罢工自由，要允许工人罢工。这样有利于解决国家、厂长同群众的矛盾。无非是矛盾。他的这番讲话改变了党中央对罢工问题的态度。之后，为贯彻毛泽东讲话精神而出台的《中共中央关于处理罢工罢课问题的指示》，成为了地方政府处理罢工事件的主要依据，主要体现以下内容：允许罢工，而不是禁止罢工，认为罢工并不违反宪法，没有理由加以禁止；而且用禁止的办法不能解决问题；对于群众在事件中提出的要求，应该按正常方式提出的要求同样对待。

[①] 高小岩：《劳资争议进入高发期》，《工人日报》1996年5月31日。
[②] 葛少英：《我国罢工立法问题初探》，《法商研究》1996年第3期。
[③] 裴宜理：《上海罢工：中国工会政治研究》，江苏人民出版社2001年版，第351页。

党中央对罢工问题的基本态度是不提倡、不禁止，但要尽力避免；同时认为，如果领导者的官僚主义作风严重到危害群众正当的民主利益的程度，正常的团结和自我批评的问题解决方法无法达到目的，这时工人采取罢工罢课等类似行为就是无法避免的。党中央之所以对罢工采取了有限度的接受态度，就在于把罢工当作了人民群众参与民主政治生活；帮助反对官僚主义，以及解决工作问题，争取切身利益的一种手段。执政党承认罢工、允许罢工的这种政策安排，是希望借助群众帮助解决自身可能出现的官僚主义的态度，虽与法律没有直接的关系，但站在政治的角度处理罢工问题本身就体现了对罢工认识的政治化倾向，不可能不影响到此后宪法的修订，即使在"文化大革命"期间也是如此。

1975年1月17日颁布的《中华人民共和国宪法》，在第28条指出：公民有言论、通信、出版、集会、结社、游行、示威、罢工的自由，首次将罢工权写入了宪法。"文化大革命"后，1978年3月5日颁布的《中华人民共和国宪法》，在第45条中重申了公民有言论、通信、出版、集会、结社、游行、示威、罢工的自由的规定，并增加了有运用"大鸣、大放、大辩论、大字报"的权利。"文化大革命"结束后，1980年8月30日召开的全国人大五届三次会议，通过的《关于修改〈中华人民共和国宪法〉第四十五条的决议》，作出取消关于公民"有运用'大鸣、大放、大辩论、大字报'的权利"的规定，但仍保留了"罢工自由"。

公民的基本权利和义务中"罢工自由"的规定，直到1982年12月4日通过的《中华人民共和国宪法》才被取消。1949年中华人民共和国成立后先后制定的四部宪法中，1975年宪法的第28条、1978年宪法的第45条写进了"罢工自由"，在1982年颁布的现行宪法对这一规定进行了删除。自此，我国法律对罢工权的态度又回到了模糊状态，既不明确对工人罢工权利的保护，也没有任何禁止性的规定。这种状况，同时也开启了围绕罢工权不间断甚至充满火药味的学术争论。

持取消罢工权的意见中较有代表性的观点都较为传统，甚至难以避免地具有教条性特征。主要观点有三种：第一种观点认为社会主义制度是消灭资产阶级剥削、压迫的制度，劳动者理应是企业的主人，确立罢工权与我国的社会主义性质不符；停留在历史的某一阶段，看待当下劳动者对罢工权的运用，是神经紧张。随着市场经济取得广泛认同，非公有制经济的飞速发展，持这种观点的人已越来越少。第二种观点认为确立罢工权会导致罢工的大量增加，甚至破坏整个社会的经济发展和社会秩序。这种观点缺乏对权利与权利行使之间的差别的认识，不懂得拥有罢工权并不意味着就一定有罢工的行动。法律对罢工权的确立，恰恰是以权利的赋予来规范权利的行使，特别是限制罢工权的随意行动。罢工，对劳资双方来说都是触碰到非常敏感的神经。第三种观点认为罢工权的确立会引起人们思想的混乱，甚至会被别有用心的人利用，影响到我国的政局稳定，威胁到国家的安定和团结，损害人民的权益，造成难以挽回的巨大损失和后果。

除了上述对罢工和罢工权持反对或否定意见的观点外，还有一种和稀泥的调和观点。这种观点认为，现行宪法第35条规定了中华人民共和国公民有言论、出版、集会、结社、游行、示威的自由，罢工权实则是这些自由的一种延伸，是一种由宪法延伸出的自由。既然"法不禁止即自由"，那么，罢工就是不违法的，就可以被视为是得到认可的。

（三）工会法对罢工的相关表述

为了更加透彻地认识罢工权在我国的立法演变，有必要进一步梳理一下《工会法》，比较在《工会法》中对与罢工相关的停工、怠工等词语表述。

1950年6月29日，中央人民政府颁布了首部《中华人民共和国工会法》，其中没有提及"罢工"的相关条款。改革开放后，外资企业、私营企业等开始大量出现，打破了原来的被国有企业、集体企业一统的经济制度，不同所有制企业之间存在着巨大的经营管理差异，于是由劳动争议引发的怠工、上访等事件不断发生，劳动争议所涉及的内容越来越广泛，成为了地方政府在"以经济建设为中心"时不得不审慎面对的棘手问题，迫切需要中央政府能够在政策和法律层面提供相应的依据。1982年4月3日第七届全国人民代表大会第五次会议通过的《工会法》，在第25条中规定："企业发生停工、怠工事件，工会应当会同企业行政方面或者有关方面、协商解决职工提出的可以解决的合理的要求，尽快恢复正常生产秩序。"这一表述，表明了国家对企业职工的合理罢工行为是具有保护意愿的，虽然将问题的落脚点放在了"尽快恢复正常生产秩序"上。

2001年10月27日，九届全国人民代表大会常务委员会第24次会议通过了《关于修改〈中华人民共和国工会法〉的决定》，对此前的《工会法》进行了较大程度的修改。此次对《工会法》修订的主要内容是从事后救济的角度进行规定的，没有对工人是否享有罢工权、工会如何领导和组织罢工、罢工行动要经过什么样的程序和受到什么样的限制等作出具体的规定。此次修改将原《工会法》的第25条改为第27条，并做了相应的完善充实。修订后的《工会法》虽然仍没有明确地规定罢工权，但在第27条中对工会的作用做了进一步的明确："企业、事业单位发生停工、怠工事件，工会应当代表职工同企业、事业单位或者有关方面协商，反映职工的意见和要求并提出解决意见。对于职工的合理要求，企业、事业单位应当予以解决。工会协助企业、事业单位做好工作，尽快恢复生产、工作秩序。"从积极的意义去理解，这似乎表达了对职工罢工权的一种默认，只是这种默认还显得比较羞涩。

对"怠工"、"停工"的表述，是此次修正后的《工会法》的一个新特征。它确定工会在出现"怠工"情况下要代表职工，反映职工的意见、要求并提出解决意见，明确了工会的代表性问题；但从罢工要解决的问题、达到的目的方面，却仍停留在"尽快恢复生产工作秩序"层面，而不是改善劳动条件，这与国际通行的罢工标准相去甚远。这种差距主要表现在两方面：一是从程序上来讲，产业国家的经济型罢工是在劳资双方谈判出现僵局时的一种威慑手段，目的是促成谈判的继续和合意的达成；而《工会法》所表达的"怠工"、"停工"，易使人感觉似乎是员工对雇主不满的一种发泄方式，只是有"怠工"、"停工"的发生，工会才有必要开展协调，进行劳资谈判。这种制度安排，与我国当前普遍存在的先有罢工这样的集体行动，再有迫于压力的集体谈判的倒逼态势是一致的，体现了对集体谈判权的权利行使的消极被动性。二是从内容上来讲，国际通行的惯例虽没有规定罢工一定要由工会发起，但大多都是由工会领导的，是以工会中半数以上会员的同意为前提进行的，而我国大多数的"类罢工"事件，都是劳动者自发组织并绕过工会进行的，甚至有的工会还站在了参与罢工的工人对立面。就此而论，《工会法》应明确提出，在企业发生"停工、怠工"等罢工或类罢工行动中，工会"必须代表职工"。

如果褪去词汇的修饰成分，工人"停工"，实际上就是劳动者的罢工行为；而工人的"怠工"情形，是工人在工作时间内不离开工作场所但实际上不工作或消极工作，以尽力降低生产效率的一种行为，这显然是一种消极的对抗，对维护生产关系无实际意义。《工会法》虽然承认了"停工"、"怠工"这种"类罢工"情况的存在，并对在此情况下的工会义务进行了约束，但没有正视罢工问题的存在，没有提供这方面的规范指引，因此还不能就此认为这是对罢工权的默认。

世界各国对劳动争议案件都摒弃了放任自流的不干预政策，相继通过立法的手段来调整劳资矛盾，解决集体劳动争议。解决劳动者罢工权的合法性问题，必须认识到实施集体劳权制度与提升经济效率的目标是不冲突的。事实证明，维持稳定、和谐的劳资关系，缓和、减少劳资冲突的发生，对于任何一个国家的经济发展、社会稳定、人民幸福和国家安全都有着至关重要的意义。如果我们承认集体劳权是劳动者的应有权利，那么，余下的问题就是如何保护和实现好这一权利，尽快补上集体劳权法律制度不健全、不完善的缺失。

在罢工过程中，会伴随工人的游行、示威活动。在符合法律规定下举行的游行、示威，由于必须遵循相应的规范和义务，一般不会对社会生产和生活造成太大的影响；但是，由于现行的法律对劳动者的罢工权没有规定，这就使得工人维权行动，行为过程缺乏制度规范、行为后果缺乏可预见性。通过上述分析，我们可以得出如下结论：从法理来讲，我国广大的劳动者是享有罢工权的，但由于国内立法对罢工没有明确的态度，特别是没有禁止性的规定，因此当前实际发生的罢工均不应列入违法罢工的范畴。接受和承认了罢工的合法性，在立法上确认罢工权，就赋予了工会维护劳动者合法权益的"硬手段"，这将有助于劳动者的经济地位、社会地位和生存状况获得更大的改善，其实质就是社会在宪政基础上实现的文明与进步。

（四）应该更加理性地对待罢工问题

从20世纪90年代起，随着工业化进程加速、经济社会转型加快，以劳动力密集型为特征的产业结构，以及为保持制造业优势而长期刻意压低劳动者工资水准的公共政策取向等，造成了多年以来资本对剩余价值的过度汲取和对劳动力资源的掠夺式利用，也无形中造成了劳动关系持续紧张的客观局面。我国劳动者集体维权以及罢工发生的次数逐年增加，并逐渐表现为涉及范围广、涉及人数多、持续时间长、罢工规模大等特点，已经成为当今社会不得不面对的重大问题。就罢工的本源和实质来讲，它始终只是一种经济行为和经济手段，属于劳动关系的范畴。劳动关系的状况与劳动争议的产生，作为一种社会现象，它是经济关系状况的内在必然体现，与一个国家特定的政治制度、社会性质没有必然的对应关系，无论企业存在于什么样的经济制度环境之中，都不可能避免不会产生劳动分歧，因而劳资双方出现矛盾是在所难免的，这是基本的社会事实。

1. 争议多发是市场化的必然

在"文化大革命"刚刚结束后不久，从宪法中取消罢工自由的规定有着重要的政治原因，似乎情有可原，但将经济性罢工与政治性罢工混为一谈，从而否定劳动者拥有一切类型的罢工权利，就不符合客观情况和现实需要，反而会妨碍劳动者正当权益的保护，阻碍劳动关系的法制化进程。以客观理性的态度对待罢工、处置罢工，一方面要照顾到中国特殊的历史文化传统，特别是政治经济体制，把罢工严格限制在经济性罢工的范畴；另一方面要照顾到区域发展的不平衡，兼顾社会转型过程中不同社会主体的利益诉求相互叠加的复杂实际，既要积极面对，着眼于法律制度的完善，为妥善处理罢工问题提供依据和指引；又要在具体问题处理上，主动灵活,力求平衡各方利益,寻求最妥当、最适宜和最有效的解决方法。

中国自1987年劳动争议处理工作恢复以来,劳动争议的数量一直呈增加趋势。1993年国务院发布《中华人民共和国企业劳动争议处理条例》,规定对劳动争议的处理办法是协商、调解、仲裁、审判,第6条第2款要求"劳动争议处理过程中,当事人不得有激化矛盾的行为"。1993年劳动部发布《关于预防和处理职工集体上访和罢工问题的通知》,确定的主要原则是"一旦发生因劳动争议引起的职工集体上访和罢工事件,各级劳动行政部门要在当地政府的领导下,依据宪法和国家有关法律规定,坚持及时介入、区别对待、教育疏导、快速处理的原则,在积极调解的基础上,提出解决的方案"。

可以说,劳动争议处理的妥当与否,直接关系到劳动关系的稳定,关系到整个社会秩序的稳定。但是,上述条例、文件显然回避了产生劳动争议的根本原因,只是在"制止"解决争议上的举措安排,没有涉及罢工和罢工权的相应制度,因而只是"平息"纷争的治标之策。由于无法可依和认识上的局限,劳动者的请愿、示威、游行、集会、停工、罢工等集体行动处在一种无序的突发状态,难免组织混乱、方式极端,常被称为明显具有贬抑和摒弃色彩的"闹事";其结果,政府谈"罢"色变,对正常的游行、示威高度紧张、严加防范。之后,在"稳定压倒一切"的思维下,又被当成"突发事件"纳入了"维稳"工作范畴,采取各种防范和管控的举措。

由于工人的利益诉求往往得到不充分表达,参与罢工的人员由于感受到压制,因而也会采取一些较为极端的情绪宣泄行为。面对罢工和劳动者群体性事件高发的浪潮,用高压、漠视的方式是无法消解劳资矛盾和劳资冲突的,不利于形成依法罢工、依法解决劳资冲突的社会格局,更不可能彻底解决罢工问题,反而会累积成更大的隐患。罢工权是集体谈判权的有机构成,也是集体谈判权得到实施的底线,没有罢工权的权力保障,集体谈判权就是残缺和不完整的,在这种情况下要维护集体谈判权的有效性是很难做到的。劳动者的罢工与雇主的停工、闭厂是各自在集体谈判中可运用的最后手段，劳资双方虽以"罢工"或"停工"为要挟，但"斗争"、"协商"和"妥协"都是手段，在理性下彼此都会留有回旋空间，目的还是希望通过坐下来"谈"、达成都能接受的劳动合同，因为这是彼此损失最小化的最佳选择。

如果从法律上赋予劳动者罢工自由权，给予劳资双方按照规定程序进行充分表达利益诉求以及实现彼此的对抗机会，规范引导罢工和群体性事件，反而能够弥补当下劳动争议处理手段不足的困扰；即在政府有必要介入劳资冲突之前，就能形成一个相对封闭的自我矛盾消化机制，让劳资双方通过权衡各自的利益及其实现成本，理性地达成妥协，这是一种内生的矛盾解决机制。政府的作用，应是在劳资双方矛盾激化已无法自行解决，或者对抗会对共同利益和社会秩序造成巨大影响的前提下才进行介入，也就是做有限的责任政府。无论是劳动关系的构建，还是劳资冲突的解决，都应遵循市场机制，运用法律的手段；以法治的方式不仅能节省政府成本，而且也更利于矛盾的解决，并增强政府的公信力。通过罢工权立法，建立集体谈判制度，应逐渐成为劳动者诉求得以解决的正常方式。

2. 罢工维权体现了劳动自治

罢工是劳资争议发展到一定阶段的产物，是工人及其组织为维护自身利益而采取的行为。既然罢工早已成为市场经济和公民社会的常态现象，我国自然亦无法回避，对此应有必要的社会心理和公共理念准备。市场经济的本质是商品经济，而商品经济形成和发展的渊源，就在于生产资料和劳动力能够借助商品价格进行自由交换，进而创造了人类社会巨大的物质文明成果。在市场经济下，雇主和劳动者都是具有独立法律人格和行为能力的主体，前者有权选择投资对象以获取最大利润，而后者则有权决定将自身的劳动进行交换以"变现"为货币性价值，从而满足自身的生存和发展需要。虽然从社会生产的全部领域和整体过程看，劳动者不可能脱离雇主而存在、雇主也不可能脱离劳动者而完成生产过程，他们相互依赖、无法分割，需要通过集体劳权进行规范；但在具体的生产企业和具体的生产过程中，雇主可以解雇工人，劳动者也可以主动辞职。市场经济的劳动关系，应当是基于劳动自治的。

劳动关系得以维系的原因，在于能够创造合作剩余。市场经济从萌芽到成熟的过程，就是资本和劳动力合作创造价值和分享利益的过程，正是利益分配制造了劳资矛盾、权益冲突。由于劳动力的交换价值对于劳动者的自我生存具有不可剥夺性，因此从具体的、个体的层面看，雇主和劳动者在利益上不可避免地具有对立性和矛盾性；雇主和劳动者对合作创造的企业利润，必然要通过一定的博弈过程才能更好地实现平衡分享，集体谈判无疑是这种博弈的最佳方式。在这种博弈机制不再生效的情况下，劳动者以罢工的方式实现对合法权益的维护，应视为是市场经济的必然现象，同样是劳动自治的体现；换言之，劳动者在工会领导下，因雇主不履行集体谈判的义务，被逼迫下发生的罢工还具有道德的内涵，这应被作为体现自由、民主和法治原则的当然权利。

随着社会的发展、文明的进步，人们更加重视自身除了生存权之外的其他权益诉求，也就是对第二性权利的诉求，希望能够以此拥有更高的生活质量和社会价值；身处社会底层的广大劳动者，特别是对劳资分配不公感受强烈的新生代农民工群体，这种诉求更为强烈。不正视这些情况，妥善地解决劳资冲突，使劳动者得到生存条件改善的同时，得到认同、拥有尊严，对促进社会和谐、避免群体撕裂至关重要。正是在这样的背景下，我国政府提出推动"包容性"经济增长和"让广大劳动群众实现体面劳动"政策，顺应了社会发展规律，有利于促进人本价值的回归，通过劳动自治增强劳动者群体的自我价值认同，改变劳动者阶层在经济发展成果分享中的不利地位。

3. 将罢工纳入社会治理范畴

在中国，罢工权还远远没有成为一项法定权利被广泛接受，现行法律既不主张也不明确反对劳动者采用罢工的手段来维护自身权益的情况下，基层政府往往抱着非常谨慎的态度对劳资纠纷进行较为低调的处理。罢工是工人表示不满、抗议的集体行动。现代公共治理模式的一个基本特征，在于能够有效实现社会的长期基本稳定、消除了暴力因素、革命风险，同时又能包容公民个人对独立、平等和创造性的选择需要，从而实现社会稳定和社会活力的有机统一。发达国家或地区大多解决了劳动者罢工权的法律保障与规范问题，并认识到对这一权利的否定或压制不但与其一贯奉为圭臬的民主、自由、平等、人权、法治等理念不符，而且也意识到作为市场经济运行中"结构性"现象的罢工活动，不可能因为无视或压制就不再发生，这就是他们将罢工视为"常态"的认识论基础。

罢工是合作的受挫，是集体谈判的失败，因而无论对劳资关系中的哪一方、还是对社会而言都不是好事，都是应尽量避免的。因为不承认罢工权，就认为不存在罢工是近乎自欺欺人的做法，根本无助于类似群体事件的减少，只可能在缺乏规范约束的情况下产生更多的无序罢工，而且还缺少了相应的调处手段。实践证明，对现实中不可避免的社会矛盾的治理，"堵"均不如"疏"。劳资矛盾作为经济层面上的一种社会矛盾，更是如此，而且从某种程度上看由于罢工诉求单一，不涉及政党政治、政府地位和意识形态等的分歧，解决起来要比其他社会矛盾要更容易一些。只是在处理和解决罢工问题上，应特别遵循两个主要原则：一是依法处置的原则。罢工是劳资矛盾激化的最终结果，是之前的协商、谈判、调解、仲裁等和平化解危机的手段"用尽"，为解决此而运用的行政、司法手段，当然这并不排除在罢工之后依然通过协商谈判方式解决问题的可行性。二是维护社会公共利益的原则。为了避免罢工事态扩大，威胁到国家安全、社会稳定、经济发展，政府及其部门就要对罢工进行适当的干预，消除对社会秩序和公共利益造成的损害。因此，让劳动者在法律正式提供的公开的、可见的渠道内表达利益诉求，同时以公共利益为原则为其框定必要的边界和方式，就成了不二选择。

中国在大力发展经济的同时，也卓有成效地开展了社会建设，先后加入或批准了一系列有关经济、社会、文化或人权保护的国际公约，制定、修改和完善了一系列国内立法，通过借鉴吸收人类共同的文明成果和制度经验，努力推动包括建设和谐劳动关系在内的社会治理模式的现代化。2001年2月，全国人大批准了联合国《经济、社会和文化权利国际公约》，使该国际公约成为了中国正式的法律渊源之一。作为联合国第一个正式明文确认劳动者罢工权的国际公约，公约第8条规定劳动者"有权罢工，但应按照各个国家的法律行使此项权利"。中国在批准这一公约时所作的相关声明中，并没有对该条款作出保留，因此从法律的角度理解，该条款对中国的效力是确定的，通过国内法律途径保障和规范劳动者的罢工权，应当是中国的一项国际义务。

4. 包容罢工就是善待劳动者

从历史的角度并映照现实来看，劳动者实施罢工的目的一般可以分为三类：第一类是针对订立集体合同的罢工，即在集体谈判过程中，向雇主施压以使雇主就有关劳动报酬、工作条件、员工福利等事项作出让步，从而争取到更多的利益；第二类是针对雇主不当行为的罢工，即对雇主的普遍激起不满的不当行为进行抗议，迫使雇主纠正这些不当行为并予以补偿；第三类是政治性罢工，抗议政府的社会、经济政策或政治主张。第三类政治性罢工在绝大多数国家都是被禁止的，在我国也不能例外；但前两类罢工是因雇主与劳动者之间的利益分歧、劳资矛盾引起的，也就是我们在前面论述中所称的经济性罢工，这也是我们要研究的对象。

"人民利益至上"是我国公共政策制定和制度构建中必须坚持的首要原则，而有效保障当前处于弱势地位的广大劳动者群体的正当利益，包括积极引导劳动者开展集体谈判、承认劳动者的罢工权，甚至对罢工保持较为宽容的态度，事实上将有利于劳动者合理利益的实现，从而改善他们的生存境遇，提升整个社会的文明程度，并体现为我国的公共政策和法律制度，核心就是要善待劳动者。只有承认劳动者的罢工权，集体谈判的结果才能既有利于企业的发展，又能照顾到劳动者合法合理的诉求。

罢工权就是劳动者通过工会组织的经济性罢工的权利，即在雇主拒绝满足劳动者提出的工作条件的情况下，由工会组织的仅以迫使雇主满足劳动者的经济要求为目的的、举行集体行动的集体行动权利。罢工权是集体劳权的有机构成，也是集体谈判的底线；在没有罢工权的保障，集体谈判权是残缺和不完整的情况下，要保障集体谈判的有效性是很难实现的。劳动者的罢工与雇主的关闭工厂是各自在集体谈判中的"撒手锏",劳资双方虽以"罢工"或"停工"为要挟、以"斗争"或"协商"为手段,但在理性下彼此会留有回旋余地,还是希望通过坐下来"谈"达成相互妥协并都能接受的集体合同,这是彼此损失最小化下的利益可最大化实现的现实性选择。面对悬浮的集体劳权制度,如果没有可行的程序、应有的保障,劳动者以法维权的谈判之路就会被堵住,开启的只能是与法治相悖的暴力伤害。

如何恢复罢工权立法问题,学者的观点分为近乎对立的"修宪说"和"缓行说"两类。"修宪说"观点认为,以立法的方式确认劳动者应具有罢工权,并对实施罢工行动作出必然的保护,是对弱势群体基本人权的保护,也是劳动者应有的公民权;难以扼制的因劳资纠纷所引发的大规模群体事件,都表明确立集体谈判权、恢复罢工权立法势在必行,并应加快相应的立法进度,这是当下中国社会现实的客观要求。"缓行说"的观点则认为,我国处在市场经济的初级阶段,现行法律对罢工权的规定模糊不清,致使劳动者对自己的行为缺少清晰预期,集体行为极易造成社会混乱;在工会缺乏独立性的状态下,以法定形式确立罢工权的条件尚不具备,有可能面临的是一个更加无序的劳动关系状态;此外,劳动者的罢工意识不够成熟,如果进行相关立法并受此鼓励,在集体行动中更易演变成"闹事"、"群体事件",会给基层政府增加很大的"维稳"压力。从现在的情况看,持"缓和说"的学者越来越少,"修宪说"逐渐成为主流,笔者认为在中国对罢工权进行立法的客观条件已经成熟。

5. 严格管控雇主的闭厂权

劳动关系应建立在均衡对等的基础之上,因此既要避免罢工权的滥用,同时对雇主行使闭厂权也要进行必要的管控。与罢工正好相反,雇主关闭其所拥有的一个或几个工厂是雇主向其员工进行经济施压的重要手段,因而它又是相对于罢工而言、与罢工平等的权利。换言之,闭厂权是对罢工权的反制。由于雇主处在天然的强势地位,以及罢工权立法中保护弱者的初衷,大多数国家对雇主行使闭厂权进行了限制,事实上增加了工人谈判的砝码,也避免了闭厂权的滥用。例如美国按照"有条件的闭厂"原则,规定只有在雇主的主要产品是易腐产品或有可能造成重大灾害时,雇主才可以选择闭厂;如果工会采取的是"击溃式罢工"方式,目的是要将雇主协会中的成员各个击破时,雇主也可以选择闭厂。

　　闭厂权和罢工权一样,在19世纪初之前是不被西方国家所允许的,即使当今罢工权已被法律允许的国家,如法国、葡萄牙、波兰、希腊等仍然禁止或不允许闭厂行为的存在。德国、美国等国家虽然承认雇主有闭厂权,但规定雇主只能是在集体谈判过程中遭受到不平衡的对待时才可行使。而在菲律宾、印度、澳大利亚等国,对雇主的闭厂权却又给予了充分的承认和尊重,甚至将其作为一种法定权利,且在闭厂期间无需支付工人的工资等。我们相信法律的公正,但不同的法律却无法是保证按照一个公义建立的。

　　我们认为,闭厂权是雇主享有的与罢工权相对的权利,但是这并不意味着闭厂权与罢工权可以在同等的条件下行使,也就是说作为一种权利,它们各自有着不同的行使前提,以及不同的相应义务,这也就是为什么即使是法律允许雇主采取闭厂的方式对抗劳动者罢工的国家,大都对闭厂权的行使也是有诸多限制的,设置前提条件使其不得随意进行。比如规定,从事公用事业的部门不允许闭厂,对于非工会会员不实行闭厂,闭厂决定需要进行投票表决,闭厂行动需要提前通知,闭厂之前需要经过调解程序并破裂等。当然,在现实中雇主采取闭厂或类闭厂的方式有许多,因此,是否闭厂完全取决于资本对利润追逐和实现的需要。

四　对罢工权立法的相关思考

　　劳动者能否享有罢工权,直接关系到劳动基本权和宪法基本权利的完整,是一个国家民主法治建设的重要标志。随着市场经济的深化和民主法治建设的推进,越来越多的学者认为需要赋予劳动者罢工权,呼吁通过立法来保障并规范劳动者的罢工,提出了加快罢工权立法的建议,并且在实务界得到了较为积极的响应。存在的意见分歧主要体现在立法层级、立法内容和立法时机等。对罢工权进行立法确认已经成为我国劳动法制建设的一个非常急迫的任务,需要将罢工立法纳入劳动法律体系，从"劳动基本权"的权利束角度考虑立法规划，只有这样才能避免该权利停留在一般的人权或宪法层面。① 法律是利益的调节器，是"善良公正之术"，能够实现定分止争的功能。以法律的方式确认罢工在调整劳资关系中的作用和地位，也是体现自由、民主和进步的宪法精神的一个方面。

（一）由基本人权到法律权利

2004年3月，十届全国人大二次会议审议通过的宪法修正案，把"国家尊重和保护人权"正式写入了宪法。"国家尊重和保护人权"，必然涉及对公权的限定。相对于私权，公权至少应体现以下五个层次的内容：一是对私权的尊重，二是对私权的保护，三是对私权的帮助，四是对私权发展的规划和引导，五是为了公共利益对私权的必要限制。理念是行为的先导。公平正义是现代社会的基本理念和价值准则，是社会主义本质和基本精神的体现。法律是对弱者的最好保护，而不是对强者的进一步维护。对待劳动者的罢工权立法问题，政府应秉持如上精神。

中国学术界已取得的基本共识是，对劳动者罢工权的确认有利于平衡劳资双方的关系，保护劳资双方的合法权益。资方追求利润最大化，作为雇员的劳动者追求的是劳动待遇和良好的工作条件，在同一个劳动关系中，劳资双方如果都是以各自利益最大化为目标，这就必然产生利益冲突。这就是为什么在"强资本弱劳工"的劳资关系状态，劳动者总是处于弱势的地位，合法权益得不到相应保护的原因，也是我们探讨劳动者团结权、集体谈判权和罢工权的原因。因为如果法律中确认了劳动者对抗雇主的权利，那么，当其有正当的利益诉求或合法权益受到侵害时，劳动者就可以名正言顺、理直气壮同时又受到规范约束地通过"集体停止供给劳动力"的罢工方式给雇主造成一定的压力。在这种"逼迫"情境之下，雇主基于生产的需要往往不得不同意通过协商谈判的方式来解决双方的纠纷，从而使劳资双方的力量重新回到一种新的均衡稳定状态，也就是说这种正向对抗反而会有助于改善劳资关系，促进劳动关系

---

① 常凯：《罢工权立法问题的若干思考》，《学海》2005年第4期。

的良性发展。

罢工权等集体行动权，与刑法中的正当防卫权和民法中的自助行为权、私力救济权等类同，是与劳动者的平等就业、选择职业、取得劳动报酬、休息休假、获得劳动卫生安全等第一性权利相对应的第二性权利。如前所述，罢工权蕴含着丰富的人性内容，是人的联合行动权的一种重要表现形式，承认罢工权对人性的解放与发展有着非常积极的意义，是重要的基本人权之一。罢工权的主要功能是促进维护和救济第一性权利，是第一性权利的实现中不可或缺的保障机制，不仅应当作为宪法所承认和保护的政治权利，而且在市场经济中应当作为法律（劳动法）权利和私法关系（劳动关系）权利予以充分的重视和体现。

只有社会化的私法才能实现法律的公平正义。调整劳动关系的私法规范必须摈弃抽象法律人格的观察视角，正视劳资双方在事实上的不平等，通过调整双方力量达成动态平衡，使之由形式平等走向实质平等。企业寻求利润创造的途径，就管理的精髓而言不是如何将人力成本压到最低，而是如何将职工的主观能动性发挥到最高。劳动者的受雇佣地位，决定了劳动合同自产生之日起，就带有明显的从属性。

"只剩有自己"的劳动者具有的是人员数量的优势，在劳资冲突中发挥这一优势的最好体现便是罢工。剥夺工人的罢工权，就意味着夺去了他们作为集体可与雇主形成对抗的唯一"大规模杀伤性"武器。在罢工权立法上的缺失，使现实中大量发生的罢工或类罢工行为得不到公正的对待，往往被认为非法且以此进行处置，其结果不仅使这些集体行动没起到保障罢工者合法权利、改善生存状况的目的，反而会危及组织和参与者的就业岗位，甚至被视为行政违法或刑事犯罪受到极不公正的对待。俗语讲，"光脚的不怕穿鞋的"，不确定劳动者罢工自由的法律权利，一些"走投无路"的劳动者在长期的压抑下，就可能会铤而走险，选择极端手段、以非法的方式伤害雇主、破坏工厂、挑战社会。就此而言，对罢工权进行立法，就是为了增强罢工的可预知性、规范性和可控制性，避免毫无预兆的罢工以及其他不端行为给雇主带来更大的损失，给社会稳定发展带来负面的影响。因此，与其让罢工或类罢工游离于法律之外，不如通过立法确认罢工权，使罢工活动能够按照法定的程序有序进行，即使发生也能以更快速、合理的方式使问题得到有效处置。如何实现由权利的剥夺到权利的赋予，应是罢工权立法的核心和关键。

确立了罢工权是对劳动者应有权利的赋予，对罢工权等集体劳动权进行立法确认，就是罢工权从基本人权向法律权利的转化，即权利的实证化。这种权利的实现一般应当经历这样的过程：首先，是转化为宪法性的权利，即成为公民的基本权利之一；其次，转化为具有可操作性的部门法的权利，在罢工权成为劳动法上的劳动者权利时，也应该负载相应的义务，从而使罢工权得到规范；最后，通过劳动关系当事人的意志行为，转化为劳动关系中的具体性权利。这样就形成了"基本人权—宪法性权利—劳动法上的权利—劳动关系上的权利"这样一个权利实现的法律链，即由高到低、由抽象到具体、由理念到实证的，多个权利层次并存的立体结构。[①] 由此而论，我国现行宪法放弃罢工自由与宪法规范体系联系的做法并不符合宪法发展的轨迹，应该从生存权到发展权的研究路径出发，寻找罢工权入宪的突破口；在未对宪法重新修改的情况下，通过对现行宪法中有关人权保障等条款的解释，确定并发展出罢工权等集体劳动权。

(二) 对罢工权立法模式的探究

罢工权立法是平衡劳资地位，维护劳动者权益的需要。设置罢工权制度并不是要倡导和鼓励罢工行为，而是要把现实中存在的罢工现象，通过法律的引导和规制，使其纳入正轨，纳入法制解决的轨道，改变以前的无序状况，使整个社会向着规范化、秩序化的方向健康发展。这就提示我们，应根据基本国情确定我国的罢工权立法模式。

作为一项绝大多数国家在法律中早已被明确的劳动者权利，比

[①] 陈步雷：《罢工权的属性、功能及其多维度分析模型》，《云南大学学报》（法学版）2006年第5期。

照世界各国的罢工权立法模式,通常有两种较为可行的选择:一种是将罢工权作为一种普遍的社会经济权利,在宪法中予以明确,然后在下位法中作出具体规定,这是多数国家的立法做法;另一种是只要符合宪法精神,或不与宪法相抵触,直接在具体的法律层面予以规定,或者通过单行法甚至是判例事实承认劳动者的罢工权。

就劳动立法的理想化模式而言,笔者认为应当在我国现行宪法第35条规定的公民基本权利中增加罢工权的表述,这样做不仅可以突出其经济社会权利的特点,也能为在相关法律法规中增加罢工的制度规则提供宪法上的合宪性依据。但是,由于我国宪法诉讼机制阙如,罢工自由一类的新式权利经由缜密的宪法解释登堂入室的实践进路又被堵塞,似乎只能是理论上的借鉴。[①] 有鉴于此,我国的罢工权立法模式,可以不拘泥于形式,而是可以选择"下位法规定"的模式。即使罢工权不入宪,下位法规定也有根据。这是因为,一方面对当下劳资纠纷激增的事实,停留在宣言层面的法律确认并不具有实质意义,各种罢工、类罢工现象不会因为未得到宪法的确认而停止甚至减少,实际上会更加无序;另一方面如果一定要寻求高位阶法律的认可,2001年全国人大常委会批准的《经济、社会和文化权利国际公约》明确罢工是一项基本人权,在公约的第8条第一款(丁)规定:"劳动者有权罢工,但应按照各个国家的法律行使此项权利",这里的"有权罢工"应当可以视作中国罢工立法的法律依据;而"应按照各个国家的法律行使此项权利"的规定,可以视为中国应当制定罢工权的具体法律规定。在中国批准这一公约同时发表的声明中,并没有对这一内容作出特别的说明。这表明,这一国际法的规定在中国具有了国内法的效力,中国作为签约国,有履行国际法的义务。

另外,我国宪法是一种框架式的秩序规范,多为低密度的规范性指示,这就为宪法的解释留有了一定余地。现行宪法第35条规定,中华人民共和国公民有言论、出版、集会、游行、示威的自由。虽然我们不能牵强地指出罢工权能够从该条款列举的哪几种或

---

① 龙晟:《论我国宪法向度内的罢工权》,《河北师范大学学报》2011年第5期。

哪一种自由权利中导出，但仍不难确定的是，罢工权至少是一种示威手段，是一种公民自由，因而在法理上罢工权应得到高位阶法律的认可。只是立足于解决当下劳资矛盾的实践，在罢工权立法上联系国情、建设有中国特色的罢工制度，就大可不必拘泥先有宪法规定、后有具体法律的立法模式，可以在劳动法的法律体系中先为罢工权找到一席之地，再积极推进适时地写入宪法，由宪法确认罢工自由之基本权利。

（三）限制罢工行动的负面效应

既然罢工是劳动者争取自身利益，与资方进行经济斗争的激烈的终极手段，其使用就必须有所约束，防止为达目的"无所不用其极"的行为。联系当代各国的罢工现象，从我国实际发生的各类罢工或类罢工事件看，罢工一旦失去控制，罢工权一旦被任意滥用而走向极端，其在特定时段内就会对经济生活正常秩序产生巨大妨碍，对社会发展的阻碍甚至是破坏作用也显露无遗。2005年12月爆发的纽约公交系统工人大罢工，罢工者依仗工会力量发动罢工，造成了整个纽约的公共交通体系几乎陷入瘫痪，体现了特定行业劳动者基于维护自身的既得利益而滥用罢工权。该罢工自始至终并未得到公众舆论的多数性支持，原因就在于该系统的劳动者工资和福利水平事实上并不低，工人盲目抵制新技术的运用和劳动生产率的提高，体现的是一种典型的社会惰性心理和既得利益群体的自私性，因此其罢工理由很难让其他社会成员产生普遍的共鸣。

罢工有着不容忽视的消极作用，对劳资双方都是一把双刃剑，必须慎重对待。对罢工权的定位把握，还是应作为处于生存危机中的劳动者为了给自己争取有限利益而不得已采取的一种自卫手段，其目的还是为了取得与资方相对平等地进行集体谈判的基础，从而实现双方各自利益的相对最大化。

单纯的罢工行动无论是对雇主，还是对劳动者而言，呈现的都必然是"双输"的局面，如果得不到规范和限制甚至还会对社会产生消极影响。一方面，在任何情况罢工对于雇主而言都会造成相应的利益损害，因为无论什么原因，劳动者集体停止工作，都必然会减少工作时间，从而导致产量的下降、经济效益的下滑、经营成本的增加，给雇主造成直接的经济损失。有些规模较大、持续时间较长的罢工，甚至能够影响到企业在整个行业中的地位，影响到企业的生存和发展前景。另一方面，劳动者也要承担罢工带来的相应风险，任何罢工的参与者都必须先做好自我"牺牲"的准备，最直接的损害就是雇主针对罢工采取的相应过激行为，如扣除工资、辞退工人、找寻替代人员、关闭工厂等，劳动者可能面临失业压力；即使罢工的目的达到了，在罢工结束后，也难免会有雇主嫉恨罢工的领导人和积极分子，在以后采用其他手段进行私下报复。正是由于罢工对劳动者并非没有负面影响，所以它更为积极的意义就在于能够在罢工爆发前对资方形成的潜在威慑，而不是要倡导劳动者投入到实际的罢工行动之中。

由此可见，罢工权是一种"必要的恶"，能起到"社会安全阀"的作用，它的存在可以使雇主不至于盘剥无度，对它的限制在于不允许工会滥用权利，不允许劳动者在情绪宣泄中肆无忌惮，一旦有这些行为就要承担相应的责任。如何发挥罢工权应有的积极意义，避免罢工行动带来的负面影响，就必须在制度设计上进行合理设置，对罢工权行使的前提、条件、程序和结果等进行必要的限制。缺少有效限制的罢工制度必然破坏罢工权利的正当性。

（四）对经济性罢工的适度管制

不合理、不合法的罢工与劳动权保护是背道而驰的。罢工权设置的目的是要帮助劳动者更好地维权，而不是倡导真实的罢工行动，它以可能有风险的威慑方式推动劳动关系得到改善。威慑是罢工权的最大资本。赋予劳动者罢工自由是必要的，但必须设置严格的限定条件，使罢工行为受到法律的规制。世界主要国家在通过法律赋予了劳动者罢工权利的同时，还对罢工主体的认定、罢工权的赋予、罢工行动的进行等设置了条件，无一例外都力求消除政治性罢工的因素，并对经济性罢工作出适度管制，从而将罢工权行使纳入合理、合法和正当、可控的轨道。

1. 限定罢工权的主体和行业

对罢工权主体和行业进行限制，是为了避免权利的泛化，防止正当的维权行为走向极端、造成破坏。享有罢工权的劳动者应当是自己本身且不占有生产资料，他们以出卖体力或智力换取工资报酬，完全受雇于企业，在参与生产过程中是处于被管理和被支配地位的被雇佣者。罢工既然是工人集体进行的维权行动，就意味着不能是由某一个或几个工人自发领导和组织的，必须确立工会才是开展罢工行动的唯一合法组织机构，目的在于以此来促使罢工权的行使正当、规范、合理。

此外，对具有罢工权的行业和人员身份也要作出限制，如在立法上应排除公共交通、通信系统、医疗卫生、教育、能源（水、电、煤气等）供应等公共服务部门工作人员的罢工权，避免其一旦停止运行，对社会和公众正常生产生活秩序造成严重影响。美国等国家还禁止政府雇员罢工，对罢工的政府雇员要立即予以解雇，剥夺其公务员身份，并丧失三年被任何国家机关雇佣的资格；海员在船上任职期间，即使船停在港口也不得举行罢工。作出这样的限制性规定主要是基于以下两点：一是他们不属于完全市场关系条件下劳动雇佣关系中的被雇佣一方；二是这些行业及其工作人员如果罢工很可能会造成部分国家机关、公共服务等的瘫痪，给整个社会带来不应承受的灾难。

2. 对罢工的目的性进行审查

作为集体共同实施行为，罢工一定要有明确的目的性，要坚决排除政治性罢工，包括含有政治性因素的罢工，仅限于允许经济性罢工，也就是说罢工必须站在维护劳动者自身合法经济利益的基础上，以缔结集体合同为最终目的。罢工只是行使罢工权的一种手段而已，关键起作用的是罢工实施前对资方施加的压力，并使这种压力产生效果，促进其参加集体谈判，通过平等协商缔结双方都认同的集体合同，维持劳资关系的动态均衡，而不是为了罢工而罢工。法国规定如是为反对政府或者政治性占主导地位的罢工是非法的，但反对政府的经济、社会政策的罢工因是属于有职业要求的罢工，因而又是合法的。

还应严格区分罢工与某些停止工作的行为，如拒绝劳动的行为、故意怠工的行为，故意懈怠、放慢工作的行为不属于罢工；雇员不当履行劳动合同义务的行为，如此等等，当事人均不能享受罢工的各项权利规定。这就意味着劳动者不能随意滥用罢工权或故意消极怠工，以免对企业正常的生产建设和经营活动带来不必要的损失。美国国家劳工关系委员会将罢工分为经济性罢工、雇主不当劳动行为罢工和工会不当劳动行为罢工三类，其中工会不当劳动行为引起的罢工是不受法律保护的；如仅有少数几个工人停止工作的"野猫罢工"，绝大多数工人都没有参加，也是不合法的。在葡萄牙，甚至"同情罢工"也是不受法律保护的，因为同情罢工的目的仅仅是为了对其他劳工罢工进行声援，盲目扩大了罢工的规模，不仅无助问题的解决，还增加了社会动荡。在德国法律中，罢工行动的合法性是与集体谈判直接挂钩的，规定只有为了达成集体协议进行的罢工才是合法的，这样既发挥了罢工权的积极作用，又能把非经济性因素排除在外。在集体合同签订后，在具体的履行期间内，当事人也应负有"和平义务"。如果劳资双方以前已经签订了集体合同，罢工则只能针对原有合同中尚未约定的事项进行，否则也属违法。

3. 规范设置罢工的程序条件

工会在发起正式罢工前必须满足一定的程序要求，否则罢工行为不仅不受法律保护，还要承担一定的责任。对罢工前置程序的规定，主要有三种：一是罢工前必须进行集体谈判，甚至还要经过调解、仲裁程序；二是实施罢工行动，工会或工人要有充分的讨论和表决程序；三是罢工行动的组织者应提前将罢工决定告知雇主，并报告政府劳动等相关部门。罢工程序的设置，消解了罢工可能存在的随意性，有利于降低罢工所带来的负面损害。

对罢工程序条件进行严格规定，特别是对罢工的前置程序作出限制性安排，就意味着将不合条件的罢工可以视为非法。合法的罢工应当按照发生争议、调解、调解不成、职工投票、申请罢工、审批、调解、批准备案、集体谈判、罢工、签订集体合同等程序进行，对罢工的申请程序、组织人数、时间长度、罢工地点等作出明确规定。虽然上述程序的先后不是一成不变的，也不是其中的每一个程序都要走到，但事前的申请、审批、备案却是必不可少的，也就是说罢工绝不是可以随意发动的。

罢工立法的制度安排，意在表明罢工毕竟不是解决劳资纠纷的第一选择，不是应该遵循的通常方式，赋予罢工权的目的更不是为了实施罢工，罢工权的行使应是以"最后的手段"威慑资方促进集体谈判，应尽量避免采用罢工的形式。比如罢工前要由工人民主表决确定是否进行罢工，只有经过大多数工人（有的国家规定必须是工会会员才能够行使表决权）同意进行一致的集体行动，才能举行罢工活动。而且只能在合同谈判过程中（在合同制定之前或者在合同终结以后）实行罢工，更不能进行突袭罢工。涉及劳动争议的还必须经过仲裁或者调解程序，仍不能得到解决的，工会才能提议采取罢工行动。换言之，劳动争议未经调解、仲裁或者正在调解、仲裁过程中，劳动者不准罢工，雇主也不准闭厂停业或者解雇劳动者。

为了保证国家安全和特殊时期人民的生命财产安全，当国家进入急迫的动员状态、戒严状态、战争状态时，政府有权禁止在相关时间、地点进行任何形式的罢工。有的国家还规定，当行政机关有证据表明罢工会严重威胁公民的生命财产安全，严重扰乱公共秩序或会造成其他无法控制的恶性结果时，也可以申请法院发布禁令禁止罢工。有些国家在罢工前期规定了一个冷却期，要求罢工之前须将有关罢工的书面决定送交政府主管部门，在送交之后的一定期限内，不得举行罢工。设置一定期限的罢工预告期，预告期内罢工或是突然性罢工都是非法的，如美国规定紧急委员会调查报告出具以前和报告出具后30天内不得实行罢工或解雇。日本规定与公益事业有关或者与规模大、性质特殊的公共事业有关的劳资纠纷，公布紧急调整决定后的50天之内，双方不能采取罢工、闭厂等对抗行为。在这段"冷却期"内，政府部门可以及时介入，调查情况，在双方之间进行斡旋，通过恰当方式推进集体谈判，尽一切可能化解矛盾，推动问题的尽快解决，从而减少罢工带来的社会损失。

4. 禁止性规定与和平义务

为了有效控制罢工的负面效应，无论是个体的还是群体性的劳资纠纷，都应尽量避免冲突是以不确定的个体或者缺乏控制的群体的方式实施，最佳的方式是能够将其纳入到法律规范、社会规范之中，为此工会就要发挥应有的作用。发挥工会的领导作用，不是带领工人"打群架"，而是在增强集体力量的同时，能够有效地过滤集体行动中的情绪性的因素，以有序的合法行动实现对合理目标的追求。在集体谈判和罢工中，工会必须发挥起这样的作用，才能形成对处于激烈对抗中的劳资关系的有效应对，尽可能地降低群体非理性的影响。

为了避免在罢工中出现社会混乱和破坏行为，还需要对罢工行为进行必要的限制，或设置禁止性的规定，对违反者予以强制处罚。在罢工被认为可能对国民经济或公共安全构成严重威胁时，政府有权发布决定，强制推迟或停止罢工。也就是说，罢工权应当在合理合法的范围内行使，如果超出了罢工的目的和法律的限度，就不仅不能受到保护，反而还应该承担相应的责任。这些限制性规定诸如罢工必须在工会的组织领导下有序进行，参与罢工的工人不得随意行动，导致罢工行动的无序化；严禁一切破坏、损坏企业的机器、设备和财产的行动，严禁在罢工期间危害公共秩序和安全的行动；禁止危害雇主的生命健康和财产安全，不能破坏公共设施，不能强迫其他不愿意罢工的工人参加罢工；罢工人员和纠察人员[①]设置的路障等设施，不能阻碍公共交通。

工会依据"和平条款"承担"和平义务"，是对工会领导的罢工行为作出的条件性规定。"和平条款"是建立在集体合同基础上的一种劳资双方的合意，是在集体谈判中工会与雇主达成的在合同有效期内不进行罢工的条款，并以此来换取雇主在工资、工时等方面的让步。这就意味着，此种情况下工会负有的"和平义务"，即不得在合同有效期内组织罢工，否则就被视为是对"和平义务"的违反，雇主有权请求法院裁决工会违约并要求停止罢工。"和平条

---

① 设置纠察是指：一个工会，为了给不关心或不愿意加入工会的雇员和拒绝承认谈判的雇主施加经济压力时会设置纠察（icketing）。这是因为在工会成立的初始阶段，能从雇员处得到的支持是很少的，而即便只是由非雇员开展的纠察也可能对向雇主送货或取货及其他形式的顾客光顾形成中断，因为这种中断伴随着经济损失，就可能会引起内部雇员参加工会，促成与雇主谈判的作用。参见 Robert A. Gorman, *Basic Text on Labor Law: Unionization and Colective Bargaining*, West Publishing Co., 1976, p. 220。

款"的限制与赋予工人罢工权的初衷并不矛盾，因为罢工权既然是法定权利，就可以由当事人根据自己的情况选择是否行使这项权利，决定是否为了某些其他利益放弃或限制这项权利的行使。

5. 建立罢工的有限豁免制度

既出于对罢工权的维护，也是出于对参与罢工行动的工人的保护，就需要以法律的方式赋予合法罢工应有的豁免权。换言之，合法罢工应享有民事责任甚至刑事责任的免责权，如在合法罢工期间劳动者对合同义务不履行的民事责任豁免等。因为罢工的进行对劳动合同的影响是中止而非终止，劳资双方已经订立的劳动合同并不因为罢工活动而自动失效；罢工一旦结束，原有的劳动合同除与集体合同不相符合的条款需要修改外，其他条款应当继续生效。在工人正当行使罢工权时，雇主不得依照合同提出违约之诉，也不可因此解雇工人，只能使用临时的雇工来维持生产经营，不能解雇任何参加罢工的劳动者，也不得克扣参加罢工工人的福利待遇。

此外，由于依法行使罢工权或依法阻止他人破坏罢工对雇主造成损失的，劳动者也可以免责；但若以自己罢工为由干扰或阻止其他员工的正常工作，给雇主造成损失的，罢工一方负有赔偿责任。对保持正常工作，未参加罢工工人的工资应该照常发放，不得以某个部门发生罢工为理由推迟或拒绝发放。作为群体性的集体行为，罢工还会涉及社会治安、经济秩序等，只要工人是合法罢工，就不能构成扰乱公共秩序罪、破坏生产罪等，国家公诉机关不得以危害公共治安等罪名提起公诉，这就从根本上免除了劳动者依法行使罢工权的后顾之忧。

从本质上讲，我们所能接受的罢工应是一种纯粹的经济型集体行动，是在体制内渠道或者契约途径不能给予或者不能及时给予合理的权利保障的情况下采取的应急措施，也是一种为促进劳资双方公平地、有效地博弈或交易而必需的集体行动。[①] 随着社会的进步，

[①] 陈步雷：《罢工权的属性、功能及其多维度分析模型》，《云南大学学报》（法学版）2006年第5期。

罢工行为逐渐被大多数国家的法律所接受，从而促进了工会制度的健全完善，促进了集体谈判权作用的有效发挥，这又为罢工权的实施提供了进一步的保证。罢工权制度的存在恰好是为了维护公共秩序。对罢工的申请程序、组织人数、时间长度、罢工地点等作出明确规定，这不仅包含对劳动者权利的保护，更有对罢工行为的限制，有利于更好地调整集体劳动关系，最大限度地保护社会的稳定和企业的利益。

(五) 罢工权立法的核心内容

集体谈判脱胎于罢工、成熟于罢工，与罢工相生相伴；但罢工是要避免的，集体谈判有着这样的功能，集体谈判就是罢工的安全阀，它可以通过企业内部的正常协商、让步、调解和谈判等加以解决。因此，政府在处理罢工事件时，不能将经济问题当作"政治事件"，高度紧张，如临大敌；在处置方式上采取两头"压"、两边"哄"的方法，如此即使平息了事态，结果往往也是都不落好，不利于劳动自治关系的建立，不利于劳资矛盾的自我化解。

罢工作为工人主张经济权利的一种手段，无关政治，因为雇佣关系是产生劳资矛盾的根本原因。不能消除雇佣关系，就无法消除因劳动权益而引发的罢工或类罢工，强势资本必然催生劳动者有组织的集体抗争。罢工之于集体谈判的重要性，笔者在前面对先端精密公司集体谈判情况的详细介绍中，已经体现得比较生动。说到底，先端精密公司方虽对工人提出的高温补贴、拒绝加班、增长工资等十分不满、极不情愿，但忌惮工人团结的力量，不得不接受与员工代表一方的面对面谈判。在深圳市诸如盐田国际、西部港口等几起成功的集体谈判案例中，后面都有工人集体行动的背景，也就是说，只要以集体行动作为后盾，以加薪、补偿和改善劳动条件等合理要求为诉求内容的集体谈判，取得成功的概率都是极高的，几乎屡试不爽。这绝不是孤立的，它表明劳动者的集体谈判权要想得到保障，就必须有强大的员工支持作为后援，因为谈判就是实力的较量。劳动者不能团结起来，不能以罢工作"撒手锏"，那就不会有真正意义上的集体谈判。

罢工和类罢工现象在当今社会已经普遍存在，并且呈现出上升和漫延态势，面对这样的社会现实，法律不应该对已然存在的社会问题视而不见。鸵鸟政策随着时间的推移，会累积更多的管理成本、社会风险。我国法制建设步伐的不断加快，法律在市场经济和社会生活中所起的作用越来越大，并已成为了人们解决纠纷的重要选择。对罢工权和罢工行为给予应有的法律规制，无疑是一个法治社会应具有的基本要求。实现罢工权立法的宗旨是为了调节劳资关系，保护劳动者合法权益，保护合法的罢工行为，促进社会稳定、企业健康发展；为了避免罢工行为不发生偏离，对罢工目的、罢工主体、罢工行动、罢工时间、罢工条件等必须作出相应的规范性限制；罢工活动不得随意，必须经过申请、审查、批准、组织等法定程序，才能实施；劳动者依法行使罢工权，才具有民事责任和刑事责任的有限豁免。上述这些内容，都应该成为罢工权立法的核心内容。

劳动法是调整劳动关系的基本法，也是保护劳动者合法权益的基本法律，以平衡协调劳资关系为目的的罢工权立法必然要体现在现行的劳动法之中。在劳动法中明确有关劳动者行使罢工权的原则性规定，把本应在宪法上体现的罢工权赋予劳动者，确定只有由工会依照相关法律法规组织的罢工才是合法的。在罢工权的立法实践中，应结合劳动法、工会法的完善，制定有关罢工的具体制度，对罢工权的行使作出原则规定，将集体谈判破裂作为罢工行动的关键前提。至于涉及罢工活动的相关细则，则应明确罢工的组织程序、目的、参与方式等，并规定相关的限制条件，既防止劳动者滥用罢工权，又保护罢工权的正当行使，使罢工行动做到有序和有效。只有这样，才能使罢工制度成为协调劳动关系的一个重要环节，通过法律引导人们的行为，让劳动者能够以更加合法有效的方式来维权，能对自己的行为有正确的预期，最终达到平衡劳资关系，促进企业发展的目的。

综上所述，罢工权与集体谈判权、团结权合称"劳动三权"，是劳动者的基本权利，以集体争议权的立法来包容罢工权，更有利于形成一种劳资争议的权力系统。① 这样做的好处除了有利于明确罢工权是集体争议权的构成部分,有利于明确雇主有闭厂的权利,明确集体争议权是遵循着集体争议的程序来行使的之外,更重要的是,这一体系的形成会弥补我国当前集体劳动关系法律的空白。进言之,在劳动三权中,团结权是集体谈判权行使的前提,罢工权是集体谈判权行使的保障,三者相辅相成缺一不可。我国关于集体劳权的规定散布于《劳动法》《劳动合同法》《工会法》和其他一些规章、文件中,法律层级不同,法律效力不同,衔接不畅,缺乏应用性,不是仅在《宪法》中以宣言的形式肯定罢工权,就能将规范集体劳权的法律规范系统化,因此,既然《宪法》没有禁止罢工自由的权利,就应随着法制化进程的逐步推进,适时地在不同的法律层级、不同的法律制度中对罢工权予以肯定和承认。

第三节 完善劳工政策的权力救济

劳动关系是最重要的社会关系之一,对此,我们必须反复强调。我国正处于发展的重要战略机遇期,同时又处于劳动关系矛盾的凸显期和由个别劳动关系向集体劳动关系的转型期,以及实现和谐集体劳动关系的关键期。劳动关系的天然非均衡性,决定了唯有国家公权力的介入,劳动者的生存状态、社会地位才有可能得到根本改善。为了构建良好的劳资关系,实现劳动关系的集体化转型,必然要求政府在处理劳动关系问题的制度政策、工作方式、管理模式等作出相应的转变,有所为也有所不为地进行公力救济,纠正"错位"、填补"缺位"、避免"越位",自觉"到位",立足于从根源上消解劳动矛盾、以法治规范劳动关系、完善"一体多元"的劳动关系调整系统,促进劳资双方合作剩余的实现,是政府构建和谐集体劳动关系的路径选择。

---

① 常凯:《罢工权立法问题的若干思考》,《学海》2005年第4期。

一 劳动关系反映的是社会关系

劳动立法旨在保障劳动者的权利。随着国家民主法治建设进程的不断加快,以及大批新生代劳动者群体的加入,劳动者的维权意识已经有了很大提高,但是,劳动者作为整体实施依法维权的信念仍没有完全建立起来,这种局面对劳动关系的稳定、对社会关系的和谐构成了极大的威胁。或者说,一方面是保护劳动者权益的法律制度仍不够健全,可操作性还有待提高;另一方面劳动者也缺乏以法律武器保护自己权益少受或免受侵害的自觉,特别是对集体谈判权的运用,二者在我国发展的关键阶段不期而遇。

(一) 劳资矛盾的社会冲突视角分析

在产业革命的早期,面对资本主义发展所造成的严重贫富两极分化、阶级矛盾尖锐、罢工运动此起彼伏的状况,出于维护资本主义制度的目的,作为制度学派早期代表人物的约翰·R. 康芒斯(John Rogers Commons)提出,制度的实质就是用"集体行动控制个体行动"。这种控制主要是通过道德的、经济的和法律的三种制裁来实现。"法律的制裁是暴力,或者可能施用的暴力,那有关的机构是'国家'。"[①] 在他看来,社会关系呈现为三种形态:一是冲突,二是依存,三是秩序。虽然社会上人与人之间存在着"利益的冲突",但他们也相互依赖、相互维系。冲突、依存互相制约,社会秩序赖以维持。而由冲突和依存达到秩序的建立,需要国家的法制调节,关键是法院的裁决。康芒斯不承认工人阶级和资产阶级是资本主义社会的两大基本阶级,因为"世界上不仅有两种阶级,像马克思所说的那样,而是在利益相同之中有多少不同就有多少经济上的阶级……这些经济阶级和他们的冲突……或者产生一种可以行得通的利益协调,或者产生僵局,或者引起大崩溃。"[②] 既然劳资双方在进行着无休止的竞争,那么社会就应该建立规则和制度来缓和这种冲突。与马克思的观点不同,康芒斯认为美国的工会和劳工运

---

① 约翰·R. 康芒斯:《制度经济学》(上册),于树生译,商务印书馆1983年版,第96页。

② 同上书,第134页。

动本质并非具有阶级意识，而是具有同雇主阶级既相互分享，又相互合作的工资意识。在他看来，工会只是工人们联合起来的一种特殊力量，工会的行为应纳入经济活动之中，应将它视作一项经济制度。而当工会可以作为一项经济制度的代表，并就工资和有关雇佣问题与雇主进行谈判时，便可以将其界定为"双边集体行动"，也就是集体谈判。①

我们应当承认，现实中的劳动关系是一种形式上的财产关系和实际上的人身关系，形式上的平等关系和实际上的隶属关系。② 劳动者是处于弱势地位的群体，其社会地位低下、甚至还有生存困难，基本权益无法得到充分保障，这些从客观上讲是受到企业的生产经营条件的限制，在意识上有着资本傲慢的本源属性造成的雇主主观上的优越感和对劳动者的不尊重。著名政治学家塞缪尔·P.亨廷顿在《变化社会中的政治秩序》中这样论述：早期工业化国家中的社会冲突和工人罢工的根本原因，或许就是当局不愿意承认劳动者有组织起来的权利，不愿意承认工会的合法地位。③ 集体行动权即罢工权的存在就是一种对资本的制约，能够使资方在做决策时可以考虑到工人的权利，从而减少冲突的发生。

当劳动者的基本诉求得不到充分表达和一定满足时，受到抑制的情绪在集体意识的作用下，必然会转向对企业、对社会的不满和怨愤，进而影响企业的效益和社会的稳定。集体谈判制度恰是这样的诉求表达通道，它使劳动者可以与雇主及雇主组织以相对平等的身份进行谈判和协商，以期通过和平的方式解决不可避免的劳资矛盾，这种相对的关系平等，是靠被雇佣者团结的力量、集体行动的力量保障的。如果工人没有劳动争议权、集体行动权，在劳资关系中就缺乏有效的平衡、制约机制，集体谈判将无异于集体行乞。④

---

① 刘金祥、高建东：《劳资关系制衡机制研究》，上海人民出版社2013年版，第64页。
② 常凯：《论个别劳动关系的法律特征——兼及劳动关系法律调整的发展趋向》，《中国劳动》2004年第4期。
③ 于建嵘：《职工没有罢工权就没有尊严》，《南风窗》2010年第6期。
④ 黄越钦：《劳动法新论》，中国政法大学出版社2003年版，第306页。

就此而论，罢工就是工人在集体谈判中迫使资方作出相应让步的"最后的武器"。

在前面的所述中，我们已经谈到集体谈判权从权利本源讲是一种积极的救济性权利，是符合法律明确规定的制度层面的权利救济，罢工权则是救济这项救济性权利的群体性权益自救，作为重要内容与团结权共同构成了基本劳权。在现实中之所以存在着对罢工权立法的有意回避，可以理解为是立法者出于对社会和谐稳定的考量，认为将罢工作为一种权利的立法有可能会引发社会的冲突，增加社会的不稳定因素。对此观点，当然是需要作出客观的分析。

对社会冲突很有见地的西方社会学古典时期反实证主义思潮的主要代表格奥尔格·齐美尔（Georg Simmel）认为，社会是由相互间有多重关系的个人所构成的一个复杂网络，社会成员处于经常的相互作用之中，社会就是人们相互作用和联系起来的特定方式。在这种相互作用和联系起来的格局中，社会冲突是一种典型的社会形式，是普遍存在和不可避免的。诚如 L. 科塞所指出的，"齐美尔从来没有设想过会有一个没有摩擦的社会。从来没有设想过能够禁止个人之间和群众之间的冲突和斗争。在他看来冲突是社会生活的精髓，是社会生活不可缺少的组成部分。一个健全的社会并非没有冲突。相反，社会各组成部分之间充满了纵横交错的冲突。"①

齐美尔把社会冲突分为现实性冲突和非现实性冲突，而作为手段的冲突和作为目标的冲突蕴含了区别现实性冲突和非现实性冲突的标准。所谓现实性冲突，是指那些由于在社会关系中的某种要求得不到满足，以及由于对其他参与者所得所做的估价而发生的冲突，或目的在于追求没有得到的目标的冲突。与之相反，所谓非现实性冲突，是指不是由对立双方竞争性的目标引起的，而是起因于至少其中一方释放紧张状态的需要，这种需要引起的冲突要比现实性冲突更不稳定。② 劳资矛盾引起的冲突从起源上讲是一种现实性冲突，劳动者的不满源自不合理的工资和工作条件，如果在不满酝

---

① ［美］L. 科塞：《社会冲突的功能》，孙立平等译，华夏出版社 1989 年版，第 155 页。

② 同上书，第 35 页。

酿的阶段就启动集体谈判这个安全阀，并以规范的罢工权作为强有力的保障，使劳动者对立情绪有所释放、诉求得以表达、目标部分实现，就不会转化成"寻求的满足是进攻手段本身而不是结果"。

L. 科塞通过对为了发泄而发泄、为了暴动而暴动的群体失范研究后认为，"如果这些越轨者能够找到获得同样目标的合法手段的话，他们就很可能不会发生越轨行为"①。他举了一个与劳资关系相关的例子来解释这种转化，他说一个为了增加工资、提高自己的地位或者增加他的工会的权力而参加罢工活动的工人，与一个由于他把自己看作是一个有着恋母情结的人物而要向老板发泄进攻性的人相比，他们属于不同的社会现象。工人对老板所进行的经济上的斗争是以他们在经济和政治系统中的特定角色为基础的。如果有机会，他们可能会作出放弃冲突选择并实现调适，他们也可能选择除罢工以外的手段来进行活动，比如交涉、谈判、消极怠工等。② 由此类推，当劳动者有权利诉求，并有机会选择的时候，他们会愿意选择使用集体劳权（团结权、集体谈判权、罢工权）来保障自己的利益的；但是，如果没有这种机会，而且是雇主单方面的无视和傲慢来敷衍打发，工人长久有怨而不得发，酿成对企业、对社会的不满和心态的扭曲时，采取只是为了释放心里的情绪非理性无目的发泄，其伤害性是更可怕的。这种可怕的后果恰恰是由"原初的不允许表达的现实性冲突转化而来的"，③ 其原因就在于每一个社会都包含着现实冲突的原因，因为人民会对稀有的地位、权力和资源提出有冲突的要求，而且他们也有着支持冲突的价值观念。地位、权力和资源的分配虽然是由规范和角色分配系统支配的，但在某种程度上还是会成为争夺的对象。当人民在追求受挫的要求和期望获得某种结果并发生抵触时，现实性的冲突就产生了。④

恰如韦伯所认为的那样，资本主义是一种旨在获取利润的目标

---

① [美] L. 科塞：《社会冲突的功能》，孙立平等译，华夏出版社 1989 年版，第 38 页。
② 同上书，第 40 页。
③ 同上书，第 41 页。
④ 同上。

合理的经济行为,而法律只是能使人们合理地实现个人利益的、可预见的规范体系,而非道德的体现,这是法律在资本主义社会被普遍接受的根据。① 集体谈判的力量和价值取决于其在不同的经济社会条件下处理问题的灵活性和适应性,以及与劳动力市场调节的其他形式共存在和互补的能力。因此,健全劳动关系的法律制度,完善调处劳资关系的制度规范,修订不合时宜的说教式、宣言化、形式性的制度文本,改变以往对集体谈判权的漠视、对罢工权的回避,以积极的姿态构建集体谈判权、罢工权的理论基础与法律制度,是当代中国经济发展、法治建设和人权保障的迫切需要,是中国走向社会文明的必然要求。

(二)劳资冲突的现实关系视角分析

随着改革的推进和市场化程度的加深,中国社会正经历着深刻的转型,社会各种利益要求日趋多变和复杂,各类社会冲突更加的丰富和不可避免。这些冲突就其本质而言,大多反映的都是不同阶层和民众在各自利益方面的诉求,极少有反制度、反体制的政治诉求。如果对这些现实性冲突视而不见,不对实际发生的冲突情况进行具体调查、分别对待,一味地寻找外科式的"医疗手段",甚至认为冲突的原因在于使关系扭曲的无理取闹或情绪发泄,而不在于社会本身,这样就会把社会冲突看成"社会病",把缺少冲突或者没有冲突当成"社会健康"的表现。以此角度观察和评价社会冲突,注重的不是受挫的原因,也不是引发问题的事端,而是受挫对个人产生的影响,② 这就必然造成以追求表象性的和谐稳定,而不愿正视真正造成冲突的社会管理理念、管理方法,更不用说从法律层面作出客观制度的安排。比如,遇到有冲突和矛盾,首先想到的不是为什么发生了不稳定的事件,而是怎么处置"摆平",采取的相应方法也多是"推"、"拖"、"骗",或者"吓"、"压"、"哄",这都是扬汤止沸之技,而不是釜底抽薪之策。事实上,当把社会冲突定义成"群体闹事"、"群体性事件"、"突发性事件"时,把地

---

① 宋功德:《行政法哲学》,法律出版社2000年版,第11页。
② [美] L. 科塞:《社会冲突的功能》,孙立平等译,华夏出版社1989年版,第39页。

方政府的"维稳"、"处突"能力当作绩效考核的重点内容时，政府治理能力已发生了偏向，且离需要构建的真正的和谐社会正渐行渐远。

维护一个地方的社会秩序、保护社会维稳、营造和谐的社会氛围，当然是地方政府的主要任务。但是，一旦将现状秩序刚化、把社会关系固化，不加区分地将所有的社会矛盾和社会冲突都视为洪水猛兽，并作为政治任务以维稳的方式确定考核指标的情况下，地方政府在处置社会冲突时，很容易导致进入两个误区并采取相应做法：一是不能理性地认识到社会各个群体是有不同的利益诉求的，更不能客观认识到处于社会弱势地位的群体所进行的抗争活动所具有的积极意义，而是习惯性地运用公共权力，企图以高压的方式将他们排斥在体制性的利益表达渠道之外，求得表面的安宁；二是以空泛的政治说教取代实事求是的政治路线，以理念代替现实，只讲整体不顾个体、只谈大局不管个人，过度地保护资本而轻视劳动者的切身利益，导致执政者合法性的流失，客观上不断为社会动荡积累爆发的能量。[1]

在国有企业、集体企业一统天下的时候，企业既是政府的附属物，又是政府权力的延伸，二者密不可分。在这种情况下，职工与企业的矛盾在一定意义上讲就是民众与国家的矛盾，工人罢工的权利被取消，原因之一就在于由此造成的损失不仅是企业的，也是国家的。这实际上将经济型罢工等同于了经济性与政治性叠加的综合性罢工。伴随着市场经济体制的确立，国有企业纷纷进行股份制改造，真正的国家所有、政府直接管理的企业已不多见；以民营企业、混合所有制企业和外商投资企业为主体的非国有经济已经成为国家经济中最为重要的组成部分，在非国有企业中就业的人数已经大大超过了在国有企业中就业的人数。这就意味着，劳资关系已经发生了根本性的变化，市场化的劳动雇佣关系已经成为当今中国社会中最基本的社会关系。

---

[1] 于建嵘：《利益博弈与抗争性政治——当代中国社会冲突的政治社会学理解》，《中国农业大学学报》（社会科学版）2009年第1期。

透过对普遍发生的劳资冲突的分析，我们不难发现，现有的冲突目标是有限的，涉及的范畴多是工资、社保和加班报酬等，且争议形式多是就事论事；同时，在利益表达方式上总的来说也是理性的，绝大多数是可以通过谈判、讨价还价、让步、妥协的方式来解决。① 所以，当劳动者正当的权益受损，以期用集体谈判权、罢工权这种合法的手段维护权益受阻，不得已采取非制度化、非现实性的手段解决问题，或者只是为了发泄情绪。但是，由于劳资关系缺乏健全的制度规范，在处理劳动争议中缺乏妥协机制、缺乏沟通协商的管道，也会造成一般性的利益冲突被"闹大"、上升为具有社会性影响的公共事件。这种原本属于一个企业内部的劳动关系，却由于小事拖大、大事拖炸，迫使地方政府必须予以重视，出面调解、干预，结果是暂时性的问题就事论事地解决了，但却树立了一种以非制度化方式解决制度化问题的示范，实际起到的却是反向激励作用。这种反向激励，会使参与群体性行动的人，以人多势众、法不责众的心态，激励他们使用过度行为倒逼社会，迫使政府作出非常态的"施压"举措，从而使雇主"就范"，达到目的。如果公共权力被群体性粗暴行为一次次地裹胁，表面看一次突发性危机过去了，但受此诱导却在酝酿更多、更大、更不规范的劳资冲突、社会矛盾。

在没有罢工权明确立法的情况下，轰轰烈烈的"类罢工"运动仍普遍存在，这不会以施政者的主观意愿为转移。这些群体性事件，有集体静坐的、有集体围堵交通要道的、有示威游行的、有在政府门外拉条幅的，甚至还有跳河、跳楼、自焚的……明明可以让劳动者正确使用"权利"解决的劳资纠纷，最后演变为了必须由政府使用"权力"才能解决的维稳事件。这实际上使正常的劳动关系，在权力面前被进一步地异化了，究其根源还在于没有建立围绕团结权、集体谈判权、罢工权的法律体系。

当然，地方政府对包括"类罢工"这样的群体性事件的忍耐也

---

① 孙立平：《博弈——断裂社会的利益冲突与和谐》，社会科学文献出版社2006年版，第228页。

是有底线的,一旦感觉事态有可能失控,或者事态发展朝着不期望的方向发展,就会采取以暴易暴的断然措施,但这事实上又将劳资矛盾转化为了劳动者与政府的冲突。因此,即使在解决因劳资矛盾引发的社会冲突时,地方政府在方式选择上也一定要"慎用警力",尽可能不用或少动用警察强力恢复社会秩序的硬方法。一旦发生严重的劳资冲突,地方政府应积极促使冲突双方沟通协商,此外还可以采取行政指导、劳动仲裁、司法诉讼等软性方法。我们必须认识到,提出构建和谐社会的理念,事实上也就意味着承认不和谐因素的存在,承认社会成员之间冲突的不可避免。因为良好的社会秩序,一定是在社会成员之间动态调适中建立的,最重要、最有效的是将劳资双方的纠纷解决于互相权利的实现当中。

在成熟市场经济国家,罢工是工人一方有组织、有计划、有步骤、可预见的、范围特定的、非暴力性的,并在法律框架下实施的集体性行动,[1] 对罢工的诸多限定,表明在罢工权立法的主旨上就不是鼓励罢工,而是规范罢工、约束罢工行动。国家在罢工权立法上有了明确态度、确立了基本导向,更易于得到劳动者的信任,更有利于雇主尊重工人,促使劳资双方建立协商沟通和集体谈判机制,当然也必然使地方政府能够从维稳事件中抽离出来。正如英国最著名的法官和享有世界声誉的法学家阿尔弗雷德·汤普森·丹宁(Alfred Thompson Denning)所讲,不仅要主持正义,而且要人们明确无误地、毫不犹豫地看到是在主持正义,这一点不仅是重要的,而且是极其重要的。[2] 从另一方面讲,即便罢工是一种带有暴力色彩的可能造成社会不稳定的因素,企业也需要类似集体谈判、罢工这样的自力救济来制衡雇主的权力垄断,所以千万别轻易摧毁一种具有暴力能力的权利,那将导致另外一种对应权利的暴政。

劳动者虽然属于弱势群体,但却具有数量庞大、人数众多的优势,如果不能有效组织,力量就会发挥不出来或者发挥得不够充

---

[1] 熊新发:《比较视野下中国罢工治理的反思与展望》,《云南社会科学》2010年第5期,第116页。
[2] [英]丹宁勋爵:《法律的训诫》,群众出版社1985年版,第76页。转引自林莉红《论行政救济的原则》,《法制与社会发展》1999年第4期。

分，不具有与资方进行平等对话、博弈抗衡的实力，正当合法的利益诉求很难得到满足甚至被轻易剥夺；如果不能受到严格规范，这种群体力量也可能在集体无意识下，在情绪亢奋和肆意宣泄中变成脱缰的野马、决堤的洪水，不仅对企业、对社会也会造成相应的损害。事实证明，罢工作为劳动者针对资方的一个直接有力的对抗工具，既是劳动者最后的不得已选择，也是劳动者以"既伤人又伤己"的方式，实现对资方有效威慑的最为有力的终极手段，这同样决定了对罢工及罢工权必须有所限制。当暴力不再具有压迫性质时，是可以用它来制衡压迫的。[①] 将劳资冲突放在劳动制度变迁的动态过程中看待，是否能够推进这一问题实现更有效、更积极和更彻底的应对和处置，将取决于劳动关系的法治化程度、劳资双方达成共识的合作程度、劳动者及工会的组织化程度，而所有这些，都需要政府的积极主动之为。

　　按照利益处理方式的不同，劳动关系的调整模式可以分为利益抗衡型、利益一体型和利益协调型三种，这三种模式既有区别又有融合，但却为我们有效处理劳资纠纷提供了多样的选择。因为处在劳资矛盾高发期的中国劳动关系，具有多样性、复杂性和突发性的特征，其调整方式无论是状态呈现还是模式选择，必然不可能是单一模式，针对不同情况灵活地采取不同的复合模式更有易于实现预期的目的。具体而言，应将利益协调型的劳动关系作为我国劳动关系调整模式构建的基本目标，积极促成利益一体型的劳动关系的形成，与此同时，还要正视和妥善对待利益抗衡型的劳动关系在一定时期一定范围内的存在，而且要意识到这是一种正常的现象。[②] 如果我们能够坦然地承认这一点，就意味着对罢工权进行立法有了基本的共识，接下来的应该是为罢工权立法的实现进行制度层面的接盘。

　　[①] [英]阿克顿：《自由与权力》，侯健、范亚锋译，商务印书馆2001年版，第344页。
　　[②] 常凯：《劳动关系的集体化转型与政府劳工政策的完善》，《中国社会科学》2013年第6期。

二 维护劳动者应享的公平正义

保障劳动者的集体谈判权，就是维护劳动者应享的公平正义，并以此出发构建和谐劳动关系，最终实现对社会公共利益的保护。"没有理由认为收入分配应该产生于自由旅途，达尔文式的竞争会被认为是一个对国民收入这张饼作出公正或平等分割的方式。"[1] 虽然市场竞争需要公平和法治，或者说一个健康的市场本身就代表着公正和法治，但市场并不能提供实现劳动平等的方案，甚至恰恰是市场的作用、资本的力量不断地制造着不公平劳动。比如过度市场化下不恰当、不公平的分配制度加剧了贫富差距，造成了更多的现实贫困，使转型中的社会承受着巨大的发展阵痛。产业革命的历史已经证明，自由主义不干预的市场分配必然会导致严重的贫富悬殊、两极分化，以及出现各种各样的社会不公，这又会进一步危及绝大多数人的生存和发展。30 多年来我们取得了辉煌的发展成就，但对于因社会公平、正义的缺失造成阶级固化而导致的劳动关系紧张，以及由此引发的群体性事件激增现象，如何能从制度层面为"丰裕中的劳动者贫困"提供解决之策，问题已经摆在了政府面前。

近代中国社会的发展变革，在某种程度上讲就是劳动者阶层固化到"社会底层"的发展史：先是革命重塑了中国的社会关系，以工人、农民为主体的"人民"在新中国成立初期获得了极高的政治地位和社会地位，并与知识分子阶层构成了"两大阶级，一个阶层"的社会体，知识分子因其"与生俱来的软弱性和依附性"有时也被归入到工人阶级，国家干部及国有企业的管理者被归入了广大工人阶级[2]，通过国有企业、集体企业和国家机关大规模地从农村招工招干，阶级之间的流动可能性仍然很大。

改革开放后一个时期，政治主导的社会特质虽没有改变但是取

---

[1] ［美］保罗·萨缪尔森、威廉·诺德豪斯：《经济学》（下册），中国发展出版社 1992 年第 12 版，第 1173—1174 页。

[2] 虽然那时的国家干部和国企管理者在经济和社会地位上也有某些特权，但与今天巨大的社会鸿沟相比是微不足道的。

向有了变化,强调"效率优先、兼顾公平",并对"大锅饭"、"铁饭碗"进行批判与否定,"让一部分人先富起来"、"先富带动后富"的口号下"赢家通吃"的现象出现了。价格"双轨制"的改革,使掌握信息资源和人脉资源的能者在市场价格和计划价格之间谋取利益。到了90年代,市场化改革全面开始,放权让利,公有资产开始资本化、货币化,将公有资产以较低的价格让渡给私人,产生了一部分从国有资源中获利的暴富阶层;与此同时,诸多官员相继"下海"利用权力资源发家致富,而大批知识分子也不再甘于做读圣贤书的"呆子"跳出"象牙塔",开始与官、与商基于利益的结合,制造"意识形态"、引导舆论,成为官商御用的"吹鼓手"。官、商、学阶层利益联盟的金三角逐渐固化了当下的社会格局,进而产出了一批批"官二代"、"富二代"。

然而社会的另一面是,虽然农民的经济收入和社会地位总体也略有提高,但伴随着城市化、现代化,城乡区域的农民分化迅速加剧,工人阶级分化日渐加深。比如在许多企业中,同时存在着城市职工和农民工、正式工与派遣工、全日制员工和临时工等多种用工形式,不同类别的劳动者岗位、身份、待遇不同,思想观念和利益诉求分化乃至对立。不容忽略的客观现实是,一个庞大的农民工群体开始产生并已经形成。农民工群体用青春和血汗为城市建设添砖加瓦,却长期生活在城市的边缘难以摆脱困窘的境遇,在陌生而冷漠的城市中维持缺乏尊严的生计,他们的生存状况是繁荣掩盖下的社会危机、国家之殇。

在自由市场经济下的多种经济成分并存、多种财富分配方式,进而形成了不同的利益共同体,导致原有的以阶级阶层为结构的社会形态发生了根本改变,演化为多元主体交叉、利益主体重叠的阶层结构。这种变化,使全体社会成员在政治诉求、经济利益、角色认同、思想文化、情绪倾向等方面存在着越来越明显的差异性。一个只允许资本"自由"而限制劳动"自由"的社会,一定是一个发育不健全的畸形社会;一个阶层之间上下不能纵向流动的断裂社会,必然会使大多数人感到不公平、甚至绝望。以农民工为例,他们进入城市务工即使与类似阶层的城市工人相比,也存在着义务与权利不平衡（同工不同权）、劳动与报酬不平衡（同工不同酬）、身份与职业不平衡（同工不同名）等①的现实状况。

劳动力价值与劳动力价格的严重背离，劳动收益与资本等要素收益的严重失衡，直接导致低收入职工群体问题日益突出。诺贝尔经济学奖得主印度人阿马蒂亚·库马尔·森（Amartya Kumar Sen）说：你不能只凭部分的富裕和繁华来判断社会的幸福程度，你必须了解草根阶级的生活。亚当·斯密也在《道德情操论》中说：如果一个社会的经济发展成果不能真正分流到大众的手中，那么它在道义上就是不得人心并且有风险的，因为它注定会威胁到社会的稳定。② 社会从来不预设它就是一个由少数权力、金钱庇护的人表演并羞辱大多数人的舞台，假如不幸如此，那么，一直在看戏的底层阶级，难免会通过某些性质各异的"群体性事件"登台表演。一个社会分配资源、权利、机会的游戏规则越不公平，越是让底层付出代价，它就或迟或早会付出代价。英国政治哲学家托马斯·霍布斯（Thomas Hobbes）则更早就揭示，"在弱肉强食的'自然状态'里，并没有绝对的强者和赢家"③。不解决劳动者正当权益的维护渠道问题，劳动关系将会在权益越加的失衡中导致劳资双损局面的出现，并进而损害社会秩序、影响社会稳定。

公共产品供给对民生的重视不够，是加剧劳资矛盾的另一个主要原因，因为公共产品的供给与劳动关系的运行、与劳动者权益的实现程度密切相关。例如，农民工劳动关系的稳定程度普遍偏低，多缘于农民工因市民化程度低而流动性强，这又是因为住房、社会保障、子女教育等与农民工能否市民化的公共产品供给不足造成的。富士康员工连续自杀事件，在一定程度上就体现了在农民工市民化过程中公共产品供给不足的问题，这一点从富士康园区内的社区缺失就可找到原因。社区缺失的实质，就是将农民工隔离在他们生活的城市之外，使其丧失得以市民化的条件、得不到市民化的底

---

① 刘金祥、高建东：《劳资关系制衡机制研究》，上海人民出版社2013年版，第106页。
② 王天林：《社会的转型与工会的使命》，《清华大学学报》2010年第3期。
③ 石勇：《中国梦从机会平等开始》，《南风窗》2013年第4期。

线待遇。此外，户籍管理制度所制造的身份壁垒，也削弱了劳动者的资源组织能力，不利于取得与资方相对应的谈判地位，丧失了本应有的话语权。

我国政府已经意识到了贫富悬殊、阶层对立问题的严重性，党的十六大就提出"初次分配注重效率，再分配注重公平"，到十七大升级为"初次分配和再分配都要处理好效率和公平的关系"，社会分配正义的指导原则在现代社会占有越来越重要的地位。如果仅仅简单地确认效率优先于公平，就不仅意味着确认了资本家对劳动者剥削的合理性，更重要的还在于将这种合理性进一步绝对化了，这显然不符合人类文明的准则。2013年3月5日，李克强总理在十二届全国人大一次会议的记者会上表示："民之所望就是施政所向"，并表达了新一届政府对2.6亿有愿望在城市发展的农民工提供政策支持的决心。而在未来，潜在的社会矛盾和冲突能否得到化解，取决于是否会出现一种新的平等取向的政治形态，进行一场真正有力度的改革，破除"特殊利益集团"对社会的绑架，这并不需要援引革命的伦理，法治就足够了，因为"特殊利益集团"是在践踏法律、违反法治原则下成长起来的。[1] 政府如何构建体现公平、正义取向的政治形态、社会生态，促进社会平等，减少贫富差距，解决民生问题，是从源头上化解劳资矛盾、构建和谐集体劳动关系的关键，也是人人拥有中国梦的前提。

三 改善劳动关系的管理模式[2]

在传统的计划经济体制下，对劳动力的管理是政府计划最重要的内容之一，企业的劳动关系被行政关系所掩盖。经济的市场化承认劳资双方都有各自独立的利益和意志，双方有自由选择的权力，进而成为我国劳动关系发生变化最根本的原因，并具有了在市场经济体制下劳动关系的一般特征：劳动关系主体明晰，劳动关系行为自主化、复杂化、契约化，劳动关系的建立依赖市场机制，而市场

---

[1] 李北方：《阶层结构：僵化与突破》，《南风窗》2013年第8期。
[2] 艾琳：《实现和谐集体劳动关系的政府路径选择》，《深圳大学学报》（人文社会科学版）2014年第1期。

主体的多数性、行为的选择性决定了劳资关系的形态也不会是千篇一律、固定不变的。近年来，劳动关系的治理工作受到各级政府越来越多的重视，但劳动关系紧张、劳资冲突加剧的问题并没有得到根本扭转，甚至在有的地方还越加严重，成为这些地方规模最大、频率最高的不稳定因素。劳动关系的日益紧张和劳资冲突的群体性对抗趋势，自然地让我们推导出当前劳动关系在管理模式上必须实现重大转变。

（一）改变管控型的劳动关系结构

改革开放之后，企业劳动者的政治地位发生了重大改变，"连滚带爬"地从主人的位子上跌落下来。全民"利益一体"论先从实践再到理论彻底土崩瓦解，资本相对稀缺、劳动力相对过剩，许多地方政府实行的是一边倒的"重商亲商"政策，不仅使劳资矛盾越来越尖锐，而且极难得到解决。这种情形进而形成了当前我国劳动关系的双重性特征，一方面政府在调整劳动关系中的主导者地位在弱化，甚至出现缺失，没有发挥好规则制定者的作用，出现劳资矛盾时又以"父母官"的架势冲到冲突的一线，担当起处置劳资冲突的主角；另一方面市场机制还很不完善，自由市场与市场法治、市场自律、市场秩序还没有有机衔接，其正面作用还没有得到充分显现，但负面作用却较为充分地表现了出来。比如，为数众多的企业放弃自己的责任和义务，不仅无视劳动者的权利，还生产大量假冒伪劣产品，坑害消费者。

进入 21 世纪后，人口红利时代渐趋终结，我国已经从"发展中"国家开始进入"中等发达"国家，劳动力供求形势正在悄然发生着深刻变化，正在失去廉价劳动力的优势，作为制造业大国面临着严峻形势挑战。随着社会贫富差距拉大、社会矛盾加剧等，"以人为本"、"重视民生"等越来越受到重视。在这种背景下，必然要求进一步完善劳工政策、健全劳动法规、支持和保障集体谈判的有效开展，在动态调适中构建和谐劳动关系。比如，近年来深圳市的劳资纠纷就出现了规模扩大与冲突性增强的特点，集体停工事件高发于劳动密集型的制造型企业。那么深圳市是如何应对这种情况呢？

作为我国经济最为发达、市场化程度和对外开放程度最高的地区，深圳所反映出来的劳资纠纷具有一定的代表性、前沿性，多发性的劳资冲突主要体现在：一是经济补偿（赔偿）问题突出。在企业转型、升级、搬迁或股权变更等情况下，新旧企业性质的变化、经营生产的变动，极易造成员工人心不稳，并极易引发群体性事件，员工与企业在劳动合同的变更、解除、终止等方面产生的经济补偿或赔偿纠纷呈明显上升趋势。二是工资报酬问题。工资报酬问题仍是引发劳资纠纷的主要问题，主要集中于拖欠工资、超时加班、加班工资、欠薪逃匿等现象。三是企业用工管理问题。主要是企业民主管理制度的不健全，缺乏人文关怀，企业管理与劳动者日益高涨的法律意识、维权意识产生冲突，由此带来的劳资纠纷日益增多。四是社会保险问题。法律规定社会保险应当全员足额参保，但一些企业不缴或不足额交缴社会保险，或存在着只选择参加个别险种等诸多不规范行为。五是劳务派遣问题。一些用人单位为规避风险，大量采取劳务派遣这种新兴的用工方式，而劳务派遣的规定和解释又不够完善，劳务派遣单位与用工单位之间互相推诿、侵犯劳动者合法权益的现象屡有发生，比如拖欠、克扣劳动者工资，拒绝为劳动者缴纳社会保险费、支付加班费等。六是新型劳动争议问题。诸如要求双倍工资、带薪年休假、劳动保护等新型争议大量发生，成为劳资纠纷的新热点，并挑战着现行并不健全的劳动制度。总之，集体行动、抱团维权正成为劳动者表达诉求的重要形式。①

从表现方式上看，劳动者诉求日趋复合化、尖锐化，一方面一些员工在维权过程中不够理性，一旦诉求得不到满足，往往采取封路、堵门、集体上访等过激手段；另一方面，在一些群体性事件中，劳动者停工、怠工有了更多的理性成分，员工有效组织起来后，达成集体意愿提出了更高的利益诉求，与企业进行博弈，争取更多权益；但企业集体谈判的意识相对薄弱、能力欠缺，人力资源管理水平不能适应劳动关系快速发展的需求，资本意识作祟，面对员工的要求往往回避或简单应对，从而形成僵局。面对这种情况，

---

① 汤庭芬主编：《深圳劳动关系发展报告（2012）》，社会科学文献出版社2012年版，第27—30页。

政府该怎么做呢，既不缺位又不越位，这无疑是具有挑战性的。

检视以往有些地方政府针对劳资纠纷所采取的做法，其实很多是十分简单粗暴的，比如为了制止所谓的罢工，政府介入劳资冲突之中直接当指挥员、裁判员，或者动员国家机器进行威慑弹压，既牵涉很多精力，结果又未必尽如人意，甚至把事情搞得更加复杂，结果还得不偿失。概而言之，一是被动"救火"，表面抹平，积蓄矛盾；二是"维稳"思维，过度反应，强力压制。通常的情形必然就是等劳动者越闹越大、"捂不住"了，或者劳动者直接转向党委政府上访诉求了，才以行政强制力"扑火"、以复杂问题简单化的处理方式强行摆平。在"稳定是第一要务"思想指导下，能摆平、能搞定的，地方政府更愿意选择花钱买平安的方式，不计成本、不顾后患地处置一单算一单。政府不将工作的重点放到劳动关系的制度创设、劳动关系管理变革上，要么严格管控、要么大包大揽，虽做事努力、四处灭火艰辛异常，但企业内部的火源依然还在，问题仍然会层出不穷，而且变相地激发了劳动者对"大闹大解决、小闹小解决、不闹不解决"的预期。政府与其这样出力不讨好地辛苦，不如转变思维定式、管理模式，使劳动关系治理回归到制度理性上来。

与完善的市场经济国家在劳动关系方面采取放松政府规制的取向不同，由于我国缺乏一个相对完善的劳动法制环境，绝大多数企业缺乏一个真正能够代表工人并被员工信任的企业工会，在现阶段不但不能"卸担子"地放松政府在劳动关系上的管制，反而需要政府对劳动关系更为积极的介入，更好地发挥政府在劳动行政监督、损害控制和调解仲裁方面的作用，扭转"资强劳弱"劳动关系失衡的状况，以劳动者的自利救济推进劳动法的贯彻落实。要使劳资双方都应意识到，着力推进集体谈判，逐步探索建设工资正常增长机制，才能从源头化解劳资矛盾，为企业的和谐发展创造良好的环境和条件。政府的严格规制不是目的，但却是实现劳动者权益保护的必不可少的保障。根本的问题，还在于建立一个能够真正代表劳动者、被员工认可且有所作为的企业工会，这个工会应当是高度负责和训练有素的，工会工作者符合专业化和职业化的要求，既具备组织能力也具有与雇主开展谈判的专业能力，只有这样，劳资自治才会有现实基础，实现基于市场化、法制化的劳动关系。

市场化背景下的和谐劳动关系，一定是通过劳动自治才能实现的，这是其他任何方式都无法根本做到的。在劳动自治状态下，劳动者与雇主通过各自的代表，通过集体谈判的方式自行解决劳资关系事务，确定集体合同。通过劳动自治，劳动者的合法权益得到了维护，劳动人格受到了尊重，同时还了解到企业生产经营的更多情况，以意见表达的方式参与企业管理；通过劳动自治，避免了个别劳动者的过激行动，有利于消除影响企业正常生产的不稳定因素，增强了职工对企业的认同感、归属感，使企业更具有凝聚力，从而吸引和留住更多的人才，提升企业的创新力，这些何尝不是雇主所期望的呢？

(二) 促进和谐劳动关系的建立

劳动法律在适用中出现的很多问题，不是出在法律的主旨上，而是出在提供解决这个问题的方法上。相关法律对目前解决不了的问题拖着，暂且不作规定，或者只做原则性规定，带来了实践中的大量依据不充分、不明确情形的存在。这种"半部法"所造成的法律漏洞，体现为大量模糊、模棱两可以及口号式的条款，很难落实和操作。这种模糊规定及与劳动法律之间的竞合问题，都应当在构建新型劳动关系的实践中及时予以规范和完善。

强化劳动关系治理的制度理性，就意味着政府要有所为有所不为，健全劳动法律制度等该做的要主动作为，且做实、做好、做到位；直接调处劳资矛盾等不该管的要尽快归位，交由其他劳动关系主体发挥作用，加强引导、监督、管理。在促进和谐劳动关系建立上，政府还有大量的工作需要去做，但需要转变观念、转变方式。比如，在劳动领域法治化程度仍然较低的背景下，地方政府如果一方面对于集体谈判权的行使不能给予足够的重视和相应构建，就难以使劳动者团结权、罢工权的作用发挥到对集体谈判权落实的保证上；另一方面如果简单地把集体合同的覆盖率作为集体协商成功、劳资关系和谐的标准，就会诱导地方政府在劳资双方集体谈判的过程中，主动介入本不该参与的谈判活动。政府越俎代庖地定目标、下计划，强制要求完成任务，就会主导谈判规则、谈判进程和谈判结果，使集体谈判丧失了应由劳资双方平等谈判的原则。

在集体谈判权的权利行使中地方政府干预情况的普遍存在，与基层政府主导劳动关系的管理模式密不可分，是单一制的中央集权和分层授权、分级负责行政管理体制和运作方式的具体体现，更是全能的管制型政府的必然结果。在这种管理模式下，一是基层党政机构习惯于直接介入并干预个别劳动关系，强化了对个别劳动关系调整的管控程度，扼制了劳动者的主体意识，使劳动者难以结成集体行动的主体；二是基层党政机构按上级要求，一直以来对企业工会实施了较严格的领导，限制了集体劳动关系的自主性，工会"名义上有实质上又没有"成为某种"形式的代表"。随着市场经济的发展，这种政府对企业劳动关系实行严格管制的模式，越来越多地体现出强政治主导下的强资本、弱劳动的特征，其内在本质却是公权力与资本的"强强联合"。于是，在劳动法律法规的实施层面，基层大范围存在着劳动执法权力软约束与选择性执法的问题，呈现出"厉而不严"、"法网疏漏"的特征，不可避免地损害了地方政府的公信力。

当然，基层政府的强势介入也会使得无助的劳动者对公权力提供的"公道产品"的依赖性更强，遇有大大小小的"冤情"就求助政府、依靠政府。基层政府本着"造福一方"、"保一方平安"的职责，对过度侵害劳动者权益的现象，对"维稳"隐患多和社会影响大的"事端"所进行的调处，在一定程度和范围上的确疏缓了劳资冲突；但是，这种行政权力的例外处理、个案式的特殊照顾、急救式的短期做法并不能促成长效化的劳资冲突解决机制的建立，反而不利于建立各方认同、自愿参与的集体谈判机制。劳资冲突的有效解决归根到底要依靠法律制度，正如吴敬琏先生说的那样，在某些情况下，弱势群体可能由于不明真相而受到误导，抑制了市场竞争，强化政府控制就会成为社会上的一种基本思想，再经过传媒的放大，有可能对市场经济的改革方向造成冲击，这对于包括弱势群体在内的多数人都是极其不利的。遇到社会冲突和矛盾纠纷，政府强介入的思路在中国这种具有亚细亚生产方式特征的社会非常有市场，但它会使劳动者失去自主性、损伤权利意识，成为依附政府的

"缺钙"群体,到头来还是"青天大老爷"的思想得到强化、固化,难以培养劳动者作为一个公民的主体意识和主体能力。劳动者遇到利益受损等不公平待遇时,茫然不知所措,往往选择到政府门口静坐,在很大程度上就是因为他们已经习惯了政府的包办,但却放弃了他们与生俱来的合法权利赋予的更大力量。

传统的一元社会管理模式已经不能应付现代社会的经济变革中社会管理领域出现的新问题、新状况,单独依靠行政手段很难有效地完成社会管理目标。① 构建和谐的劳动关系,任何来自外部的过度干预和管制都会因越俎代庖而处置失当。由于集体谈判是劳动者、工会和雇主、雇主组织的理性选择结果,劳资双方在集体谈判进行中的自由交易和平等协商应是自然形成的过程,因而公权力并不适宜也不需要过多地发挥作用,只需作壁上观即可。概言之,政府在集体谈判权的进行过程中,应该保持一定的距离,主要扮演好以下四个角色:即规制者(regulator),监督者(inspector),损害控制者(damage control)和调节与仲裁者(mediator and arbitrator)的角色。② 保持一定的距离,并不是要政府放弃责任,相反政府应学会如何更好地履行公权力的责任和义务,这种履行也是从"意图伦理"向"责任伦理"转变的一种进步。③ 因为政府在处理公共事物的时候,不能仅从心正意诚的主观意图出发,而忽视最终结果的良窳;从尊重每个公民在私人领域的自主权的责任角度,集体谈判权、罢工权的行使,并没有损害他人的利益或社会的公序良俗,不能以简单的"稳定压倒一切"的友善意图就进行过度的干预和阻止。

---

① 应松年:《社会管理当中的政府职能》,《行政管理改革》2012年第1期。
② 常凯:《劳权论——当代中国劳动关系的法律调整研究》,中国劳动社会保障出版社2004年版,第147页。
③ 意图伦理和责任伦理是马克斯·韦伯提出的政治伦理的两种类型,长期以来,我国公共政治生活奉行的是"意图伦理",各类政治组织包括政府只是注重自己意图的正确,却忽视自身权利行为的规范和结果,对于明显违反法律和道义的滥权行为和人人皆不欲求的恶劣结果,往往以其具有善良的主观愿望和意图予以宽宥和原谅,由此导致了政府不当行为的普遍化和对行为后果的主观忽视。而责任伦理是一种对行为及其后果的评价与担当意识,它追问行为本身的善恶及行为后果的好坏,它对人们主管意图之善恶持有理性的怀疑,并且否定一切以善的意图虚饰的恶的作为。参见徐邦友《从意图伦理到责任伦理》,《浙江学刊》2009年第4期。

结合西方国家政府在集体谈判中的做法，笔者认为对已进入实质进程的集体谈判，政府的作用主要体现在以下三点：一是促进理解体谅，在谈判僵持不下的情况下，政府要适时地进行调解、斡旋和引导，并帮助谈判代表排除外部非正常干扰，促使谈判能够顺利地进行下去；二是强化行为管控，当参与谈判的任何一方不信守谈判规则，过度偏离了平等互利、协商一致的原则，或者在谈判之外做出单方面的施压行为，政府根据需要在必要时可以提出适当的强制性要求，打消任何一方的非分之念，促使其遵守谈判规则，回到谈判桌上；三是指导谈判范畴，为了促成集体谈判有效结果的取得，需要劳动者、工会能够尽快提出明确的利益诉求，而且这些利益诉求是可以协商、有可能做到的，也需要雇主代表在回应这些诉求时表现出足够的诚意。为此，政府可以结合各方面的情况提出禁止谈判事项、规定讨价还价幅度等，以控制的方式对集体谈判有所规制，当然这种规制要有法律制度作为依据。此外，在集体谈判结束之后，政府还应敦促劳资双方切实履行义务，使达成的集体合同得以履行并对履行中可能出现的理解偏差和纠纷作出及时的处理。落实和健全集体谈判制度体系和运行机理，要从基层一线做起，将集体谈判作为政府实现有效治理的工具，使劳资矛盾在企业层面得到及时化解。与此同时，在保持工会独立性的前提下加强基层政府与行政工会的联动机制，开展社会化的维权活动；要逐渐开放劳工组织、劳务工自助组织的设立管制，增强劳动者在集体谈判中的议价能力、行动能力。

四 政府要发挥好监护人的作用

从计划经济走向市场经济，社会相应转型，于是在一些地方劳动关系紧张、劳资矛盾凸显并有愈演愈烈之势，其中有一定的现实必然性。消除劳资冲突持续激化的根源在于要将发展理念转变到以人为本的发展观上来，这就需要改变传统的价值观、发展观，放弃唯GDP的政绩考核。政府不但要为劳资双方的博弈创造公平的法律环境，更要承担必须支付的社会成本，比如能够为剩余劳动力成本埋单，在创造就业岗位、提供失业救济、开展职业培训等付出更多的财力。

　　集体谈判的劳动关系基础是劳资自治，政府的责任就是促使劳资自治的实现，其中最重要的莫过于构建切实实际、符合国情的集体谈判制度。集体谈判权的确立、健全和完善，完全符合法律对建立社会公平、实现社会正义的价值准绳。对劳动者人权、公民权的真正尊重、真实维护，是一切劳动立法能称之为良法的前提，因此，建立和健全相应的制度救济就成了保障和落实集体谈判权的关键。

　　对政府在集体谈判中的作用，集体谈判制度要作出限权性规定，以避免政府权力发生偏离，特别是不发生大的偏差，防止越位、缺位和错位的现象。政府虽是集体谈判制度中的特殊主体，但也不宜直接代表或融入劳动关系的任何一方，而是应积极地促进劳动自治；作为公共权力，应承担起规范者、仲裁者的作用，必要时发挥协调者、调解者的影响，主持社会公正和维护社会利益。比如在美国，雇主和工人在不受政府干预的情况下，对就业合同的各个方面进行自愿谈判，谈判包括工资、工时、义务和工作环境等，政府在劳资关系的直接作用是有限的，主要是提供服务信息、劳动监察、向总统提供劳资双方状况的报告等。因此，集体谈判制度要对政府的行为作出授权、指引和限制。

　　政府在集体谈判中并非无所作为，而是要为劳资双方提供良好的集体谈判环境和服务，充当好"监护人"的角色，如开展各种咨询服务，举办培训班，为双方主体提供法律咨询，为谈判人员提供专门的培训，并向谈判双方提供工资、工时、保险福利方面的信息，物价水平和劳动生产率的变化，劳动力市场供求关系情况等。而这些做法对工会和劳动者的帮助作用尤其明显。由于集体谈判涉及对立的两个利益主体对实现自身利益最大化的冲突，政府在劳动关系中的存在，必须保持公正的立场；但在实现方式上，又往往需要以限制处于强势地位的资方权利并保护处于弱势地位的劳动者权利，以此促成劳资双方能够平等地坐下来谈判，也就是追求法律的实质平等。政府还应敦促雇主向工会代表提供集体谈判所需要的企业盈利、生产成本、劳动力成本等真实情况，以满足工会谈判代表对企业经营的知情权，解决集体谈判信息不对称的问题。

简单讲，集体谈判的结果无非两种情况：一种是劳资双方互相尊重并适度妥协，达成一致意见，签订集体合同，谈判取得成功；另一种是劳资双方各自坚持，互不相让，谈判陷入僵局，无法继续对话，谈判破裂。如果集体谈判破裂且政府调解无效，排除很少数之后冷对立下的"不了了之"情形，劳资双方都有可能采取进一步的行动，向对方施加更大的压力，如工会组织劳动者进行罢工，而雇主则可能关闭企业。无论持续罢工，还是关闭企业，都将造成对当事双方造成进一步的伤害，对社会秩序和社会财富也是很大的损害，在这种情况下，政府就不能再作壁上观，而是要强力介入、既打又拉，极力避免劳资对立事态的恶化发生。经过劳资双方的一番较量，如果企业不是出于经营发展的考量采取了迁址、闭厂等措施，在政府的斡旋协调下，劳资双方一般会各找台阶、重启谈判，各自作出一定妥协与让步后达成可以接受的协议，最终签订集体合同。由此可见，政府在集体谈判制度中要承担托底责任，但即使如此，政府也不能越俎代庖。

构建集体谈判制度遇到的最大困境是现行《宪法》对公民权的表述中没有列举"罢工"。宪法没有明确的规定，其政治导向和政策倾向是显而易见的，并会在实践中以"讲政治"的思维逻辑而进一步放大，似乎成为不能触碰的"禁区"。因此，地方政府对与罢工类似的群体性事件通常都是采取抑制态度，甚至是禁止性的举措，但这种做法的实际效果无助于劳资矛盾的渐趋缓和、有效解决。当下严控下的刚性稳定，不如以劳动自治，通过集体谈判制度实现长久的各归其位、各得其所带来的安宁更为牢靠，为此就需要构建起集体劳权的法律救济。

第四节　构建集体劳权的法律救济

法的本质表现为法的正式性。一般而言，法权指通过法律确认与保护的权利，而劳动者的劳权正是不可侵蚀的法权。马克思认为，法权关系，是指由国家保护着的，以法律手段调整社会而出现的一种社会现象和社会关系。法律性是法权的最基本属性，它是权利与权力的统一体。完善劳动立法，为劳动者权利实现提供较为完善的法律依据与制度保障，促使劳资双方在争取各自利益时依法依规运作，是世界各国协调劳资关系的普遍经验。近20年来，我们在劳动立法方面取得了丰硕成果，但与此同时，我国的劳动法律体系不健全、法律效力不高的问题仍然存在，当下的劳动关系又呈现出结构复杂、状态不稳定等特征，而经济全球化、科技革命和经济、社会转型不断深化，都更加迫切地要求劳动立法作出相应的调整和变革，使其成为能够切实消解劳资矛盾、平息劳资冲突的"硬"法。

一 为劳资冲突的自主解决提供保障

劳资关系是建立在雇佣关系之上的雇主及其经营者与劳动者及其工会之间，既矛盾对立又协作配合的复杂的互动关系，是能够产生合作剩余的关系，即资本与劳动力的自愿结合能够产生比仅仅资本和仅仅劳动力更多更稳定的财富。合作剩余关系是建立集体谈判制度的现实基础和未来预期。集体谈判就其本质而言，就是要促使这种合作剩余的更好实现，但是由于劳资双方在当期利润分配上的零和关系，因此要实现此并非一件容易做到的事，只有将其纳入法治保障的轨道，才能帮助劳资双方建立稳定的现实利益调处机制和良好的心理期待。这就需要以法律的方式确立劳动者的集体谈判权，在法律制度的范畴使劳资双方的"议价过程"有序地开展。对集体谈判制度的构建，就是要在资强劳弱的背景下，基于不平等而追求平等、基于不公平而追求公平，通过一整套可看、可用和可行的制度体系，建立起劳资关系双方共同参与的利益博弈制度和运转机制，以期在尊重资方合理权益的前提下保障劳动者的合法权利，发挥维护社会公正、促进社会正义基础上的动态平衡的作用，实施以集体谈判为核心的劳资关系处理政策。

法律价值的实质在于揭示法律存在的伦理正当性，促进社会正义是制度之本。现有的劳动法对集体谈判权的表述存在明显的"去冲突化"特征，对此项权力的行使保障力度有限；集体谈判制度还不够健全，对解决劳动关系中存在问题的指导性欠缺，实施效力受到了很大局限，现实性不强；同时，由于既有的法律制度偏重于对实体权利的规定，欠缺对保障实现实体权利的程序和救济方法的规定，使法律制度的施行同样受到了极大制约。这些都不利于集体谈判权作用的发挥，不能在有效化解劳资矛盾、消除劳资冲突中发挥应有的作用。

对集体谈判制度的构建，需要从纵向与横向两个纬度展开：一是从集体谈判制度演变过程的纵向角度看，赋予劳动者应有的集体谈判权是法治的进步、文明的标志，建立集体谈判制度是为了通过有效的集体谈判实现劳资双方对抗中的合作、妥协中的共赢。集体谈判不排斥罢工，但不鼓励罢工，更不是热衷罢工。对罢工权的行使，任何一个国家都有或这样或那样的严格限制，以免工会在群体非理性的驱使下以行使罢工权为名造成社会整体利益受损。因为当劳资关系破裂罢工真正发生时，无论对于资方还是劳方都是极大的损失，而且罢工还具有极强的外部性，对于无直接相关的第三人、对所在的国家也都是损害，特别是在全球化背景下这种危害更有可能产生更大的不良反应。二是从与有代表性国家的集体谈判制度的横向对比的角度看，集体谈判制度虽然在不同国家存在着差异，但都是不可或缺的，均建立起了与本国的政治体制、法律制度、经济发展和社会环境等相互适应、紧密结合的集体谈判制度，这些经验和做法值得处在工业化、现代化、城镇化阶段的国家认真借鉴。如果不能辩证地理解劳动者团结权、集体谈判权、特别是罢工权的深层内涵，那就意味着我们还没有形成对劳动关系深层本质的认识，集体谈判制度的构建就缺乏思想基础，而这一点正是我们当下必须面对的社会现实，也是笔者希望这本书能实现相应社会价值的期许。

集体谈判应以自愿为原则，即在政府不干预情况下实现工会和雇主之间的自主谈判，并包含集体谈判和集体协议有关的双方认为确有必要的重要事项，如集体谈判和集体协议的定义、确认工会代表性的标准、工会谈判主体的选择、谈判过程中争议的解决、集体协议的格式和内容、协议的扩展运用、协议内容的解释和实施等，就开始集体谈判、谈判层级、提供信息、诚信谈判、集体协议的登记和生效等程序性问题作出规定。集体谈判通过劳资双方理性的直接沟通的方式，把激烈的对抗转变为在平等博弈中的理性斗争，核心是集体合同制度，目的在于平衡劳资力量、和谐劳动关系，从而建立稳定的、契约式的、合作型的劳资关系。

如果我们从更高的视野来看待这个问题，就会认识到，鼓励劳资双方在实现合作剩余的共同目标上的以尊重权利、鼓励参与、提倡博弈、讲求妥协为核心内容的集体谈判，它所体现的不仅是良性健全社会的一种态度，也是包括政府、工会、雇主和劳动者在内的所有相关者理性合作的一种智慧。成熟健全的集体谈判制度不仅是劳动者的专权，还是雇主的权利，也就是说集体谈判权正在由工会移到雇主，这在西方发达国家已成为一种普遍存在。以集体谈判制度所代表的对劳动者合法合理的利益诉求的尊重和保障，是雇主与劳动者建立正向合作、利益共享、风险共担的自治关系的前提。只有在这种理念和准则下，相关者的权利才能被真正认同、相关方的权利才能真正保持、各方彼此的利益才能真正得到照顾和实现，因此，对集体谈判制度的构建就是要对工会、雇主和政府在集体谈判中的权力与义务、权利与责任的劳动关系进行明确。

二　集体谈判权和罢工权的有机衔接

法律应确立现实的公正性，但未必就是现实的公正。即使在既有法律制度上对集体谈判权未加明确，也不能扼制它的实际发生，甚至更易于促使原本希冀借助集体谈判来抑制和防止的罢工事件的发生，客观现实仍会脱离权力者的主观意愿。罢工是集体谈判的压力手段，但又恰恰是集体谈判所力求避免的。在没有集体谈判制度的情况下，劳资冲突一旦形成，由于缺少法律制度的指引和规范，往往会导致劳资双方矛盾的迅速升级和缺乏建设内容的泄愤性破坏。罢工的存在是市场经济与雇佣关系的必然，但却是需要极力避免的；为了有效避免这类群体性、破坏性事件的发生，就需要为劳动者提供正当而充分的表达利益诉求的渠道，不是建立集体谈判权会诱发罢工，而是罢工需要集体谈判制度的规范。

在集体谈判中，工会有条件罢工的目的是为了向雇主施加压力，是集体谈判使用的一个重要的讨价还价手段和不可缺少的压力工具，无论在主观上还是客观上都有利于促使谈判取得成功。如果不允许劳动者诉诸集体行动，集体谈判在许多情况下就失去了可行性，就会在"君子动口不动手"的无谓僵持中"谈"不下去。理性的威胁是实现特定意愿的辅助手段，不担心会受到应有的报复就可能使施害者变本加厉、有恃无恐。如果缺失了罢工权的"后续"威胁，即使是劳动者被赋予了集体谈判权也是没有实际意义的，反而会在无序的混乱工潮中造成无可挽回的更大社会损失。罢工权的确立不是要鼓励罢工，而是以尽可能减少或者消除罢工为目标的，是以法律规范的方式使罢工行为得到有效约束和应有控制，从而起到维护社会利益均衡、国家长治久安的作用，或者说集体谈判制度围绕保障劳动者权利为核心，必须以维护市场秩序、社会稳定和国家安宁为前提。

除了前述集体协商与集体谈判的差别之外，集体协商与集体谈判的最大不同还在于是否容许建立退出制度，这个制度的核心从集体谈判权的权利主体角度看，即是否允许劳动者拥有罢工权，而集体协商是不涉及退出机制的。集体谈判退出机制的关键在于是否有罢工权的支撑。在罢工权的支持下，劳动者就有了向雇主施压的有效而且合法的手段，有组织地、有秩序、有策略地讨价还价就有了底气，不再是别无选择、有气无力的"协商"。配置了罢工权的集体谈判有利于提升权利主体的地位，达到权利主体与义务主体之间的相对平等，这样才更有利于实现劳资双方合作剩余相对公平的分配，是罢工的威慑而不是罢工本身使得合作剩余的公平分配得以实现。罢工权不同于罢工，罢工权是劳动者出卖自己劳动力时仍必须保留的议价权力，它符合市场经济的基本原则，认可这一点还体现了对人权、公民权的起码尊重。

基于对劳动者根本利益和区域经济发展、更广大群众切身利益的维护，集体谈判制度应在承认罢工是劳动者权利的同时，规定相应的严格限制，既要促使雇主履行诚实谈判的义务，又要防止工会滥用罢工权，防止劳动者群体非理性下对集体谈判正常开展的干扰；避免给企业造成超越法治的不当损害，带来社会整体利益的受损，而且这种危害在全球化下还有可能产生放大效应。这就要求在健全完善集体谈判制度时，应对可能存在的极端集体谈判现象作出规范，比如对破裂的集体谈判如何进行适当救济等。应尽快在《劳动法》《工会法》等法律中增加劳动者行使罢工权的有关原则性规定，制定《集体谈判法》或《集体合同法》，完善就业、社会保险、劳动保护和其他就业条件方面的劳动标准法规，明确平等协商和签订集体合同的法律责任；同时，为防止劳动者滥用罢工权，应明确罢工只有在工会组织下才是合法的，只有以签订集体合同为目的才是合法的。

三　构建立体化的集体劳权法律体系

为使集体谈判权可以不受制于雇主是否有接受意愿，使谈判成为一种法律明确规定的义务，使政府能够承担起相应的责任，在立法上明确集体谈判的定义，确立包括集体谈判权、团结权和罢工权在内的集体劳权的法律地位、法律价值是极其重要的。集体谈判权不是一个单独孤立的权利，它与劳动者的团结权、罢工权相辅相成而成为劳动者的集体权利或称集体劳权。"劳动三权"是市场化条件下劳动者所享有的最基本的权利，换言之，不真正承认和尊重这三项权利，将很难构建现代意义上的市场经济。毫无疑问，维护"劳动三权"是建立集体谈判制度的前提，因此，集体谈判制度需要在"三位一体"的集体劳权中通盘构建。涉及集体谈判权的法律制度残缺，将使集体劳权难有归依，现实状况表明这是势在必行的。

人们争夺权利、规避义务，导致纷争不断。有罢工权并不一定意味着就有罢工，罢工在很大程度上是劳动者的不得已选择，对劳资双方来讲都是需要尽力避免的损失，绝非劳资双方的理性选择；没有了罢工权，也不意味着就没有了政府管理意义上的虽不被法律承认的罢工。可以说，团结权的落实在提高劳动者组织性的同时，也以自我约束的方式使劳动者的行为更加理性化、有序化，集体谈判权的确立给劳资冲突提供了一个可管控的管道，所谓罢工权的设立给劳资关系持续紧张、矛盾冲突不断加剧的社会安装了一个"放气阀"的说法无疑是有道理的。这个放气阀起到的是社会安全阀的作用。

应将社会公共利益作为集体劳权的法律价值,也就是说,它应该体现的是一种社会利益、整体利益、公共利益、公众利益、普遍利益、公平利益和社会福利,因而,它应该不仅是经济法,还是一种社会法,体现的是社会经济规律,反映的是社会公共意志,维护的是社会公共利益。这种社会公共利益应是社会化的、大众化的、普遍性的、公共性的、整体性的利益,社会公共利益本质上就是全社会的利益、共享性的利益、每个人的利益、所有人的利益。[①] 正如笔者在前面谈到的,集体劳权是个权利束,在立法上相对应的应是一个立体的集体劳权法律体系。健全完善集体劳权的法律体系,在我国仍然是一项较为紧迫的任务。以集体谈判权为重点的集体劳权法律缺失,主要表现在以下三个方面:

一是劳动者既有劳动的权力,也有劳动应受到法律保障的权利,罢工权如能在宪法层面得到确认,将彻底消除集体劳权相关的立法障碍。也就是说,承认罢工权是构建集体劳权法律体系的核心。我国集体谈判制度未能建立健全的一个关键因素,在于立法者巧妙地在劳动制度的设计和安排上用集体协商代替了集体谈判,做了"去冲突化"处理,其他法律法规从立法技巧上也规避了这个不应回避的问题。可考虑制定集体谈判的专门法律,对集体谈判主体双方的权利义务、谈判内容、谈判程序、集体合同实施、集体争议处理等作出全面规定,规范集体谈判权的行使行为。

二是涉及集体谈判权的法律规范较少,只有《劳动法》《工会法》等少数法律对集体协议作了原则性规定,这是远远不能满足实际需要的。没有法律的规范,集体谈判的实践就缺乏强有力的依据;集体劳权的法律制度不完善,就无法保证相关主体权益能够得到完整地保障。进而言之,涉及集体劳权的法律制度体系不够完整,对于健全集体谈判、推进集体合同制度,以及妥善处理实践中

[①] 邱本:《经济法的权利本位论》,中国社会科学出版社 2013 年版,第 102—103 页。

的劳资关系不能够提供强有力的制度支持。应加快《劳动合同法》等配套规章和政策的完善，解决《劳动合同法》实施以来出现的新情况、新问题，如尽快制定劳务派遣规定，规范劳务派遣用工行为；制定经济性裁员规定，明确裁员程序、补偿标准等，增强法律的可操作性。

三是涉及集体谈判权的法规立法层次相对较低，缺乏强制力，必然影响到集体谈判制度的实施，也使集体谈判权本身缺乏必要的保障。目前规范集体协议的主要法规依据是劳动和社会保障部的行政规章《集体协议规定》，但也只规定了与集体协议行政管理有关的问题，不仅法律效力有限，可指导应用的范畴也较为狭窄，已在实践中显示出它的局限性。应加快制定集体谈判权的法律，使开展集体谈判、签订集体合同具有更为坚实的法律基础，与此同时应制定工资条例、工时条例等操作层面的法规规章，使集体谈判制度能够落到实处。

劳动立法采用什么模式，从根本上讲取决于其所依存及需要调整的劳动关系。法律的核心是权利，法律促使的是对权利的保障，并将以此体现法律的价值。劳动立法应体现的价值包括：对公平劳动关系的追求，对公正处理劳资矛盾的坚守，对社会正义实现的促进，对劳动者自由意愿、尊严体面和个人发展的尊重和帮助，对企业经营和社会秩序的保护，对提高劳动效率的支持，以及对社会利益的维护等。政府立法的作用就是强化一部分人的权利并限制一部分人的权利，追求法律的"实质的平等"。[①] 这就是基于劳资关系实际，立足于重构劳动关系而必然采取的立法思想。

四 修订现行已不适宜的法律法规

我国的劳动法律是通过照搬苏联的劳动立法模式的基础上构建的。1995年实施的《劳动法》是我国的第一部劳动法，它确立了劳动立法和劳动体制改革的市场化的方向，把劳动者作为一个独立

[①] 常凯：《劳权论——当代中国劳动关系的法律调整研究》，中国劳动社会保障出版社2004年版，第150页。

的社会利益主体和法律关系主体来对待,明确了保障劳动者权益的立法主旨,并提供了以劳动者权利保障为中心的法律体系框架。2008年生效的《劳动合同法》《就业促进法》和《劳动争议调解仲裁法》,当时虽饱受争议,但对完善我国的劳动法律体系起到了至关重要的作用;从实施效果看,在提高了工会和劳动者地位的同时,也大大降低了企业对劳动者权益的侵害,促进了企业的守法经营,提升了企业的管理水平。

法律既是社会生活内在关系的反映,也是社会生活自身逻辑的要求,因而具有极强的时代性。从早期资本主义、自由竞争时期,到福利国家时期,市场经济国家的劳动法律发生了巨大的变化。对雇主享有最大限度自由的保护,财产受到最充分的保障,体现在劳动法律的指导思想上就是私人自治、自由放任、个体主义的法律方法。随着对普遍人权、劳动者尊严的重视,劳动法律不再仅关注抽象的平等,更注重实际的平等;资本的所有权不再是绝对的,劳动法律日益强调所有权的社会属性而不再只是个人的自由意志,雇主不得以反社会的方式行使所有权;在集体谈判的作用下,大量体现标准化契约的集体合同取代劳动合同,契约自由受到限制,让位于社会福利和对一个更公平的工作和生活水准的维护;劳动法律越来越倾向于以各种利害关系和义务为基础,而不是以孤立的个人(劳动者或雇主)及权利为基础,将劳动关系放在社会关系之中进行考量和把握。[①] 从计划经济到市场经济,从改革开放到确立市场对资源配置的决定性作用,中国的劳动法律走过了一个废旧立新、初创探索、丰富完善、反思调整的历程,并越来越多地吸纳先进的法律成果。对现行劳动法律的修改,就体现了这样的法律进步,仅就集体谈判权的保障而言需要做的工作还有许多。

构建集体劳权法律框架的当务之急,是对已有法律中与集体劳动关系相关的法条解释及适用障碍进行调整和规范。《工会法》第52条规定:"违反本法规定,有下列情形之一的,由劳动行政部门

[①] [美]伯纳德·施瓦茨:《美国法律史》,王军等译,中国政法大学出版社1990年版,第211—216页。

责令恢复其工作,并补发被解除劳动合同期间应得的报酬,或者责令给予本人年收入二倍的赔偿:(一)职工因参加工会活动而被解除劳动合同的;(二)工会工作人员因履行本法规定的职责而被解除劳动合同的。"这就涉及该法条的适用性问题。这一法条的初衷是对劳动者依托工会参加集体活动而遭受雇主不当劳动行为时提供救济,在现实生活中,工会主席或集体谈判、集体行动的发起人、带领人因履职维权被雇主解雇的案例举不胜举,如2008年3月的南海本田罢工维权事件、2011年8月深圳沃尔玛集体要求涨薪事件,事后劳动者领袖都被以各种理由予以开除,但是雇主并不会表明解雇的原因是因为其组织工会并策划、领导了集体行动。因此,工会主席或劳动者代表想要依据《工会法》实现"由劳动行政部门责令恢复其工作,并补发被解除劳动合同期间应得的报酬,或者责令给予本人年收入二倍的赔偿"的救济是十分困难的,可诉性和举证的困难虚化了立法的实际意义。再如《工会法》第18条规定,基层工会专职主席、副主席或者委员自任职之日起,其劳动合同期限自动延长,延长期限相当于其任职期限;非专职主席、副主席或者委员自任职之日起,其尚未履行的劳动合同期限短于任期的,劳动合同期限自动延长至任期期满。但是,任职期间个人严重过失或者达到法定退休年龄的除外。何为严重过失,这同样是一个很难界定的概念,也就给企业留下了巨大的操作空间。

  需要指出的是,目前仅有的与集体劳权有关的法律条文几乎都使用了"可以"这一软约束词语,我国《劳动合同法》第51条规定,企业职工一方与用人单位通过平等协商,可以就劳动报酬、工作时间、休息休假、劳动安全卫生、保险福利等事项订立集体合同。其中提及的"平等协商"即是对"集体谈判"的去冲突化表述。相同的内容在《劳动法》的第33条也有规定,企业职工一方与企业可以就劳动报酬、工作时间、休息休假、劳动安全卫生、保险福利等事项,签订集体合同。在《集体合同规定》第4条有规定,用人单位与本单位职工签订集体合同或专项集体合同,以及确定相关事宜,应当采取集体协商的方式。在层级较低的《集体合同规定》第32条规定,集体协商任何一方均可就签订集体合同或专项集体合同以及相关事宜，以书面形式向对方提出进行集体协商的要求。一方提出进行集体协商的要求的，另一方应当在收到集体协商要求之日起 20 日内以书面形式给予回应，无正当理由不得拒绝进行集体协商。且在第 56 条规定，用人单位无正当理由拒绝工会或职工代表提出的集体协商要求的，按照《工会法》及有关法律、法规的规定处理。查找《工会法》相对应的内容只是在第 53 条规定，无正当理由拒绝进行平等协商的情形，由县级以上人民政府责令改正，依法处理。可见，我国立法对集体谈判权并没有明确的立法规范，只给予了赋权性的表述，而这种表述又以"集体协商"、"集体合同"、"平等协商"等不同称谓进行界定，缺少立法应有的精细化和严密性，又因为这些法条镶嵌在《工会法》《劳动合同法》等其他法律法规之中，不免过于孤立，其原则甚至含糊不清，例如，"可以"一词，是可以谈还是也可以不谈，在法律文本中，"可以"一词的语义是鲜有约束力的，所谓"可以"往往也意味着"可以不"。[①] 另外，如何界定"无正当理由"，"正当理由"又是什么；如何举正、怎样依法改正并进行处理等。正因此，在通常以劳动者提出诉求的集体谈判权的行使过程中，弃权、侵权现象屡有发生，很多集体闹事和先以罢工显示力量的群体性事件，在造成实际冲突和损害的情况下才转为了集体谈判。集体谈判权在立法层面的构建工作还远未完成。

相比之下，国外关于集体谈判权的立法，尤其是以集体谈判为劳动法主要内容的美国，其相关立法则更显完备和成熟。在美国《劳资关系法》第 8（d）条规定，进行集体谈判是雇员代表与雇主都要履行的义务，双方应该在任何一方提出要约时在适当的时间就工时、工资和有关的雇佣条款，或者针对一项协议，或者是对协议中的任何一项问题进行善意的谈判，但这项义务并不强迫任何一方必须同意某一建议或者作出任何让步。这一规定的核心是要针对

[①] 例如"精神病人的利害关系人，可以向人民法院申请宣告精神病人为无民事行为能力人或者限制民事行为能力人"（《中华人民共和国民法通则》第 19 条）中的"可以"，往往也"可以不"。参见李茂武《"可以"与"可以不"的关系》，《汉江大学学报》2004 年第 1 期。

"工时、工资和与雇佣相关的条件和条款"这些命令性主题进行善意谈判,要求各方提出自己的建议,表达自己的理由和意愿并且听取对方的理由和意愿,把对方带到谈判桌旁进行谈判。①《劳资关系法》第9(a)条还规定,就工资、工时和其他有关雇佣条件的条款召开会议进行谈判,同时警告,任何一方都不需要必须同意某一提议或者作出妥协。这就是雇主和工会必须承认谈判的强制性要求。如果该谈判是善意的,任何一方都可以通过罢工或者闭厂来坚持自己的立场,但是任何一方都不可以依靠自己的经济力量不进行关于"工资、工时和其他有关雇佣条件条款"的善意谈判,并详细规定了谈判的内容。②确保集体谈判自主性的目的,是通过高效率和有效协商达成集体协议,在维护劳工权益与化解产业关系冲突的同时,不至于对其他社会成员的利益产生负面影响。我国可以借鉴国外的先进立法,在有关集体劳权的法律制度框架构建起来后,应当注意如何完善和丰富这一制度,构建相关的法律来支撑这一权利,使该权利可操作、可行使,而不是仅仅停留在法律宣言层面。

劳资矛盾是市场经济的必然产物,是人类交换的客观存在,无法回避,也无须避讳。《工会法》第20条第4款规定:"企业违反集体合同,侵犯职工劳动权益的,工会可以依法要求企业承担责任;因履行集体合同发生争议,经协商解决不成的,工会可以向劳动争议仲裁机构提请仲裁,仲裁机构不予受理或者对仲裁裁决不服的,可以向人民法院提起诉讼。"第22条规定:"企业、事业单位违反劳动法律、法规规定,有下列侵犯职工劳动权益情形,工会应当代表职工与企业、事业单位交涉,要求企业、事业单位采取措施予以改正;企业、事业单位应当予以研究处理,并向工会作出答复;企业、事业单位拒不改正的,工会可以请求当地人民政府依法作出处理:(一)克扣职工工资的;(二)不提供劳动安全卫生条件的;(三)随意延长劳动时间的;(四)侵犯女职工和未成年工特殊权益的;(五)其他严重侵犯职工劳动权益的。"第43条规定:

---

① Robert A. Gorman, *Basic Text on Labor Law: Unionization and Colective Bargaining*, West Publishing Co., 1976, p. 399.

② Ibid., p. 497.

"企业、事业单位无正当理由拖延或者拒不拨缴工会经费,基层工会或者上级工会可以向当地人民法院申请支付令;拒不执行支付令的,工会可以依法申请人民法院强制执行。"如此繁复且软绵绵的程式化规定,不利于权利受到侵犯的救济解决。

根据《公司法》,在现行公司的股东会、董事会、监事会的企业权力体系与框架模式下,职工没有参与股东大会行使表决权的权利,董事也非由职工选举产生,监事会中虽有职工代表,但因其不享有公司股权,职工代表也仅仅是监事会成员履行监督权的一种陪衬。因此,现行公司治理结构无法实现职工与股东的利益平衡。《公司法》欲尽保护职工权益之力,但又唯恐触犯股东、债权人之利益;力图体现职工的主人翁地位,但又囿于传统的公司法理论,不敢越雷池一步。股东会、董事会、监事会的"三会"模式只是投资者与管理者的权力博弈,不是三种力量与权力的制度。劳动者作为企业生产中最主要的生产要素,在这种权力模式中完全没有涉及,劳动者参与企业管理的场所仅仅是在职工代表大会,而职工代表大会处于企业权力结构的边缘,无法为劳动者提供监督管理者的空间,也无法为劳动者提供与雇主进行谈判的平等地位。[①] 无视劳动者的权力,一味只从公司的"三会一层"上进行治理,就和谐劳动关系的追求而言,只能是无源之水、无本之木。[②] 建立制度如果不着眼于解决问题,就如同在沙滩上建楼,再精致也只是花架子。

在解决劳资矛盾问题上固守"鸵鸟"策略是危险的,需要立法者能够有大胆破除僵化思想、体现直面现实的勇气,这既是法律的实操能力,更是对法律价值实现的政治智慧;它突破的只是现状的藩篱,要建立起的却是对人权、财产权充分尊重下的劳资双方能够共同参与的利益博弈制度,是能够长久确保劳动关系和谐构建的运转机制。

要促使雇主和雇主组织尊重工人的权利、正视劳动者的利益诉

---

① 刘金祥、高建东:《劳资关系制衡机制研究》,上海人民出版社2013年版,第120页。
② 参见刘金祥、郭文龙、李磊《构建和谐劳动关系的法律途径新思考》,载《科学发展与构建社会主义和谐社会研讨会文集》,上海人民出版社2005年版。

求，就需要有系统完备和强制有力的法律制度提供支持，当务之急是制定并出台集体谈判的法律规范。构建集体谈判制度要在广泛借鉴的基础上，立足我国的现实环境，在充分尊重我国现行体制和既有制度的基础上，提出如何通过修改、完善、创设等方式构建集体谈判制度的系统建议。笔者认为，集体谈判制度的主要内容应至少体现以下三点：一是通过制度安排和机制创建，使劳动关系回归企业范畴，实现劳动自治，为和谐劳动关系的建立构建制度约束体系；二是在提升劳动者组织化程度的同时，健全企业工会，使劳动者、工会与雇主之间建立起常规化的矛盾解决机制，建立能够有效约束双方集体谈判行为的制度化规范；三是健全劳动争议、集体谈判的仲裁制度，明确罢工权的法律位置并合理规范，建立劳资冲突理性解决的常规机制。建立并规范罢工的行政干预和法律干预制度，建立能够促使劳资冲突回归理性的制度救济保障。

法治文明是政治文明的实现，而政治文明是法治文明的先导。正如促使黑人得到解放的不是黑人一样，能否真正构建完备的集体谈判制度的关键取决于雇主的明智、政府的理智、社会的才智，而当下尤其需要的是立法者的破冰胆识和政治智慧。

参考文献

一 中文文献

1. ［澳］Greg J. Bamber、Russell D. Lansbury、Nick Wailes、赵曙明、李诚、张捷编：《国际与比较雇佣关系》，赵曙明等译，北京大学出版社2012年版。

2. ［德］康德：《法的形而上学原理——权利的科学》，沈叔平译，商务印书馆1991年版。

3. ［法］托克维尔：《旧制度与大革命》，冯棠译，商务印书馆1992年版。

4. ［法］托克维尔：《论美国的民主》（上卷），董果良译，商务印书馆1991年版。

5. ［韩］全泰荣、卞容焕：《会计信息在韩国劳资关系中的作用》，全泰荣、卞容焕、王云霞译，《青岛科技大学学报》2004年第6期。

6. ［荷］约里斯·范·鲁塞佛尔达特、耶勒·菲瑟：《欧洲劳资关系——传统与转变》，佘云霞等译，世界知识出版社2000年版。

7. ［加］大卫·莱昂：《后现代性》，郭为桂译，吉林人民出版社2004年版。

8. ［美］L. 科塞：《社会冲突的功能》，孙立平等译，华夏出版社1989年版。

9. ［美］E. 博登海默：《法理学：法律哲学与法律方法》，邓正来译，中国政法大学出版社1999年版。

10. ［美］保罗·萨缪尔森、威廉. 诺德豪斯：《经济学》（下册），中国发展出版社 1992 年第 12 版。

11. ［美］伯纳德·施瓦茨：《美国法律史》，王军等译，中国政法大学出版社 1990 年版。

12. ［美］布莱克：《法律的运作行为》，唐越、苏力译，中国政法大学出版社 2004 年版。

13. ［美］凯斯·R.桑坦斯：《行为法律经济学》，涂永前、成凡、康娜译，北京大学出版社 2006 年版。

14. ［美］罗尔斯：《正义论》，何恢宏等译，中国社会科学出版社 1988 年版。

15. ［美］曼瑟·奥尔森：《国家的兴衰》，李增刚译，世纪出版集团 2007 年版。

16. ［美］亚伯拉罕·马洛斯：《动机与人格》，许金声等译，华夏出版社 1987 年版。

17. ［美］约翰·P.温德勒姆：《工业化市场经济国家的集体谈判》，何平译，中国劳动社会保障出版社 1994 年版。

18. ［美］约翰·巴德：《人性化的雇佣关系——效率、公平与发言权之间的平衡》，解格先、马振英译，北京大学出版社 2007 年版。

19. ［美］约翰·罗尔斯：《正义论》，何怀宏等译，中国社会科学出版社 2001 年版。

20. ［日］大河内一男：《社会政策总论》，东京有斐阁 1958 年版。

21. ［日］星野英一：《民法劝学》，张立艳译，于敏校，北京大学出版社 2006 年版。

22. ［意大利］切萨雷·贝卡里亚：《论犯罪与刑罚》，黄风译，北京大学出版社 2008 年版。

23. ［英］阿克顿：《自由与权力》，侯建、范亚锋译，商务印书馆 2001 年版。

24. ［英］戴维·M.沃克：《牛津法律大辞典》，光明日报出版社 1988 年版。

25. ［英］丹宁勋爵：《法律的训诫》，群众出版社 1985 年版。

26. [英] 狄更斯：《双城记》，叶红译，长江文艺出版社 2001 年版。

27. [英] 亚当·斯密：《国民财富的性质和原因的研究》，郭大力，王亚楠译，商务印书馆 2005 年版。

28. 《列宁全集》第 28 卷，人民出版社 1956 年版。

29. 《马克思恩格斯全集》第 20 卷，人民出版社 1971 年版。

30. 《马克思恩格斯全集》第 23 卷，人民出版社 1957 年版。

31. 《马克思恩格斯全集》第 3 卷，人民出版社 1962 年版。

32. 《马克思恩格斯全集》第 46 卷，人民出版社 1980 年版。

33. 《马克思恩格斯全集》第 4 卷，人民出版社 1957 年版。

34. 《马克思主义选集》第 1 卷，人民出版社 1995 年版。

35. 《毛泽东选集》第 5 卷，人民出版社 1977 年版。

36. 艾琳：《实现和谐集体劳动关系的政府路径选择》，《深圳大学学报》（人文社会科学版）2014 年第 1 期。

37. 艾琳：《集体谈判中政府侵权现象研究》，《江汉论坛》2014 年第 3 期。

38. 艾琳：《集体协商与中国劳动关系》，《社会科学战线》2014 年第 6 期。

39. 白桂梅：《人权法学》，北京大学出版社 2011 年版。

40. 北京政法学院民法考研室编：《中华人民共和国劳动法资料汇编》，北方政法学院出版社 1957 年版。

41. 岑峨：《我国劳动关系集体协商的法律机制构建》，《河南师范大学学报》（哲学社会科学版）2013 年第 4 期。

42. 常凯：《罢工权立法问题的若干思考》，《学海》2005 年第 4 期。

43. 常凯：《劳动关系的集体化转型与政府劳工政策的完善》，《中国社会科学》2013 年第 6 期。

44. 常凯：《劳权论——当代中国劳动关系的法律调整研究》，中国劳动社会保障出版社 2004 年版。

45. 常凯：《论不当劳动行为立法》，《中国社会科学》2000 年第 5 期。

46. 常凯:《论个别劳动关系的法律特征——及劳动关系法律调整的发展趋向》,《中国劳动》2004年第4期。

47. 常凯:《论劳动者文化》,《开放导报》2004年第5期。

48. 常凯:《试析集体合同制度的法律性质》,《中国党政干部论坛》2013年第5期。

49. 常凯:《中国劳动关系报告》,中国劳动社会保障出版社2009年版。

50. 陈步雷:《罢工权的属性、功能及其多维度分析模型》,《云南大学学报》(法学版)2006年第5期。

51. 陈鹏:《公民权社会学的先声——读T. H. 马歇尔〈公民权与社会阶级〉》,《社会学研究》2008年第4期。

52. 陈胜勇、林龙:《权力失衡与利益协调城市贫困群体利益表达的困境》,《青年研究》2005年第2期。

53. 陈树强:《增权:社会工作理论与实践的新视角》,《社会学研究》2003年第5期。

54. 陈云生:《权利的相对论——权利和义务价值模式的结构》,人民出版社1994年版。

55. 程立达:《从先端精密公司的实践,看集体协商制度的可行性》,载汤庭芬主编《深圳劳动关系发展报告(2012)》,社会科学文献出版社2012年版。

56. 程延园:《"劳动三权":构筑现代劳动法律基础》,《中国人民大学学报》2005年第2期。

57. 程延园:《集体谈判制度研究》,中国人民大学出版社2004年版。

58. 程延园:《集体谈判制度在我国面临的问题及其解决》,《中国人民大学学报》2004年第2期。

59. 程延园:《劳动关系》,中国人民大学出版社2002年版。

60. 范斌:《弱势群体的增权及其模式选择》,《学术研究》2004年第12期。

61. 范愉:《私力救济考》,《江苏社会科学》2007年第3期。

62. 方流芳:《民事诉讼收费考》,《中国社会科学》1999年第

3 期。

63. 冯钢：《企业工会的"制度性弱势"及其形成背景》，《社会》2006 年第 3 期。

64. 冯彦君：《劳动法学》，吉林大学出版社 1999 年版。

65. 冯彦君：《中国特色社会主义社会法学理论研究》，《当代法学》2013 年第 3 期。

66. 高小岩：《劳资争议进入高发期》，《工人日报》1996 年 5 月 31 日。

67. 葛少英：《我国罢工立法问题初探》，《法商研究》1996 年第 3 期。

68. 管林根、许少英主编：《深圳集体协商和集体合同理论与实践》，海天出版社 2008 年版。

69. 郭庆松：《企业劳动关系管理》，南开大学出版社 2001 年版。

70. 郭志刚：《和谐劳动关系的内核与模式》，《财经科学》2008 年第 5 期。

71. 国务院农民工办课题组：《新生代农民工发展问题研究》，中国劳动社会保障出版社 2012 年版。

72. 贺海仁：《从私力救济到公力救济：权利救济的现代性话语》，《法商研究》2004 年第 1 期。

73. 贺海仁：《自我救济的权利》，《法学研究》2005 年第 4 期。

74. 侯玲玲、王全兴：《劳动法上劳动者概念之研究》，《云南大学学报》（法学版）2006 年第 1 期。

75. 胡鸿高主编：《合同法原理与应用》，复旦大学出版社 1999 年版。

76. 胡磊：《在构建中国式集体协制度中发展和谐和劳动关系》，《现代经济探讨》2012 年第 8 期。

77. 黄汝接：《德国工会的经费来源、使用和监督》，《中国工会财会》2001 年第 9 期。

78. 黄越钦：《劳动法新论》，中国政法大学出版社 2003 年版。

79. 劳动和社会保障部劳动工资研究所编：《中国劳动标准体系研究》，中国劳动社会保障出版社 2003 年版。

80. 劳动科研所劳动法学研究会编：《劳动法手册》，经济管理出版社 1988 年版。

81. 李北方：《阶层结构：僵化与突破》，《南风窗》2013 年第 8 期。

82. 李贵成：《增权理论视域下维护新生代农民工尊严问题研究》，《郑州大学学报》2013 年第 5 期。

83. 李林：《法治社会与弱势群体的人权保障》，《前线》2001 年第 5 期。

84. 李茂武：《"可以"与"可以不"的关系》，《汉江大学学报》2004 年第 1 期。

85. 李琪：《产业关系概论》，中国劳动社会保障出版社 2008 年版。

86. 李铁斌：《集体谈判与三方协商机制框架下的企业劳动关系运作——基于博弈论的视角》，《社会经纬》2013 年第 4 期。

87. 李喜燕：《实质公平视角下劳方利益倾斜性保护之法律思考》，《河北法学》2012 年第 11 期。

88. 梁慧星：《民法总论》，法律出版社 1996 年版。

89. 梁治平：《法辨》，中国政法大学出版社 2003 年版。

90. 林来梵：《从宪法规范到规范宪法》，法律出版社 2001 年版。

91. 林莉红：《论行政救济的原则》，《法制与社会发展》1999 年第 4 期。

92. 刘建洲：《农民工的抗争行动及其对阶级形成的意义——一个类型学的分析》，《青年研究》2011 年第 1 期。

93. 刘金祥、高建东：《劳资关系制衡机制研究》，上海人民出版社 2013 年版。

94. 刘金祥、郭文龙、李磊：《构建和谐劳动关系的法律途径新思考》，载《科学发展与构建社会主义和谐社会研讨会文集》，上海人民出版社 2005 年版。

95. 刘升平、夏勇主编：《人权与世界》，人民法院出版社 1996 年版。

96. 刘燕斌主编:《国外集体谈判机制研究》,中国劳动社会保障出版社 2012 年版。

97. 龙晟:《论我国宪法向度内的罢工权》,《河北师范大学学报》2011 年第 5 期。

98. 马克思:《资本论》第 1 卷,人民出版社 1975 年版。

99. 裴宜理:《上海罢工:中国工会政治研究》,江苏人民出版社 2001 年版。

100. 丕公祥:《法理学》,复旦大学出版社 2008 年版。

101. 丘周刚:《劳动争议:罢工及闭厂之法律》,(台湾)《法学丛刊》第 142 期。

102. 邱本:《经济法的权利本位论》,中国社会科学出版社 2013 年版。

103. 人力资源与社会保障部:《2010 年度人力资源和社会保障事业发展统计公报、2010 年度人力资源和社会保障事业发展统计公报》。

104. 任小平、许晓军:《职工权益自救与工会维权策略探究——基于"盐田国际"罢工事件的观察》,《学海》2008 年第 5 期。

105. 邵华:《组织增权:农民工维权途径探索》,《云南大学学报》(法学版) 2009 年第 7 期。

106. 石勇:《在变革中改变底层命运》,《南风窗》2014 年第 7 期。

107. 石勇:《中国梦,从机会平等开始》,《南风窗》2013 年第 4 期。

108. 史尚宽:《劳动法原论》,1934 年上海初版,1978 年台北重刊。

109. 史探径:《中国工会的历史、现状及有关问题研究》,《环球法律评论》2002 年夏季号。

110. 宋功德:《行政法哲学》,法律出版社 2000 年版。

111. 孙立平:《"权力—利益的结构之网"与农民群体性利益的表达困境》,《社会学研究》2007 年第 5 期。

112. 孙立平:《博弈——断裂社会的利益冲突与和谐》,社会科学文献出版社 2006 年版。

113. 孙兆阳：《平衡劳动关系的冲突与合作——关系和谐劳动关系的理论思考》，《中国劳动关系学院学报》2012 年第 2 期。

114. 汤庭芬主编：《深圳劳动关系发展报告（2012）》，社会科学文献出版社 2012 年版。

115. 汤庭芬主编《深圳劳动关系发展报告（2011）》，社会科学文献出版社 2011 年版。

116. 王江松：《从冠星厂事件看工资集体谈判——段毅律师专访》，《中国工会》2012 年第 5 期。

117. 王全兴、谢天长：《我国劳动关系协调机制整体推进论纲》，《法商研究》2012 年第 3 期。

118. 王全兴：《劳动法》，法律出版社 2004 年版。

119. 王全兴：《劳动法学》，中国人民公安大学出版社 2005 年版。

120. 王全兴：《劳动关系》，人民法院出版社 2005 年版。

121. 王天林：《社会的转型与工会的使命》，《清华大学学报》2010 年第 3 期。

122. 王泽鉴：《民法学说与判例研究（2）》，中国政法大学出版社 1998 年版。

123. 吴方正：《试论我国法意识的若干问题》，《学术交流》1989 年第 6 期。

124. 吴丽玮：《太原富士康骚乱：年轻人与大工厂》，《三联生活周刊》2012 年第 42 期。

125. 吴清军：《集体协商与国家主导下的劳动关系治理》，《社会学研究》2012 年第 3 期。

126. 夏积智：《劳动立法学概论》，中国劳动社会保障出版社 1991 年版。

127. 谢强：《论我国集体谈判中的博弈——以南海本田事件为例》，《攀枝花学院学报》2013 年第 1 期。

128. 熊新发：《比较视野下中国罢工治理的反思与展望》，《云南社会科学》2010 年第 5 期。

129. 徐邦友：《从意图伦理到责任伦理》，《浙江学刊》2009年第4期。

130. 徐东兴：《"人权入宪"与基层工会主席直选的思考》，《江苏省高层论坛》2005年第7期。

131. 徐小洪：《冲突与协调——当代中国私营企业的劳资关系研究》，中国劳动社会保障出版社2004年版。

132. 徐昕：《论私力救济》，中国政法大学出版社2005年版。

133. 徐昕：《为什么私力救济》，《中国法学》2003年第6期。

134. 许叶萍、石秀印：《中国集体谈判的困境与中国的一统制传统》，《江苏社会科学》2013年第2期。

135. 许章润：《论国民的法治愿景——关于晚近三十年中国民众法律心理的一个描述性观察》，《清华大学学报》（哲学社会科学版）2011年第3期。

136. 杨春福：《人权法学》，科学出版社2010年版。

137. 杨燕绥：《新劳动法概论》，清华大学出版社2008年版。

138. 姚建宗：《法理学》，科学出版社2010年版。

139. 应松年：《社会管理当中的政府职能》，《行政管理改革》2012年第1期。

140. 于建嵘：《抗争性政治：中国社会学基本问题》，人民出版社2010年版。

141. 于建嵘：《利益博弈与抗争性政治——当代中国社会冲突的政治社会学理解》，《中国农业大学学报》（社会科学版）2009年第1期。

142. 于建嵘：《职工没有罢工权就没有尊严》，《南风窗》2010年第6期。

143. 余少祥：《弱者的正义》，社会科学文化出版社2011年版。

144. 约翰·R.康芒斯：《制度经济学》（上册），于树生译，商务印书馆1983年版。

145. 岳经纶、庄文嘉：《转型中的当代中国劳动监察体制：基于治理视角的一项整体性研究》，《公共行政评论》2009年第5期。

146. 翟玉娟：《论集体谈判和集体协商》，《当代法学》2003

年第 7 期。

147. 张维：《权利的救济和获得救济的权利》，《法律科学》2008 年第 3 期。

148. 张文显：《法理学》，高等教育出版社 2004 年版。

149. 张文显：《法哲学范畴研究》，中国政法大学出版社 2001 年版。

150. 张艳华、沈琴琴：《制度经济学视角下的工会干部职业化》，《中国劳动关系学院学报》2008 年第 5 期。

151. 张云昊：《增权："农民工讨薪"案例的分析及启示》，《青年研究》2005 年第 9 期。

152. 张允美：《理顺与冲突：中国工会和党—国家的关系》，《二十一世纪》网络版第 18 期，2003 年 9 月 30 日。

153. 赵守博：《罢工权的保障与规范》，《厦门大学法律评论》2008 年第 1 期。

154. 赵曙明：《国外集体谈判研究现状述评及展望》，《外国经济与管理》2012 年第 1 期。

155. 赵炜：《基于西方文献对集体协商制度几个基本问题的思考》，《经济社会体制比较》2010 年第 5 期。

156. 郑广怀：《伤残农民工：无法被赋权的群体》，《社会学研究》2005 年第 3 期。

157. 郑尚元：《建立中国特色的罢工法律制度》，《战略与管理》2003 年第 3 期。

158. 郑尚元：《劳动法学》，中国政法大学出版社 2004 年版。

159. 郑尚元：《劳动法与社会法理论探索》，中国政法大学出版社 2008 年版。

160. 中国集体谈判论坛：《比亚迪员工就公司单方决定裁员一项所进行的集体维权过程》，《集体谈判研究》2011 年第 10 期。

161. 中华全国总工会组织部、基层组织建设部：《企业工会组建工作培训教材》，中国工人出版社 2011 年版。

162. 周述荣：《论劳动者集体谈判权的理论基础》，《嘉兴学院学报》2013 年第 2 期。

163. 周政华、刘子倩:《中国本田南海厂今复工从员工角度看劳资事件》,《中国新闻周刊》2010 年 6 月 2 日。

二 英文文献

1. Craig R. J. Amernic, "Disputes about Disclosure of Financial Information in Arbitration Cases and Guidelines", *International Journal of Employment Studies*, Vol. 8, No. 2, 2000.

2. Roy Bean, *Cooperative Industrial Relations: An Introduction to Cross-national Perspectives* (2nd), London: Routledge, 1994.

3. Douglas Ivor Brandon, et al., "Self help: Extrajudicial Rights, Privilileges and Remedies in Contemporary American Society", *Vanderbilt Law Review*, Vol. 37, 1984.

4. Michael R. Carrell, Christina Heavrin, *Labor Relations and Collective Bagaining*, Prentice-Hall Inc. A Simon & Schuster Company, 1995.

5. Neil W. Chamberlain & James W. Kuhn, *Collective Bargaining*, McGRAW-HILL BOOK Company, 1986.

6. Simon Clarke, Chang-Hee Lee and Qi Li, "Collective Consultation and Industrial Relations in China", *British Journal of Industrial Relations*, Vol. 42, No. 2, 2004.

7. M. Davis and Russell D. Lansbury, *Democracy and Control in the Workplace*, Melbourne: Longman Cheshire, 1986.

8. Lon L. Fuller, "The Forms and Limits of Adjudication", *Harvard Law Review*, Vol. 92, 1978.

9. Robert A. Gorman, *Basic Text on Labor Law—Unionization And Collective Bargaining*, West Publishing Co., 1976.

10. L. M. Gutierrez, "Understanding the Empowerment: Does Consciousness Make a Difference", *Social Work Research*, Vol. 19, No. 4, 1995.

11. Graham Hollimshead, Peter Nicholars, Stephanie Tailby, *Employee Relations*, The Financial Time Pitman Publishing, 1999.

12. W. H. Hutt, *The Theory of Collective Bargaining* 1930–1975, Institute of Economic Affairs, London, 1975.

13. S. Macaulay, "The New Versus The Old Legal Realism: 'Things Ain't What They Used To Be'", *Wisconsin Law Review*, Vol. 2, 2005.

14. Terry McIlwee, "Collective Bargaining", *European Labor Relations*, Vol. 1, Gower, England, 2001.

15. Robert K. Merton, *Social Theory and Social Structure*, Glencoe, III.: The Free Press, 1949.

16. Mancur Olson, *The Logic of Collective Action—Public Goods and The Theory of Groups*, Harvard University Press, 2002.

17. Barbara Bryant Solomon, *Black Empowerment: Social work in oppressed communities*, New York: Columbia University Press, 1976.

三 网络文章

1.《工资集体协商须过"两道坎"》，2016年4月8日，网易网（http://money.163.com/10/0722/00/6C5GN1S200253B0H.html）。

2.《公民权是什么》，2014年4月1日，百度网（http://zhidao.baidu.com/link? url = 6AnVfDAnER99theCAbIFMmnLBJyghehFvaecHL_Ts3xDD02uYxPJqilc9C_8_xCyTBMV7fzV1Ssxts2Tx3RjUK）。

3.《国家统计局发布2012年全国农民工监测调查报告》，2014年4月1日，中央政府门户网（http://www.gov.cn/gzdt/2013-05/27/content_2411923.htm）。

4.《何鲁丽在作检查劳动法实施情况的报告时认为处理劳动争议"一调一裁两审"耗时太长》，2014年4月1日，新浪网（http://news.sina.com.cn/c/2005-12-29/09027847650s.shtml）。

5.《解读盐田港区吊车司机罢工事件》，2014年4月1日，锦程物流网（http://info.jctrans.com/zxzx/xwkb/tpkb/200751446580.shtml）。

6.《人保部官员：集体谈判推进受阻五大软肋》，2014年4月1

日，网易网（http://money.163.com/10/0712/01/6BBTCDGU00253B0H.html）。

7.《深圳冠星厂精密表链厂（西铁城代工厂）》，2014年4月1日，安康信息网（http://www.ohcs-gz.net/osh-news/worker/20120114.htm）。

8.《我国企业劳动关系处于低水平稳定状态》，2014年4月1日，新浪网（http://finance.sina.com.cn/review/20090112/16225749898.shtml）。

9. 郑爱青：《试述法国对罢工的法律调整及关于我国罢工立法的思考》，2014年4月1日，洪范网（http://www.honfan.org.cn/file/2010/06/251278242605.pdf）。